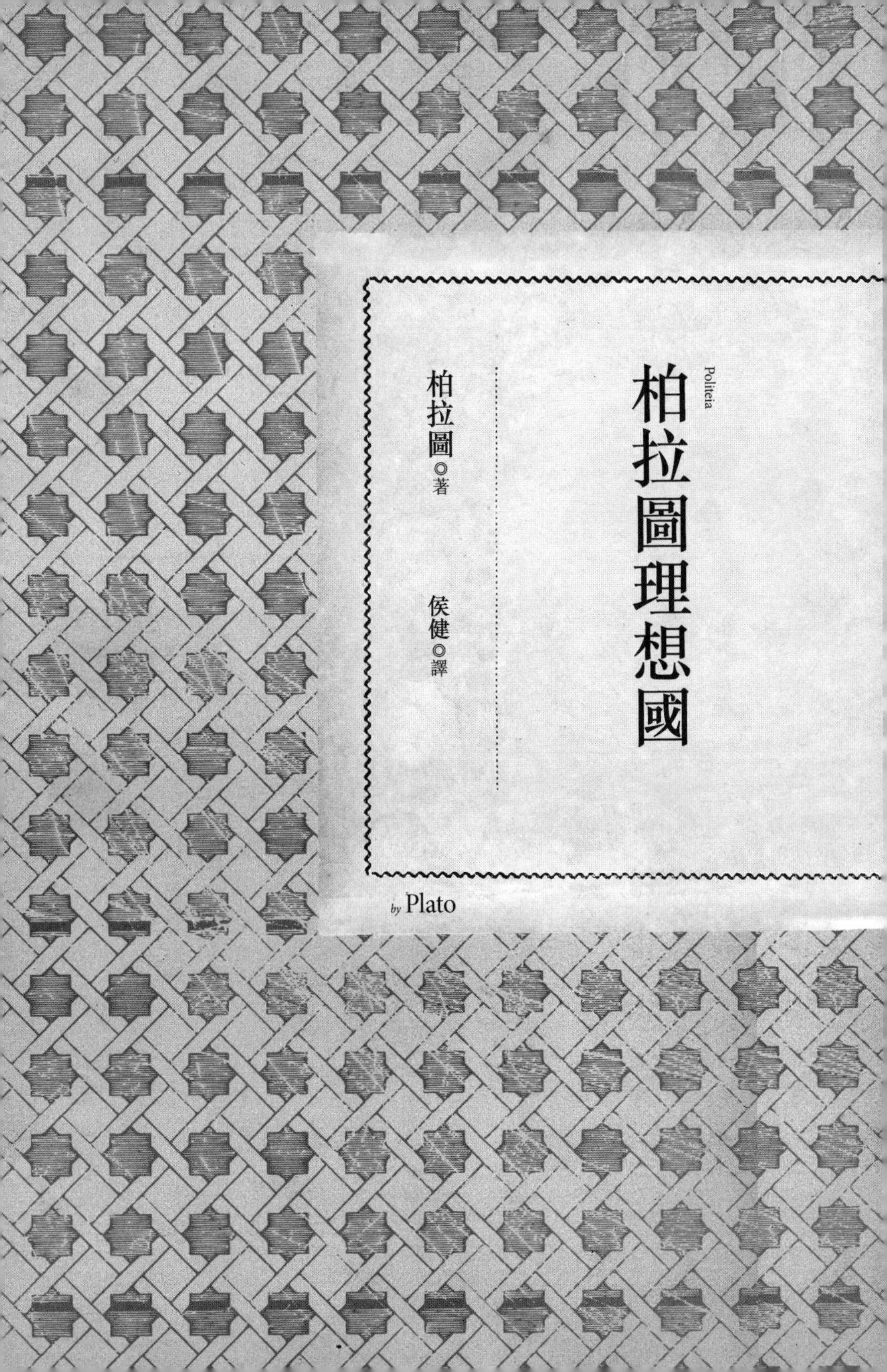

柏拉圖理想國
Politeia
柏拉圖◎著
侯健◎譯
by Plato

序

高友工

一部完美的《理想國》的中譯本終於在中國出版了，這實在是件値得大書特書的文化史上的大事。也許有人並不同意我對這本譯本的重視。我希望能在這解釋一下。

西洋文化對近幾百年來的中國的衝擊是夠強烈的了。於是談中西文化優劣異同似乎是一個重要的文化史上的課題。但是談了幾百年，到今天大家還是在「體用」之類的範圍打圈子。但這不能責怪任何討論文化史的學者，因爲眞正要能透視這兩種文化的同異，是要分別對這兩個都有幾十世紀歷史的文化有深刻的了解。這在一般人說來是談何容易的事。即如專治中國文化史的學者已經要窮畢生之力才能對這個題目有所得。能有餘力來兼通西洋文化史實在是強人所難了。同樣地，國人治西洋文化史又何能眞正地就以中國文化是「生而知之」的知識，輕率地比較品評。至少我們希望一些鄉愿要全盤抵制外來文化的時代已經過去了；但是我們也希望一些鍍金回來的洋博士高談中國文化的時代也過去了。現在我們需要的是對這個影響到每個中國人的生活的問題有一個更深入地了解；同時，這個問題也應該牽涉到每一個中國人，有一個更廣大的聽眾。

這段話似乎有很多矛盾。第一是我個人曾屢次聲明我討論的問題不是「中西文化比較」的問題，而是兩種（或多種）不同「結構」或「理想」的問題，那麼我爲什麼現在要反過來希望大家討論這個比較的問題?實際上我們在談不同「結構間架」、「理想類型」，我們可能就是在談更大的文化差異。但是在我們沒有把細的問題澄清以前，突然進入了更大的問題，結果所得的無非是一些新的「文化八股」。我個人覺得沒有那種縱覽全局的氣派，但是一些點點滴滴瑣碎的分析工作也許還可以勉強做到。所以我始終是認爲這種「比較」工作是個大課題；但要能有超越前人的識見，恐怕不是一個人能做到的；而是要靠大家分工、集結眾人客觀分析的結果。

這裡彷彿又暴露出我的第二點矛盾。這種分工的努力也許能有更深入的成就，但卻離我所說「普及」的方向更遠了?表面上看的確如此。何況這種深入地研究不是一朝一夕的事，而是百年大業。一時談不到結果，更談不到人人可以參加論辯了。但是我認爲做文化史的比較是要靠學者不斷的努力，往往會陷入「專家」專制的領域。而對西洋文化理想有個深入的了解，是一個受過普通教育的中國人能夠做的。這種了解至少應該符合幾個起碼的條件。第一，是了解的對象不是整個的西洋文化；而是西洋文化中最有代表性，最能反映他們文化理想的作品。因此這種作品在時代上是整個希臘、羅馬、希伯來文化傳統最早的，而在思想史上是最有影響的。最理想的代表作自然是這裡要介紹的柏拉圖的《理想國》。它雖晚於一些希臘的史詩，但在以後整個文化理想的形成卻是無與倫比的。第二，了解的過程不是依賴其他學者的分析解釋，而是讀者自身直接的接觸。說到這點我們不能不慨歎我們翻譯事業的落後，人人可以說理想的讀書方法是通過原文。但是以柏拉圖來說，在英美有多少人是直接讀原文呢？既然學問是天下的公器，把重要的著作譯成我們可讀的語言可以說是一件最基本的工作。但這部最有代表性的西洋經典到現在才被全部譯成可讀的中國語言，不能不說是一件既可喜又可歎的事。可喜的是從此我們每個受過中等教育的中國人都能直接接觸這部西洋經典，大家都可以參加柏拉圖《理想國》中思想的論辯。無形中也使我們的中西比較研究進入一個新的領域，可歎的是這部鉅著要在白話文出現之後等了這麼多年才有一個理想的完善的譯文。

不過這個等待也許是值得的。侯健學長在英文方面的造詣是人所盡知的，但是他在中文方面的功力卻不是一般人所知的。我在這裡說他在這兩方面都是我的師輩，也許只證明我自己兩方面的淺陋，並不能證明他的深厚。但每位讀者都可以自己去讀譯；高興的話還可以對照原文（英文版）。這樣流暢而忠實，通俗而典雅的譯筆是少有的吧！我最大的期望是侯學長以及其他兼通中外的學者能繼續努力，把其他重要的經典也都這樣地翻譯出來。

但是，只稱美譯者的文筆則不免忽略了他在學識方面的成就。熟悉侯兄的人都知道他平時也是能倚馬萬言、文不加點。但是我們聽眾往往有無法完全領會的苦處。其實這過錯全在我等。因爲他的思路敏捷，且學識過人；他的旁徵博引如同天馬行空，至少對我這個學識淺陋的人往往茫然不知所從。我感覺非得通聲韻，治訓詁，熟讀八家、李杜、莎翁、白璧德不能悟其妙旨。他是專治英美文學的，但近年來對中國小說就有不少卓見，見諸文章。現在細讀所譯《理想國》更非對西洋思想有深刻了解不能到此境界。所幸這裡柏拉圖限制住了他。所以文中我們不解的，只能由作者負責，不是忠實於原文的譯者之過了。

這部譯著出來以後，我們也許應該重新想一些問題，而且每個中學生也都應該想這些問題。這些問題當然每人都有不同的想法。但是至少我可以提出一個我以爲是《理想國》應該給我的啓示：即是爲什麼在西洋文化中一個分析的傳統能占有如今這樣一個統領的地位？是否我們可以從理想裡看到這個分析哲學和知識論的淵源？一九七六年Nicholas P. White在柏拉圖論知識與實在（Plato on Knowledge and Reality）還在說：「我以爲柏拉圖的知識論已在現代英美哲學中成爲一可能而且不能避免的哲學思考與辯論的中心主題。」（p. xiii）就我來看西洋思想史始終沒有眞正地擺脫柏拉圖的影響。而柏拉圖本身在《理想國》中實際上也正是代表一種對當時希臘理想的反省。因此可以把《理想國》當作人生哲學讀，也可以視之爲政治哲學，甚至於形而上學。但是我以爲最有意義的關鍵是在全書開出「知識、眞理、實存」這個大題目。這樣把握住不只是全書的精神，而是全書在西洋文化發展中的精神。也許我們才不至於再重蹈早年以柏拉圖比孔、孟的覆轍。讀書要能「得其環中，以應無窮」。也許我們應該多辯論一下這個「環中」是什麼吧？

今天草完這篇短稿正是我從臺北飛來雅典的次日。重遊蘇格拉底、柏拉圖昔日論辯的廣場，風物也許已不似當年。但我感覺的臺北和雅典在「物」的層次上也許相去不遠。一樣的炎午，一樣的綠蔭。甚至於人種的差異也只是最膚淺的特點。可是我們的思想方法和內容也許是迥然不同。這只有等你讀了柏拉圖後再做的解答吧！

民國六十八年秋

譯者序

侯健

蘇格拉底，雅典公民，生於西元前四六九年，父為雕刻師，母為助產士。他曾紹父箕裘了一陣子，旋即棄去，認為他畢生職責，在於為自己和朋友的品德和知識的進益而努力。他淡泊於世俗的需求，所以雖貧窮之外，還配上一位今古知名的潑悍夫人Xanthippe，仍能寧然自適。他不曾參政，但不論平日戰時，都對他身為公民的義務，克盡厥職。他不曾正式傳道授業，卻以辯證的討論方式，領導那些追隨他的青年，依理性來思考和行動，但來去任便，不收學費。希臘史家席諾逢（Xenophon）和柏拉圖，都屬及門弟子，也都留下對蘇氏的描述。兩人雖說法有異，但一致認為，蘇氏道德精純，思路邃密，從不感情用事，而且只要自反不餒，就要不計後果，宣揚其信念。他平時固然如此，晚年他受控違反城邦宗教，紹引新神（指他信仰良靈或daemon亦即我國愼獨工夫中所面對的良知）與腐化青年等重罪時，仍然我行我素，不肯屈服。事實上，他遭到判處死刑後，儘有機會潛逃，卻還堅持公民必須守法，而且仍公然發表他的信念。乃於西元前三九九年依法仰藥自盡。

蘇格拉底是既不作也不述的思想家。《理想國》紀載他與友人的談話，卻是柏拉圖所錄，所以柏拉圖才是眞正需要讀者了解的。他於西元前四二八年生於雅典，據說生日與日神阿波羅相同，都是五月廿一日。他是雅典舊王室的後裔，父親阿里斯東，母親則與索倫有戚誼，本名是Aristocles，柏拉圖據說是蘇格拉底給他的名字。葛樂康和阿第曼圖是他的長兄，都在《理想國》裡出現。柏拉圖自己很早便追隨了蘇氏。他受蘇氏影響的結果，使他一心要探討一樁問題！如何改造社會，俾使人人都能盡其所能，充分發展。這點恰是「理想國」的另一主題，而這本書如後面所陳，是他最中心的著作。

柏拉圖的童年青春，都在庇洛波尼西亞戰爭（The Peloponnesian War）的陰影下度過。這場戰爭，自西元前四三一至四〇四年，歷時二十六年，始於雅典與斯巴達盟邦哥林多的爭執，斯巴達旋即加入。西元前四二九年發表瘟疫，雅典的派里克利（Pericles）去世，人亡政息，雅典民主政制的黃金時代不啻終結。柏拉圖出生的那年，正有雅典兩個屬邦叛變。他十二歲的時候，親見雅典艦隊出征色拉求斯，大敗而歸。他二十三歲時，雅典終於向斯巴達屈膝。雅典成爲半島霸主，始於第三次波斯戰爭，西元前四八〇年在薩拉密驅退來敵之後。派里克利英明正直而又仁厚，對屬邦不薄，但如希臘在庇洛波尼西亞戰爭前夕派往斯巴達的代表所說，雅典之躬執牛耳，是三種強烈動機使然：野心、畏懼和自利。這種帝國主義的思想，在雅典派兵出征色拉求斯時，由其代表再次說出，載於修西戴狄斯（Thucydides）的《庇洛戰史》裡。傅拉西麻查斯在《理想國》裡所說的，正是雅典代表說過的話：「你們說甚麼正義，骨子裡只是一時的權宜。正義何嘗能制止任何人攫取他能攫取的東西？建立帝國，是人類天性中的志向。只要他們肯在必要範圍之外，仍致力於正義，便算十分難得了。」而庇洛尼西亞戰爭。根本可以說是起自雅典與哥林多兩地商業利益上的衝突，所以，柏拉圖認為，一切戰爭，都是爲金錢打的。以當時來說，戰爭糾紛，總不外貧與富、寡頭與民主之類的私利衝突所致。儘管大家各以美麗動聽的口號來掩飾，骨子裡則其動機都不堪聞問。柏拉圖的青春期間，雅典正分寡頭與民主兩派——那時的民主是有限的，僅及於公民，跟奴隸和外國人無關——執政的民主一方，措施頗多不當，寡頭的一方，乃希望取而代之，柏拉圖的母黨親友，恰屬後者。

據他晚年自述，柏拉圖早年就有從政的意願，及至將近成年，西元前四〇四年時，他的戚友掌權（史稱三十人幫，The Thirty Tyrants），邀他參與。他以爲撥亂反正的時機已至，卻發現這幫人其實是以暴易暴，而且變本加厲。最使他痛心的，是他們希望利用蘇格拉底，去逮捕另一位公民，其意顯在使蘇氏成爲幫兇。蘇格拉底拒絕了。俟後三十人幫倒臺，柏拉圖仍願從政，特別是自放逐中歸來的人，雖有報復舉動，大體尚屬溫和。但就在這時候，他們把蘇格拉底以不敬神祇罪交付審判，終加處死。柏氏年事既長，閱歷亦多，博覽當世法律與習俗之餘，愈感治國之難，大覺惶惑。他雖未停止積極從政的願望，實際上則完全致力於覓致解決政治問題的方法。

這些自是後話。他幼年深受音樂和體育的陶冶，此後曾致力詩學，並能操觚作詩，但不久就獻身於哲學的研究，業師據說是希拉克里托斯（Heraclitus，約西元前五三五—四七五）的弟子克拉提洛斯。希拉克里托斯的哲學，認爲變是惟一的眞實，所謂永久性，乃是幻覺，一切事物，均有正有反，是故有無相生，恒常轉變。他二十歲時正式從蘇格拉底遊。西元前三九九年蘇格拉底死後，他離開雅典，遊學四方，最後到了色拉求斯。他與此處執政者（Dionysius the Elder）的親戚狄昂交好，狄昂反對執政的暴虐，柏拉圖受了連累，據說被執政賣爲奴隸，後得友人贖回，於西元前三八八年左右回到雅典，並以親友募集的贖金，在雅典西北方成立了他的學院（Academia）。他在此授業垂四十年之久，終生未婚，而且其間除曾兩次前往西西里外，未再離開。這兩次都與狄昂有關：第一次（西元前三六七年）是要協助後者，說服色拉求斯執政之子，皈依哲學，以立憲君主制治國，結局不僅沒有成功，反使狄昂被逐。第二次（西元前三六二）是要爲狄昂說項，結果也未成功，倒幾乎危及自己的性命。柏拉圖大抵是坐而言的思想家，並非起而行的人物。

他的及門弟子，最有名的自屬亞里斯多德，但他的學院，除了學生外也有不少社會人士，包括若干女性都曾往來其間，甚至外國政府，也常有派人前來請教的。他教學方式部分以交談對話的形式出之，部分爲有條貫系統地講授。他孜孜講學始終不懈，而在八十一歲（西元前三四八年），寫作之際安詳去世。他的學院所在地，保存在他的門徒後輩手裡將近千年。

他的作品共三十六種，五十六卷（《書翰十三通》也算一卷），都傳到後世，原因在於他的學說始終有人傳承，在歐洲的中世紀所謂黑暗時代也未例外。西元前後那一世紀的新畢達哥拉斯派學者傳拉希洛斯，把這些書分爲九部，各含四種：（一）*Euthyphro*、《蘇氏自白錄》、*Crito Phaedo*；（二）*Cratylus Theaetetus*、《詭辯家》、*Politicus*；（三）*Parmenides*、*Philibus*、《酒談會》（*Symposium*）、*Phaedrus*；（四）*Alcibiades*上下、*Hipparchus*、

Anterastae；（五）*Theages*、*Charmides*、*Laches*、*Lysis*；（六）*Euthydemus*、*Protagoras*、*Gorgias*、*Meno*；（七）*Hippias*上下、*Jon*、*Menexenus*；（八）*Clitopho*、《理想國》（十卷）、*Timaeus*、*Critas*；（九）*Minos*、《法學》（*Laws*，十二卷）、*Epinomis*、《書翰》。此外尚有八種，是古來就視爲僞作的。這裡所說的三十六種，其中也難免有後人僞託羼入，但無證據證明其爲僞。只不過《書翰》的確爲柏拉圖門弟所著，實在是法學一書續編的Epinomi以外，第四部各書、Theagis、Minos、Clitopho大約均是依託的作品。此外，還有不少號稱柏氏作品的警語箴言，也都受後人懷疑。

自古以來，不少學者曾希望確定各著的寫成年代，但都不曾獲致一般接受。其中較爲人所信的是，*Phaedrush*成書最早，《法學》最遲，《理想國》屬柏氏晚年作品。《書翰》之外，他的著作有一種共同特色——對話體，而且都一貫地以蘇格拉底爲發言或發問中心，柏拉圖自己則從不在書內出現。柏氏採取這種戲劇的形式，同時顧及演出的場景、參與談話者的性格、語言與風範，特能顯示他對文學、特別是當時的詩劇形式的了解與掌握。另方面，他也表現了蘇格拉底求知求實的特殊方法，也便是辯證法。這兩種特質，爲後世的哲學家開創了一種研究與寫作形式，至少沿用到十八世紀的休謨（David Hume），甚至德萊登（John Dryden）在《論戲劇》（*Of Dramatic Poesy*）也採取了它。它與我國的論、孟乃至後世的答客問或語錄，包括儒家的和佛家的，都有顯著的不同——這種不同恰是譯者立意翻譯本書的動機之一：有人把答客問一類當作對語錄（dialogue）。原來我國的形式，是答者必爲權威，問者常屬弟子親朋，因而讀者只見「聲明」或「宣布」（statements），亦即肯定地說出無詰難餘地的一般通則，再沒有辯論（arguments）的提出，是以權威始終是權威，簡直沒有自疑（self doubt）的時候。這種情形，使我們的思維道路，傾向於大而化之的一般化（generalization），能綜合（synthesize）（例如話說天下大事分久必合，合久必分），卻少了對特定條件或因素（particulars）的分析。蘇格拉底的方式便不然。本書中他確屬權威，聽眾也多爲弟子行的，他的目的也在於綜合的原則，但這些原則的取得是唇槍舌劍，有來有往的。他首先聽取別人的意見，不斷發問，也發表自己的看法，但非以權威，而是以辯難的方式出之，而且在整個過程中，他一貫地堅持，發言者一定要把所用的一般名詞（general terms），也就是抽象觀念如是非善惡專制民主一類的字眼，先加嚴格的界說，或者說是如孔子所要求的正名，俾能對這類名詞，在事先獲致共同的理解，以免各說各話，葫蘆絲瓜，纏繞不休。他是絕不肯接受詖辭遁辭的。這種抽絲剝繭，著眼大而下手小的辦法，正是西方治學的特色。

柏拉圖號稱「哲學之王」。希臘有句成語，道是「不管我思怎樣轉，回頭必見柏拉圖」。二十世紀的懷德海，甚至要說後世一切哲學，都是他著作的腳註。在西方至少確是如此。他那許多著作中，《理想國》既大約是晚年作品，也便是他設立學院，傳道解惑以後的成熟思想的結晶，而且卷帙較多，涉及較廣，探討亦密，所以足能反映他的全部思想。在這方面，他的思想可說有兩大支柱：一面是他相信，在感官世界之外，另有觀念世界。前者隨時在變，後者絕對存在，永無變化，而感官世界中一切觀念形式，都自觀念世界裡衍生。這便是他的「一與多」的眞義——絕對的是一，相對的是多，與朱子的「理一分殊」頗爲類似，都可以理智知性來加以了解。另一種信念，則是靈魂不朽說，亦即靈魂或人類的精神面是永生的，與肉體的出生之前和死亡以後都無關連，卻是知識來源與道德上達之所繫。因此，他的哲學可以說是屬靈的、精神的，不以塵世的願望與標準爲唯一的指歸，而是要把希望付諸時空與變易之外。這並非說柏拉圖是出世的。而是說他盱衡人事，博觀人性，既不能同流合汙，則必懸高鵠的，以寄望於未來。康恩溥（F. M. Cornford）認爲，在本書裡，柏拉圖把追求智慧的各方面，都詳爲審奪，結果反見得人生的各種不幸，在任何形式的社會裡，都難能憑恃理性予以解決。他那學院裡所訓練的國王哲學家，所當學習的課程裡，顯然不包括萬靈藥或過分的樂觀。他大約認爲，欲求自改革達到穩定而和諧的秩序，絕不能讓持久而無可懷疑的各項原則，與實際的情形相妥協。蘇格拉底勾畫出完美社會的輪廓，同時卻透露了柏拉圖的猶疑：他不能確定，時間是否會把他的完美制度，一一打敗——人亡政息並非孔子一人要興嘆的情形。在546a裡，繆斯們便指出：

> 如此締構的城邦，至難搖動。惟事物既有始亦必有終，締構如汝等者究難垂永久，而終將分崩離析。

康氏雖有這種看法，而且所引的這種希拉克里托斯的思想，具有濃重的悲劇意味，但非蘇氏所傳，所以儘管它是在柏拉圖的《理想國》還不曾實現以前，便已提出來了，當注意的是，雖然柏拉圖有這種認識，他卻並未氣餒，甚至不曾變爲犬儒、斯多噶或伊璧鳩魯諸派人物。蘇格拉底便是畢生以理性自持的。柏氏這種知其不可而爲之的精神正是他與儒家最能相通的地方。而他所提出的問題，是後世一切哲學家、道德家、政治家所必須經常探索的問題。他的答案容或並非我們今天所能所願接受。但自求知而言，答案的重要性，遠不如提出正確問題的重要性。我們讀他，其意義恰在此處。

不能爲我們接受的，從一般來講，大約是共產，特別是公妻，以及其隱示的倫常問題。專就對文學有興趣的人來看，則蘇格拉底或柏拉圖顯在提倡檢查制度，而我們希望與要求的，是言論自由，尤其反對任何愚民的傾向。對於這些反對的情形，我們可以有幾種答覆，例如若干道德觀念，本來與時代空間有關，我們讀歷史，當知埃及是兄弟姊妹可以相婚的，匈奴據說還可以母子成親；我們再讀傅瑞瑟（James Frazer）的《金枝》（*The Golden Bough*），就明白古代各民族古里古怪的風俗很多，不能以後世強要前人認同。但最重要的解釋，卻是這本討論哲學問題的嚴肅典籍，形式卻是文學，其中運用了許多文學的技巧。在本書裡，我們明明知道蘇格拉底以教育爲己任，態度十分嚴肅，但其口吻，卻常是輕鬆詼諧的，並且爲了要使對方陷入推理的矛盾，往往會故意裝不懂。這種辦法，後世特稱之爲**蘇格拉底式反諷**（Socratic irony）。他那些共產、公妻之類的論調，部分顯然是凜於人性的自私弱點，要以毒攻毒，可視爲箭在弦上不得不發，因爲它儘管不合人類情感，卻是理性推論的必然；部分則未嘗不可能是故爲驚人之筆，而如前面所說，他用的是文學的技巧，文學作品固然很嚴肅，我們卻要效法孟子，不可「以文害辭，以辭害志」，而要「以意逆志，是爲得之」。箭在弦上，是邏輯的推論使然，反諷便進入文學的領域。我們看蘇格拉底口口聲聲厭惡文學，摒斥詩人，卻對當時流行的文學作品，幾乎篇篇背誦如流——雖然頗有記憶錯誤的時候。這種自相矛盾，適見得他其實熱愛文學，才有愛深責切的表現，豈不合於「春秋責備賢者」，而要懸鵠於高處？柏拉圖在《理想國》、《斐特拉斯》、《哀昂》、《法學》等書中，都指出過文學的流弊，應當正是這種道理。即以本書來說，它幾乎是以吉哲的故事開始，以厄爾的神話終結。不是愛好文學，而且能夠創作的，如何會有如此卓越的表現？何況全書都有濃重的戲劇意味呢。專以這部分來說，柏拉圖的得意弟子亞里斯多德，便不全以爲然。後者的一部（或一篇）詩論，幾乎是完全針對老師的意見，從事補充與修正的。

把《理想國》當作文學創作，而不僅是哲學與文學批評，另有特殊意義。西方的文學形式，有一種稱作烏托邦文學（Utopian Literature）的，便以本書爲鼻祖。本來，人類安於現實者不多，所謂保守，只是相對而言，否則我們豈不仍在茹毛飲血？在文學上表達這種不滿的，西方有兩種，都源自希臘。《理想國》之外，尚有牧歌或田園詩（pastoral; idyll）。後者刻畫的類似我們的「小放牛」，而多少年男女的無憂無慮，嬉戲終日。烏托邦文學則是政治性的，設想的是理想的政制與社會。所以與我們的「大道之行」或「小國寡民」乃至「桃花源記」，都有共通之處，見得人性願望與理解，是「放諸四海而皆準」的。這個名詞創自托瑪斯．穆爾（Thomas More, 1478-1535）。他在一五一六年寫了一本廣義的小說，即稱*Utopia*，以希臘字「無」與「地」構成，卻也近似「善」「地」或「樂土」。這本用拉丁文寫成的作品，屬於海客談瀛一類：一位行商敘述他在海程裡見到一個島國的情形。他有聽眾，所以這本書也類似對話，但非柏拉圖式的，也少了戲劇意味，內容則幾乎全襲《理想國》，只不過把柏拉圖的城邦，改成島嶼，以利隔絕內外而已，而其一廂情願的味道，還重於《理想國》。穆爾之前，業有聖奧單斯丁的《上帝之城》（*St. Augustine: City of God*），與穆爾時代較近的是堪潘乃拉的《太陽市》（*Campanella: The City of the Sun*, 1623）、倍根的《新大西洋國》（*Francis Bacon, The New Atlantis*, 1627）等等，十九世紀更有貝拉梅的《返顧》（*Edward Bellamy: Looking Backward*, 1888）、巴特勒的《厄爾謊》（*Samuel Butler, Erewhon*, 1872），以及本世紀的希爾頓的《世外桃源》（*James Hilton: The Lost Horizon*）等等，具見這一形式受人歡迎的程度。自蘇格拉底的時代起，業有諷刺性的烏托邦文學出現，便是阿里斯多芬尼斯的《鳥》（*Aristophanes: Birds*），而斯威夫特的《海外軒渠錄》（*Jonathan Swift: Gulliver's Travels*），也屬此類。到了本世紀，阿多斯．赫胥黎的《美麗新世界》與《島》（*Aldous Huxley: Brave New World; Island*）和奧威爾的《一九八四》（*George Orwell*, 1984）都能膾炙人口。這些理想國家，都秩序井然，無貧窮悲苦之事。但那句「秩序井然」，卻是十分可怕的：它的代價必然是「空其心，實其腹」，非行愚民政策，思想定於一尊不可。人類偏偏不肯空心！這是一切烏托邦的真相。《理想國》一書，可以使我們思考，它是否值得我們嚮往，或者說我們是否應當摒棄虛幻的目標，轉而更腳踏實地地從事我們應做的日常工作。

本書譯名是沿襲舊譯本得來的。本來，一般英譯是Republic，應當是「共和國」，但這是誤解。柏拉圖的原書名Politeia來自城市（希臘文Polis）一詞，是地理的，而特具政治意義，因爲希臘的民主政治單位，是獨立的城市（及其鄰近鄉鎮）國家，因此譯文裡有時用「城邦」，有時用「國家」。至於英譯的Republic一詞，則頗有可以非議之處。此字源自拉丁文，由res和public兩字合成，意爲「公眾的事情」，顯不必限於一邦，而且它在英文與中文裡的通義，都是「代議制、代議政府」、「以總統而非君主爲元首的國家」，或者含混地稱之爲「共和國」，以別於「君主國」。這樣看來，它並非城邦，直接公民權被貶爲代議制，而更重要的是，柏拉圖勾畫的國家，決非「共和國」。

至於譯文的原文，譯者自感慚愧的是，不通希臘文，只能依靠英譯本。但在他能力範圍內，卻也未敢掉以輕心。底本是卓維德（Benjamin Jowett）的牛津五卷全集本，成於十九世紀末，數十年來硬皮紙面，翻印至夥，所以是最流行的本子。同時還參考了康恩溥的改譯本（*Francis MacDonald Cornford, The Republic of Plato*, Oxford at the Clarendon Press, 1941, 1961，爲第九次印刷）和卜魯穆的譯本（*Allan Bloom: The Republic of Plato*, New York: Basic Books, 1968），一爲對照，也爲了有時文字不易索解，例如，卷八那一堆神祕的數字。註解頗多採自後者。另外則除若干柏拉圖的其它作品外，頗得力於《羅慈》（*Leo Rauch, Plato's The Republic, etc.*, New York: Monarch, 1965）與《古典事典》（*O. Seyffert, A Dictionary of Classical Antiquities*, New York, Meridian, 1957）等書。註解隨各頁上端的號碼，來自危斯典（Henri Estienne II 或 Henricus Stephanus, 1531?-1598，法國印刷商世家出身的學者）一五七八年所編訂的版本，是一般學者引述時共用的公器，指的是希臘原著在此版本裡的頁碼與欄碼。前面已經說過，柏氏全部著作，眞的與可能是僞造的，原由Thrasyllus（死於西元三六年）分爲九組，每組四種。根據葛樂德（George Grote, 1794-1871，英歷史家）的《柏拉圖》（*Plato and the Other Companions of Socrates*）（一八八八年版本）冊一頁二九三—四的分法，「理想國」爲第八組第二種，第一種即此書內出現的克雷多方（Cleitophon或Kleitophon，屬倫理性，是討論行動的）。《理想國》開始的頁頂端號碼是繼此書而來的。

翻譯本書的動機，是因爲深感這一部西方經典之作，除了民國九年吳獻書的文言譯本外，似乎再未見過白話的本子。這對國內有志於哲學、政治與文學等各方面的研究的人，固屬憾事，在我們努力於文化復興的今天，缺乏這麼一本供攻錯、觀摩、參考的名著，簡直是不可思議的損失。促其成的則前有《大華晚報》的王義周先生，後有原在國立編譯館服務，現在是譯者的同事齊邦媛先生，其間更有不少友好催動，或如張平南先生的指正，這是譯者十分銘感的。另外還承高友工先生寫序，尤富紀念意義。由於俗務過忙，這本書竟譯了兩年九個月。譯者是治文學的人，從事文學批評探討，雖然非與哲學發生關係不可，究非此道中人，難免要有外行話出現。好在譯本不必專供治哲學的讀者，讀政治、文學或對道德等有興趣的，也儘可利用，所以外行一些或者不致過分貽害。雖則如此，譯者在此願以十二萬分的誠意與感激，盼望讀者們不吝指教與匡正。

民國六十八年六月三日

目錄

卷一

正義的意義

登場人物

蘇格拉底（敘述全部經過者）
塞伐洛斯
葛樂康
傅拉西麻查斯
阿第曼圖
克雷托方
波勒麻查斯
其他未發言的聽眾

對話發生在百里阿[1]港塞伐洛斯的家裡。全部對話，由蘇格拉底在發生的次日，告訴提米烏斯、赫默克拉提斯、克里提阿，和在《提米烏斯》一書裡出現的一位無名氏。

327a **蘇**：昨天我和阿里斯東[2]的兒子葛樂康到百里阿，以便向女神祈禱，也好看看他們怎麼樣慶祝這個新的節目[3]。我對居民的賽會行列，頗覺喜歡；不過，色雷斯人的行列，縱非更好，

b 也同樣地美。我們祈禱完畢，看了熱鬧，就轉向回城；就在我們要回家的時候，塞伐洛斯的兒子波勒麻查斯從遠處看到我們，而且告訴他的僕人，跑來請我們等他。僕人從背後拉住我的長袍說：波勒麻查斯希望我們等一等。

我轉過身來，問他的主人在哪裡。

那個年輕人說，他在那邊，正追著過來，只要您等一等。

葛樂康：我們當然要等。

c 〔過了幾分鐘，波勒麻查斯來了，還有葛樂康的弟弟阿第曼圖、尼西亞斯的兒子尼塞拉圖，以及其他看賽會的。〕

波勒麻查斯：蘇格拉底，我看你跟貴友已經要回城了。

蘇：你倒並沒有太錯。

---

1 百里阿（Piraeus）是距雅典六哩的港口，各國商人雲集，風俗習慣各式各樣，所以特便於思索、討論驚世駭俗的問題，尤其是它的民主風氣特濃。本篇對話約發生於西元前四一一年。在西元前四〇四年，此地曾爲反抗雅典的「三十人幫」統治的中心。這些人崛起於雅典人在庇洛波尼西亞戰爭裡，遭斯巴達人大敗之後。反對派方面，塞伐洛斯一家，曾爲主力，李西亞更屬領袖，波勒麻查斯因而遭暴君派或三十人幫處決。

2 阿里斯東是柏拉圖的父親，葛樂康和阿第曼圖則是柏拉圖的兄長。

3 應屬女神Bendis的節日。她並非雅典的神，而是色雷斯（Thracia）的月神。百里阿似乎頗好新奇，連宗教也是一樣。

波：你看到我們有多少人沒有？

蘇：當然看到啦。

波：你覺得比這麼多人都厲害？要不然你們就不能走。

蘇：不是還有個辦法嗎？說不定我們會勸勸諸位讓我們走呢？

波：我們要是不肯聽你的，你還能勸得動我們嗎？

葛：當然不能。

波：你可以確定：我們不會聽你的。

328a **阿第曼圖**：有沒有人告訴你們，今天晚上要爲女神舉行騎馬火把賽跑？

蘇：還有馬！這倒是創舉。是不是騎馬的要在賽跑時拿著火把，互相傳遞？

波：不錯。而且慶典也要在晚間舉行，你實在該看看。我們不妨吃完飯後，就儘快出來看賽
b 會。有些年輕人要聚一聚，我們也可以好好地談談。留下來吧，不要彆扭。

葛：既然你非這麼著不可，我們大約只有從命啦。

蘇：既是「如此決定」[4]，那就只好如此啦。

〔因此，我們就跟著波勒麻查斯到他家裡；遇見了他的弟弟李西亞[5]與攸希的摩，再還有查西當
尼亞的傅拉西麻查斯[6]、皮安尼亞[7]的查曼提迪斯，和阿里東尼摩的兒子克里托方[8]。另外又有
c 波勒麻查斯的父親塞伐洛斯[9]，我已許久未見到他，覺得他老了不少。他坐在有靠墊的椅子上，
頭上戴著花環，原因是他已在院子裡上過祭；屋裡還有幾把別的椅子，擺成半圓形，我們就在

他旁邊坐了下來。他很高興地跟我打招呼，然後：」

d **塞：**蘇格拉底，你不夠勤快來看我，我如果還能走去看你，卻也不會要你來看我。但是，在我這個年齡，簡直去不了城裡，所以你就該多來百里阿幾趟。讓我告訴你：肉體的快樂愈減，我愈感到談話的樂趣。不要拒絕我的請求，請你把我家當成常來的地方，跟這些年輕人多聚一聚；我們是老朋友，你可不要見外。

e **蘇：**塞伐洛斯，就我來說，沒有比跟年長的談話更讓我喜歡的。我把他們看做旅客，他們的旅途，我大約也要走，因而應該問問他們，這條路是平坦容易，還是崎嶇困難。我很希望對您這位已經到了詩人所謂的「老年的門檻」[10]的人，提出這麼個問題：人生到了日薄西山的時候，是不是更爲難過；或者說，您對這件事的看法如何？

329a **塞：**我可以告訴你，我自己的感受如何，蘇格拉底。我這種年齡的人偏於聚在一起；我們就

4 這是套希臘公民大會裡的話：「我等雅典公民，茲決定！」

5 李西亞爲名演説家，對推翻「三十人幫」和恢復雅典的民主政體，卓有貢獻。

6 傅拉西麻查斯爲修辭學，亦即演説術或政治與法律辯論術的職業教師。

7 查西當尼亞在小亞細亞。皮安尼亞是雅典的一區。

8 克里托方也是另一篇較短對話錄的名稱，討論蘇格拉底教授道德，特別是正義的情形，並與傅拉西麻查斯的教法相比較，所以堪爲《理想國》的前書。李西亞在這一篇裡占有重要地位。

9 塞伐洛斯非雅典公民，而是具居留權的外邦人，原籍色拉求斯。居留權者有納稅義務，無公民權。

10 意謂「半截入土」或近冥府黃泉之門。參見依里亞特卷二二，行六〇，卷二四，行四八七；奧德塞卷十五，行二四六。

像那句老話[11]說的，都屬一色羽毛的鳥。我們相聚的時候，那些朋友普遍講的是：我吃不
b 下，喝不下；青春與情愛的歡樂都離我而去；一度有過的好時光，都已一去不返，生活也就不再像生活了。有的埋怨，他們的親戚如何對他們疏忽，他們還會悲傷地告訴你，他們的高壽造成了多少禍患。不過，蘇格拉底，對我而言，這些怨言家似乎罵錯了對象。因爲高壽如果是禍患之因，我自己也老了，再還有別的老人，都應該跟他們有相同的感覺。但我的經驗並非如此，我認識的他人的經驗也非如此。我記得很清楚，老詩人索福克利斯在
c 回答別人問他：索福克利斯，愛情跟年齡如何配合？你是不是還是當年的你？他說：唉呀，我眞高興逃過了你說的那個東西；我覺得好像逃過了瘋狂而發怒的主子一般。打那個時候起，我常常想到他的話，而這些話在現在似乎跟他說的時候一樣正確。老年予人以很大的寧靜和自由感。當激情放鬆了掌握，那麼，就像索福克利斯說的，我們脫出的，不僅
d 是一位狂主子，而是許多。蘇格拉底呀，眞相是：那些人的憤尤和對親戚的埋怨，成因是一個，卻非老年，而是人的性格和脾氣[12]。天性寧靜快樂[13]的人，不大會感到年齡的壓力；而對天性相反的人來說，青春和老年同樣都是一種負擔。

〔我滿懷敬意地聽著，希望逗著他繼續講下去——〕

e **蘇**：是啊，塞伐洛斯。不過我很懷疑，在你這麼說的時候，一般眾人[14]未必就信服你。他們覺得，老年對你顯得很輕鬆，並不是因爲你天性快樂。而是因爲你有錢，而人人都知道，財富很能安慰人。

330a **塞**：沒錯，他們並不信服，而且他們說的也有道理，不過可不像他們想像的那麼有道理。我儘可以跟瑟米斯多克利斯答覆，塞瑞非亞人罵他之有名望，並非由於個人的成就，而是由於他是雅典人一樣：「假如你是敝國人或者我是貴國人，我們倆誰也出不了名。」對於那些既不富有，又對老年感到不耐煩的人，不妨用同樣的話答覆。對於良善的窮人，老年不是輕擔子，而邪僻的富人，也不可能心安理得。

蘇：我好不好問問，塞伐洛斯，你的財產，大部分是繼承來的呢，還是自家掙來的？

b **塞**：自家掙來的！蘇格拉底。你要不要知道我掙了多少？在掙錢的技巧上，我恰在家父和祖父之間。我與家祖同名，他把祖產的價值增加了兩三倍，而他所繼承的正是我所有的大部分。但家父賴森尼亞斯把祖產降到比現在所有的少了。如果我傳給我兒子們的產業，不是少於而是多於我所繼承的，我就心滿意足啦。

---

11 參見柏拉圖的《裴特拉斯》（*Phaedrus*）240c。

12 希臘文的人是anthropos，男人是aner，而其所用有兩層次：（一）凡人都是前者，而後者則暗含丈夫氣概及能做男人的事（從政、作戰）等；（二）前者有人道之義，則不僅爲丈夫氣概。卷五中蘇格拉底即謂最佳政制，實即最理想的人，應蘊含二性。

13 阿里斯多芬尼斯諷刺蘇氏的喜劇「群蛙」（Aristophanes: The Frogs）行八二嘲蘇氏語。

14 眾人或群眾，民眾原文爲hoi polloi大抵並非恭維的話，然一國之中，這種人最多，最能代表社會風氣，國家特質。另外，這也等於「一與多」裡的「多」的問題。眾人多半只顧眼前，是社會最低階層，而又熱衷財貨，故也相當於靈魂中愛財的部分（參見下面441a）。

c 蘇：我問你那個問題就是爲了這一點。因爲我看得出，你並不關心金錢，而這種情形，是那些
財產由繼承而來的人的特徵，卻不是財產由自家掙來的人的特徵。白手成家的人，對金錢
有著視之爲個人創造所得的第二種愛惜感，就好像作家愛自家的詩作，或是父母愛自家的
孩子一樣，而這種愛有別於那種因利、用而感到的自然的愛。這種自然的愛是他們和一切
人所共有的。他們不是好伴侶，因爲他們除了誇富就再沒有甚麼好說的。
塞：一點也沒錯。
d 蘇：誠然，誠然。不過，我好不好再問個問題？你從財富裡得到的最大好處是甚麼？
塞：有一樁，但不是容易得到別人信服的一樁。我可以告訴你，蘇格拉底，一個人想到自己接
近死亡的時候，腦子裡就來了一向不曾有過的畏懼和憂慮。那些鬼話[15]，有關陰曹和那裡
e 對生前惡行[16]所施的懲罰一類的，一度對他只是笑談，現在他可就發愁，惟恐那是眞的：
他擔憂的原因，或是因年老而軟弱下來，或是因爲他既然靠近了那處另外的地方，對這類
的事看得更加清楚。懷疑和震恐雜沓而來，他就開始回想和忖度他做了些甚麼對不起人的
事。一旦他發覺過錯甚多，就常會跟小孩子一樣，在睡夢中驚醒，弄了滿懷的恐懼。但對
331a 自反不餒的人而言，甜蜜的希望就會像賓達所美麗描繪的那樣，成爲他老年的慈愛保母！
賓達說：「希望愛撫活在正義聖潔中的人的靈魂，並且做他老年的保母，旅程的伴侶——
對人類焦灼不安的靈魂來說，希望具有莫大的導引力。」
這番話說得好極了！財富給予的最大幸福——我不是說對人人如此，而是說對好人如此

b ——在於不管是有意或是無意，他都沒有欺人坑人的必要。他轉世到陰曹去的時候，也不必爲欠了神的供養或人家的錢而耽心。有錢對這種心安之感，大有助益。所以我主張，比較起財富所能給予明情明理的人的各種好處來說，我認爲這一點是最大的好處。

c **蘇**：說得好[17]，塞伐洛斯。但說到正義，正義是什麼？僅只是說實話，不欠債嗎？而且就以這點而言，難道沒有例外？假定一位朋友，在神智清楚的時候，託存武器給我，而在心神喪失的時候來要，我應該把它還給他嗎？總不會有人說我應該還他，或是說還他是對的，尤之於誰也不會說，我對有著他那種情形的人，應該永遠說實話吧？

d **塞**：你說得對。

蘇：那麼，說實話和不欠債可就不是正義的正確定義了。

波（插嘴）：如果我們相信西蒙尼逖斯的話，那個定義可就是正確的了，蘇格拉底。

塞：我恐怕要走開了，因爲我要招呼一下祭品。請波勒麻查斯和在座的眾位接著討論吧。

蘇：波勒麻查斯[18]不就是您的繼承人嗎？〔註：另兩譯本均以這句話是波勒麻查斯說的。〕

---

15 希臘原文是mythos，原作語言解，轉爲故事，而與宗教口傳故事深具關係。詩人便是造它的，所以其意義和可信性，對柏拉圖來說，至關重要。亞里斯多德《詩學》裡，英譯爲plot的也屬此字，但更多結構方面的意義。二十世紀五〇年代的是芝加哥批評學派爲此字做了不少文章。

16 本書的另一名稱：「論正義」，即從此得來。本來蘇氏似並非要談它，而是漸漸把它當成全書主題。

17 對、好、眞、高貴等，原文都是kalon，譯文視上下文的合宜性而定。

塞：當然嘍。（他笑著去安排祭品[19]了。）

e 蘇：繼承討論先生，勞駕告訴我，西蒙尼遜斯對於正義到底說了些甚麼？

波：他說償債就是正義，而我認爲他那麼說是對的。

蘇：以他那麼睿智聰明的人，我如果加以懷疑，可眞該遺憾。但他的意旨究竟何在，或許對你很清楚，對我卻是清楚的反面。他的意旨絕不能像我們剛才所說的，在於我應該把武器或別的，交給在神智不清的時候來索還的人，而託存無可否認地是一種債負。

332a 波：沒錯。

蘇：那麼，當向我索還的人，是處在神智不清的狀態下，我就絕不可以把東西還他了？

波：當然不可以。

蘇：西蒙尼遜斯說償債就是正義的時候，他並沒有包括那種情形啦？

波：當然沒有。他以爲朋友應該經常幫助朋友，永遠不應該傷害朋友。

b 蘇：你的意思是說，如果接與授的雙方是朋友，則交還對受者有害的託存黃金，不能視爲償債——你是不是認爲他是那麼說的？

波：沒錯。

蘇：仇人是不是也應該收回我們欠他們的？

波：當然他們應該收回我們欠他們的。據我了解，敵人欠敵人應該得到的，也便是傷害。

c 蘇：那麼，西蒙尼遜斯跟詩人一樣，似乎對正義的性質解釋得頗爲曖昧，因爲他實際的意旨是：正義是給予每個人應分的東西，而他把這種東西稱作債負。

波：他的意旨大約一定如此。

蘇：我的天！假如我們問他，醫藥那種技藝[20]把甚麼應分的東西給甚麼人，你想他會怎樣答覆我們呢？

波：他一定會回答，醫藥把藥餌滋養給人的身體。

蘇：烹飪把甚麼應分的東西給甚麼呢？

d 波：把滋味給食物。

蘇：正義把甚麼東西給甚麼人呢？

波：蘇格拉底呀，如果我們根據前面的例證推想，正義便是予友人以善，予敵人以惡的藝術。

蘇：這就是他的意旨麼？

波：我想是的。

蘇：在友、敵患病的時候，誰最能夠益友而害敵呢？

---

18 另一種解釋或譯法是：「蘇：波勒麻查斯不是要繼承你所有的一切嗎？」

19 「祭品」或「犧牲」與「神聖」的意義相同，用在與塞伐洛斯有關的地方，暗示他年高德劭，還可以生尊死榮。這句話是跟塞伐洛斯有關的最後一次，此後他就不再出現，但他所代表的孝道與祖先崇拜，始終籠罩全書。

20 此處譯為「技藝」，英譯為art，而希文是techne。英文字過分偏重「藝術」，在我國習慣上高於「技藝」而兼含之，希文則與「技藝」較近，意指有其原則方法，可以教導的，是以與science並非反義字。英文science一詞，則顧及古來並無文理之分，在本譯中譯為「知識」，不譯為「科學」。

波：醫生嘛。

e **蘇**：在他們航海而碰到海上的風險的時候呢？

波：領航員嘛。

蘇：一個有正義的人，在甚麼行動上和要達到甚麼目的上，最能害敵而益於朋友呢？

波：跟前者打仗，跟後者聯盟。

蘇：可是，親愛的波勒麻查斯啊！一個人健康的時候，並不需要醫生喲。

波：沒錯。

蘇：而不航海的也不需要領航員。

波：可不是麼。

蘇：然則在和平的時候，就不需要正義了？

波：我可不那麼想。

333a **蘇**：你以爲正義在平時和戰時一樣有用呀？

波：是的。

蘇：正好像種田爲的是得到糧食？

波：是的。

蘇：或者像做鞋爲的是得到鞋子——你的意思是這樣的嗎？

波：是的。

蘇：正義在平時有什麼功用或力量呢？

波：正義在契約上有用。

蘇：講到契約，你是指合夥行爲[21]嗎？

波：一點也不錯。

b 蘇：但在一場投箭遊戲[22]裡，是有正義的人還是技術精湛的人，才是比較有用且更好的合夥人？

波：技術精湛的那位。

蘇：在砌磚壘石頭上，有正義的人是比建築工更有用，更好的合夥人嗎？

波：完全相反。

蘇：那麼，要什麼樣的合夥行爲，才能使有正義的人成爲比豎琴師更好的合夥人呢？在彈奏豎琴上，豎琴師顯然是比有正義的人更好的合夥人嘛。

波：在金錢的合夥行爲上。

c 蘇：不錯，波勒麻查斯，但顯然不是在金錢的運用上。因爲你不會在買賣馬匹上，請有正義的人當參謀。懂馬的人做那種事更適宜，不是嗎？

---

21 「合夥」一詞，涵義是「政治社會」，「契約」則就財務而言。蘇格拉底用前一詞，顯示他認爲正義問題，必由政治解決。

22 一種古代棋戲，常爲柏拉圖用作辯證的象徵，尤之於他常用建築做立法的象徵。棋戲與辯證類似的地方，在於命題擺出來以後，須視對方的舉措，隨時移動應付。棋戲結束之後，還能定爲棋譜，重加探討，從經驗裡謀自我改進。

波：當然。

蘇：你如果想買一艘船，造船工或者領航員比較合適吧？

波：沒錯。

蘇：那麼，在甚麼樣的合夥使用金錢上，有正義的人較好？

波：在你希望存款保管安全的時候。

蘇：你是說在不需要錢，只要把它擺在那裡的時候？

波：完全正確。

d 蘇：換句話說，在金錢無用的時候，正義有用？

波：你不妨那麼推想。

蘇：你打算妥當保管一隻花剪的時候，正義於私於公都有用處。但要想使用它，就要靠種葡萄的人的技藝了？

波：顯然如此。

蘇：你打算妥當保管一面盾牌、一具七絃琴，卻不要使用它們，你就會說：正義是有用的。但要想使用它們，就要靠軍人或樂師的技藝啦？

波：當然。

蘇：其他事物莫不如此：它們沒有用的時候，正義有用，它們有用的時候，正義就沒有用啦？

波：推理應當如此。

e 蘇：那麼，正義的好處實在不大。不過，我們不妨再進一步考慮一點：最能在拳賽裡擊拳出去的，豈不是在別種搏鬥裡最能防範來擊的？

波：當然囉。

蘇：最擅長防止、逃避疾病的人，也最能造出疾病了？

波：沒錯。

334a 蘇：最好的守營人，也是最能占敵人先著的了？

波：當然。

蘇：那麼，善於保管東西的，也是最善於偷東西的啦？

波：我想我們只有那麼推測。

蘇：那麼，既然有正義的人最擅長管錢，他也最擅長偷錢啦？

波：這種論點[23]的確暗示了這一點。

b 蘇：究竟說來，有正義的人只不過是個賊。我猜想，這麼個教訓，你一定是跟荷馬學來的。他講到他所愛的人物奧德修斯的外祖父奧托里庫[24]的時候，聲明

23 希希臘原文是logos，即「話」，源自「說話」一詞。從此義引申，乃可釋爲小說（中國的評話）、辯論、演說與理性——人類的理性，是見諸其語言的。

24 《奧德塞》卷一九行三九五—三九六。

他竊、騙高人一等。

這樣看來，你、荷馬和西蒙尼逖斯都一致同意，正義是偷盜的藝術——只不過其運用在於「益友而害敵」罷了。你是不是這個意思？

波：當然不是，雖說我已經忘了我說些甚麼了。不過，我要堅持後來說的話。

c **蘇**：好吧。還有另一個問題：我們講到友、敵，是指眞的友、敵呢，還是好像友、敵呢？

波：唉，人還能不知道愛他認爲善的，恨他認爲惡的嗎？

蘇：錯是不錯；但是，人不是常常弄錯善、惡，或者說不善的好像善，不惡的好像惡麼？

波：那倒是眞的。

蘇：對這種人，善人可就成了敵人，惡人成了朋友啦。

波：沒錯。

d **蘇**：既然如此，他們對惡人行善，對好人作惡，都是對的了？

波：顯然如此。

蘇：但是善人是有正義的，不會做不符正義的事呀？

波：對的。

蘇：那麼，根據你的論點，傷害那些無辜的人是合於正義的了？

波：不行，蘇格拉底，這種信條是不道德的。

蘇：那麼，我想我們是應該對有正義的人行善，對無正義的人施惡了？

波：這還像句話。

e 蘇：但是，請你看看結果：對人性無知的人，常常會有損友，而既然是損友他就應當施惡於他們。他還有是好人的敵人，應當對他們行善。既然如此，我們就得說出，跟我們認爲是西蒙尼逖斯的意旨，完全相反的話啦。

波：沒錯。我想，我們最好糾正我們在使用「友」、「敵」兩詞上所犯的錯誤。

蘇：甚麼錯誤呀，波勒麻查斯？

波：我們把好像或認爲是朋友的人，假定爲朋友。

蘇：那麼，我們怎麼樣糾正這樁錯誤呢？

335a 波：我們應該改說，眞正而不僅是好像的好人，是朋友；僅僅是好像，但並不眞好的人，不是朋友。在敵人方面，也當如此。

蘇：你爭論的是：好人是我們的朋友，壞人是我們的敵人？

波：是的。

蘇：我們原來說，正義是利友而損敵。現在要改過來，說成：正義是在朋友是好人的時候利他們，在敵人是惡人的時候損他們，是不是呢？

b 波：沒錯。我看這就是眞理。

蘇：但是，正義的人應該傷害任何人嗎？

波：他應該傷害那些又邪僻又是仇敵的人，無可懷疑。

蘇：一匹馬受了傷，是變好了呢？還是變壞了？

波：後者。

蘇：換句話說，屬於馬的良好品質[25]變壞啦，但卻不是狗的吧？

波：不錯。馬的。

蘇：如果狗變壞，變壞的是屬於狗的良好品質，卻不是馬的？

波：當然！

c 蘇：那麼，如果人受了傷害，是不是也會在專屬於人的道德上，變得壞了？

波：當然。

蘇：而那種專屬人的道德是正義，不是嗎？

波：那是自然。

蘇：那麼，受了傷害的人必然就會變得不正義了？

波：結果一定如此。

蘇：但是，音樂家能以他的技藝把別人變得不通音樂嗎？

波：當然不能。

蘇：馬師能以他的技藝把別人變得不通騎術嗎？

波：不可能。

d 蘇：那麼，正義的人能以正義把別人變得不正義嗎？再就一般而言，好人能以道德把別人變成壞人嗎？

波：絕對不能。

蘇：尤之於熱不能產冷。

波：熱不能產冷。

蘇：或是乾旱不能產生潮氣？

波：顯然不能。

蘇：好人也不能傷害他人？

波：不能。

蘇：有正義的人就是好人、善人？

波：當然。

蘇：那麼，傷害朋友或其他的人都不是有正義的人的行爲，而是與正義的人相反，也便是沒有正義的人的行爲啦？

波：我想你說的話都是眞的，蘇格拉底。

e **蘇**：那麼，如果有人說：正義在於償債，善是有正義的人欠朋友的債，惡是他欠仇敵的債——

25 希文是arete，譯爲道德，是根據我國習慣，可能較爲狹隘，因爲其本義是「事物的特殊優異處」，但這個意思我國並非沒有，只不過僅以「德」一字表示，如雞有五德之類，即指其特點而優者。

這種說法是不智的。原因是，如果像我們已經明白表示的，傷害人既無論如何都不合正義，這種話就不是眞的。

波：我跟你的意思一樣。

蘇：那麼，我倆都決心反對任何人，把這麼一句話歸咎給西蒙尼逖斯、畢亞斯、皮塔克斯[26]，或是任何其他的智人或先知啦？

波：我完全下了決心，跟你併肩作戰。

336a **蘇**：我把那句話是誰說的告訴你好嗎？

波：是誰說的？

蘇：我相信是裴連德、蒲迪卡斯、塞克西斯、西庇斯人依斯門尼亞斯[27]，或者其他的有錢有勢的人，是最早說出，正義「意指利友損敵」的人。這種人總覺得自家很了不起。

波：一點也不錯。

蘇：好吧。不過，這個定義既然也不能成立，我們還能想到甚麼別的？

b 〔在討論期間，傅拉西麻查斯幾次都想把爭執接到自家裡；但被別人攔住了，因爲大家都要聽個結局。不過，在波勒麻查斯跟我說完話，當中有一段停頓時間，他就再也忍不住了。於是，他站了起來，野獸般地衝向我們，像要把我們吞掉似的。看他那樣子，我們都嚇得要死。〕

c **傅**（對著大家吼道）：蘇格拉底呀，你們這些人發的是什麼瘋？你們這些糊塗蟲，爲什麼要互相朝對方低頭？我覺得你們如果眞要知道正義是甚麼，就該不單要問，而且要答。你們想

d 掙面子，不應當僅僅駁倒對手，還要有自己的答案。很多人都只能問問題，卻不會回答。我不許你們說，正義就是義務、便宜、利益、收穫或者權益，因爲那種胡扯的話我不能接受。我要求的是清楚和正確。

〔我聽了他的話，十分害怕，只要看他一眼，就不禁發抖。我相信，我如果沒有用眼睛瞪住他[28]，就會嚇得目瞪口呆。不過，在我看到他怒火上升時，就先看著他，所以才能回答他。〕

e **蘇**：（發著抖說）：傅拉西麻查斯，不要對我們那麼狠。波勒麻查斯跟我在辯論的當兒也許犯過那麼點錯：但是，我可以向你保證，那種錯誤不是有意的。假使我們是在找一枚金幣，你大約就不會想著，我們在「互相朝對方低頭」，因而喪失了我們找到金幣的機會。我們要追求正義，正義是比許多金幣都更寶貴的東西，你爲什麼卻要說我們軟弱地互相低頭，而沒有竭盡能力追求眞相呢？其實，我的好先生，我們十分願意，渴盼那麼做。事實上我們做不到。既然如此，諸位通達萬事的人，就應該憐憫我們，不該生我們的氣。

337a **傅**（冷笑地）：完全是蘇格拉底的老套——你那套說反話的本領。我不是已經預見、已經告訴過大家，別人不論問他甚麼，他都會拒絕答覆，卻要用反話或者別的支吾辦法，來避免答覆麼？

---

26 西蒙尼逖斯（約西元前五五六—四六八），希臘抒情詩人，與賓達同時。另兩位是希臘古代七賢裡的人物。

27 除最後一人外均爲蘇氏以前的各國國王。

28 古代迷信，人遇到狼而狼先看到人，人便失音和不會講話。

b **蘇**：傅拉西麻查斯，你是位哲學家，而且明明知道，如果你問旁人，哪些數字構成十二，卻又打算好，不許你所問的人，回答二乘六、三乘四，或是六乘二、四乘三，「因爲這類的胡扯我不能接受」——那麼，很顯然地，如果那是你發問題的辦法，誰也答覆不了你。不過，假如有這麼個人反駁說：「傅拉西麻查斯呀，你是甚麼意思呢？如果你禁用的這些數
c 字，是問題的正確答案，我難道可以捏造些別的，並不是正確答案的數字嗎？這莫非是你的意思？」你怎麼答覆他呢？

傅：你說的倒好像這兩種情形完全相同似的。

蘇：爲甚麼不相同呢？縱然這兩種情形並不相同，而僅只是對發問的人似乎相同，他難道不應該說出他所想的，而不管你和我是否禁止他那麼說嗎？

傅：我猜你是要提出禁用的答案來了？

蘇：我敢說，不管冒甚麼險，假如在我沉思默想以後，我承認它們的正確性，我就會提出來。

d **傅**：可是，倘若我給你一個有關正義的答案，跟你的那些都不相同，卻又優於它們呢？你說說要受甚麼罰吧。

蘇：受罰！我要從智者學教訓，正是無知的人的本分——那就是我應當受的罰。

傅：怎麼著，想不交學費！你倒想得好！

蘇：我有錢的時候就交。

葛樂康：可是你是有錢人的呀，蘇格拉底。至於你，傅拉西麻查斯，用不著發愁拿不到錢。我

們都會捐錢給蘇格拉底[29]。

e **傳**：好吧。讓蘇格拉底跟往常一樣，拒絕自做答覆，卻要把別人的答案駁得體無完膚。

338a **蘇**：傳先生，一個一無所知，也承認自己一無所知的人，怎麼能答覆問題？何況他縱有一點模糊念頭，卻遇上一位權威大家，不許他把念頭說出來？眞正當然的事，是要像你這樣自認有知，而且說出所知的人，擔任說話的事。好不好請你大發宏論，由我們恭聆雅教？

〔葛樂康和在場他人都來跟我一同請求，而人人都可以看出來，傳拉西麻查斯實在很想說話。他自以爲有了絕妙答案，一心要出人頭地。不過，乍上來他還裝著堅持要我答覆。最後，他同意開始講話。〕

b **傳**：諸位瞧瞧蘇格拉底的智慧。他自己不肯教人，卻到處跟人家學，而他連個謝字也沒講。

蘇：要說我跟別人學呢，倒是眞的；但要說我不感激別人，我要斷然否認。錢我是沒有的，所以只好用恭維代替束修了，因爲我只有諛詞。至於我是如何樂於頌揚任何我覺得說話有理的人，在你回答的時候，馬上就看得出來。我相信你會答得有理的。

c **傳**：那麼你就聽著吧。我聲明，正義也者，便是強者的權益。你爲甚麼不誇我呢？不過，你當然是不肯誇我的。

29　參見蘇氏《自白錄》38B。此處爲模仿、諷刺當時法庭程序的，讓被告自己說懲罰方式，而不要用原告的。演說術者自任原告，以示演說術在這種場合裡的功用（參見阿里斯多芬尼斯《雲》）。按阿劇內蘇格拉底擅演說術，這裡柏拉圖則顯示蘇氏不諳此道。

蘇：讓我先弄清你的意思。你說正義是強者[30]的權益。傳拉西麻查斯呀，你的意思何在呢？你
d 的意思總不會是說，因爲摔角家[31]玻力達馬比我們更強壯，他又發現吃牛肉有益於他的體
力，吃牛肉便因此對我們這些身體比他弱的人，有同樣好處，而且也是正確、正義的？
傳：你眞可惡，蘇格拉底。你把那句話，加以最不利於我的論調的解釋。
蘇：一點也沒有，我的大老爺。我只要了解那句話，希望你能說得更清楚一點。
傳：唉，你沒有聽說過，政府的形式，有專制政體、民主政體和貴族政體的不同嗎？
蘇：是的，我知道。
傳：而政府是各邦的統治權力？
蘇：當然。
e 傳：而不同的政府形式，制定民主、貴族、專制性的法律，各求符合其不同利益。而這些法
律，既是爲其本身利益來制定的，就是各政府給予其人民的正義。凡是違犯這些法律的，
它們就視爲犯法的、不正義的，並且加以制裁。我說在一切邦國裡，正義的原則是相同
339a 的，也便是政府的權益。這就是我的意思，政府既必須假定其權力，那麼，唯一合理的結
論是，舉世之間，正義的原則只有一個，也便是強者的權益。
蘇：我現在明白了。至於你是對是錯，我一定要弄弄清楚。不過請恕我指出來，在你爲正義下
界說的時候，你自己用了「權益」一詞，這個名詞是你不許我使用的。不過，你倒是在你
下的定義裡，加進了「強者的」三個字。

b 傅：你得承認，加添得不多。

蘇：不要管加添得多少，我們首先要問的是，你說的是否是眞理。我們倆一致同意，正義是某種利益；但是你接著又用了「強者的」，而對這種添加的意義，我還不能肯定同意與否，所以非考慮一番不可。

傅：請吧。

蘇：我會的。首先請問，你承認，人民服從他們的統治者，是合於正義的嗎？

傅：我承認。

c 蘇：但是，這些邦國統治者，是絕對不會犯錯的呢，還是有時候難免犯錯？

傅：他們當然有時候難免犯錯。

蘇：那麼，在他們制定法律的時候，就可能有時候是對的，有時候是不對的？

傅：沒錯。

蘇：他們制定法律對，就會使法律符合他們的利益；他們出了錯，法律就違反他們的利益。你承認不承認？

傅：承認。

---

30 此詞表示「較強」，涵義爲「較優」，而「強」與「優」自然是不一樣的，所以柏氏其實故意利用了此詞的含混部分。

31 包括摔角與拳擊的一種運動。

蘇：而他們所制定的法律，爲其人民所必守——這就是你所謂的正義，不是嗎？

傳：無可懷疑。

d **蘇**：那麼，根據你的論點，正義不僅是服從強者的利益，也是服從其利益的反面？

傳：你說甚麼？

蘇：我相信我只是重複你的話。且讓我們想想：我們不是承認過嗎，統治者在下令的時候，可能誤解本身的利益，而服從他們，則是正義？你不是承認過了麼？

傳：是的。

e **蘇**：既然如此，你就不僅承認了，當統治者無意之間，發令執行對他們有害的事時，正義可就不符合強者的權益了。因爲，既然如你所說，正義是人民服從統治者的命令；那麼，在那種情形之下，我的聖人喲，你又如何逃避這個結論：弱者奉命執行的，不僅不符強者的利益，反而有損害於強者？

340a **波**：再沒有比這一點更清楚的了，蘇格拉底。

克雷托方（插嘴）：他們如果准你當他的見證，就確屬如此。

波：但是沒有要見證的必要。傳拉西麻查斯親口承認，統治者有時會發出不符其本身利益的命令，而對人民來說，服從他們就是正義。

克：是呀，波勒麻查斯——傳拉西麻查斯說過，人民奉行統治者所命令的事，是合於正義的。

b **波**：沒錯，克雷托方；但是，他還說過，正義是強者的權益，而他一面承認這兩種論點，一面又進一步地承認，強者儘可以命令身爲其人民的弱者，來做與他的權益不符的事。因此而衍生的是，正義之有害於強者，一如有益於他。

克：但是，他說的強者的利益，意指強者自認爲他的利益——這便是弱者要做的。他肯定這就是正義。

波：他可並沒有那麼說呀！

c **蘇**：不要管那些。只要他現在那麼說，我們就接受他的話好啦。傅拉西麻查斯，告訴我，你所謂的正義，是不是說，不論統治者視爲權益的，是否是眞正的權益，只要他認爲是權益就行啦？

傅：當然不是。你以爲我會把出錯的人，在他出錯的時候，叫做強者嗎？

蘇：對的。我印象中，你在承認統治者並非沒有出錯的時候，而是有時會造成錯誤的當兒，不啻是這麼說的。

d **傅**：你辯論的樣子，簡直像個打小報告的[32]，蘇格拉底。舉例來說，你以爲醫生在病人身上出了錯，在那出錯的當兒，他還是個醫生嗎？或者說，一位算術師、文法家，在出錯的時

32 此詞在希臘兼具「公設控訴人」的意義，可以控告雅典公民，而實際則不啻爲從事勒索的人，因爲一經這種人控告，便是麻煩纏身，至少非破財不可。這種人可算是「阿諛者」，因爲他們可算作「巴結」暴君般的公意或輿論的——他們控告的是反社會行爲，法庭上陪審的則是由公民中選出。蘇格拉底可以把別人的道理講成沒有道理，讓人家丟醜，所以可說頗似這種人。

候，就其錯誤而言，還能算做算術師、文法家嗎？我們誠然會說，醫生、算術師、文法家
e 出了錯，但那只是一種說話的方式而已。事實上，任何文法家或技藝之士，依其名稱的涵
義而言，都是不會出錯的。除非他們技術出了問題，都不能出錯，而出了錯就不再配稱爲
技藝人員。沒有一個技藝者、聖人或統治者，會在名實相符的時候犯錯。平常我們說他出
錯。我也採用了一般的說話形式。你既然那麼喜歡明確，我們就絕對地明確好了。那麼，
341a 我們就應該說，一位統治者，就其統治者的身分而言，不會出錯，而他既然不會出錯，他
的命令必然符合其權益，而人民必要執行其命令。因此，我起先就說，現在再說一遍，正
義是強者的權益。

蘇：傳拉西麻查斯，我辯論起來眞的像個打小報告的嗎？

傳：不假。

蘇：那麼，你認爲我問你那些問題，有陰謀[33]在這場辯論中不利於你嗎？

b **傳**：不然。「認爲」一詞不確定——我知道。只是你的陰謀會遭揭穿，而專以辯論來論，你再
也不能得逞。

蘇：我沒有那麼打算，我的大爺。但爲了避免我們倆之間未來有所誤解，讓我問問你，一位統治者或強者，既如你所說，是在上的，其權益就正義而言應由其人民，也便是在下的，予以執行，那麼，你所說的統治者或強者，是就那種意義而言——是這一名詞的一般的意義呢，還是嚴格的意義呢？

傅：是最最嚴格的意義。你要想充當打小報告的人，就儘量施展你那撞騙的伎倆吧我不要你留情面。你也別想要我留情面。

蘇[c]：你以爲我會發瘋得打算欺騙傅拉西麻查斯？我還不如去刮獅子的鬍子呢。

傅：唉，你剛才還想那麼辦呢！只不過不曾成功而已。

蘇：我們已經夠客套了。我最好還是問你個問題：依你所講的嚴格意義而言，一位醫生，是爲病人治病的，還是掙錢的呢？記住：我講的是地地道道的醫生。

傅：爲病人治病的。

蘇：領航者——指的是眞正的領航者——他是水手的頭兒呢？還是僅僅一名水手？

傅：水手的頭兒。

蘇[d]：他在船上行駛的事實不要算，也不要算他是水手。他那領航的頭銜，所表示的與眾不同處，跟行船無關，而只意味著他的技藝和他管理水手的權力。

傅：不錯。

蘇：說起來，每種技藝都各有其權益。

傅：當然。

蘇：而每種技藝都要考慮和促成這種權益？

33 意爲「惡意損壞或詐欺」，是法律名詞。

傅：對的。技藝的目的在此。

蘇：而每種技藝的權益都是使其技藝完美——除此以外，再沒有別的？

e 傅：你這是甚麼意思？

蘇：我的意思，不妨以身體爲例，來做消極的說明。假定你問我，身體是自足的還是求於外的，我就要答覆：身體當然要有求於外，因爲身體會生毛病[34]，必須治療，所以有其權益，而醫藥的技藝便是照顧這種權益的。你一定會承認，醫藥的起源和目的就在這裡面。對不對？

342a 傅：對。

蘇：但是，如果醫藥或任何其他技藝，本身有缺陷，或者在品質上有所不足，它的情形跟眼睛的視力不良、耳朵的聽力差勁，是否相同呢？眼睛、耳朵有毛病，需要別種技藝來照顧視與聽的權益。換句話說，技藝本身是不是也同樣有出毛病、現缺陷的可能，而每種技藝也
b 就需要另種補充性的技藝來照顧它的權益，然後如此沒完沒了地類推下去？再不然，技藝是不是只要照顧本身的權益就夠？還是它們既對本身無何需求，也不需要別的？——它們既無缺陷、不足的地方，也就不需要或以本身的或以外來的技藝，來糾正其缺失，因而只要考慮其本身主體的權益就夠了？按說每種技藝在本身純正的時候就一定是完美無疵的——所謂純正，意謂完善無缺失。請你說出這些字的明確意義，告訴我我所講的是不是對的。

傳：明白得很，你對。

蘇[c]：那麼，醫藥考慮的不是本身的權益，而是身體的了？

傳：沒錯。

蘇：馬術考慮的不是馬術的權益，而是馬的權益。任何其他技藝，都不考慮本身，因爲它們的本身無需要。它們所顧慮的，是其技藝的主體對象，是嗎？

傳：沒錯。

蘇[d]：傅拉西麻查斯呀，那麼技藝總該是它們的主體的「上頭的」或是統治者了？

〔傅拉西麻查斯十分不樂意地同意了我的話。〕

蘇：那麼，任何知識或技藝都不考慮或強制實現強者或上頭的權益，卻只考慮或強制實現其主體，也便是人民和弱者的權益了？

〔他打算抗辯這番議論，但終於勉強同意了。〕

蘇：那麼，任何醫生，就其爲醫生而言，都不會在他的處方裡，考慮他自己的利益。而僅只考慮病人的利益。醫生究竟也算得是統治者（人體是他的主體或臣民），而不僅是一位掙錢的。你承認過這一點吧？

34 此處的「壞」或「惡毒」，有專業性意義，其比喻在於：身體的壞（疾患）由醫藥的技藝來治，靈魂的壞由政治的技藝來治。

傳：是的。

蘇：同樣的，依最嚴格的意義來說，領航是水手的統治者，而非僅是水手。

蘇：這麼一位領航兼統治者，要照應他屬下的水手，指導他們，卻非爲了他本身或者說統治者的權益啦？

傳：（很不情願的）：沒錯。

蘇：傅拉西麻查斯呀，那麼，在任何統治方式之下，沒有一個統治者，就其身爲統治者這點而言，會考慮或強制促成他自己的利益，而是永遠考慮或強制促成他的主體對象的利益，或是與他的技藝相符合的權益。他只注意這點，而他的一言一行，也都以這方面爲依歸。

〔我們辯論到這個地方，人人都看得出，正義的定義，業已被推翻了。傅拉西麻查斯不肯回答我——〕

343a **傳**：（轉問）：告訴我，蘇格拉底，你有沒有奶媽？

蘇：你爲甚麼問這問題？你應該回答我呀！

傳：因爲她讓你抽抽答答的，連給你擤鼻涕都不肯。她甚至沒教你，牧羊的跟羊有甚麼不同。

蘇：你爲甚麼這麼講呢？

b **傳**：因爲你幻想著牧羊的，放牛的伺候牛羊，使他們肥碩，目的是爲了牛羊的利益，而不是爲了他自己或他主人的利益。你還猜想著，邦國的統治者，只要是統治者，再不會把人民看成羊，而且不會一天到晚在盤算著自身的權益。他們怎麼會！你對正義和非正義的看法，

c 完全走上歧途，以致不能知道，正義和正義的也者，實際上只是他人的利益的代名詞，也
就是說，是統治者和強者的權益，和人民與奴僕的損失，而非正義是這種情形的反面。非
正義的人其實是眞正單純和正義的人的主子；他是強者；而他的人民執行符合他的權益的
d 事，照顧他的幸福，這種幸福卻與他們自己的幸福，南轅北轍。再想想，我那糊塗的蘇格
拉底喲，正義的人跟不正義的人相較，永遠是輸家。首先，在私人間的契約上，每逢不正
義的人跟正義的人合夥，你都會發現，合夥關係解散的時候，不正義的人所得一定較多，
正義的人所得一定較少。其次，在他們與城邦的交往交涉上，有所得稅的時候，同樣的收
入，正義的人所付的稅多，不正義的人所付的稅少；要有甚麼可以領到的，一方是空手而
e 回，一方是滿載而歸。你再看看他們有了職位的情形：正義的人疏忽了自家的事情，甚或
遭到其他損失，卻不能從公眾得到任何利益，因爲他是正義的。不僅此也，他還要眾叛親
離，因爲他拒絕在不合法的事情上幫忙。但在不正義的人那一邊，這一切可就都反過來
啦。我跟前此一樣，是就大規模的非正義情形立言，這也恰是不正義的人占盡利益[35]，最
344a 爲顯著的時候。假使我們轉而觀察，犯罪的最爲幸福，受害的或不肯做出不正義的事的人
最爲痛苦的，非正義的最高形式，也便是專制政制，我的意旨，就會更加清楚。專制政制
b 也者，是以詐欺與暴力，攫取他人的產業，而且不是蠶食，卻要鯨吞，而且不論宗教與世

35 希臘文pleonexia爲「貪婪」本義是「多要」，「多得」。這兩種意義此處都互相爲用。

俗，私人與公眾的事物，一例全收。專制者所做所爲，如果出之於個別私人，則一旦被人發現，就要受到懲罰，大大地爲人不齒——個別做這類壞事的，通稱偷廟宇的、拐子、穿窬[36]、騙徒和賊子。但是，當有人不僅掠奪了公民的金錢，而且把他們逼做奴隸的時候，別人不惟不會用那些難聽的字眼說他，反會說他天縱幸福，而且說這種話的，不僅是本國公民，還包括一切聽到他達到不正義極峰的人。人類要指摘非正義，在於他們惟恐身受其害，並非因爲他們不肯做出不正義的事來。因此，如我所宣示的，蘇格拉底呀，不正義到了相當的程度，便要較正義更有力量，更有自由，更能宰制一切。並且如我在開始時所講，正義是強者的權益，而非正義是個人的利益與權益。

d 〔傅拉西麻查斯說完了話，就跟澡堂裡的伙計[37]一樣，在大放厥辭以後，打算走開。在場的人不
肯放他走，堅持要他留下來，爲自己的立場辯護。我也跟著畢恭畢敬地求他不要離開我們。〕

蘇：傅拉西麻查斯，好人，你的話眞有意思。你還沒有相當地教會或是弄清楚這些話是否正
e 確，難道就要走嗎？難道你把決定人類生活狀況的嘗試，看得這麼渺小？要決定的是我們每個人如何能在最大利益下過日子呀！

傅：我對這番檢討的重要性，跟你還能有甚麼歧見？

蘇：你好像對我們漠不關心，傅拉西麻查斯——你毫不在乎，我們是否會因爲不知道你說你知
345a 道的事，以致生活得更好更壞。求求你，朋友，不要隱藏你的知識。我們的人不少，所以你能給我們的好處，一定不會白捨。就我自己來說，我公開聲明，你沒有說服我，我也不

相信，縱使非正義不受限制，可以任所欲爲，其收穫比正義更大。縱使有一個不正義的
人，能夠以詐欺、暴力手段造成非正義，那仍然不能使我相信，非正義的好處特別多。遭
遇我這種困難的人大約還有。我們也許是錯的。如果我們錯了，就請你以你的智慧，說服
b 我們：我們偏愛正義，揚棄非正義，是錯誤的。

傅：我已經說過的話，如果不能使你們信服，怎樣才能說服你們呢？我還要再怎麼樣？你們還
想要我把實質的證據，擺到你們的靈魂裡去不成[38]？

蘇：豈敢。我只要求你前後一致。你如果要改變，也請公開地改，不要欺騙。我一定要指出
c 來，傅拉西麻查斯，假如你還記得你剛才說過的話，則你雖然以對眞正的醫生下明確的定
義開始，在你說到牧羊人的時候，可就不曾遵守同樣的明確。你以爲牧羊人，依其牧羊人
身分而言，在照料羊隻上，目的不在對羊有好處，而是像吃飯的、赴席的那樣，想的是美
味；或者說像一個販子，想的是市場發言，卻不像牧羊的。可是，牧羊人的技藝，總應該
d 僅和他的主體即羊隻的利益有關。他只要爲牠們提供最好的技藝就行，因爲在技藝的各種
要求都已加以滿足的時候，牧羊這份技藝一定就達到了完美。我剛才說到統治者，就是這
種意思。我認爲一個統治者，就其統治者的身分而言，不論在公在私，其技藝必然只在於

---

36 「綁架」不是「勒贖」而是「掠賣」；「小偷」是眞正的「穿窬」。

37 公共浴堂裡擔任傳遞水、肥皂及按摩等的侍役，以粗野下流聞名。

38 指保母強餵不肯吃飯的孩子。傅拉西麻查斯如同保母，蘇氏則是那個需要保母的孩子。

e 羊群或民眾的福祉。你卻似乎以爲，各國的統治者或者說眞正的統治者，喜歡的是掌權。

傅：還要想！我確定得很。

346a 蘇：那麼，爲甚麼對較低的職位，除非人們自覺對他人有益，而非對自己有益，便非要錢不肯充任呢？我問你：各種技藝所以不同，是否是因爲各有不同功能？我的好大爺，勞駕說出你的想法，我們的辯論也好有點進展。

傅：沒錯，其所以不同者在此。

蘇：每種技藝，各有其特有的[39]，而非共有的好處。舉例來說，醫術予我們以健康，航海術使我們在海上平安等等

傅：是的。

b 蘇：掙錢術的特殊功能是掙錢——不過我們不會把這個跟其他技藝混淆，尤之於不會因爲一個領航的人的健康，可能因航海而改善，乃致混淆了領航的技藝和醫術。你總不會硬說航海術就是醫術——至少在我們採用你對語言的明確用法時，你總不會如此想。不是嗎？

傅：當然不會。

蘇：或者說，有人在領到報酬時健康很好，你總也不會說付款術就是醫術吧？

傅：我才不會呢。

蘇：一個人從事醫療的時候收費，你也不會說醫術就是掙錢術吧。

c 傅：當然不會。

蘇：我們都已承認，各種技藝的好處僅限於每種技藝的本身所特有。是嗎？

傅：是的。

蘇：那麼，假如有一種好處，是一切技藝人士所共有的，這種情形，就要歸因於有一種東西，他們要共同使用。

傅：沒錯。

蘇：技術人士得到報酬的好處，這樁好處是從掙錢術的附帶使用上得來的，而這種技藝，並不是他所從事的技藝。對嗎？

〔他很勉強地同意了這一點。〕

d **蘇**：那麼，報酬並不是那些技藝人士從他們的不同技藝的本身得來的。但是，事實上，醫術予人以健康，建築工的技藝是蓋房子，卻另有一種技藝，也就是掙錢術，跟著它們出現。不同的技藝儘可從事它本身的功能，而且使它們從事的對象獲益；但是，除非技藝人士同時還得到報酬，他會從他的技藝上得到甚麼好處嗎？

e **傅**：我想他不會。

蘇：但是，縱然他工作而得不到報酬，他會因此就給不了別人好處嗎？

39 希文的「私」（idion）一面對「公」而言，一面兼具「特有」對「一般」的意義。公私之分是本書要旨，也是正義問題的核心。一般而論，公高於私，但在特殊情形下，如眾醉獨醒的時候，則私又高於公了。

傅：他當然還能給別人好處。

蘇：傅拉西麻查斯，那麼我們就無法懷疑，技藝和政府都不爲本身的權益工作，而是像我們以
前所說的，它們統治並且促進其主體人民的權益，而後者是弱者並非強者，它們照顧的是
下面的利益而不是上面的。我親愛的傅拉西麻查斯，這就是我剛才說，沒有人願意統治的
理由。人們得不到報償，誰也不願意插手改善跟自己無關的惡事。
347a 原因是——當眞正的技藝人士執行他的工作，和向別人發號施令的時候，他並不顧及自己
的權益，永遠只關心他的主體的權益。因此，要使統治者甘心統治，他們一定要從三種報
酬方式其中之一取得報酬，這些方式就是金錢、榮譽或因爲拒絕而受懲處。

葛樂康：你這是甚麼意思，蘇格拉底？前兩種報酬方式沒有甚麼難懂；但我不懂是甚麼樣的懲罰，或是懲罰怎麼成了報酬。

b **蘇**：你莫非是說，你不懂這種報酬的性質？對最有資格的人說，懲罰是要他們肯統治的很大誘
惑力量。你總該知道，人人都認爲野心和貪婪是不名譽的東西，事實上確也如此吧？

葛：沒錯。

蘇：因此我說，對這種人金錢和榮譽並沒有誘惑力。好人不肯爲統治而公開要錢，因而落下僱
傭的名聲，也不肯私下從公款裡揩油，因而落下賊盜的名聲。他們既無野心，也就不要求
c 榮譽。在這種情形下，要讓他們服務，非使他們感到有此需要不可，非怕受罰不可。我
想，人們所以認爲爲求官而奔競不肯等候徵召是可恥的事，就是這個道理。懲罰中最嚴重

的部分，在於拒絕統治的人，很可能受到遠不如他的人的統治。我認爲，這種恐懼誘使好人出任公職：並非他們願意，而是非出來不可——並非自以爲可以沾便宜，享神氣，而是
d 視之爲必要，是因爲他們無法把任務交託給比他們好，甚或跟他們同等的人。我們有理由相信，假如一個城邦完全由好人構成，那麼讓大家爭著逃避當官的情形，會跟今天大家爭著找官做一樣熱烈。那樣我們就會有顯明的證據，眞正的統治者本質上就不可能關切自己的權益，而只關切他主體人民的權益。每個曉得這一點的人，都會寧願從別人處受好處，而不願意找麻煩給別人好處。這些便是我不同意傅拉西麻查斯的話，也便是正義是強者的
e 權益的地方。這個問題現在不必多說。但是，傅拉西麻查斯說，不正義的人的生活比正義的人的生活有利得多[40]，我覺得他這句新道理實在非常嚴重。我們倆到底誰說得對？葛樂康，你願意過哪種人的生活？

葛：我認爲有正義的人的生活較爲有利。

348a **蘇**：你聽到傅拉西麻查斯所說的，不正義的人能沾到便宜了嗎？

葛：是的，我聽見了。不過他沒能說服我。

蘇：那麼，我們是不是應該想個辦法，儘可能說服他，他說的都是假的？

葛：當然，當然。

40　參見338c，註32。

b 蘇：他來上一番套語，我們再來上一番說正義者有多少好處的套語，他再來，我們再往，我們就要數一數、量一量各方主張到的貨色，最後非找裁判[41]來決定不可。但我們如果跟剛才一樣進行討論，互相承認對方的話，我們就可以既充法官，又充兩造律師了。

葛：好吧。

蘇：你喜歡哪種辦法呢？

葛：你建議的那種。

蘇：好吧，傅拉西麻查斯，你好不好從頭開始，答覆我的問題。你說完美的非正義，比完美的正義有利？

c 傅：沒錯，我是那麼說的，也跟你講過了理由。

蘇：你自己對兩者的看法是什麼？你是不是要說一種是道德，一種是罪惡？

傅：當然。

蘇：我想你是要說正義就是道德，非正義就是罪惡啦？

傅：你倒想得妙！就憑我說非正義有利，正義無利，我可能那麼辨嗎？

蘇：那麼你要怎麼辦呢？

傅：跟你說的相反。

蘇：你要說正義就是罪惡嗎？

傅：不，我倒要說那是了不起的天眞。

d 蘇：那麼你要說非正義是邪惡[42]啦？

傅：不，我倒要說那是謹慎懂事。

蘇：你覺得不正義的人是聰明好人麼？

傅：至少那些能夠達到完美的不正義，又有力量壓服邦國民族的人是如此。不過你也許以爲我指的是扒手。其實就連扒手那一行，儘管不能跟我剛提的那些人相比，只要不被逮住，也自有其好處。

e 蘇：我相信沒有誤會你的意思，傅拉西麻查斯。但我聽到你把非正義跟智慧、道德列在一起，把正義跟相反的東西列在一起，仍然不能不感驚訝。

傅：我本來就要那麼列的嘛！

蘇：好吧！你現在的理由，較具實質，而且也幾乎無可批駁。你說非正義有利；但如果你跟別人一樣地承認它是罪惡、反常的，我倒可以用一般接受的原則來答覆你。但是，我看得出來，你說非正義是榮譽、強有力的，而且把我們前此要歸給正義者的一切品質，都歸給了
349a 不正義者——你毫不遲疑地把非正義和智慧、道德併爲一談了哇。

傅：你猜得一點兒也不錯。

41 指雅典法庭上的陪審員。按本章所示，是蘇氏遭到假審判的情形。他在這裡指出演說術的另一用法，可以包他必勝。

42 希文「天眞無邪」的本字意爲「習慣良好」；「腐化」意爲「習慣惡劣」，兩字關係可見。

蘇：傅拉西麻查斯，我只要有理由相信你說的是眞心話，就不應該半途中止我們的辯論。我相信你現在是認眞在說話，而不是拿我們開玩笑。

傅：我也許認眞，也許不是；但那跟你有甚麼關係？你的責任是駁倒我呀。

b **蘇**：沒錯，那是我該做的。不過，你好不好再答覆一個問題呢？正義的人要試著沾正義的人的便宜嗎？

傅：當然不會，他要那麼做，可就不那麼天眞好笑了哇。

蘇：他會跨過正義行爲的界限嗎？

傅：他不會。

蘇：他對沾不正義的人的便宜，有甚麼看法？他認爲那是合於正義的還是不合正義的？

傅：他會認爲那是合乎正義的；而且也想那麼做，只是不能夠罷了。

c **蘇**：他是否能夠無關大旨。我要問的是，這位正義的人雖然拒絕對另一位做越分的要求，卻願意對不正義的人越分，對不對？

傅：他願意。

蘇：那麼不正義的人呢——他是不是要求跨過正義的人，而且跨過正義的界限？

傅：當然啦，他要求得到的比任何人都多。

蘇：不正義的人，會使用各種手段，爭取較不正義的人或是應分所得爲多的利益，以便他的收穫較人人都多啦？

傅：不錯。

蘇：我們不妨把這件事這麼說：正義的人不要求比同類所得更多；但要求比非同類所得爲多，而不正義的人要求比同類、不同類所得的都要更多？

d 傅：你說得不能再好啦。

蘇：不正義的人又好又有智慧，正義的人兩者都不是，對不對？

傅：你說得又很好。

蘇：不正義的人，是不是跟聰明人、好人同類，而正義的人，是不是跟他們不同類呢？

傅：當然啦，具有某種天性的人，跟具有某種天性的人同類；不同天性的人不同類。

蘇：每個人跟他的同類相同啦？

傅：當然。

e 蘇：好吧，傅拉西麻查斯。我們再談談技藝的事。你會承認這個人是樂師，那個人不是樂師吧？

傅：是的。

蘇：他們哪一個聰明，哪一個笨呢？

傅：樂師顯然是聰明的，那個不是樂師的是笨的。

蘇：以他的可稱聰明這一點說，他是好的，以他的笨來說，他是壞的？

傅：是的。

350a 蘇：就醫生來說，你也會這麼講？

傅：是的。

蘇：我了不起的朋友，你認爲，當一位樂師調定七絃琴的時候，會希望或自認在緊絃或鬆絃上跨過另一位樂師嗎？

傅：我想不會。

蘇：但他會自認，他比非樂師的人強。

傅：當然。

蘇：對醫生的情形你又怎麼說呢？在規定飲食時，他會願意跨過另一位醫生或行醫的本分嗎？

傅：不會。

蘇：但他要自認比非醫生的人強。

傅：是的。

蘇：我們現在就一般來討論知識和無知的問題。瞧瞧你是否認爲：任何有知識的人，是否有時候都希望能夠比另一位有知識的人所言所行的更多，還是寧願跟他相同的人，在相同的情形下，所言所行一樣地多呢？

b 傅：我想，後一點是無可否認的。

蘇：無知的人又怎麼樣呢？他是不是願意比有知識的、無知識的都能言能行得多？

傅：我相信是這樣。

蘇：有知識的人是有智慧的？

傅：是的。

蘇：有智慧是好的？

傅：沒錯。

蘇：那麼，聰明好人不會希望跨過他的同類，但希望跨過他的非同類和相反的人啦？

傅：我想是的。

蘇：而壞而無知的人就要希望跨過這兩類人啦？

傅：是的。

蘇：但是，傅拉西麻查斯，我們不是說過麼，不正義的人要跨過他的同類和非同類。這些豈是不是你的話？

傅：是的。

c 蘇：你還說過，正義的人不會跨過他的同類，而只要跨過他的非同類？

傅：是的。

蘇：那麼，正義的人類似聰明好人，不正義的人類似無知的壞人？

傅：推想應當如此。

蘇：那麼，正義的人究竟還是有智慧的好人，不正義的究竟還是無知識的壞人。

d 〔傅拉西麻查斯承認了這一切，但不是爽快地，我一複誦就承認，而是極端地勉強。那天是夏季的熱天，他汗如雨下。接著，我看到了從來沒有看到過的情形：傅拉西麻查斯居然臉紅了。我們既然已協議，正義是道德和智慧，非正義是罪惡和無知，我就接下去討論另一點。〕

蘇：傅拉西麻查斯啊，那件事已經判明了。不過，我們不是還說過，非正義就是力量嗎？你記不記得？

e **傅**：我記得。但不要以爲我贊成了你剛在說的話，或是我沒有話答覆。不過，我如果回答了，你一定會責備我巧言強辯。所以，你或者准許我把話說完，或者如果你只想問問題，你就問吧！反正我只要跟旁人對講故事的老太婆那樣，說聲「好極了」，點頭搖頭表示「對」、「不對」就是啦。

蘇：如果這樣做跟你的意思相反，可就不行。

傅：也沒有什麼不行的，只要你高興就是了。反正你不肯讓我講話。你還想怎麼樣呢？

蘇：怎麼樣也不想。你如果願意，我問你答好了。

傅：你請。

351a **蘇**：我先重複一下我先前問過的問題，以便我們對正義和非正義的相對性質的檢討，可以規規矩矩地繼續下去。你起初說，非正義比正義更強而有力；但是，我們既已判定正義和智慧、道德相同，而非正義和無知相同，就很容易證明正義比非正義更強而有力。這一點是人人都不能置疑的。不過，傅拉西麻查斯，我希望從另一個角度觀察這件事。你大約不會
b 否認，一個邦國可能是不正義的；而且可能希望違反正義，來奴役其他邦國，甚或已奴役

了它國，正掌握了它們。

傅：不錯。我願意添上一句話：最上乘最完美的不正義的邦國，最可能做這種事。

蘇：我知道你的看法一定如此。但我要進一步考慮的是：優勢邦國所具有的這種力量，其存在和運用能否沒有正義，或是僅能在正義的情形之下？

c 傅：假如你的看法是對的，正義便是智慧，那就僅能在有正義的情形之下。但是，假如我的看法是對的，那就可以沒有正義。

蘇：傅拉西麻查斯，我眞高興看到，你不但點頭表示贊成和反對，而且提出這麼漂亮的答覆。

傅：那還不是爲了對你客氣。

蘇：多謝，多謝。你好不好再告訴我，是否認爲一個邦國、一支軍隊、一幫土匪、盜賊或其他惡人，能夠在行動的時候，做得好像要互相傷害似的？

d 傅：當然不能。怎麼可以呢？

蘇：他們既不要互相傷害，就可以合作得較好啦？

傅：是的。

蘇：這是因爲非正義造成離心、憎恨和毆鬥，而正義帶來和諧與友誼。這點對不對啊，傅拉西麻查斯？

傅：我既然不想跟你吵架，就算你說得對吧。

蘇：你眞好。但是，我還想知道，非正義既然有引起恨意的傾向，那麼，不論它存在哪裡，奴

e 隸之間也好，自由人之間也好，是不是都會使他們互相厭恨，互持異議，乃致使他們無法同一行動？

傳：當然啦。

蘇：縱然非正義存在於僅僅兩人之間，他們是否會吵嘴打架，相互敵視，且敵視有正義的人？

傳：會的。

蘇：假定非正義只存在於個人身上，以你的睿智聰明看來，它是失去還是保持它的天生力量？

傳：我們假定它保持其力量好啦。

352a **蘇**：但是，非正義所運用的力量，其本質使它不論存在於甚麼地方：邦國也好，軍隊、家族或其他團體也好，都使這一團體乍上來就因爲煽惑、擾亂民心而無法從事統一的行動；也使它成了它本身的敵人，與一切跟它相反的和有正義的，都互相敵對？是這種情形嗎？

傳：是的，當然。

蘇：非正義存在於一個人身上，不是也同樣地要命麼？首先，因爲他跟自己不能表裡如一，非正義使他不能行動；其次，它也使他成爲自己以及有正義的人的敵人。這話對不對呀，傳拉西麻查斯？

傳：對。

蘇：我的好朋友喲，神祇們總是有正義的吧？

b **傳**：假定他們有吧。

蘇：既然如此，不正義的人就是神祇的敵人，有正義的人就是他們的朋友嘍？

傳：慶祝你的勝利吧，讓你在辯論上心滿意足吧。反正我不要反對你，免得在場的人們不高興。

蘇：那麼，你猜答覆就是，我也好把剩下的東西吃光。我們業已證明，有正義的明明比不正義
c 的人多智、更好、更能幹，而且不正義的人不能有共同的行動。不僅如此，我們說壞人有
精力充沛地行動的時候，並不十分正確，因爲他們如果是十足的惡，就會互相鬥毆起來。
但很清楚的是，他們身上總多少有些正義的殘餘，使他們能夠聯合。假如沒有的話，他們
就會先自相殘殺，再殺及受害的人。在他們從事的事情上，他們只是半個壞人。如果他們
d 是徹底的壞人，是徹底不正義的，就會完全不能有所行動。我相信，這才是眞相，而不是
你起初所說的。至於有正義的人，能否比不正義的人生活得更好、更快樂，則是另外一個
我們打算加以考慮的問題。我以爲他們能夠，而其理由就是我所說到的。不過，我願意繼
續加以討論，因爲這可不是小事，而是人生的準則。

傳：請吧。

蘇：我要先問一樁問題：你是否要說馬有其目的？

e 傳：是的。

蘇：馬或任何其他事物的目的或功能，在於任何另外的事物，都不能完成其特具目的或功能，或是完成不那麼好吧？

傳：我不懂。

蘇：讓我來解釋：除了用眼睛，你還能看嗎？

傳：當然不能。

蘇：除了用躲，你還能聽嗎？

傳：不能。

蘇：看和聽可以說是這些器官的目的吧？

傳：可以。

353a 蘇：用匕首、用鑿子，或是用其他方式，都能砍斷葡萄枝吧？

傳：當然。

蘇：但總不如專爲這件事造出來的花剪吧？

傳：沒錯。

蘇：我們可不可以說，這便是花剪的目的？

傳：可以。

蘇：我問那個問題，亦即任何事物的目的，在於任何另外的事物，都不能完成它，或是完成不那麼好，我的意思是什麼，你現在不會難於摸索了解了吧？

b 傳：我懂得你的意思，也同意。

蘇：任何有指定目的的事物總還有一種德性，對不對？我要不要再問一聲，眼睛是有其目的的？

傅：有的。

蘇：眼睛是不是還有其德性？

傅：是的。

蘇：耳朵也有其目的和德性啦？

傅：不錯。

蘇：其他事物莫不如此，各有其目的和特殊德性？

傅：是的。

c 蘇：眼睛如果少了其特有的德性，反而有了缺點，還能夠達成目的嗎？

傅：眼睛如果瞎了，還怎麼達到目的呢？

蘇：你的意思是說，眼睛失去了特有的德性，也便是視力；但我還沒有說得那麼遠。我只要做一般性的詢問，問你達成目的的事物，是否靠其本身特有的德性來達成，而如果不能達成，則是由於本身的缺點？

傅：當然啦。

蘇：耳朵是不是也可以這麼說：剝奪了耳朵本身的特有德性，它就不能達成其目的了？

d 傅：沒錯。

蘇：這種看法也可以引用到其他事物上去嘍？

傅：我同意。

蘇：好。靈魂是不是也有其他事物不能達成的目的？舉例來說，它會監督、發令、思考等等。這些功能是不是靈魂專有的？能否交託給別的事物而不生錯誤？

傳：不能。

蘇：生命是不是也應當視爲靈魂的目的？

傳：當然，當然。

蘇：靈魂也有其德性吧？

傳：是的。

e **蘇**：失掉了這種德性，靈魂還能達成其目的嗎？

傳：不能。

蘇：那麼，邪惡的靈魂必然是邪惡的統治者、司令人，而善良的靈魂必然是優秀的統治者了？

傳：是的，必然如此。

蘇：我們已經承認，正義是靈魂的德性，非正義是靈魂的缺點啦？

傳：是承認過了。

蘇：那麼，有正義的靈魂和有正義的人會生活得好，沒正義的人會生活得壞啦？

傳：你的論點是那麼證明的。

354a **蘇**：生活得好的人快樂幸福，生活得不好的人是快樂幸福的反面嘍？

傳：當然。

蘇：正義的人是幸福的，不正義的人是痛苦的吧？

傅：好嘛。

蘇：而有利的是幸福，不是痛苦。

傅：那是自然。

蘇：那麼，我的得邀天眷的傅拉西麻查斯喲，非正義永遠不可能比正義更有利。

傅：蘇格拉底呀，這就算你在女神節[43]得到的開心事吧！

蘇：那我就要謝謝你，居然對我客氣起來，不再訶責我嘍。不過，我並沒有得到太多的開心。這一點其咎在我而不在你。饕餮家在上菜的時候，來一樣嚐一樣，不肯給自己時間來品味上一道菜。我跟他一樣，從這個題目講到那個題目，竟不曾找到我起先尋求的，也便是正義的本質。我脫開了那一面的探討，反轉來研議正義究是德性和智慧，還是邪惡與愚蠢。等到另一個關於正義和非正義的相對利弊的問題出現時，我竟然沒有制止自己，不去談它。這全部討論的結果是，我什麼都不知道。我不知道正義是什麼，因此也就很難知道它是否是一種道德或德性，我也說不出來，有正義的人，是快樂的還是不快樂的。

43 參見327a與註5。

卷一

正義之源

357a〔我說了這些，以爲議論到此爲止。事實上，這個結束只是開始。葛樂康一向最爲執拗，頗不滿意於傅拉西麻查斯退卻。他希望辯論到底，所以——〕

b **葛樂康**：蘇格拉底，你是眞正要說服我們，還是佯裝要說服我們，正義永遠比不正義好哇？

蘇：只要能夠，我是眞正要說服你。

葛：那麼，你實在沒有成功。讓我問你：你如何區分各種東西呢？不是有些東西我們就其本身歡迎它們，而不管其後果如何？例如有些無害的娛樂，雖然事後並無餘用，當時卻能使我們快樂。

蘇：我同意認爲有這麼一類。

c **葛**：不是還有第二類的，諸如知識、視力、健康嗎？這些不僅本身可欲，其結果也是可欲的。

蘇：當然。

葛：你肯不肯承認第三類[1]，諸如體操、侍奉病人和醫術呢？再比如掙錢的各種門道。這些都
d 是對我們有好處，我們卻視之爲可厭的事，再沒有人肯爲其本身來選擇它們，卻是爲了它們所孳生的報酬或結果。

蘇：這第三類倒也是有的。不過，你爲什麼要問呢？

葛：因爲我要知道你把正義歸到那一類。

358a **蘇**：歸在最高的一類，儕於那些東西之間，那些任何希望幸福的人，都爲其本身和結果加以欲求的東西之間。

葛：如果是這樣，眾人可就不是這麼個意見。他們認爲正義是應該算在討厭一類的，那類爲了報酬或眾意[2]、名譽才要追求，而其本身則屬討厭，應加躲避的東西。

蘇：我知道他們的想法，而那正是傅拉西麻查斯剛才指摘正義、頌讚非正義的時候所主張的。只是我太笨啦，無法讓他說服而已。

b **葛**：我希望你不但聽了他的，也聽聽我的，看看我們的看法是否相同。我看傅拉西麻查斯好像一條蛇，還沒有等到應當的時候就受了你的聲音的禁制。但是我覺得正義和非正義的本質，還不曾說得清楚。且不管它們的報償和結果，我希望知道，它們的本身是什麼，又是怎樣地在靈魂之內生效果。你如果不反對，我要重提傅拉西麻查斯的論點。第一，我要根

c 據一般看法，敘述正義的本質和來源。其次，我要指陳，行正義的人，並不以正義爲善，而是逆心的，不得不爲之的。第三，我要議論的是，這種看法有其理由，因爲不正義的人

---

1 形式或「型」（from，希臘文eidos），在這裡是本書中第一次出現。此字對柏氏思想至爲重要，所謂的「觀念或形式理論」（theory of ideas or forms）即從而得來。依其字源，此字得自動詞，意爲「看見」，亦即「事物的表象」——外相或使之看起來與它事物不同的特質。本段裡意爲「類別」、「種屬」這個意義與前一意義的關係應該是明顯的。在柏氏筆下，此字的意義頗見高下分別，但其本義如此。本書內凡譯「形式」者皆爲此字。

2 希臘本字是doxa，意爲「似乎」、「顯然」。「意見」與「知識」是反義詞。此字可引伸爲「名譽」，亦即「傳聞如是」，指的是表相，以別於眞實。「意見」和「名譽」本身皆不含惡意，但因它們與「似乎」關係密切，所以有了可疑之處。柏拉圖就是要利用本詞的模棱處。這裡，葛樂康和阿第曼圖強調「意見」或「似乎」與「本質」、「實在」之間的分別，和能免於意見的少數人與受制於意見的多數人之間的分別。

所說的如果屬實——我個人並不相信這種話，蘇格拉底——則其生活確實比正義的人生活得更好。不過，我還是要承認，當我聽到傅拉西麻查斯和無數旁人，在我耳邊嚷嚷，就感到頗爲困惑。另一方面，我從來沒有聽到任何人，以令人滿意的方式，主張正義優於非正
d 義。我希望聽到，正義因其本身受到頌揚。那樣我就滿意了，而我想你正是我最可能聽到說這種話的人。因此，我願意盡我所能，歌頌不正義的生活，而我說話的方式，正足以表示，我希望看看，你歌頌正義、譴責非正義的方式是甚麼。你好不好告訴我，是否同意我的建議？

蘇：我確實同意。我實在想不出，還有什麼題目，比它使有見識的人更願意討論的。

e **葛：**我很高興聽到你這樣講。我現在就要像我所建議的那樣，開始敘述正義的本質和來源了。他們說，就其本質而言，實行非正義是善的，遭受非正義是惡的，而其惡大於其善。因此，在人們既實行又遭受非正義，有了雙方面的經驗，而既不能逃於此，又不能得於彼的
359a 時候，他們就認爲最好是互相協議，兩者都不要。於是就有了法律和公約，而凡是法律所規定的，他們就說是合法的、正義的。他們肯定這就是正義的來源和本質，亦即一種中庸之道或折衷於至善，也便是實行非正義而不受懲罰和至惡，也便是遭受非正義而無力報復。正義既位於這兩者的中間，便被視爲小惡而非善事，由而獲得容忍，也因爲人們無能實行非正義，由而獲得尊重。任何配稱爲人的人，只要能夠反抗，都是不肯遵依這種協議
b 的。他要肯的話，大約是瘋了。蘇格拉底，這就是正義的本質和來源的一般說法。那些實

c 行正義的人，這樣做非出意願，而是因爲他們無力實行非正義。對於這一點之確爲如此，我們只要這麼想就能了解：我們給正義的與不正義的人力量，使他們任所欲爲，然後再看欲望如何引導他們。這樣，我們就能發現，在此時的行動上，正義和不正義的人，走的是同一條路：跟蹤他們的權益，而一切天性都認爲利益是善的，其所以被導引轉向到正義的道途上來，是由於法律的力量[3]。我們如果要把我們所假定的自由抉擇，以最完美的方式

d 給予他們，那個方式，大約是吉哲斯所曾擁有的魔力。吉哲斯[4]可是利地亞國王克里梭的祖先喲！

傳說裡講，吉哲斯本來是利地亞國的牧羊人，當時有一場暴風雨，還夾著地震，在他放羊的地方，裂出來一個大洞。他在驚奇之餘，走下了深洞。洞裡有很多珍異的東西，其間他看到一匹中空的銅馬，馬身上有門。他俯身望進去，看見的是比常人顯得魁偉得多的屍體，身上一絲不掛，卻戴了一枚金戒指。他從死人手上取下戒指，走回地面。當時正是牧

e 人們依例集會，以便向國王按月報告羊群情形的時候。他手指上戴著戒指，前來與會。他就坐的時候，恰巧把指環的前面轉向手心，於是別人就立刻看不到他了。大家就開始講

360a 他，好像他已經不在場似的。他大爲驚奇，就再轉動戒指，回到正面，他也就再次出現

3 希臘字法律是nomos，其意可爲「公約」或因襲性的規則。蓋法律不必定由立法機構制定，而是祖先遺留下的成規。這個詞因此可爲「自然」（physis）的反義字。

4 參見希洛多他斯（Herodotus）的《歷史》卷一第八—一三節。克里梭（Croesus）是希臘神話中最富有的人。

了。他試了幾次，效果相同——他把指環轉向內，他就隱身，他把指環轉向外，他就重
現。他於是設法被選爲前往朝廷的代表。他到了朝廷，就勾搭了王后，然後跟她圖謀，殺
b 了國王，篡奪了王位。假設世上有兩隻同樣的這種魔法的戒指，正義的人戴一隻，不正義
的人戴一隻，則我們無法想像任何人。其天性能夠堅如鐵石，始終堅持正義。如果人能夠
c 任意到市場上拿東西，或是到任何家庭跟隨便甚麼人睡覺，或是隨意殺人，或是隨意到監
獄裡去放人，並且在各方面都像人群中的神一樣，就再也沒有人肯不染指不屬於自己的東
西了。

這時，正義的人的行爲，會跟不正義的人的行爲一樣。兩者相會的一點是同一的。我們很
可以拿這個故事當證據，證明人的遵守正義，並非志願的或因爲他認爲正義對他個人有什
d 麼好處，而是爲勢所逼。每逢人能夠不虞後果地做非正義的事，他就會那麼做的。人人在
心裡都相信，就個人來說，非正義比正義有利得多，而任何人跟我一樣地論證的話，也
會說他們是對的。你如果能想像到，任何人得了隱身術，卻不肯做壞事，碰屬於別人的東
西，旁觀的人一定會說這個人是最可憐的白癡，縱然他們會對著面相互頌贊他，而且互相
e 裝出一板正經的樣子來，而這只是出於害怕，怕的是他們也可能受到不正義的害，這且不
說。我們要對正義的人和不正義的人的生活，成立眞確的判斷，我們就必須把它們孤立起
來。除此再無它法。我們如何加以孤立呢？我的答覆是：讓不正義的人完全不義，讓正義
的人完全正義。

361a 我們對兩者都不加限制；而且十足供應他們從事各人生活所需要的一切。首先，讓不正義
的人跟其他拔尖的技藝宗匠，例如技能精湛的領航員或醫生一樣，深悉個人能力，不肯逾
越，而縱有隕越之處，也能夠撥亂反正。這樣，我們可以讓不正義的人以正確的方式進行
他的非正義的企圖，而他要能在不正義上表現得偉大，就要能夠掩藏得好（讓人家發覺的
不是人物）。非正義的頂點是在你不行正義時，被人家認爲你是正義的。因此，我要說，
我們必須假定，最完美的不正義的人，具有最完美的非正義。我們不能打折扣，而要承
b 認他在做最不正義的事的時候，獲得正義的最大名譽。縱然他出了差錯，一定要能改正過
來。萬一他的行爲被揭穿了，他一定要能以言語掩飾過去，需要用勢力的時候，他可以憑
藉自己的勇氣和毅力，以及對金錢與朋友的控制，運用力量達到目的。我們用來跟他對
c 比的，是正義的人具有高貴與純潔的品質，而且如伊思其洛斯所說[5]，願意行善而不具善
名。他不能顯得是善人，因爲他如果顯得是正義的，就會得到尊敬獎勵，我們也就無法知
道，他究是爲正義而正義，還是爲了嘉獎而正義了。因此，我們只要他以正義爲服，再無
其他裝飾，而且別人還要猜想他的生活情形，恰與實際相反。他是最好的人，而被視爲是
d 最壞的人。這樣他就受到考驗，我們也可以看到，他會不會受到畏懼惡名和惡名的後果的
影響。讓他這樣下去，一直到死，實際正義卻顯得不正義，在這兩個人都到了正義與非正

5 Aeschylus, *Seven against Thebes*（《七雄爭城記》）第五九二行大意。

義的表現的極限時，我們再來判斷，兩個人中哪一個較爲快樂。
蘇：我的天，親愛的葛樂康，你爲了要我們判斷，眞正出力把這兩個人打磨得跟兩座雕像一樣
地乾淨，這個完了再來另一個。
葛：我是盡力而爲。我們既然知道了他們是什麼樣子，就不難規劃出等候他們的是甚麼樣子的
e 生活。我要描述一下這一些。不過，你可能會覺得這番描述粗鄙，我要請你，蘇格拉底
呀，假定下面的話不是我的。讓我把這些話放在頌讚非正義的人的嘴裡好了。他們會告訴
你，被人視爲不正義的正義的人，會遭鞭笞、夾拶、綑綁，乃至於炮烙出眼珠，而最後在
362a 備嘗楚毒完了的時候，受到木棍穿身的刑罰。到那時，他就會明白，他應該顯得合正義而
不當行正義。依斯其洛斯的話，用在不正義的人身上，比用在正義的人身上，更爲合適。
不正義的人追求的是實際，並不爲維持外表活著——他要在實際上不正義，而不僅是顯得
如此：

> 他心底自有土壤，深厚肥沃，
> 長出來他愼重的誡語6。

b 第一，別人認爲他是正義的，所以承擔邦國的統治。他願意娶甚麼人就娶什麼人，嫁甚麼
人就嫁甚麼人；願意做甚麼生意就做甚麼生意，而且永遠對他有利，因爲他對不正義並無
不安的感覺；而在每種公私競爭上，他都能打敗對手，占盡他們的便宜，所以能富，並且
c 用收益與朋友分享，挫折敵人；不僅如此，他還可以供祭祀，向神祇獻上豐盛輝煌的禮

品，並且以遠優於正義的人所能的方式，崇敬神祇和他願意尊崇的人，所以可能比正義的人更受神祇的寵愛。因此，蘇格拉底啊！神、人可說是沆瀣一氣，使不正義的人，生活得比正義的人好。

d 〔我正要說些甚麼，回答葛樂康的時候，他的弟弟阿第曼圖插了嘴。〕

阿第曼圖：蘇格拉底，你以為再沒有別的值得提出了嗎？

蘇：還有甚麼呢？

阿：最強有力的理由連提到都還不曾提到呢！

蘇：哎，俗話說得好，上陣還要兄弟兵[7]；他說得如果還有不完全的地方，你幫他就是了。我倒是承認，他講的已經使我難於招架，剝奪了我為正義辯護的能力。

e **阿**：胡扯。不過還是要讓我添幾句。葛樂康頌讚和譴責正義與非正義的議論，還另有一面，必
363a 須標舉出來，以便充分顯示我相信是他的意旨。父母、老師經常告誡子弟和受監護人，他們應該履行正義。為甚麼呢？為的不是正義本身，而是品格和名譽，希望的是使有正義之名的人，獲得葛樂康陳述的，不正義的人因為有正義名聲而獲致的利益中的職位和婚姻。不過，這類人重視外表，比他人更甚，因為他們還要引及神意，告訴你所謂的上天會降下

6 《七雄爭城記》五九三—五九四行。

7 本意是「弟兄必須維護自家人」。

的各種福分，而這點恰符合希西阿和荷馬的證言。希西阿說，神祇們要正義的人的橡樹：

> 頂生橡實，中繁蜜蜂，羊群因毛厚而俯地[8]，

b 以及其他類似的恩佑，都會頒給他們。荷馬的話也同一調門，因爲他說到某人的名譽：

> 一如某位正直國王的名譽，其人神祇般維護正義；爲了他，黑色的大地供奉出小麥大
> c 麥，他的樹結實累累，他的羊蕃盛不已，海爲他帶來魚類[9]。

繆塞阿斯和他的兒子，對正義的人所保證的天福，更是偉大。他倆帶著正義的人，下臨冥
d 府，聖賢在那裡躺在錦榻上歡宴，日常沉醉，頭繞花環；他倆似乎以爲，在沉醉裡永生是
德行的最大報償[10]。還有人把這種獎賞延展得更甚。他們說，忠誠正義的人的後裔，可以
延續到第三第四代。這是他們頌揚正義的方式，關於壞人卻另有一個調門：這些人把不正
e 義的人埋在冥府的泥窪裡，要他們用篩子取水；當不正義的人在世時，他們蒙之以惡名，
要他們受到葛樂康描述的，正義而蒙不正義之名的人所當受到的各種刑罰。他們的創造力
不肯提說別的。這便是他們歌頌這一面的人，譴責另一面的人的辦法。

蘇格拉底啊！我要再一次地請你考慮，敘述正義和非正義的另一種方式，這種方式不僅限
於詩人使用，在散文作家[11]裡也可以找到。人類的普遍聲音，經常宣稱正義和道德可敬，
364a 但也痛楚辛苦；而罪惡與不正義的欣愉容易達到，只是受法律和輿論的裁制而已。他們還
說，誠實大體上不如不誠實有利。他們在壞人有錢或在其他方面有勢力的時候，不惜說他
們是幸福的，不惜於公於私都尊崇他們，但卻卑視、不理那些軟弱窮困的人，雖然他們要

b 承認這些人比別的人好。但是，眞正特別的是他們提說德行和神祇的方式：他們說神祇把災禍與疾苦分給許多好人，把好運幸福分給惡人。乞討爲生的先知們，跑到富人門上，要
c 說服富人，神祇給了他們法力，能以祭獻、符咒、典禮、盛饌，來爲人或他的祖先的惡行贖罪。他們承諾，以少量的代價，嫁害他的敵人，不管這個人是否正義。他們說，他們的法術和符咒，能夠約束上天，執行他們的意願。他們以詩人爲支持他們的權威，而以希西阿的話來蕩平罪惡的道路：

d 罪惡可以不費力地大量取得：程途平坦而罪惡居近。在德行的前面，神祇卻安排了辛苦[12]。

和累人的峻徑。他們然後以荷馬爲證人，說明神祇可受人類的左右，因爲荷馬也說：

---

8 希西阿（Hesiod），《農日行事》（*Works and Days*），二三二—二三四行。

9 《奧德塞》卷十九第一〇九—一一三行。阿第曼圖落掉其間第三行。一一四行說的是「由於他的優異領導，人們在他下面過著道德的生活。」

10 繆塞阿斯（Musaeus）是英雄時代（荷馬時代）的先知與半神話性的歌者，或稱是奧菲阿斯（Orpheus）之子。其詩據云是講宇宙大事。阿第曼圖說「他的兒子」，或指攸摩波斯（Eumolpus），傳說中創始穀神祭（Eleusinian Mysteries），其子孫又爲其祭司的人。果然如此，則阿第曼圖是暗示指摘雅典對來生的一般了解。又symposium本意爲「飲酒之會」。

11 「散文」（對韻文或詩文而言）本字意謂「私下講說」和「私語」。當時公開演講幾乎都用詩體（不押韻但節律森然），其時用散文體所寫，全文流傳至今的只有希洛多他斯（西元前四四三）的歷史。詩本質上是在集會上用的，柏拉圖分析詩，主要以此爲依據。散文則因其相反性質，特爲自然與坦誠。柏拉圖用散文，顯然有這種考慮。

12 希西阿，《農日行事》，二八七—二八九行。

神祇們也可使之改變初衷，人們向他們祈禱，
用祭獻和款款的求告，以奠酒和脂膏的香氣，
來轉移他們的憤怒，在人們犯罪悖逆的時候[13]。

e 他們還拿出一批繆塞阿斯跟奧菲阿斯的書出來——他們說這兩位是月神和繆斯的兒子——用它們做根據，舉行他們的儀式，勸動不僅是個人，乃至整個邦國，酬神贖罪，都可以使用祭獻和娛樂的辦法，而這些打發了無聊的時間，對生者死者都同樣有用。爲死者舉行的儀式，他們都稱之爲神祕祭典[14]，可以拯拔我們，免於冥府的痛苦，而我們如果忽略這類儀式，會有什麼後果，是誰也不知道的。

365a （阿第曼圖繼續著說：）年輕人聽到了這些有關德行罪惡的話，以及神人對他們的看法，則他們的思想會受到甚麼影響呢？親愛的蘇格拉底，我是說，那些腦筋靈活，像飛行中的蜜蜂，在每朵花上停落的，他們可能從所聽到的一切上，自尋結論，來決定他們應 b 該成爲甚麼樣的人，以及他們要想最能善用人生，便當如何持身應世，這些年輕人，說不定會用賓達的話，對自己說：

我能以正義還是以邪曲的欺詐途徑，來攀登較高聳的，可能成爲我畢生的堡壘的塔閣呢？

人們說的是，假如我確合正義，但不爲人知，則不可能得利；在另一方面卻一定受苦楚、遭損失。不過，假如我縱然不正義，卻得到正義的名聲，我就不啻得到享盡天福的承諾

c 了。如哲學家們證明的，外貌凌越眞理[15]，是幸福的主宰，因此，我必須致力於外貌。我
要在周圍畫出德行的影畫[16]，做爲住宅的門廊和外形；在住宅裡面，我要像智聖阿契樂查
d 斯教諭的，追蹤機詐狡猾的狐狸[17]。我聽見有人大叫，掩藏邪惡常是困難的。對於這一點
我的答覆是，大事情沒有容易的。雖然如此，這裡的說法規定了，如果我們想幸福，這一
條是我們應該遵循的道路。要冀望掩藏，我們會成立祕密會社或政治團體。世界上多的是
修辭學的教師，教授說服宮廷、議會的藝術。這樣，半用花言巧語，半用力量，我就能夠
獲取非法利益，不受懲處。我又聽到說，神祇是騙不過去，逼迫不倒的。但是，萬一根本
e 就沒有神靈呢？或者，假如他們根本不關心我們的行爲呢？不論這兩種情形那一種是眞
的，我們爲甚麼怕掩藏？縱然神靈是有的，而且關心我們，我們對他們的知識，僅來自傳
說[18]和詩人的神譜，而這些人正是說神祇可以用「祭獻、軟求、許願」加以影響的人。

13 荷馬《依里亞特》卷九，四九七—五〇一行。阿第曼圖所記與原文有出入。

14 希臘文此處所用之字爲teletē（入門式、使成完美），與阿第曼圖所有teleutē（死亡）的意思形狀都相似。

15 據說引自西蒙尼逖斯。

16 所謂影畫，是粗略的素描，遠遠望去，效果良好。阿第曼圖大約是說透視畫，能予人立體感的。參閱本書523b、602d兩處。

17 阿契樂查斯（Archilochus）爲西元前八、七世紀之交的抒情詩人，以諷刺詩知名，但作品僅有殘篇流傳。這裡所講的狐狸，顯然象徵狡詐。

18 「傳說」是多數抄本所用的字，但有的則用「律法」（nomoi）一詞，其另一意義爲「宗教歌曲」，而阿第曼圖很可能指的是雅典的某種宗教儀式。

366a 我們對這些維持前後一貫的立場，或是兩面都信，或是兩面都不信。如果詩人說得
對；那麼，我們最好不行正義，卻從非正義的收穫裡撥出祭獻來。因爲按詩人的說法，我
們行正義，雖然或能躲開上天的報復，卻喪失了非正義的收益。但是，如果我們不行正
義，卻保持收益，而犯罪了祈禱，祈禱了犯罪，神祇既可息怒，我們也就免去懲罰。「但
是地下有冥府，在那裡我們或我們的後代，都會因我們不正義的行爲受苦。」朋友，我們
反想這句話，一定會說，錯是不錯；但是我們有祕法和拯救的神祇，都具有很大力量。那
b 些強大的邦國如此說，神祇後裔，也便是那些邦國的詩人和先知，也都那麼說。

在我們只要結合非正義和重視騙人的外貌，便能像人數最多、地位最高的權威所說
那樣，在生前死後，對神對人，都任所欲爲的時候，我們要依據甚麼原則，才能繼續選擇
正義，不取最厲害的非正義呢？蘇格拉底呀！一個人知道了這些，則他只要是聰明的、外
c 貌好的、有財富或地位的，又怎麼能願意尊重正義，甚或在聽到頌揚正義的時候不發笑？
縱然有人能否定我的話，而且堅信正義最好，他仍然不會憎惡不正義的人；而是很樂意於
d 原諒他，因爲他知道：人們行正義並非自由意志使然；那是說，除非神祇在某人心中灌注
下對非正義的憎恨，或是這個人已覓得了眞理的知識——換成別人是不行的。

只有因爲懦弱、年老、或其他弱點，以致沒有行不正義的能力的人，才會指摘非正
義。這點可以用一樁事實證明：一旦他有了這種能力，他會立刻盡其所能地變成不正義。

這一切原因，我們在辯論開始時就已經表示過。當時，家兄和我都告訴你，我們很

e 驚訝地發現，那些滿口頌揚正義的人，從有作品留傳給我們的古代英雄[19]，到我們同時代
的人，在指摘非正義，稱頌正義的時候，沒有一個不是就這兩者帶來的榮譽、尊崇和利益
立言的。從來沒有人能夠適當地用詩或散文描述，存在於靈魂裡，非人類神祇的眼睛所能
看到的，正義和非正義的眞正本質，到底是甚麼；也沒有人揭示出來，人類所具靈魂裡的
367a 一切之中，正義是至高的善，非正義是至高的惡。假使這些是普遍的說法，假使你打算從
我們年輕時代起就以這一點來說服我們，我們就不必經常防備，免得有人做錯事，而是人
人都會是自己的監視者，因爲他會怕，一旦做了錯事，他無異在心底隱藏了極大的惡。我
敢說，傳拉西麻查斯和他人，可能認眞地相信我只是在重複的話，甚至用比我所用更強烈
的字眼，來討論正義與非正義這兩個名詞，而且依我看來庸俗地邪化了它們的本質。

b 我必須對你坦白承認，我說話這樣激動，是因爲我希望聽你說說相反的一面。我要
求你不但要揭示正義優於[20]非正義，而且要說明，它們對具有它們的人有甚麼影響，乃至
使他認爲一個是善一個是惡。葛樂康要求您，撇開名譽問題，就請您那樣做。因爲除非你
能把每個人的眞名譽揭除，加上假名譽，我們儘可以說，你誇的不是正義，而是表面的正
c 義，我們儘可能認爲，你只是勸我們，掩藏非正義，而在實際上跟傳拉西麻查斯一樣，覺

19 希臘早期神話裡的英雄，多爲神祇後裔，能耐超乎常人，且其中不少是傳說裡創建某些城邦的人物，所以受各邦崇敬爲祖先，視之爲城邦與神祇間的連繫。

20 參見338c，註32。

d 得正義是別人的善處和強者的權益，非正義是自己的利益和權益，非正義是自己的利益和權益，不過對弱者有害而已。說起來，你承認過，正義屬於那一類的至善，其可欲是爲了它們的效果；但更重要的也是爲了它們的本身——如視覺、聽覺、知識、健康，或其他眞正而自然但非僅是世俗認爲的好處——在你頌讚正義的時候，我只希望你注意一點：正義

e 與不正義，對於它們的所有者，產生些甚麼樣的本質上的善惡。讓別人稱頌正義攻訐正義，誇大這方面的報酬和榮譽，侮蔑另方面好了。那只是一種鬥嘴的方式，由那種人來做，我儘可容忍；但你畢生都考慮這個問題，除非你親口說得跟他們一樣，我要期望更高明的說法。因此，我求你，不但對我們證明，正義優於非正義，也要揭示它們各自對所有者有甚麼影響，以致使兩者一個是善，一個是惡，而不論神、人是否看到其活動。

368a 〔我一向對葛樂康和阿第曼圖的資稟感到好奇；但在聽到這些話以後，感到高興，就說——〕

蘇：名父[21]的跨灶人物啊，葛樂康在馬加拉戰役裡，表現出眾，有人用抒情詩體寫詩來頌讚你，那首歌的起頭很不壞，歌人唱的是：

阿里斯東[22]之子，彪炳英雄的神聖苗裔。

這份形容詞很恰當，因爲能像你那樣爲非正義辯護，卻並不爲自己的論據說服，眞正有些

b 神聖意味。我相信你未被爲自己說服，根據的是你的一般性格，因爲我如果僅憑你的話判斷，就會誤會你了。不過，我對你愈相信，愈對如何回答感到困難。我處在兩難之間：一

c 面我自感無能擔任這件工作，而我對這種無能的感受，因你不滿意我對傅拉西麻查斯的

答覆特見深刻；我還以爲我證明了正義優於非正義了呢！但是，只要我一息尚存，可以張口，就不能不盡力。我怕的是，當我在場的時候，有人中傷正義，我居然袖手旁觀，將是得罪神明的事。因此，我最好還是盡我的力量插手。

〔葛樂康和其他人，都求我不要放過這個問題，而要續加檢討。他們希望獲得眞理，首先是正義與非正義的性質何在，其次是它們的相關優點何在。〕

d **蘇**：這種探討的性質很嚴重，需要很好的眼光。我以爲，我們既然不是了不得的聰明人，最好採用某種方法，而我不妨用個例子解說一下：假設有人要一位近視的人，從遠處閱讀細字，在這時候另有人想到，這些細字，在別個較大的地方，可以找到，而且字體較大——假定這些字是相同的，而近視的人能夠先讀大字，後讀小字——那麼，人人都會覺得這是難得的好運氣。

e **阿**：錯是不錯。不過，你這個例子，跟我們探討的，有甚麼關係呢？

蘇：我馬上就告訴你。我們探討的題目是正義。你知道，正義有時被說成個人的道德，有時又被說成國家的道德。

阿：是的。

---

21 此處固可指阿第曼圖與葛樂康的父親，也可能暗指傅拉西麻查斯。

22 阿里斯東爲柏拉圖的父親，其意爲「最上乘」。

蘇：一個國家，不是大於[23]一個人嗎？

阿：不錯。

369a 蘇：那麼，在較大的場所，正義的數量可能較大，較易分辨。因此我建議，我們探討正義和不正義性質的時候，先要看它們在國家裡的情形，再看它們在個人上的情形，由大而小，然後就其觀念[24]再加以比較。

阿：這樁建議好極了。

蘇：我們如果能想像出一個正在創造過程中的國家，就也可以想像，這個國家的正義與不義，應當也正在創立的過程裡。

阿：大約是囉。

蘇：我們想像的這個國家，到了完成階段，我們大約可以期望，我們將會更容易地發現我們追求的目標。

b 阿：不錯。要容易多啦。

蘇：但是，我們應不應該決議[25]自家締造一個呢？我覺得，那麼做是種很重大的任務。請你仔細想一想。

阿：我已經想過了，而且非常希望你趕快說下去。

蘇：依我看來，國家的興起，是由於人類的需要。人沒有能夠自給自足的，而是都具有很多需求。你能想到別促使國家興起的理由嗎？

阿：不可能有別的。

c **蘇**：我們既然有許多需求，需要許多人來加以供應，所以，有人爲這個目的找幫忙，有人爲那個目的找幫忙的。當這些合夥的，幫忙的人聚居一地的時候，這些居民的整體就可以稱之爲國家了。

阿：對。

蘇：他們於是互相交通有無，有的給，有的受，而且都覺得這種交易是爲了各自的好處。

阿：對極啦。

蘇：那麼，我們不妨開始在觀念裡締造一個國家。不過，眞正締造它的是需要，而需要是發明之母。

阿：當然。

d **蘇**：說起來，第一而且最大的需要是糧食；糧食是生存的條件。

阿：當然，當然。

蘇：其次是住，再其次是衣服等等。

---

23 也可意爲「更重要」。

24 「觀念」（idea）實爲希臘原字的音譯，與eidos（參見357C，註1）同屬，在柏拉圖使用時也似乎同義，其幾微不同處在於前一字更強調事物外貌或看起來的樣子。

25 參見328b，註6。

阿：對。

蘇：我們不妨看看，我們的國家怎樣供給這些需求。我們儘可以假設這個人是農夫，那個人是建築工，再一個人是織布的——我們是不是還要加上個鞋匠，或者其他供應我們的肉體需求的人呢？

阿：好吧。

蘇：國家的觀念裡，最少必要[26]包括四、五個人。

阿：顯然如此。

e **蘇：**他們用甚麼辦法進行這件事？每個人是不是都要把他的勞動成果，歸到共有的資產裡？比
方說，各個農人，如果要爲四個人生產，就要把勞動的時間和程度，提高到四倍於他個人
370a 所需要的，以便供應別人和他自己共同需要的糧食；或是他既不要跟別人發生關係，就不
必費心爲他人生產，只要耗費四分之一的時間和氣力。來供給自己，而把其餘四分之三的
時間，用在造房子、縫衣服[27]、做鞋子上，一切都不跟別人合夥，而要自給自足？

〔阿第曼圖認爲他願意僅生產糧食，而不要一切都自家來。〕

b **蘇：**這也許是較好的辦法。我聽到你這麼說，不免想到，我們並不是人人一樣。我們脾氣不同，各有所適合的行業。

阿：對啊。

蘇：是工人從事幾種行業的時候做得好呢？還是他只做一種行業的時候？

阿：他只從事一種行業的時候。

蘇：進一步說，一件工作不在恰當的時候做，無疑是會做糟了的。

阿：無可置疑。

蘇[c]：該做的事情，往往不肯等到做他的人有了閑暇的時候。倒是該做它的人一定要執行到底，把事情當作當前的首務。

阿：非那麼著不可。

蘇：既然如此，我們的推論必然是：一個只從事一樁適於自己天性行業的人，在恰當的時候，從事這樁行業，而不管別的；那麼，他生產起來必然較多、較易，品質也較佳。

阿：毫無疑問的。

蘇[d]：既然如此，就需要四個以上的國民了。要使農夫所用的犁、斧頭或其他的農具合用，他就不能自製。蓋房子的也不要自製工具——而他需要的工具頗多。織工和鞋匠也是一樣。

阿：不錯。

蘇：那麼，木匠、鐵匠和其他匠人也要分享我們的國家，而這個國家業已開始擴張了？

26 「必要」的最高級，此處可釋爲（一）此一城邦的構成分子，少到最低限度；（二）此一城邦至爲困窘；（三）此一城邦最恰當，最合需要。

27 「衣服」原字爲himation，特指穿在內衣外的寬大袍子，常爲長方形的布，搭在左肩上，而扣在右肩上或右腋下。希臘男雕像上常有這種衣服的樣子。

阿：不錯。

e **蘇**：但是，縱使我們再加上牧牛的、牧羊的和其他放牧的人，好讓我們的農人有牛耕田，建築工以及農人有牲口拉車，皮匠和織工有羊毛和獸皮——我們的國家仍然不算太大。

阿：不錯。不過它既然容納了這麼多人，可也不太小。

蘇：雖是這麼說，城邦自有其特殊情形——要找到一個不須輸入任何東西的地方，簡直是不可能的。

阿：本來不可能嘛。

蘇：那麼，一定要有另一階層的國民，來從另外的城邦輸入需要的供應品了？

阿：一定要。

371a **蘇**：但是，商人如果空手而去，沒有供應需要一方所需要的東西，他就會空手而回。

阿：一點也沒錯。

蘇：因此，他們在本邦生產的東西，不僅要能爲他們足用；而且在量和質上，都能適應那些供應他們需求的人的需求。

阿：一點也不假。

蘇：那就需要更多的農人和工人了？

阿：有那種需要。

蘇：更不必提那些稱做商人的進、出口人士了？

阿：是的。

蘇：那麼，我們需要商人啦？

阿：我們需要。

b **蘇**：要在海上輸送商品，就要有精熟的水手，而且還要很多水手？

阿：沒錯，需要很多水手。

蘇：其次，在本邦以內，他們怎麼交換他們的生產呢？你總記得，促成這種交換，是我們組織社會、形成國家的主要目標之一呀。

阿：他們顯然會買會賣。

蘇：那麼，他們就會需要有個市場[28]，還要爲了交換的目的，有一種貨幣[29]。

阿：當然。

c **蘇**：那麼，假定一個農人或工人，把他的產品送往市場，而在來到的時候，偏偏沒有跟他交換的人，他是不是應該脫離他的職業，在市場裡閑坐起來？

d **阿**：完全不行。他會在市場遇到一種人，知道有這種需要，於是擔起銷售人的職務。在組織良好的國家裡，這種人往往是體力最弱，所以別無所用的人。他們的義務是待在市場裡，把

---

28 「市場」的希臘文是agora，爲各城邦中心集會之地，也是蘇格拉底自稱常去的地方。

29 「貨幣」原字方nomisma，意爲約定俗成的東西，來自nomos（法律），也就是「公約（法律）的交換信符」。按本書中第一次提到城邦中「公約」或「約定俗成」的地方，便與商務有關。

錢給那些要賣出的人，交換商品，然後向那些要買進的人收錢。

蘇：那麼，這種需要就在我們的國家裡，創造出來零售商的階級。「零售商」不就是用來稱呼那些坐在市場裡，買進賣出的人，而那些在國與國間遊來蕩去的人，則叫做「行商」麼？

阿：是的。

e 蘇：另外還有一類服務的人。他們在知識上不足與人爲伍，卻有從事勞動的充分體力，因此就出賣體力。假如我記得不錯，他們的稱呼是雇工，而雇字就是稱呼他們的勞動的價格。

阿：不錯。

蘇：那麼，雇工也要形成我們的部分人口了？

阿：是的。

蘇：阿第曼圖呀，這時候我們的國家可算成熟、完美了吧？

阿：我想是的。

蘇：那麼，正義在哪裡呢？非正義在哪裡呢？它們是在國家的哪一部分發生呀？

372a 阿：或者是在市民的相互交往裡。我無法想像，它們會在別的地方，更容易見到。

蘇：我敢說你提到的很正確。我們最好把這件事仔細想一想，不要在探討上退縮。
首先，我們考慮一下，我們既然已經安頓了他們，他們的生活方式會是甚麼。他們會不會
爲自己生產米麥、酒、衣服和鞋子，蓋房子？他們既有了住宿之所就要工作，在夏天往往
b 赤膊赤足，在冬天就穿得厚厚地，還加上鞋子。他們會吃大麥糝、小麥麵，烤呀、揉呀，

做出高貴的糕餅麵包來。他們會把這些擺在葦蓆上或是乾淨的葉子上來吃，同時自己卻躺
c 在鋪了水松、桃金娘的床上。他們跟他們的孩子會大吃大喝，喝的是自釀的酒，頭上戴著
花環，嘴裡唱著頌神的歌曲，相互快樂地談天。他們還會注意，不讓家庭入不敷出，並關
切著貧窮或戰爭。

葛（插嘴）：你可沒有提到他們的飯裡的調味品。

蘇：不錯，我忘啦。當然他們非有調味的東西不可！鹽、橄欖、乾酪之類，還要煮些鄉下人調
d 弄的根莖和植物。我們不妨用無花果、豌豆、豆類做他們的甜食。他們還會在火上烤楊
梅、橡實，喝酒而不縱飲。吃著這種飯，他們儘可在太平健康的情況下克享高年，並且把
同樣的生活，傳給子孫。

葛：好吧，蘇格拉底。不過，你如果是餵一城的豬的話，能打算用甚麼別的餵他們呢？

蘇：你要怎麼辦呢，葛樂康？

葛：唉，你應該給那些人一般人生所有的方便東西呀。想舒適的人，習慣躺在胡床[30]上，在桌
e 子上吃飯，而且還應該得到時下的各種調味醬和甜品喲。

蘇：好啦，我明白啦。你要我考慮的問題，不僅是如何締造一個國家，而且是如何締造一個奢
華享受的國家。這樣做大約沒有甚麼毛病，因爲在這種國家裡，我們更可能看出來，正義

30　希臘人是斜躺著吃飯的，往往以一隻手肘支持自己。富家吃飯時多坐鋪著座墊的短榻。

和不正義是怎樣發生的。我的意見是，國家的眞正[31]健全體構，是我所描述的那一種。不
過，你要看一看一個高速社會的國家，我也不反對。我恐怕很多人都不會滿意於較爲純樸
373a 的生活。他們一定會贊成添上胡床、桌子、其他家具；還要美點、香精、香、歌伎、糕
餅，而且這些還不能只有一種，卻要盡其變化的。我們必須邁過我起初說到的必需品，諸
b 如房子、衣服和鞋子；畫家、繡工的技藝一定要加以動員，金子、象牙和其他材料也必須
取得。

葛：不錯。

蘇：那麼，我們就非擴大我們的邊界不可了，因爲原有的健康國家已經不足使用。

這時，城邦就塞滿、膨脹了無數與自然需要無關的行業，例如，那一大群獵人和彫
塑家一類的模仿家，其中一些跟形象和色彩有關，另一些是音樂的侍者——詩人和追隨他
們的說詩的、唱戲的、跳舞的、監製的；製造各種用品的，包括女人的裁縫師。我們還需
c 要更多服務的。例如，教師不是需要的麼，還有奶媽和護士、丫環、理髮師，以及糖果師
傳和廚子，再加上放豬的。這些人在我們的國家的舊版裡用不著，也便無容身之地，現在
卻需要了呢。我們千萬不要忘了這些人。我們還需要更多種類的獸類，只要有人吃。

葛：當然。

d **蘇**：我們過這種日子，可就比原來更需要醫生了吧？

葛：更需要得多了。

蘇：原來足以供養原有居民的國土，可就顯得太小了，不敷應用了吧？

葛：不錯。

蘇：那麼，我們就要想鄰居的土地，放牲口、種莊稼；而鄰居也就覬覦我們的土地——如果他們跟我們一樣，超出了必需的範圍，一心一意要無限地累積財富。

e 葛：蘇格拉底啊，這是不可避免的。

蘇：那麼，我們就要打仗了，不是嗎，葛樂康？

葛：絕對要。

蘇：那麼，我們縱使暫時不要決定，戰爭有好處還是有壞處，我們仍能肯定，我們現在發現了，促成戰爭的原因，跟國家裡幾乎一切惡事，私人的與公眾的，其原因是相同的。

葛：毫無疑問。

374a 蘇：於是我們的國家又要再度擴張；而這次的擴張，包羅的不能少於一支大軍，好出去爲我們所有的一切，爲我們在前面描述的事物和人，跟入侵的人打仗。

葛：爲甚麼呢？這些人沒有自衛的能力嗎？

蘇：我們研擬國家的時候，一致承認過一樁原則。如果那個原則是對的，他們就無力自衛。你總記得，那個原則是，任何人都不能成功地施行許多技藝。

31 或「合乎眞理的」。

葛：不錯。

蘇：打仗不是一種技藝嗎？

葛：當然是。

b 蘇：一種跟做鞋需要同等注意力的技藝？

葛：不錯。

蘇：我們不許鞋匠同時是農人、織工或造房子的，好讓我們的鞋子做得好。他和別人一樣，各
c 依天性，分到一份工作，他就應該一輩子繼續做這樁工作，不能從事別的。他不能讓機會
滑走，然後才能成個好工人。還有甚麼事，能比讓軍人的工作，做得盡善盡美，更爲重要
的？打仗難道是件很容易學到的技藝，致使一個人可以又是戰士，又是農人、鞋匠或者其
他匠人嗎？世界上沒有僅爲娛樂而學擲骰投箭，卻能玩得很好的人；他一定要從年輕的時
候，就竭精殫慮地只學這種遊戲。工具不足使人成爲有技藝的工人或精於防守，而對那些
d 不曾學過使用方法，又不曾加以注意的人來說，工具毫無用處。既然如此，一個拿起盾牌
或其他兵器的人，如何能在武裝齊備[32]或別樣的軍隊裡，一日之間，就變成優良戰士？

葛：是呀，工具如果能教人怎樣使用它，可就值了錢嘍。

e 蘇：保衛者的責任愈重，他需要的時間、技巧、藝術、和奮勉也就愈大了？

葛：毫無疑問。

蘇：他的職業，也就需要天分了？

葛：當然。

蘇：那麼，我們就有責任，盡其所能，來選擇適於保衛城邦的天性了？

葛：我們有這份責任。

蘇：這種選擇不是容易事。不過，我們非勇往直前，盡其在我不可。

葛：非這樣不可。

375a 蘇：就保衛、監守而言，獲選的高貴青年不是很像品種優良的狗麼？

葛：你是甚麼意思？

蘇：我是說，兩者都需要眼明手快，在看到敵人的時候，追了上去；他們還要強壯，好在追上敵人的時候，跟他搏鬥。

葛：他們實在需要這一切條件。

蘇：唉，而且你的這位衛士，要打仗打得好，還非勇敢不可。

葛：當然啦。

32　「武裝齊備的戰士」（hoplite）一般手執巨盾與長矛，以近身肉搏爲主，而與擾亂敵人側翼的輕裝騎兵有異。像在西元前四一一年的雅典那種有限民主政制下，有力購置與使用這種武器，不僅能標明其盡到公民義務，也顯得個人地位遠高於多數只配當輕裝戰士與水手的人。因此，這種人作戰不僅在戰略上地位特別重要，也特能表現道德品質。「依里亞特」無異是這種戰士的頌歌。在蘇格拉底的時代，斯巴達軍人更是這種戰士的楷模。

蘇：馬也好，狗也好，其他動物也好，沒有精神勁兒，可能勇敢嗎？你是否注意過，精神[33]是何等的無往不摧，不屈不撓，有了它，任何生物的靈魂就變得完全大無畏，打不倒的了？

b 葛：我注意過。

蘇：那麼，我們現在對衛士應有的肉體特質，已經得到清楚的概念了？

葛：沒錯。

蘇：以及精神上的氣質，他的靈魂一定要充滿精神啦？

葛：是的。

蘇：但是，這種精神勁兒很大的天性，是不是易於在相互間和對別人頗爲野蠻？

葛：這倒是件不容易克服的困難。

c 蘇：而他們應分的是，對敵人凶猛，對自己人溫和；否則不必等候敵人毀掉他們，他們早把自己毀掉了。

葛：不錯。

蘇：然則該怎麼辦呢？我們怎樣才能找到天性溫和，卻又精神勁兒十足的？這兩種情形是矛盾的呀！

葛：不錯。

d 蘇：缺少這兩種氣質中的任一種，都不是好衛士；而兩者見於一身又似乎不可能。因此，我們必須推定，做好衛士是不可能的。

葛：我想你是說對了。

〔我感到困惑，就開始回想已說過的話。〕

蘇：我的朋友，怪不得我們困惑：我們忘掉了眼前的那個比喻了

葛：你是甚麼意思？

蘇：我的意思是說，世上確有這種具有相反氣質的天性。

葛：到哪裡去找呢？

e 蘇：不少動物都提供了榜樣：我們那位狗朋友就是卓越的一個。你知道，品種優良的狗，對熟人相識是絕對的溫和，對陌生人又完全是溫和的反面。

葛：對，我知道。

蘇：那麼，我們要找到一名衛士，具有相同的綜合氣質，也就既非不可能，又非違反自然的了。

葛：確實不。

蘇：那位適於擔任衛士的人，除了帶精神勁兒的天性外，不是也需要具有哲學家[34]的氣質麼？

376a 葛：我不懂你的意思。

蘇：我說的這種特性，也可以見之於狗，而且在牠身上特別顯著。

33 精神（thymos）也可譯爲「血氣」或「心胸」，是怒氣所存之地。

34 「哲學家」意爲「愛智者」，與「愛知者」（philomathes）相類。

葛：甚麼特質呀？

蘇：一隻狗，每逢看到陌生人就會發怒；看到熟識，就會予以歡迎，儘管前個人並沒有得罪過牠，後個人也不曾對牠有過好處。你從來沒有對這一點感到奇怪？

葛：我從來不曾注意過這件事。不過，對你所說的話的正確性，我是充分承認的。

b 蘇：狗的這種直覺，總該是十分討喜的吧？這隻狗可就是道地的哲學家。

葛：爲甚麼呢？

蘇：爲甚麼？爲的是牠分辨敵友，全靠認識與不認識當標準，一隻動物，難道不可以是愛知者，以知和不知的考驗，來決定其愛、憎嗎？

葛：當然絕對可以。

蘇：愛知豈不就是愛智，也便是哲學麼？

葛：是一樣的嘛。

c 蘇：我們不是儘可能很自信地說到，這麼個人既可能是對朋友熟識溫和，就必然天生地是愛智愛知的嗎？

葛：沒有問題。

蘇：那麼，一個人要成爲國家的眞正優良、高貴[35]的衛士，一定要在身上兼具哲學和精神，敏捷和體力了？

葛：毫無疑問。

蘇：那麼，我們就算找到需要的天性啦。我們既然找到了，應該如何養育、教育他們呢？研討
d 這個問題，難道不是可能明朗化我們最終目的更大問題，也就是探討國家裡如何發生正義
與非正義的問題麼？我們既不願放過一切有關問題，也不希望把辯論拖得過長呀。

〔阿第曼圖覺得這種研討對我們大有用處。〕

蘇：那麼，我親愛的朋友，我們絕不能放棄這樁任務，就算時間長點也行。

阿：當然不能放棄。

蘇：那麼來吧，讓我們講故事，來打發一個閑暇的小時，我們的故事是如何教育我們的英雄們。

e **阿**：好，好。

蘇：他們的教育應該是甚麼樣子的？我們能找到比傳統型的更好的嗎？這種教育分兩部分：體操鍛鍊體格，音樂陶冶靈魂[36]。

阿：沒錯。

蘇：我們是不是以音樂爲教育的開始，然後以體操爲後續？

阿：當然，當然。

---

35 「優良」「高貴」本字爲kaloskagathos，由kalos（優雅、高貴）與agathos（善）兩字合成，意義接近「君子」。

36 「體操」意爲鍛鍊肉體。「音樂」的本義是「由繆斯（Muse或藝術女神）導引的活動」，所以可以特指抒情歌曲。蘇格拉底擴展了此詞的涵義，而著重以節奏、韻律的因素配合文字與理性的內容。這兩詞與當時一般及現在的涵義都不盡相同。看見617b-c；及莎士比亞，威尼斯商人第五幕開始時勞倫卓的話。

蘇：你說音樂的時候，是不是也包括了文學？

阿：是的。

蘇：文學可以是眞實的，可以是虛假的吧？

阿：是的。

377a 蘇：青年人要受兩部分的訓練，而我們卻以虛假的做開始？

阿：不懂你的意思。

蘇：你知道，我們以跟兒童講故事做開始，而這些故事，雖然並不是毫無眞實，大體上都是虛構的。他們聽這些故事的時候，還不到學體操的年齡。

阿：一點也沒錯。

蘇：我說我們一定要先教音樂，後教體操，就是這個意思。

阿：對，對。

b 蘇：你也知道，拿任何事來說，開始都是最重要的，特別是對幼年人，因爲這個時候，正是養成性格，優良印象最容易深入的階段。

阿：對呀。

蘇：而我們竟然漫不經心地讓兒童聽隨便任何人、隨便想出來的任何故事，讓他們裝上一腦筋的觀念；而這些觀念，大部分都跟他們長大以後，我們希望他們能有的念頭完全相反？

阿：我們不能那樣做啊。

c 蘇：那麼，第一件事就是要建立檢查制度，檢查故事的作者[37]，讓檢查人員接納一切內容正當的虛構故事，摒除一切壞的。我們也盼望做母親的、做保母的，對他們的孩子，只要講許可的那些。他們應該用這類的故事，陶鑄孩子們的思想，比用她們的手，培育他們的身體，更爲熱切。不過，那些現在使用的故事，大部分都要捨棄。

阿：你說的是哪些故事呢？

d 蘇：你可以在那些大的上面找到小些的榜樣，因爲他們必然是一類的，兩者的精神是一樣的。

阿：大約是這麼著，不過我還是不明白，你所謂的大些的，到底是甚麼？

蘇：那些由荷馬、希西阿和其他詩人敘述的故事。這些人可是人類歷來所有的大故事家喲。

阿：但是，你指的是那些故事，你在故事裡找到些甚麼毛病呢？

蘇：一個十分嚴重的毛病：**撒謊，而且是很壞的謊**。

阿：這個毛病是在甚麼時候犯下的呢？

e 蘇：在他們把神祇、英雄的本性，做錯誤的表現的時候：比方畫家畫肖像，連本人的一點影子都沒有。

阿：不錯，這種情形倒是該挨罵。不過你指的是哪些故事呢？

37 希臘原字是poiein，「詩人」一詞即從此字轉來。它的意思是「造」。十九世紀浪漫主義視作品爲「創作」，強調其獨創性。二十世紀一面接受獨創，一面顯已恢復柏拉圖及所有其他希臘人的看法，轉而強調「製造的技巧」（craftsmanship）。

378a 蘇：首先是關於高階層的那個大謊，也就是詩人所說攸侖納斯的事。那不僅是大謊，而且是
壞謊。我是指希西阿說攸侖納斯做了甚麼事，克朗納斯又是如何報復他[38]。克朗納斯的行
爲、和他遭到兒子[39]加至他身上的痛苦，縱然是眞的，也絕對不應該輕易告訴年輕、無思
想的人。可能的話，這類事不當提及。假使有絕對需要來提說它們，則經過嚴選的少數
人，不妨在祕密宗教儀式裡去聽，這時候他們要獻上的祭品，不是尋常儀式裡的豬，而是
很難找得到的大牲禮。這樣一來，能聽到的人可就很少啦。

阿：可不是嗎，這些故事可憎極了。

b 蘇：是啊，阿第曼圖，這些是在我們的國家裡，不容複述的故事。我們絕不應該告訴年輕人，
在他犯下滔天大罪的時候，所行所爲並沒有甚麼特別可惡的。而且，在他父親犯錯，他加
以責罰的時候，不論他採取甚麼形式，只不過遵循第一號最偉大的、神祇的榜樣而已。

阿：我完全同意你。我認爲這些故事都不值得複述。

c 蘇：要想讓我們的未來衛士，把互相口角的習慣，看做最低下[40]的事，我們就不能跟他們提
說，天上的爭鬧和神祇們之間，互相勾心鬥角的話，因爲這些都是假的。我們也不能談及
巨人間的戰爭，或是讓這類事繡到衣服上[41]，而且對那神祇、英雄跟朋友、親戚吵鬧的無
數故事，保持緘默。年輕人只要肯相信，我們就要告訴他們，吵架是醜事，而自古到今，
公民間是向來不吵架的。這種話是老年男女應該首先講給孩子們的。等孩子們長大了，詩
d 人也應該以同樣的精神爲他們寫作。至於海非斯圖綁了他的母親希拉[42]，又一次因爲他的

母親挨打，加以袒護，而被宙斯[43]趕跑，以及荷馬敘述的神祇間各次戰鬥[44]，則不論有否比喻意義，都要摒斥於我們的國家之外，因爲年輕人並不能分辨，甚麼是比喻的，甚麼是
e 眞的。他們那種年齡，聽到的東西，可能再也忘不掉、改不了。因此，小孩子最先聽到的，一定要是道德思想的楷模。這一點十分重要。

阿：你說得不錯，只不過如果有人問，到那裡去找這類的楷模，你指的是那些故事，我們應該怎樣答覆呢？

379a **蘇：**阿第曼圖呀，這會兒你我並不是詩人，而是創建一個國家的人。至於創國的人，儘管應該知道，詩人應當塡進故事的一般模式，和他們應當遵守的限度是甚麼，但是，創造故事並不是創國的人的責任。

---

38 希西阿：《萬神記》（*Theogony*），一五四—二一〇行。按攸本意爲「天」，爲大地之神的兒子與丈夫，後爲其子克朗納斯（時間）推翻，後來遭其子宙斯推翻。

39 同前，四五三—五〇六行。

40 希臘文裡，aischron是kalon（參見本卷註35）的反義字。後者意爲「良好」、「美善」、「高貴」，前者意爲「卑賤」、「醜惡」、「可恥」。

41 大約是指雅典女郎在節日時獻給雅典娜的繡袍。這種場面，在雅典萬神殿的橫楣上有浮雕畫出。

42 海非斯圖不爲母（天后希拉）所喜愛，爲了報復，乃獻給她內裡隱藏鏈鎖的寶座。厄皮查摩（?540-?450 B. C. Epicharmus）曾有喜劇敘此故事。

43 《依里亞特》卷一，五八六—五九四行。

44 《依里亞特》卷二十，一—七四行；卷二一，三八五—五一三行。

阿：對是對的，但是你指的這些神學形式是些甚麼？

蘇：諸如這一類的：對神祇[45]的描述，不論表現他的詩的形式，是史詩、抒情詩，還是悲劇，都應當恰如其分。

阿：好吧。

b **蘇**：天神豈不是眞正善的嗎？他不是應該描述爲眞善嗎？

阿：當然。

蘇：善的事物會有害嗎？

阿：當然沒有。

蘇：無害的就不會有害啦？

阿：當然不會。

蘇：不會有害的就不會做惡嘍？

阿：不會。

蘇：不會做惡的能夠是惡的成因嗎？

阿：不可能。

蘇：善的一定是有益的了？

阿：是的。

蘇：因此，善也是福祉的成因啦？

阿：是的。

c **蘇**：然則善並非一切事物的成因，而僅是善的成因？

阿：確鑿無疑。

蘇：那麼，神既然是善的，他就不像許多人所說的，是一切事物的締造者；而只是少許事物的成因，並非人們遭遇的大部分事物的成因。人生中善事少、惡事多，只有善事，才應當歸諸神的意旨。至於惡事，它們的成因應當在它處尋求，不應該找他。

阿：依我看來，這種說法不能再正確啦。

d **蘇**：那麼，我們就不應該聽荷馬和其他詩人的話。荷馬犯了愚蠢的過失，竟然說：

兩支桶
放在宙斯的門坎前，裝滿了命運，一支裝的是好運，另一支裝的是厄運，
而宙斯給予相摻雜的兩種命運的人，
有時適逢厄運，有時適逢好運；
至於得到純厄運之杯的人，
瘋狂的饑餓驅迫於美麗的大地之上[46]。

45　柏拉圖所指的是宙斯。卓氏譯文，暗中似把薛改成了基督教的上帝。這是不當有的錯誤與偏見。希臘是多神教，希伯來是一神教。基督教承繼後者，而得力於前者。

46　《依里亞特》卷廿四，五二七—五三二行，是阿契里斯羚赫克忒之父，特洛城主普瑞安的話。按蘇格拉底博聞強記，但也常會誤記。他在此處背誦的，韻節無誤，字眼略與荷馬原文不同。

再就是：

宙斯，我們的禍福的主宰[47]。

e 假使任何人說，違反誓言和約定的是雅典娜和宙斯促成（其實是潘達羅自己的事）[48]，或380a 者說神祇間的爭鬥糾紛出自德美絲和宙斯的唆使[49]，我們必不能同意他的話。同樣的，我們也不許我們的青年，去聽依思其洛斯講的：

神祇要毀滅一家，便在人與人間播下罪惡。

詩人寫出耐娥碧的受難——上一行短長格詩[50]所由來的悲劇裡的主人翁——或皮洛普斯家族的故事，或特洛城的戰爭以及類似的題目，我們就應該或者不許他說，這些是神祇的傑作；否則，假如其事確屬出自神祇的意旨，我們就應該要他設計出我們正在追尋的解
b 釋來。他一定要說，神祇所爲都是正義的，對的，而受到懲罰的人有其得益之處。詩人絕不准說，那些受懲罰的人遭遇痛苦，或是他們的痛苦由神祇造成。詩人可以講，惡人是痛苦的，因爲他們應受懲罰，並且將自神祇的懲罰裡獲益。我們一定要有力地拒斥那種明明
c 知道神祇既是善的，卻竟會對任何人降禍的話。這種話在秩序井然的共和國裡，不論老幼，不論詩歌散文都不可說、不可唱、不可聽。這類的無稽之談是自殺性的、毀滅性的、褻瀆而不虔誠的。

阿：我同意你的話，也願意[51]贊成這條法律。

蘇：那麼，我們就把它當作關鍵神祇的一項規條原則吧。我們的詩人和說書的都要遵守它：神

祇並非造成一切的，而只促成善的事物。

阿：這就夠啦。

d **蘇**：你對這兩項原則有甚麼想法呢？我好不好問你，神祇豈是魔法師，而其天性使他邪僻地忽然以這種形象出現，忽然以那種形象出現——有時他自己變化，轉換成許多形象，有時以這類變形的相貌欺騙我們？或者他自有其一成不變的本來形象？

阿：我如果不好好地想一下，就無法答覆你。

e **蘇**：好。不過，我們假定任何東西有所改變，則改變必然或由本身，或由外力，是吧？

阿：完全是的。

381a **蘇**：一切處於完美情況的東西，一定最不致有所改變或崩析。舉例來說，人體在最健康強壯的時候，最不會受到飲食的影響；植物在最茁壯的時候，最不會受到風、太陽的熱，或同樣因素的傷害。

阿：當然。

47 非荷馬原句，但略類《依里亞特》卷四第八四行，該處稱宙斯爲「戰爭」的支配者。

48 《依里亞特》卷四第七〇行以下。潘爲特洛城義士，破壞了特洛與希臘間的休戰。

49 同前書，卷二〇，一—七四行。

50 此劇已佚。

51 政治集會發言的另一形式（參見238b註6）。

蘇：最英勇睿智的靈魂，不是也最不會因外來的影響，而迷惑或改變嗎？

阿：不錯。

蘇：我相信，同樣的原則，也可以應用在構成性的東西，例如，家具、房子、衣服，在情況與製造良好的時候，它們最不會因時間、環境而有所改變。

阿：對得很。

b 蘇：然則一切好的東西，不論其產自技藝或天然，都很少能因爲外在的因素而改變？

阿：沒錯。

蘇：但是，神祇與一切屬於他的，在各方都最完美吧？

阿：當然是的。

蘇：那麼，他大約不會遭外力影響所迫而變形？

阿：不會。

蘇：不過，他不是可以自爲變形嗎？

阿：事情很清楚：他如果變形，一定是那麼著的。

c 蘇：他如果改變，是要變得更好更美，還是更壞更醜呢？

阿：他如果變形，只能變得壞，因爲我們不能設想，他在德性或容貌上有甚麼缺陷處。

蘇：對極了，阿第曼圖。不過，不論人神，有願意把自己變壞的嗎？

阿：那怎麼可能？

蘇：那麼，神祇居然願意變形，也是不可能的。如我們所假定的，每位神祇都是想像得到的至善至美，所以他會絕對而永遠地保持他本來的形象。

阿：依我判斷，結論必然如此。

d **蘇**：那麼，我親愛的朋友，任何詩人，絕不可以說：

> 神祇們化妝成異邦的陌生人，以各種形象到處行走[52]，

任何人也不可毀謗普洛提阿和席蒂絲[53]，也不可在悲劇或其他類的詩裡，讓希拉打扮成女祭司，乞求施捨

> 爲的是阿古河神殷納楚的濟王諸女[54]。

e ——不能再容許這種謊話了。我們也不應該讓母親們在詩人的影響下，用這類神話的惡劣形式，來恐嚇她們的孩子。她們會說，某些神「夜間變成各種生人，各種形象，到處行走。」她們要注意這些話，以免把孩子嚇成懦夫，同時又毀謗了神祇。

阿：天也不許這麼做。

---

52 《奧德賽》卷十七，第四八五行。

53 普洛提阿事參見《奧德賽》卷四，四五六—四五八行；他是海中老人，變化多端，但受過則能預言禍福。席蒂絲事參見索福克利斯的殘本悲劇*Troilus*；她是阿契里斯的母親，其婚禮爲特洛戰的導因。另見品達，《尼米亞競技頌詩》（Pindar, *Nemean*）第四，六〇行。

54 原出依思其洛斯已佚悲劇。殷納楚爲海神奧森納斯之子，阿古國王或阿古河神，其女愛娥爲宙斯所寵，故遭希拉之嫉。按河神之女顯指河水，無水灌溉，民食堪虞，所以說是「濟生」。

蘇：神祇雖然自己不會變，他們會不會以巫術、詐術，使我們覺得他們以各種形象出現呢？

阿：也許會。

382a 蘇：好吧。不過，你想神祇們會在語言、行動上樂於撒謊，或顯現他的幻形嗎？

阿：我說不上來。

蘇：你難道不知道，一個眞謊（假如我們可以這麼說），是神、人共惡的嗎？

阿：你是甚麼意思？

蘇：我是說，任何人都不願意，在他是眞實、最高貴的方面受欺，也不願意在最眞實、最高貴的事物上受欺。在這些上面，他最怕被謊所攫取占有。

阿：我還是不懂你的話。

b 蘇：你不懂，是因爲你把我的話想得太深奧了。我指的只是欺騙，或是在人們最高貴的部分，也便是靈魂的最高貴的眞相上受騙或顯得無知，以及在這最高貴的部分裡具有或容納謊言，是人類最不喜歡的事。我相信，那是他們最輕蔑憎惡的事。

阿：再沒有比這更可恨的了。

蘇：我剛才指出來，受騙的人靈魂裡所存有的無知，可以稱之爲眞謊。語言上的謊，只是靈魂
c 前此受了左右的複製品，幻影相，而並非徹底的虛假[55]。對不對呀？

阿：完全正確。

蘇：所以眞謊不僅爲神所惡，也爲人類所惡了？

[d] 阿：是的。

蘇：而語言的謊，在有些情形下，是有用而並不可恨的。舉例來說，應付敵人的時候。再例如應付我們因一陣發瘋或幻覺而要造成傷害的朋友的時候，謊很有用；它不僅是醫藥或預防的手段。再加上我們剛在談論的神話故事裡。我們既不知道古代的實情，只有盡其所能，讓虛言接近實際，再加以利用。

阿：沒錯。

蘇：但是，這些理由能用在神祇身上嗎？我們能以爲神祇也對古代無知，所以只好利用捏造的方法嗎？

阿：那樣想，豈不很可笑。

蘇：那麼，那些撒謊的詩人，跟我們心目中的神無關啦？

阿：當然無關。

蘇：他也許是爲了畏懼敵人才撒謊的呀。

[e] 阿：那是不可想像的。

蘇：他也許有喪神失智的朋友啊。

阿：喪神失智的人如何能是神的朋友！

---

55 因爲靈魂有了問題，所以才能爲謊言所中。也是物腐蟲生之意，而與誠中形外相反。

蘇：我們想不出神祇要撒謊的任何動機了嗎？

阿：想不出。

蘇：超人[56]而神聖的，絕對不可能撒謊吧？

阿：不錯。

蘇：然則神祇在言行上一定是純樸眞誠，不會變形，也不會以符兆、言語、夢境、顯靈來騙人的吧？

阿：你想的如同是我想的影子。

383a 蘇：那麼，你同意這就是我們應當寫、說神聖事物的第二種形式啦。神祇並非變化原形的魔法師，也不以任何方式騙人。

阿：我承認這一點。

蘇：那麼，我們雖讚美荷馬，卻不贊成宙斯托給阿加曼農的謊夢[57]，也不讚美依思其洛斯的詩
b 句，其中敘及席蒂絲講到，阿波羅在她婚禮上

> 以歌曲頌揚她的亢宗之子，長壽無疾。他說我命邀天佑，一切順遂，就提高勝利的聲調，使我靈魂歡愉。我就想，日神既然神聖前知，他的話必能實現。但是，唱這首曲子，參與宴會又說了這些話的他，卻是殺了我兒的人。

c 這種說神的話，最使我們憤怒。說這種話的人，不應該有唱詩隊[58]，教師也不可以用來教學生。我們的宗旨，要使我們的衛國之士，在人力所及的範圍內，眞心敬愛神祇。

阿：我完全同意這些原則，並且承諾以它們爲準則。

56 超人原字爲daimon，是低級的神，也可以説神下人上之間的超人，位在所謂英雄之上。

57 《依里亞特》卷二，一—三四行。

58 雅典演劇時的合唱隊，常例由富家僱用訓練，一盡義務，兼可炫富。

卷二

宗教與文化論

386a **蘇**：我們的神學原則便是：我們要打算我們的學生，自幼至長能尊敬神祇父母，珍重相互間的友誼，就要規定哪些故事可以告訴他們，哪些不可以。

阿：是的，我想我們的原則是對的。

b **蘇**：不過，要求他們有勇，他們豈不還要學些此外的教訓，那種使他們無懼於死的教訓麼？怕死的人能有勇嗎？

阿：當然不能。

蘇：他如果相信陰間是眞的、可怕的，他還能不怕死，或是在作戰的時候寧取死亡，而不選擇敗輸和奴役嗎？

阿：不可能。

蘇：然則我們一定要控制這類故事的說書人，跟控制另批人一樣，要求他們不要誣蔑陰曹，而
c 要頌讚它，並且向他們表示，他們一向的描述都是假的，有害於我們的未來戰士。

阿：這是我們的責任。

蘇：那麼，我們就非泯除許多可憎的文字不可。首先是：

我寧願做窮窘之財者田地上的農奴，也不要成爲身名俱滅的死者的帝王[1]。

d 我們還要刪掉那句詩：它說到冥王惟恐

他那神祇憎惡的陰鬱破敗巨邸，爲人神共見[2]。

以及：

387a 啊，天哪！陰曹雖有靈魂幽影，卻全無心肝[3]！

再就是有關泰里西阿的：

〔他雖已死，波喜芬妮仍予以心靈〕所以只有他尚存智慧，而別的靈魂僅是飄忽的幽影[4]。

還有：

體位法飛離肢體，前赴陰曹，哀悼著它的運命，撇下了男子氣概和青春[5]。

再有：

靈魂以刺耳的嘯聲，像煙般地在地下掠了過去[6]。

以及：

像神祕洞穴空處的蝙蝠，每當其中一隻脫出行列，落離頂岩的時候便會尖叫，互相攀附，它們〔鬼魂〕在移動時，也必尖叫著緊貼在一起[7]。

b 我們還要求告荷馬和其他詩人，如果我們刪掉這些以及類似的詩句，不要生氣。刪掉這

1 《奧德賽》，卷十一，四八九—四九一行，阿契里斯的幽靈在冥府裡告訴奧德修斯的話。

2 《依里亞特》，卷二〇，六四—六五行。

3 前書，卷二三，一〇三—一〇四行。

4 《奧德賽》，卷一〇，四九五行。泰里西阿爲伊底帕斯王時代的名盲預言家。波喜芬妮是冥后。

5 《伊里亞特》，卷一六，八五六—八五七行。

6 前書，卷二三，一〇〇—一〇一行。

7 《奧德賽》，卷二四，六—一〇行。

些，並非因爲它們沒有詩意，或不能吸引一般聽眾，而是因爲它們的詩性誘力愈大，愈不適合讓應當自由，應當畏奴役甚於死亡的人來聽。

阿：毫無疑問。

c **蘇**：我們還必須排除一切描繪冥府的可怕可厭的名稱：酷希圖和斯地可思、地下的鬼魂、無精力的幽靈，以及一切讓人聽到就顫抖的類似字眼[8]。我並不是說這些怖人的故事毫無用處。但是，我們的衛士有可能因它們而精神過分緊張，或情類婦孺的危險。

阿：可眞是危險。

蘇：那麼，我們就非取消這些不可。

阿：不錯。

蘇：我們一定要另編些高貴的調子來唱。

阿：顯然如此。

d **蘇**：我們在下一步是不是應該刪掉哭叫的名人？

阿：這些要跟其他的一併取消。

蘇：但是，我們去掉這些，是正確的嗎？想一想：我們的原則是，好人[9]絕不認爲，發生在屬於他的儕輩好人身上的死亡，是可怕的。

阿：不錯，那是我們的原則。

蘇：因此，他就不會爲死去的朋友哀悼，就好像他遭到慘重的打擊一樣。

阿：他不會的。

e 蘇：我們還要進一步主張：這麼一個人是自主的，自得其樂的，因此也最不需要他人的。

阿：不錯。

蘇：所以，對他來說，死掉兒子或弟兄，失去財產，都絕不可怕。

阿：絕對是的。

蘇：因此，他最不可能哀傷，反而會極度平靜地接受一切可能落到他身上的這類災禍。

阿：不錯，他對不幸的感受，遠輕於他人。

388a 蘇：既然如此，我們在取消名人的哀悼，或是把他們當女人看待（甚至不是有擔當的女人），或是把他們當下愚看待等等的事情上，就是正確的。這樣才能使那些我們教育來當保衛國家的人，恥於這樣做。

阿：這是正確的。

b 蘇：那些，我們就要再度請求荷馬和其他詩人，不要把身為女神之子的阿契里斯，描繪成一時側臥，一時仰臥，一時爬伏，然後跳將起來，發瘋般沿著荒瘠的大海之岸行駛[10]，再然後

8 希臘人認爲鬼魂是完全無力，卻並不能到處飄蕩的幽影，所以較中國鬼更淒慘（參見《奧德賽》卷十一，奧德修斯入冥情形）。酷希圖等都是冥府的河。

9 「好人」原字epiekes意爲做「事之宜者」的人，亦即君子。

10 《伊里亞特》，卷二四，一〇—一二行。蘇格拉底所記，與原文小有出入，「荒瘠」一詞便非荷馬原有。

兩手抓起黑衣[11]，撒得自己滿頭都是，再不然就是又哭又叫——這都是翦描述的他的各種姿態。荷馬也不可以把與神有戚誼的普瑞安描畫得祈告哀求。

在土裡打滾，大聲叫著各人的名字[12]。

我們尤其要特別誠懇地求他，千萬不要讓哭啼數落著，

c 唉！我痛苦喲！唉！我生了最英勇的兒子，結果是使我傷心呀[13]！

他如果一定要神祇們出現，千萬不要那麼完全歪曲了那位最崇高的神，甚至使他說出——

啊，天哪！我親眼看到，我親愛的朋友，讓人追得繞著城跑。我的心苦痛萬分[14]。

再便是——

d 我何其可憐，竟然註定要目睹全人類中我最喜愛的薩皮當，敗在門尼蒂阿的兒子帕楚克魯的手下[15]。

阿第曼圖呀，假使我們的青年，一本正經地聆聽這類對神祇的不當敘述；而不能像他們應該的那樣加以訕笑，他們當中，就幾乎沒有一個人會覺得，他既然只不過是個凡人，如果也這樣做，能是甚麼恥辱。他心裡如果有了說類似的話，做類似的事的念頭，也不會責備自己。於是，他不惟沒有榮譽感或自制力，而且會經常爲了瑣細的理由，哭哭啼啼，怨怨恨恨。

e **阿**：不錯，一點也不假。

蘇：不過，那種情形，如我們的論點所證明的，是不應該的。在我們用更好的證明推翻舊證明

之前，我們要遵守它。

阿：那是不應該的。

蘇：我們的衛士，也不應該太愛笑。笑得過分了幾乎永遠會產生激烈的反應。

阿：我也這麼相信。

389a **蘇**：那麼，尊貴的人，雖然僅是凡人，也不應當被描畫成笑得不能自禁，更不要說神祇們了。

阿：如你所講，更不要說神祇們了。

蘇：那麼，我們就不應當容忍，像荷馬用在神祇身上的那種話。他說：

> 多福的群神，看到海非斯圖在廣廈中忙亂的樣子，不禁哄堂大笑[16]。

按你的看法，我們是不許可這類的話的。

b **阿**：你要說這類看法是我的，就算是我的看法吧。我們可以確定的是，這樣的話絕不許可。

蘇：再說，眞理應該加以重視。我們不是說了麼，如果謊稱對神祇無用，而其有用在於視之爲對人的醫藥，那麼，這類藥的使用，便應該僅限於醫生。私人[17]是跟它無關的。

---

11 《伊里亞特》，卷一八，二三—二四行。

12 前書，卷二二，四一四—四一五行。

13 前書，卷一八，五四行。

14 前書，卷二二，一六八—一六九行。「城」原爲「牆」。

15 前書，卷一六，四三三—四三四行。

16 前書，卷一，五九九—六〇〇行。

阿：顯然如此。

c **蘇**：那麼，如果有人可以有撒謊的特權，那種人應當是城邦的執政者。爲了應付敵人或本邦的公民，他們可以受容許爲公益撒謊。其他人則絕不許牽涉到這種事裡頭。統治的人雖有這種特權，私人如果對他們以謊答謊，可就是嚴重的罪行，其嚴重性超過病人對醫生說服自己的人情，學校的學生對教練說服自己的健康，或是水手不肯把船或全船水手的情形[18]，以及他自己和別的水手的情形，告訴船長。

阿：一點也沒錯。

d **蘇**：執政者[19]一旦發現他以外的國內任何人撒謊。

　任何技藝人士，不論是祭司、醫生或木匠[20]。

他就應該懲罰他，罪名是他引來一種習尚，對船隻或邦國都同樣具有顛覆性和破壞性。

阿：要使我們心目中的城邦得以實現，絕對是這樣的。

蘇：其次，我們的青年應該是穩健的[21]吧？

阿：當然。

e **蘇**：穩健的主要成分，一般而言，不就是服從領袖，和在官能的享受上自制嗎？

阿：不錯。

蘇：那麼，我們應該稱揚荷馬筆下狄奧米底使用的話：

　朋友，靜坐聽從我的話[22]，

以下下面幾句：

希臘人向前邁進，散發著力量[23]，

……沉默地敬畏他們的領袖，

和其他相同的情操。

390a

阿：應該如此。

蘇：這麼一行：

啊，醉態惺忪，他有著狗般的眼，雄鹿般的心[24]，

以及後面的字眼怎麼樣？你認爲，據說是私人對他們的執政所講的這些話，跟相同的犯上不恭的話，不論是詩或白話，算是說得恰當還是不妥呢？

---

17 346a註四一。執政是「社會人」，他以此種身分與醫生相埒；他憑著技藝或知識去執政。原則上，所謂「私人」是一無所知的人。

18 斯威夫特的《格列佛遊記》裡，第四部的馬國，便是不肯說與事實相反的話。

19 蘇格拉底在此處突然推出一個防止撒謊的執政。

20 《奧德賽》，卷十七，三八三—三八四行。

21 原字是Sophrosyne，本意爲節制，亦即對物質享受的克制，但在本著則是廣義的，包括對靈魂的某些樂趣的克制，是以這種「節制」意爲「守限」或「中庸」。它與「智慧」、「勇敢」、「正義」共爲四大道德。

22 《伊里亞特》，卷四，四一二行。

23 第一行引自《伊里亞特》，卷三，八行，其中脫一字；第二行引自同書，卷四，四三一行。

24 前書，卷一，二二五行。

阿：不妥。

蘇：這類的話很可能取笑於一時，但無益於穩健作風。因此，很可能有害於我們的青年——你同意我這些話嗎？

阿：是的。

蘇：讓最爲睿智的人說，他認爲最光榮的事，莫過於

> 桌上擺滿佳餚，侍童捧酒巡行，把從缸裡舀來的酒，注進杯裡[25]；

年輕人聽到這些話，能對他的穩健有好處嗎？再有這一句：

> 因餓餒而死，致遭末運，是最悲哀的造化[26]。

c 再說，你對宙斯那個故事看法如何？這個故事說，當別的神人都酣眠的時候，他是唯一清醒的，躺在那裡打主意，卻因欲念高張把一切都忘掉了；而且一看見希拉就情慾熾烈得連進房都等不及，非要野合不可，還要說，甚至在

> 背著父母[27]，

他們初次相會的時候，他也不曾這樣亢奮過。再便是海非斯圖，爲了類似的苟且情形，用鍊子把阿雷斯和艾芙洛黛蒂綁起來[28]。

阿：說眞的，我堅決相信，這種話年輕人聽不得。

d 蘇：他們倒是應該聽聽名人所做所講的堅毅事蹟。以這兩句詩爲例：

> 他重搥胸膛，由而責備自心，

忍受啊，我的心；你已忍受過更大的艱苦[29]！

阿：當然。

蘇：其次，他們不可以受賄賂，愛金錢。

阿：當然不可以。

e **蘇**：我們也不可以對他們歌頌，

使神祇與儼然的帝王動心的重禮[30]。

費尼克斯，阿契里斯的師保，告訴他應該接受希臘人的禮物，協助他們，但如果沒有禮物，就不應該把他的憤怒擱在一邊，他可就不應當得到贊許，或視爲把合道理的[31]勸告，

---

25 《奧德賽》，卷九，八—一〇行。奧德修斯時在腓厄西亞宮廷上，在這裡他說，一族人諧調地聆聽一位歌者，是「最美好的事」。

26 前書，卷一二，三四二行。這句話非奧德修斯所說，而是他的屬下，攸利洛查勸大家吃掉太陽神的神牛時所說的。吃過這種牛肉的旋即受到太陽神的報復而死。

27 宙斯的清醒與計劃見依里亞特，卷二，一—四行。他的健忘則見同書卷一四，二九四—三五一行。最後一行是荷馬說宙斯的話。

28 《奧德賽》，卷八，二六六行以下。

29 前書，卷二〇，一七—一八行。

30 引書不詳，但可參考攸里披底，米底亞（Euripides, *Media*）九六四行：「厚幣甘言動神祇。」卓威特認爲出自希西阿，未提書名。

31 原字是metrion，自「有節」一詞轉來，與Sophrosyne或「節制」近於同義，此處譯爲「合道理」，也可譯爲「通達情理的」。

391a 給了他的學生。我們也不要相信或承認，阿契里斯自己會那樣愛財如命，竟然接受了阿加
曼農的禮物，或是在收到贖金的時候，就歸還了赫克忒的屍體，而沒有贖金，就不肯那樣
做[32]。

阿：這些情緒，無疑是不應當予以贊許的。我既然摯愛荷馬，實在不願意說，荷馬在把這種情
緒，放在阿契里斯身上，或是相信它們眞的可以施諸阿契里斯的時候，犯了徹頭徹尾的褻
瀆罪。我也無法相信，那段阿契里斯對阿波羅表現傲橫的敘述。他說的是：

> 你害煞了我，啊你毫光遠射的，最可恨的神。
> 我眞正要跟你見過高下，如果我有這種力量[33]；

b 或是他對河神的不敬——他是無懼於向神體動手的[34]；或是把他的頭髮，獻給帕楚克魯
[35]，而這本來是奉獻給另一位河神斯培其佽斯的，他卻居然實行了他的誓言；或是他拖著
赫克忒的屍體，繞著帕楚克魯的墳墓奔馳，而在火葬堆上屠殺俘虜；我無法相信他曾犯下
c 這類罪行，尤之於我不能容許我們的公民去相信，他這位智者凱隆的弟子，一位女神和夙
以溫和知名又是宙斯再傳苗裔的，裴利阿斯的哲嗣會精神錯亂到，一時之間，竟是兩種顯
然矛盾的激情的奴隸；混了貪婪的卑鄙心胸，配上了盛氣凌人的，對神、人一體的輕蔑。

阿：你說得不錯。

蘇：同樣地，我們要拒絕承認，不許重述波塞頓之子悌塞阿或宙斯之子派里圖斯的故事[36]，因
d 爲他們接著犯下可恨的強暴罪；再有當今他們所誣稱的，其他英雄或神裔敢於犯下的類似

褻瀆與令人髮指的事情（也當一律禁止），我們還要進一步迫使詩人們宣言，這些事並非神裔所為，或者他們並非神裔——總之，他們絕不可在一口氣裡肯定這兩者。我們不能容許他們想盡辦法，來說服我們的青年，神祇製造邪惡，英雄與常人無異。這類的感覺，如我們所說，既不虔敬，又欠真實，原因是我們業已證明，邪惡不可能來自神明。

e

阿：當然不可能。

蘇：此外，這類故事很可能對聽者有壞效果。人人既相信，犯下同樣的邪惡行為的，既是——

神祇的族黨，宙斯的宗親，他們的祖壇，亦即宙斯的祖壇，矗立於高出雲表的艾達之
峰，
而他們
的脈管裡，仍流著神祇的血液[37]，

---

32 《伊里亞特》，卷九，五一五行以下；卷一九，一八五—二八一行；卷二四，五九四行。

33 前書，卷二二，十五及二〇行。

34 前書，卷二一，一三〇—一三二行，二一二—二二六行，二三三行以下。這位河神是斯卡曼多（Scamander），因恨阿契里斯兇殘，殺得滿河屍體，乃起而與他爭鬥。

35 前書，卷二三，一四〇—一五一行。

36 悌塞阿（Theseus）是雅典的締造者，賢君，但曾和派里圖斯搶過少女時代的海倫，並曾企圖去搶冥后波喜芬妮。這兩人的父親究竟是誰，說法不一，均不見於荷馬。

37 引自依思其洛斯已佚悲劇「耐娥碧」。

392a 就能爲自己的罪惡找藉口了。因此，我們要制止這類故事，以免在年輕人之間引起道德上的鬆懈。

阿：一定，一定。

蘇：我們既然已決定了，那些類的題材可以和不可以談，就該看看我們漏掉了甚麼沒有。我們可以說是，已定下神祇、半神、英雄、冥府應該如何處理的規矩了。

阿：不錯。

蘇：應該怎麼處理人呢？這顯然是我們還沒有講的。

阿：顯然是的。

蘇：只是，目前我們回答這個問題的條件還不夠。

阿：爲甚麼？

b **蘇：**假使我沒有錯，這是因爲我們必須說，在處理人上，詩人和講故事的[38]，在告訴我們，惡人常常幸福，好人不免痛苦，不義不經發覺就頗多利益，正義則是損己利人的時候，不僅犯下了最嚴重的謊言罪。我們要禁止他們說這種的話，命令他們唱、說跟這些相反的。

阿：我們當然應該這麼做。

蘇：不過，倘若你承認在這一點上我是對的，我就主張說，你暗示出來的原則，正是我們爭了半天的那個。

阿：我承認你猜得不錯。

c 蘇：我們不能發現正義是甚麼，以及它對正義的具有者，不論他是否顯得合乎正義，都是如何自然地有利，就不能決定，那些關於人的話可以不可以說的問題，應該如何回答。

阿：對極啦。

蘇：關於詩的題材說得已經夠了。我們現在談談風格[39]的問題。這一點考慮過後，內容和形式就都完全處理了。

d 阿：我不懂你是甚麼意思。

蘇：那麼，我就是使你能懂。如果換個說法，也許能使我的意思容易懂些。我想，你總知道，一切神話和詩，都是敘述過去、現在、未來的事。

阿：當然。

蘇：而敘述可以是單純的敘述，可以是模仿，也可以是兩者的結合嘍？

阿：這又是我不太懂的。

e 蘇：我要聽話的人懂我，竟有這麼大的困難，恐怕我實在是個糟糕的老師。因此，我要像糟糕的老師那樣，不一下子就照應全盤，而僅取話題的一部分，來說明我的意思。你記得《伊

38 「散文作家」原文是logopoios，常指歷史家，在雅典則爲法庭講詞的捉刀者。

39 原字是lexis，與logos相似，本爲「辭、語」，常指文字風格或詩語。

393a 里亞特》的前幾行，其中詩人說到，克列昔斯[40]祈求阿加曼農，放回他的女兒，阿加曼農
對他大發雷霆，於是所求未遂的克列昔斯，就籲求上天，懲罰希臘人。到這幾行的時候：

> 他祈求了所有的希臘人，特別是亞楚斯的二子，眾人的領袖[41]。

詩人是以自己爲發言者，他再不曾使我們誤解，他佯裝了別人。但在後面他扮做克列昔
b 斯，並且盡其所能地使我們相信，說話的不是荷馬，而是年老的祭司本人。發生在特洛
城，伊薩伽，以及整本《奧德賽》裡的故事，他都是以這兩重方式敘述的。

阿：不錯。

蘇：但在詩人不時複誦的說話上，以及相間的各節上，敘述總還是敘述的。

阿：不錯。

c **蘇**：詩人以別人的身分發言時，總會告訴你，某某人要說話了；這時，我們豈不可以說，他把
自己的風格，融會於那個要說話的人的風格裡了？

阿：當然。

蘇：那麼，在這種情形的敘述裡，詩人可謂以模仿的方式進行啦？

阿：不錯。

d **蘇**：此外，如果詩人始終自家出現，不加掩飾，那麼，模仿便算捨棄了，他的詩則是單純的敘
述。不過，爲了使我的意思清楚，免得你再說「我不懂」，我要讓你看看，這種變換是怎
樣來的。假使荷馬說：「祭司攜帶贖女兒的財物來到，祈求希臘人，特別是列國國王。」

然後，假使他不用克列昔斯的口氣說話，而以自己的口氣繼續說下去，那些話便並非模
e 仿，而是單純的敘述。那些話大約會是這樣（我不是詩人，所以不用音步）：「祭司來
到，爲希臘人向神祇祝禱，願他們攻下特洛，平安返里；但哀求他們，接納他帶來的贖
金，敬畏上神的意旨，歸還他的女兒。他這樣說了，其他希臘人尊崇祭司都表同意。但阿
加曼農十分憤怒，命令他離開，不許再來；否則，他的拐杖和頭戴的祭神花環都不能保護
他。阿加曼農說，他不會釋放克列昔斯的女兒：他要跟她在阿古偕老。他又告訴他走開，
394a 要想平安回家，就不要惹他，老人驚恐而沉默地走了，但在離開軍營時，以阿波羅的各種
稱號[42]，籲求日神，記住他曾做過的，使他歡心的事，諸如爲他起建廟宇，供奉祭品。他
祈願上天答報他的善行，使希臘人受到日神的箭鏃，用以償還他的眼淚，」等等。這麼一
b 來，全文便成了單純的敘述了。

阿：我懂啦。

40 蘇格拉底未提，《伊里亞特》卷一的一——一一行，荷馬向繆斯求助，並表示故事是繆斯所述，卻把荷馬視爲故事的揑造者，並無神靈的淵源。因此，亞氏便能在不致褻瀆神祇之下，指摘荷馬撒謊，也因此荷馬便非神祇的代言人，而是自我作古者。

41 《伊里亞特》，卷一，一五——一六行。二子指阿加曼農與孟尼勞斯，後者爲海倫之夫，前者火希臘聯軍統帥。後面的伊薩加是奧德修斯的故鄉。奧因前約赴特洛作戰，十年後返家，又漂蕩十年，方與妻潘尼蘿薛團聚，她其時已受求婚者之擾數年。這兩事是《奧德賽》的大要。

42 因聖地、事業、特徵等而給予神祇、英雄的稱號。

蘇：你不妨假設相反的情形：中間性的言辭省去，只剩下對話。

阿：那我也懂，舉例來說，你指的是悲劇的情形。

c **蘇**：你的了解完全正確，如果我沒有錯，則你前此所不懂的，現在都清楚了，也便是詩和神話，在某些情形下全屬模仿，其例證是悲劇和喜劇。同時，還有相反的體裁，以詩人爲唯一的發言人。這種情形的最佳例子是酒神頌詩。兩者的結合，則是史詩跟若干其他詩體。你懂了嗎？

阿：是的，現在我懂你的意思了。

蘇：我還要請你記住我在開始時所說的，我們業已討論完題材，不妨進而討論體裁或風俗。

阿：不錯，我記得。

d **蘇**：我這樣說旨在表示，我們對模仿性藝術應當有所默契：詩人在敘事時，我們是否准他模仿，如果准許，則要問是整體或是部分模仿，再如爲後者，則要問那些部分。也許我們應該禁止一切模仿？

阿：我猜想你是說，悲劇喜劇是否應當進入我們的國度？

蘇：不錯。不過，這個問題牽涉的，不僅是這一點。我還說不出究竟如何，但讓我們討論到甚麼地方，就算甚麼地方好了。

阿：對，討論到哪算哪。

e **蘇**：那麼，阿第曼圖啊！讓我問問你，我們的衛士，是否應該是模仿者；或者，這個問題早已由我們立下的規則決定了，不是嗎？我們原先說，一個人只能擅長做一件事，而假使他試圖擅長許多事，就會難於在任何事上有成就。

阿：不錯。

蘇：在模仿上也是如此。任何人都不能模仿許多事，像模仿一件事那樣好。

阿：不能。

395a 蘇：那麼，同一個人，就難於既在人生中拴嚴肅的角色，同時又能是模仿者，模仿許多其他角色。因爲，縱然兩種模仿，有密切關係，同樣的人也不能在兩者上成功。舉例來說，悲劇家和喜劇家——剛才你不是說是模仿嗎？

阿：對呀！而且你認爲同樣的人，不能在兩者上都成功，是完全正確的。

蘇：尤之於他們不能同時是說故事的和演戲的。

阿：不錯。

b 蘇：喜劇悲劇的演員也不是同一批人，雖然這些都是模仿。

阿：不錯。

蘇：而人性的劃分似乎更細微。因之，其不能善於模仿許多東西，尤之於不能擅長演那些屬於模仿的複製品的舉動。

阿：不錯。

蘇：然則我們如果遵依我們的原意，牢記我們的衛士，必須揚棄一切其他事物，完全獻身於邦

c 國裡的自由的維護，把這一點當作他們的技能，不從事任何與這個目的無關的工作，他們
就不應該執行或模仿任何其他事。他們如要模仿，則自青年時代開始，只模仿那些符合他
們的專業的人——英勇者、生活規律者、聖潔者、自由者之類。他們不可仿效，或善於模
d 仿任何情形的專橫或卑鄙，以免因模仿而成爲他們模仿的對象。你是否注意過，自青年早
期以迄成人期的模仿，最後成了習慣，轉變爲第二天性，影響及於體格、腔調和思想。

阿：是呀。

蘇：那麼，對於我們自承關切的，盼望其成爲好人的人，我們絕不許他們模仿少女老嫗跟丈夫
e 吵嘴，自詡幸福而向神祇張狂，或是模仿她受苦、悲哀或哭泣。尤其不可模仿生病、戀愛
或生育中的女人。

阿：對極了。

蘇：他們也絕不可以模仿不論男女的奴隸，從事奴隸的工作喲？

阿：絕不可以。

蘇：他們總也不能模仿懦夫或是別的壞人。這種人不論有沒有喝酒，所做的都是我們規定的反
396a 面，或是相互吵鬧、戲弄或謾罵，再不然就是以其他方式，用語言或行動冒犯自己或他
人，而這種人慣常是這個樣子的。他們也教導不來，模仿男女瘋人或壞人的舉動言談。瘋
顛跟惡行一樣，儘管應該知道，卻不應該實行或仿效。

阿：一點也沒錯。

b 蘇：他們也不可以模仿金工或其他匠人、船夫或篷工，以及這一類的人吧？

阿：他們既然不許把腦筋用在這類行業上，怎樣能夠模仿這些呢？

蘇：他們總也不可以模仿馬嘶、牛吼、河水的潺潺、海洋的澎湃、雷霆，以及這類東西嘍？

阿：當然不可以。他們既然不許學瘋子，就也不許學瘋子的舉動。

蘇：假如我了解得不錯，你的意思是說，有一種敘述的形式，可以在好人[43]有話要講的時候使
c 用，另外還有再一種敘述的形式，要由人格、教育全然相反的人使用。

阿：是哪兩種形式呢？

蘇：假使一個正義的好人，在敘述的當兒，講到另一個好人的談話或舉動，我猜想他會願意模
仿這麼個人，而且對這種模仿不會覺得羞恥。這麼個人行爲果決睿智的時候，他會甘心
d 情願地扮演他。當這麼個人生了病，在戀愛[44]，喝多了酒，或是遭遇其他災禍，他就比較
不那麼願意模仿。但是，他要碰上了一個配不上他的人物，他就不會學他。他卑視這麼個
人，縱然模仿他，也只是短短一會兒，而且是在這麼個人做好事的時候。在這麼個人的故
事的其他時候，他是羞於扮演他從來不幹的角色的，他也不願意用那種卑賤的典型當榜

43 見376c，註35。

44 原字是eros，指情愛、激情，偶與「情欲」同義。靈魂裡的要素，包括「情愛」與「血氣」（thymos），都是教育的主要對象。在《理想國》一書裡，「血氣」位高，情愛位低，但在*Symposium*和*Phaedrus*兩書裡並非如此，宜加參考。

e 樣。除非是逢場作戲，他會認爲使用這種技藝有失他的身分，打心眼裡頭反對。

阿：我也這麼想。

蘇：那麼，他會採取我們以荷馬爲例證的敘述方式，換句話說，他的體裁是既模仿又敘述的，只不過前者很少，而後者很多。你同意嗎？

阿：當然同意。這樣的講故事的人一定會用這種榜樣。

397a **蘇**：但另有一種講故事的人物會甚麼都講，而且他的品格愈卑下，愈不在乎甚麼好壞；他願意
模仿任何東西，不是出於戲耍，而是一板正經，而且在大庭廣眾的場合。我剛才不是說
麼，他要試著表現雷鳴、風雹嘯叫、車輪滑車吱吱、簫笛喇叭以及各種樂器聲。他要學狗
b 叫、羊咩、雞啼，他的全部技藝在於模仿聲調手勢，很少敘述。

阿：那倒是他講故事的辦法。

蘇：這豈不就是兩種方式麼？

阿：是的。

蘇：你總會同意我這樣說：其中一種是純樸而少變化的。如果他選擇的諧調和節奏[45]也以純樸
爲準。其結果是，只要他講述正確，講故事的人會永遠保持一種風格方式，也會保持單一
c 諧調的範圍（因爲變化不大），而且還會使用幾乎相同節奏，不是嗎？

阿：不錯。

蘇：而要使音樂與風格方式相符，另外一個方式就需要各式各樣的諧調和節奏，因爲他的方式

變化多。

阿：完全正確。

蘇：這兩種方式，或是它們的混合體，不是包括了所有的詩，所有語言的形式嗎？任何人除非用這兩種方式的一種，或是合用兩種，就休想講任何東西。

阿：這些包括了一切。

d 蘇：我們是應該讓三種方式都進入我們的國度呢，還是只要那兩種純粹的？再不然，或者你願意包括混合的那種？

阿：我只願意容納純粹模仿道德的那一種。

蘇：不錯，阿第曼圖。不過，混合的形式也很討喜：跟你所選擇的形式相反的啞劇，其實深受孩子們、伺候他們的、以及一般人的歡迎。

阿：我不否認這一點。

e 蘇：不過，我想你會辯解，這種形式與我們的城邦不符，因爲我們城邦裡的人性並非二元或多元的，而是人人只做一件事。

---

45 「諧調」與「節奏」的界說，見於《法學》（*Laws*）664e：「……節奏指律動的次序，諧調則指高音與低音的混合」。諧調因此便是音階，不同的音階構成不同的樂調。在此處，諧調指說話時腔調的高低變化。節奏可用於音樂與辭語，和音步相當。

阿：對呀！十分不符嘛。

蘇：而這便是爲甚麼在我們的國度裡；而且僅在我們的國度裡，我們應能見到鞋匠就是鞋匠，而非也是領航員；農人就是農人，而非也是法官，士兵就是士兵；而非也是商人，等等的理由啦？

阿：不錯。

398a 蘇：因此，若有一位聰明得甚麼都會模仿的啞劇先生來對我們提議，要表演他的才藝，我們儘
可趕緊磕頭，把他當神聖般供養，同時又要告訴他，我們的國度裡，可容不得他存在。法
律要禁止兩者。因此，我們爲他塗上沒藥，給他戴上呢絨花環，可就要請他另覓福地啦。
b 爲了我們的精神健康，我們要用的是較麤較嚴的詩人、說故事者，只肯學好人的樣子，仿
效我們開始教育我們的衛國之士的時候，首先訂下的榜樣。

阿：我們只要有這麼力量一定會這麼做。

蘇：那麼，我的朋友，音樂或文學教育中有關故事或神話的部分，可說是處理完了，因爲題材跟體裁風格都討論過啦。

阿：我也這樣想。

c 蘇：下一步就輪到樂調、歌曲嘍。

阿：顯然如此嘛。

蘇：我們要維持前後一貫，則人人都能想到我們對這些應該說些甚麼。

葛樂康（笑著）：我恐怕「人人」一詞，並不能包括我，因爲儘管我可以揣測，卻不能一下子說出來它們應該怎樣。

蘇[d]：你知道一首歌或賦曲具三部分：歌辭、樂調和節拍。我能不能假定你有這種程度的知識？

葛：當然，你可以假定那麼多。

蘇：至於歌辭的字，配上音樂和不配上音樂的文字，總不會有甚麼分別吧？這兩種字卻要符合同樣的規律，業由我們予以決定的規律，不是嗎？

葛：是呀。

蘇：樂調和節拍都要依歌辭而定吧？

葛：當然。

蘇：我們談題材的時候就說過，我們不須哀悼悲傷的調子，是不是？

葛：不錯。

蘇[e]：那些諧調是表達哀傷的呢？你懂音樂，能夠告訴我。

葛：你所指的調子，是混合或次中音麗第亞、全音或低音麗第亞，以及這類的。

蘇：那麼，這些便是該放逐的。它們甚至對有人格要保持的女人都是無用的，更不要說男人啦。

葛：當然。

蘇：其次，酗酒、嬌弱和懈怠完全不稱我們的衛士的品格。

葛：完全不稱。

蘇：嬌弱、飲酒的諧調是哪些呢？

葛：愛昂尼亞和麗第亞的調子，一般稱之爲「悠閑」的。

蘇：噢。這些能不能用在軍樂裡？

399a 葛：完全相反。依你所說，就只剩多麗斯和扶麗嘉了[46]

蘇：對諧調我是一竅不通。我要的是雄武的一種，表示的調門腔調，符合英雄在危急或堅毅不
b 移時；所志瀕臨失敗時；將遭傷亡或其他災禍時；以及遇到這類危機卻以堅定的步伐、艱
忍的決心、來面對命運的打擊時，所嘯出的音符。另外一種諧調供他使用的場合，是行動
自由的平時，在無必然的壓力下，冀望祈神或教諭他人，或是表示願意接受教諭，並且能
c 傳達他在以審慎的行爲達成目標，卻不以成功自喜，仍能謙以自牧，接納結果的時候的那
份心志。

我請你留下這兩種諧調。我要說的是，留下的調子是表達必然的、自由的、幸者與不幸者的、勇氣的和謙和的。

葛：這些就是我剛才說的多麗斯和扶麗嘉啦。

蘇：既然只有這些可以用在我們的樂調歌曲裡，那麼，我們就不需要複音和多重諧調了？

葛：我想是不必要的。

d 蘇：那麼，我們就不必供養三角複音七絃琴的工匠，或是任何其他製造多絃怪調樂器的師傅

嘍？

葛：當然不必。

蘇：但是，你對製造、吹奏笛子的人有甚麼看法？當你想到在諧聲的複合使用上，笛子比一切絃樂器加在一起都更惡劣，你還願意讓這些人進我們的邦國嗎？就連多重諧調的音樂也只是模仿笛子的呀。

葛：當然不願意。

蘇：那麼，城裡就只剩下使用七絃琴和豎琴，鄉下則牧人不妨使用牧笛了？

葛：從我們的理論來看，當然只能有這麼個結論啦。

e **蘇**：選擇阿波羅和他的樂器，揚棄馬塞亞和他的樂器[47]，其實並沒有什麼奇怪。

葛：一點也沒有。

蘇：我的天，這麼著豈不是在無意之間清淨了我們的城邦，剛才我們還以爲它頗爲浮華呢。

葛：我們這麼做是十分明智的呀。

蘇：那麼我們就清淨到底吧，次於諧調的自然是節拍，也該受同樣規律的限制，因爲我們不應

---

46 麗第亞、愛昂尼亞、扶麗嘉都在小亞細亞，多麗斯在希臘半島，皆屬希臘地。此處所謂音樂或調子，顯然就是《詩經》裡的「風」或「音」。

47 山澤人身獸足的神馬塞亞與笛子神話頗多。此處只是一種說法：阿波羅彈七絃琴，馬塞亞吹笛，兩神爭勝競賽，請了以具有點金的手指聞名的邁達斯做裁判。他判決阿波羅輸了一籌，由而被罰耳朵成了驢耳。

400a 當特意尋出複雜的韻律體系或每一種韻律；而是要問，那種節拍才是英勇和諧生活的表達。一旦找到這類韻律，就要使音步、聲調，配合具有同樣精神的文辭，而非要使文辭配合音步、聲調。至於說出來這類節拍是哪些，可就是你的責任——你已經把諧調教給我，還非把節奏也教給我不可。

葛：但是我實在教不了。我只知道，韻律大約有三種原則，一切節奏體系都據以釐訂，尤之於聲音總數是四種[48]，一切聲調都據以構成。這是我說過的看法。至於它們各自模仿甚麼樣的生活，就非我所知了。

b **蘇**：那麼我們只好請教達蒙[49]啦。他可以告訴我們，哪些節拍格調表現卑下、傲慢、暴怒或其他下流情感，哪些節拍可以用來表達相反的情操。我想我模糊記得，他提到過一種複雜的克里特格，還有達可提格或英雄格。他把這些拼湊起來的方式，我不太懂，但使得音步裡的抑揚和長短的韻律相等；而我如果沒有記錯，他還提到安巴斯格和托羅奇格，並且各賦予長短的音值。

c 在某些情形下，他還似乎讚美或斥責音步的調速，一如他之對於節奏；說不定他指的是這兩者的聯合，反正我不太清楚他的意思。不過，我不是說了嗎？這類的事，還是找達蒙親自來說的好，你知道，分析這個題目頗爲困難[50]。

葛：我相信是這樣的。

蘇：不過，要了解優雅[51]與否，其實是節奏良劣的結果，卻並不困難。

葛：一點也不困難。

[d] 蘇：再就是節奏的好壞，自然與風格的良劣相契合；聲調的和諧與否同樣也依風格而定，因爲我們的原則是，節拍與諧調是由文字規定，而非文字由它們規定的。

葛：不錯，它們應該遵循文字。

蘇：文字和風格的品格，不是仰賴靈魂的氣質麼？

葛：是呀。

蘇：其他一切則是仰賴風格的啦？

葛：對啊。

蘇：那麼，風格的美、諧調、優雅和節奏良好都要仰賴樸實嘍——我指的是一個正確高貴秩序

---

48 節拍或音步，有三種基本音值比例，即二比二或對等式，包括長短短格（dactyl）、長長格（spondee）、短短長格（anapest）；三比二式，如長短長格（cretic）；二比一式，如短長格（iamb）和長短格（trochee）。聲音四種，顯然是指四度音階裡的各調，惟其確實意義，無從得知。但蘇格拉底顯然認爲，凡受相當教育的都懂音樂，葛樂康確也懂得。

49 達蒙爲蘇格拉底同時代的音樂家，蘇氏視之爲權威，在數本著作裡提到他。

50 「分析」此處原字是diairesis，即劃分各種事物的門屬種類。辯證法的基本任務，在於依據自然的區分，界說各種事物，分析則是覓得這種界說的方法。在本節裡，蘇氏用的是常理，避免專門語，但他的話仍是不失精確。前面提到的音步與長短格，是因希臘的制度以音節長短爲定（英國則是重輕音），甚麼樣的詩，用甚麼樣的節拍。一個長音等於兩個短音。

51 雅（euschemosyne）與非優雅（aschemosyne）都自scheme（外貌、姿態）轉來，而此下凡與音樂性質有關的字，都以eu（好）或a（欠缺）爲字首，使它們具有特殊的統一性。這是柏拉圖的修辭，而在譯文裡無法譯出的。

e 下的心靈與性格所具有的樸實[52]，而不是僅屬愚蠢的好聽說法的另一種樸實。

葛：不錯。

蘇：我們的青年，要想在人生裡善盡職責，豈不應該把這類的優雅諧調永遠當作目標麼？

葛：應該。

401a 蘇：而畫家的藝術和其他創造、結構性的技藝，都多的是這些，比如編織、刺繡、建築和種種
製造行業；甚至在自然裡，動物也好，植物也好，都有優雅存在與否的問題。醜惡與不諧調的律動，幾乎都與惡文字、怪脾氣有關聯，尤之於優雅和諧調跟善性道德分屬姐妹，互相神貌相似一樣。

葛：一點不假。

b 蘇：但是，我們豈不應當更進一步地監督？我們豈不應該要求詩人，要在他們的作品裡表達善
的意象，而如果他們表達了別的，就罰以驅逐出境？同樣的監督，豈不也應該延伸到別的技藝之士身上，禁止他們在彫刻、建築和其他創造藝術上，展現與善相反的惡癖、放恣、邪僻和褻穢的形狀？凡是不能遵循我們這條規則的，豈不應該禁止在我們的邦國裡行藝，以免我國公民的鑑賞力，遭他腐化？我們絕不許我們的衛士，在道德缺陷的圖像中長成，
c 猶如在有毒性的牧場裡徜徉，天天以蕘草花爲食，乃至他們逐漸於不知不覺之中，在靈魂
裡積聚下腐化的敗瘡。

我們的技藝之士，應當才具足以辨別美和優雅的東西，然後我們的青年才能生活在

d 健康的國土上，由美景雅音環繞，並且接受事事物物裡的善。然後，佳良作品所流露出來
的美，就可以流進耳目，像是較純淨地區來的榮養和風，再在不知不覺之間，從早年就把
靈魂導向相像和同情於理性的美。

葛：再沒有比這種訓練更高貴的了。

蘇：因此，葛樂康啊！樂教較任何其他工具更有效力，因爲節奏和諧調會入據和牢附靈魂的深
e 處，賦予雍容氣象，並且使受到正當教育的人的靈魂優雅，受到不正當教育的人的靈魂粗
俗。而因爲接受這種內心的眞正教育的人，最能敏察藝術與自然裡的缺失，並且在稱揚、
欣賞完善之中爲靈魂汲取完善，從而成爲高貴完善的人，他就能以眞正的品鑑力來正確指
402a 摘和憎惡邪惡；這一切都是在他青年時代，甚至還不知其所以然的時候。一旦他知其然
了，就能覺察出他的教育早已使他熟習的人，是眞朋友，而予以崇敬。

葛：不錯，我跟你同樣地認爲，我們的青年應當接受樂教，其理由也就是你說的那些。

蘇：恰像在學讀書的時候，我們認識了字母的各種疊見形體和組合，就覺得滿意，而字母數量
b 不多。不管這些字母占據的位置大小，我們都不會覺得它們不重要而加以蔑視，卻是看到
就急著要加以辨識，而在我們未能到處都可以認識它們以前，絕不會自以爲在讀的技藝上

52 傅拉西麻查斯在348c也用了這個字，所謂「樸實」，實爲「天眞無邪」。這個名詞在希臘文、英文與中文裡，後來都變成兼具好壞兩方面的意思。

達到完美——

葛：不錯——

蘇：或者恰像只有我們認識了字母的本身時，才能辨識映在水裡的字母倒影。同一技藝和學習，使我們得到兩者的知識。

葛：完全正——

c **蘇**：同樣地，如我所主張的，我們也好，我們要加以教育的衛士也好，假使我們和他們不能知道節制、勇敢、開明、慷慨和類似氣質的基本形式，以及其相反形式和它們的綜合體，並且能夠一見到它們的形象就認識，不以其或大或小而加以忽視，卻相信它們都屬於同一技藝和學術的範圍，則我們永遠不能說懂了音樂。

葛：一點也不假。

d **蘇**：美麗的靈魂能和美麗的形式和諧無間，再使兩者鑄在一個範型裡，所得結果，豈不是凡有眼的人都視之爲最美的美景？

葛：是最、最美的景象嘛。

蘇：最美的豈不也是最可愛的？

葛：可以那麼假定。

蘇：具有和諧精神的人會最愛最可愛的事物。但他是不會愛上具有不諧和的靈魂的人。

葛：這種缺陷如果是他靈魂裡的，當然如此。不過，如果另一個人的殘疾僅是身體上的，他就會對這種缺陷容忍，仍然愛他。

e 蘇：我看得出來，你有著或有過這類經驗，我也同意你的話。不過，讓我問你另一個問題：過分的快感跟節制有關係嗎？

葛：那怎麼會？快感跟痛苦同樣能剝奪人對智力的運用呀！

蘇：它跟一般道德有相近的地方嗎？

403a 葛：一點也沒有。

蘇：跟恣肆放縱有沒有關係呢？

葛：有哇，最密切地相近呀！

蘇：還有比肉體的愛更大更敏銳的快感嗎？

葛：沒有，也沒有更瘋狂的。

蘇：相形之下，眞正的愛是愛美、愛秩序，而且是有節制而和諧的吧？

葛：不錯。

蘇：放縱或瘋狂是不可以靠近眞正的愛嘍？

葛：當然不可以。

b 蘇：瘋狂、放縱的快感，然則絕不許靠近愛人的人和被愛的人，只要他們的愛是正確的，就不會跟這種快感有任何關係嘍？

葛：對呀，蘇格拉底，這類快感絕不可以接近他們。

c 蘇：那麼，我想我們要建設的城邦就應該立法規定，一個朋友對他的愛人所能表現的親密，不得甚於父之對子；而其目的必須是高貴的，並且要得到對方的許可。這條規則，旨在對他的一切離有所限制，不得逾越。如有過分的地方，就當視他爲犯了粗魯和下流的毛病。

葛：我深表同意。

蘇：音樂說完了，恰也是完美的結束。音樂的目的，如果不是愛美，還能是甚麼呢？

葛：我同意。

蘇：說完了音樂就該談體育啦。我們的青年是要受體育訓練的。

葛：當然。

d 蘇：體育和音樂都應該在早期開始。體育的訓練應當審愼，而且終身繼續下去。我相信——在我相信的這一點上歡迎你的意見，好來確定我的看法——我相信，健全的身體並不能因體格的優越而改善靈魂，而相反地，善良的靈魂能以其本身的優越，在可能範圍內改善身體的狀況。你以爲呢？

葛：我同意。

e 蘇：心靈既經適當訓練，我們便可以正確地把照顧身體的較爲特定的任務交給它。爲免詞廢起見，我們現在只討論這個題目的概略。

葛：好吧。

蘇：我們已經說到，他們要戒酒。衛士比一般人更不應該醺醺大醉得不知東西南北。

葛：不錯，衛士而要衛士照料，豈不荒謬。

蘇：其次，我們對他們的膳食有甚麼意見？這些人是爲最大競爭來受訓的呀，不是嗎？

葛：是的。

404a 蘇：一般運動員的身體上的習慣，對他們適當嗎？

葛：爲甚麼不適當？

蘇：我怕的是那些人的那種身體習慣，頗稱渾渾噩噩，對健康頗具危險。你難道沒有看到，那些運動員在睡眠裡浪費了生命，一旦略爲變動習慣了的生活方式，就百病叢生？

葛：我倒是看到了。

蘇：那麼，我們的戰士運動員，就需要較佳的訓練，因爲他們要像警覺的守犬，必須視聽極度
b 敏銳。飲食、夏暑冬寒的改變，是他們作戰時難免要忍受的，必不能使他們的健康崩潰。

葛：那是我的看法。

蘇：眞正優越的體育，跟我們剛才描述的純樸音樂，無異是孿生姐妹。

葛：爲甚麼呢？

蘇：我想得到，有一種體育，跟我們的音樂一樣，是純樸佳良的，特別是軍事體育。

葛：你是甚麼意思？

蘇：我的意思可以從荷馬裡找到。你知道，他讓他的英雄們，在戰時以軍人的口糧爲宴席。他
c 們雖在赫勒斯龐海峽的岸上，卻沒有魚吃，而且除燒烤以外，不得有炊熟的肉，而烤肉對

軍人最方便，因爲他們只要點火就可以，沒有攜帶鍋鑊的麻煩。

葛：不錯。

蘇：我要講荷馬詩裡，從不曾提過美味的滷汁，大約是不會錯的。他禁絕此物，並沒有甚麼特殊。一切職業運動員都知道，一個人要想健康良好，絕不能吃它。

葛：不錯，而且他們既然知道這種情形，不吃是對的。

d **蘇**：那麼，你是不同意色拉求斯人的宴席，西西利的改良烹調的啦？

葛：我才不會呢。

蘇：一個人要想體格良好，你能讓他把哥林多的女人當他的姘頭嗎？

葛：當然不能。

蘇：你也不能贊成一般認爲珍饈的雅典甜食吧？

葛：當然不能。

e **蘇**：一切這類的飲食與生活方式，我們都可以正確地比做以多重諧調的題裁，和一切節奏做成的歌曲。

葛：一點沒錯。

蘇：錯綜複雜的音樂，或生放蕩，或生疾病。而純樸的音樂，則在靈魂裡是節制之父；純樸的體育，又爲身體的健康之父。

葛：對極了。

405a 蘇：邦國之內放恣和疾病叢生，必使法庭醫院應接不暇。醫生和律師的技藝，使他們趾高氣揚，因爲他們注意到，城邦裡不僅奴隸，連自由人也都對他們大爲注意。

葛：當然。

b 蘇：但是，還有甚麼情形比這更能證明一國的窳劣可恥；不僅匠人小民，需要頭等醫生、法官的能耐，連自稱已受通才教育的人也是如此？一個人竟因自己沒有，要外求法律和醫藥，所以必須仰賴他人，乃至把他們高抬成他的主子判官，豈不是最可恥的，而且表示他缺乏修養？

葛：可恥莫過於此。

c 蘇：你要考慮到，還有更卑賤的一個階段，能使一個人不僅畢生打官司，把日子都耗費在法庭裡，或當原告，或當被告，而且居然因爲別有心腸，竟然以擅打官司而沾沾自喜，你還能說「莫過」嗎？這種人自以爲他是欺詐的大師，能夠走一切歪路，在各種縫隙裡鑽進鑽出，跟柔條一般彎曲來躲過正義，而他這麼做是爲了甚麼呢？也只是些微不足道的末節罷了，他卻不知道規劃自己的生活，免得看法官打盹，比那些高貴得多。他那種情形不是更加可恥嗎？

葛：不錯，更可恥。

d 蘇：求助於醫藥，卻不是爲了療傷口、治瘟疫，而僅僅因爲懶惰和我們所講的那種生活習慣，乃致弄了一肚子的水和氣，就好像這些人的身體是一片沼澤，迫使艾斯可利皮烏斯的機巧子孫[53]，要爲疾病找出更多的名稱，甚麼穀氣脹啦、加答兒啦的，這豈不也很可恥？

葛：不錯，他們的確爲疾病訂下些古怪名堂。

e 蘇：是的，而我不相信，在艾斯可利皮烏斯時代，有這些疾病。我這麼說，是根據荷馬做揣
406a 測。他說攸利庇樂受傷之後，喝了普鑾寧酒混合的酪酒，還加了不少麥仁糝和醉乾酪。這
東西一定使傷口發炎；但參加特洛城戰役的艾氏子孫，並未以爲給他飲料的女子有錯，也
不曾責怪爲他治病的帕楚克魯[54]。

葛：斯人斯疾，給那種東西喝總是特別得很。

蘇：你要想到，在俗話所說當年的時候，希洛底科以前，艾斯可利皮烏斯的同業公會，行的不
是我們現在的，可說是教育疾病的醫術，就不會覺得那麼特別了。希洛底科是教體育的
b 人，又稟賦多病，就混合了體育訓練和治療，找出來一種辦法，首先主要的是折磨自己，
然後折磨他以外的世界。

葛：這是甚麼意思？

蘇：纏綿床褥的辦法呀。他生了致命的病，經他經常診療，既不可能痊癒，他就過了一輩子病人生活。除了照顧自己，他甚麼都不能做，而任何時候一違反習慣，就要經常痛苦。因此，他既難死，就藉助科學，掙扎到老年。

葛：他那份技藝的報酬[55]眞難得！

c 蘇：是啊！假使艾斯可利皮烏斯不曾教他的後人，如何多病長生，他之所以未教，不是因爲在

這一醫藥分支上無知或欠缺經驗；而是因爲在一切上軌道的國度裡，人人有其當作的本業，所以沒時間經常生病。一個不懂這點的人，也許會期望這份報酬。艾氏所了解的情形，我們在匠人身上可以看到。可笑的是，那些較富的人卻不適合這條規則。

葛：你是甚麼意思？

d **蘇**：我的意思是：木匠生了病，就要醫生來些速效的烈藥治療，催吐劑、瀉劑、炮烙或是動力之類，是他的救法。假使有人給他開下飲食的規程，告訴他把頭纏裹起來，以及這類的辦法，他會馬上回答，他沒有生病的工夫，而且他看不出，一輩子用在伺候病上，疏忽了習慣的行業，活著還有甚麼好處。因此，他會跟這類的醫生，道聲再見，恢復日常的習慣，
e 或是痊癒起來，活下去幹他的事，或是體格不濟死掉，再沒有了任何麻煩。

葛：是的，而且這種地位的人，也只應該找醫生這麼多。

407a **蘇**：他不是有他的行業嗎？失去了行業，活著有甚麼好？

---

53 艾斯可利皮烏斯相當我國的藥王。所謂其子孫，泛指一切從事醫療的人。

54 《依里亞特》，卷一一，六二四—六四一行。蘇格拉底此處失記——受傷的並非攸利庇樂，而是艾斯可利皮烏斯之子，醫生馬卡昂（參閱*Ion*, 538b），後世的傳說甚至講馬死在攸的手裡。帕楚克魯此際並未在場，而攸利庇樂的傷並不嚴重，所以耐斯忒爲他調和的飲料以提神爲主。攸利庇樂確曾在同役中受傷，由帕楚克魯治療，但療法大不相同，見同書，卷一一，八二八—八三六行。（參見下面408a及註58。）

55 「報酬」或「獎品」與「老年」在希臘文裡幾乎相同：geras與geras。

葛：不錯。

蘇：富人可就不一樣。他要活著，我們也說不上來他有甚麼非做不可的工作。

葛：一般認爲他是無所事事的。

蘇：這麼說你是沒有聽過浮西里底斯[56]的話嘍？他說一個人生活無缺，就應該行道德。

葛：我覺得還應該開始得早一點。

b 蘇：我們可不要爲這個跟他爭論，倒寧可反問自己：行道德對富人是責任呢，還是大可不必？假使他有責任，我們就要再問，爲生病而定飲食，既在木工和其他機械性技藝上，在礙腦子的使用，是否也同樣妨礙浮西里底斯的感覺的實現？

葛：在這一點上沒有甚麼好懷疑的。過分侍奉身體，侍奉到超過體育的規則，對履行道德大有損害。

蘇：是啊，而且同樣不宜於治家、治軍或政治。尤其重要的是，這種情形不宜爲治學、思索或
c 內省——人經常要懷疑，頭痛暈眩都出自哲學；所以，實踐或嘗試較高意義的道德都絕對停止了。這麼個人往往揣想他累病啦，經常要耽心他的身體狀況。

葛：是啊，可能得很。

蘇：因此，我們的練達世情的艾斯可利皮烏斯，可說是僅對原來身體健康，習慣良好，而害了
d 明確疾病的人，顯露他的本領。像這類的人，他用瀉藥和開刀診療，再要他們照常生活，因此也就不止顧及邦國利益。但對疾病叢生的身體，他可不會打算是這邊瀉一點、那邊灌

e 一點的迂緩辦法來治療。他不願意延長無用的生命，也不願意留下孱弱的父親，生下孱弱的孩子。一個人不能以一般方式活著，他就沒有治療的必要。這種療法對病人對城邦都沒有甚麼用處。

葛：然則你是認爲艾斯可利皮烏斯是一位政治家嘍[57]？

408a **蘇**：他顯然是嘛，他的性格還可以從他的兒子身上看出來。你注意，他們是古代的英雄，在特洛之圍時行我說的醫法。你總記得，潘達羅傷了孟尼勞斯以後，他們就——

> 吮吸出傷口的血，洒以止痛的藥物[58]，

但以孟尼勞斯而論，並沒有爲傷者訂出來他應該吃甚麼、喝甚麼，對攸里庇樂也是如此。
b 他們想到的藥物，足可以治療任何受傷前健康良好、習慣規律的人。就算他喝了普蘭寧奶酒仍然可以痊癒。但是他們不肯照管衰弱、放縱，其生命對己、對人都沒有用處的人。醫術不是爲這種人的利益而設，所以，縱使他們富如邁達斯，艾斯可利皮烏斯的兒子也會拒

---

56 Phocylides爲紀元前六世紀希臘格言和諺語詩的作家。蘇氏所引現在只餘殘篇，原意很可能是「糊口第一，道德第二」，有些「衣食足則知榮辱」的味道，與蘇氏的話頗有出入。

57 politikon是熟悉城邦事務的人。

58 《依里亞特》，卷四，二一八—二一九行。此處是馬卡昂爲孟尼勞斯療傷。引文第二句後半裡，蘇格拉底漏了一個字，卻誤把卷一一，八三〇行攸利庇樂指定療法的話摻了進來。蘇格拉底的錯誤可能是有意的，以求變更荷馬著重之處，即英雄的身體也需照料，以及眞正的醫術需要多少知識。要實現蘇氏的理想國，他的以身體爲根據的比喻就不能太認眞，或者說不能比得嚴絲合縫。蘇氏的理想國還要以純樸與孤立化爲實現條件，而這樣則使各種技藝難於達到高度發展。下面葛樂康就指出這類問題。

絕伺候他們。

葛：艾斯可利皮烏斯的那些兒子可眞是慧眼獨具。

蘇：自然啦。雖然如此，悲劇家和賓達[59]可是違反了我們的命令的，因爲他們雖則承認艾斯可
c 利皮烏斯是阿波羅的兒子，卻還說他曾受賄治癒一個垂死的富人，因此受到雷擊。根據我
們業已申明的原則，他們對我們說這兩面的話，我們就絕不肯相信他們：艾氏既爲神子我
們就要主張，他不會是貪婪的；假使他是貪婪的，他就不會是神子。

葛：你說的這一切都好得很，蘇格拉底。不過，我願意問你個問題：城邦裡不是應該有好醫生
d 嗎？最好的醫生，不是那些能治療最大多數的病人，而不管他們的體質是好是壞嗎？而最
好的法官，豈不也是熟悉一切道德性質嗎？

蘇：是的，我也願意有好法官、好醫生。但是，你知道我認爲哪些是好的嗎？

葛：你肯不肯告訴我？

蘇：我要辦得到，當然肯。不過，讓我指出來，你在問題裡合併了兩樁其實不同的東西。

葛：怎麼會呀？

蘇：你把法官和醫生混爲一談。說起來，最能幹的醫生，是那些從年輕時開始，就綜合了他們
e 對本行的知識和疾病的最大經驗。他們最好不要太強壯，還應該自身染患過各種疾病。據
我了解，身體不是他們用來治療身體的工具。假使我是對的，我們就不能許可他們身體多
病或是曾經多病。他們是用心智治療身體，而心智有了毛病，可就甚麼都治不得了。

葛：那倒是眞的。

409a **蘇**：但是法官可就不一樣，因爲他是以心智治理心智的。所以，他不應該在邪惡的心靈之間受訓練，不應該自年輕時就跟這類心靈在一起，不應該親身經驗了各種罪行，僅爲了便於以他的自覺，很快地揣測出別人的罪行，就好像他以自覺很快地揣測出別人的疾病一樣。要釐定健全判斷的誠懇心智，在年輕時不當有惡習的經驗[60]，或受到它的沾染。這就是爲甚
b 麼好人在年輕的時候，顯得質樸老實，易受不誠實的人所欺，他們的靈魂裡沒有邪惡是甚麼的例證。

葛：不錯，他們非常容易受欺騙。

蘇：因此，法官不應該是年輕的。他應該已經學到了甚麼是邪惡，不是跟他的靈魂學，而是學自對他人邪惡的性質的長期觀察。他的嚮導應該是知識而非個人經驗。

葛：不錯，理想的法官應當如此。

c **蘇**：是啊，他並且還是位好人（這就是我對你的問題的答覆）。因爲有好靈魂的人就是好人。但是，我們說到的狡詐多疑的天性，也就是犯下不少罪名的，自以爲是邪僻大家的人，在跟類似的人同處的時候，那份嚴謹眞是了不起，因爲他是以自己判斷別人的。但他跟有道

---

59 依思其洛斯《阿格曼儂》一〇二二行以下；攸里披底《阿爾塞斯提斯》三—四行；賓達《皮希亞人》第三首五三行。

60 參閱400a，註52。

d 德、積經驗的人在一起，可就又由於不適時的多疑，又顯得像個傻瓜。他分辨不出誠實的人，因爲他身上沒有誠實的典型。同時，因爲惡人多於好人，他跟壞人碰面的時候較多，他就自以爲自己聰明不傻，別人可也那麼想。

葛：對極了。

e **蘇**：然則我們要找的善良睿智的法官，可就不是這個人，而是另一位。邪惡不能也認識道德，而有道德的天性，接受了時間的教育，便會取得道德與邪惡雙方面的知識。我的意見是，好人才有睿智而非壞人。

葛：我的意見也是。

410a **蘇**：貴國所當贊許的，便是這種醫藥、這種法律。它們裨益較良天性，使靈魂身體都能健康。至於身體有疾病的，就讓它死；靈魂之腐敗而沒有救的，就親自結束它。

葛：對病人和國家，這明顯地是最好的辦法。

蘇：於是，我們的青年，既僅僅受了激發節制的純樸樂教，就不會樂意涉訟。

葛：明白如此。

b **蘇**：音樂師既遵循同一途徑，就樂於施行純樸的體育，除了極端情形外，不肯跟醫藥發生關係。

葛：對這一點我十分相信。

蘇：他所從事的體操和勞動，本身便旨在激發他天性中的活潑因素，而非增加他的體力。他不會像普通的運動員那樣，利用運動和攝生之法來發展他的肌肉。

葛：一點不假。

c **蘇**：音樂和體育的技藝，也並非一般揣想的，一種是爲訓練靈魂，一種是爲了訓練身體。

葛：那麼，它們的眞正目的是甚麼？

蘇：我相信，教授兩者的人所想的主要是靈魂的革新。

葛：那怎麼會呢？

蘇：你難道沒有看到，僅致力於體育而忽視音樂，或僅致力於音樂，而忽視體育，對心智有甚麼效果？

葛：效果是怎樣表現的呢？

d **蘇**：一個產生剛硬和凶猛，一個產生柔弱和婦人氣呀。

葛：不錯，我注意到僅是運動員的，變得太像個野人，僅是音樂家的則又溫柔軟弱到了有害於己的程度。

蘇：不過呢，這種剛猛只能源自活力血氣，得到正當的培育便成勇敢，但如過分強化，則可能成爲剛硬殘酷。

葛：我完全那麼想。

e **蘇**：另一方面，哲學家的氣質是和藹。和藹受到過分縱容也會變成優柔；但如受到正當培育，則是和藹、謙遜。

蘇：不錯。

蘇：依我們的意見，術士不是要具有這兩種氣質麼？

葛：當然。

蘇：這兩者應該是和諧的。

葛：毫無疑問。

411a **蘇**：和諧的靈魂是既有節制又勇敢的吧？

葛：是的。

蘇：不和諧的則是怯懦、粗魯的？

葛：不錯。

蘇：一個人讓音樂左右他，讓它在我剛說到的甜蜜、柔和、幽怨的曲調，經耳朵傾入他的靈魂，而他的全部生活都在曼歌與詞曲的樂趣中渡過，則在這個過程的第一階段裡，他本來具有的血氣和精神，便像鐵一樣受到淬礪，成爲有用之物，而非脆弱無用。但如果他把這
b 種柔化、撫慰過程持續下去，則在第二階段裡，他就開始弱化銷磨，終至銷磨了壯志，削除了靈魂的筋骨，因而成爲軟弱的戰士[61]。

葛：不錯。

c **蘇**：這麼個人的精神血氣因素，如果天生是薄弱的，這種改變很快就完成啦，如果很豐裕呢，使精神薄弱化的音樂力量，就使他容易激動，只要略有刺激，他立刻就興奮起來，又很快

地悵然若失。他不是精神勃勃，而是易激怒，易感情高漲，而且十分執拗乖張。

葛：一點不假。

蘇：因此，在體育上，一個人如果運動激烈，大吃大喝，而且是音樂與哲學的好學生的反面，他的良好體格，起初會使他趾高氣揚，他就變得好像比自己大了一號。

葛：確然如此。

d 蘇：然後呢？如果他再不做別事，不跟知識的女神往來，則他原來可能有的智慧，豈不因爲不曾嘗到任何樣的學識、研究、思慮或修養，乃至愈趨駑弱、愚鈍和盲目；他的心智也由而不會醒覺，得不到營養；他的感官，也由而不能消除其濛霧的繚繞？

葛：是的。

蘇：結果呢，他成了哲學的憎恨者[62]，野蠻，用不上說服的工具。他好像一頭野獸，滿是暴虐
e 兇狠，不知道有別的處事處人之道。他生活在無知和邪惡的狀況裡，毫無禮儀優雅感覺。

葛：不錯。

412a 蘇：人性既有兩種原則，精神血氣的和哲學愛知的，我不妨說，某位神祇就給了人類兩種藝術來配合它們（只是間接地與靈魂肉體有關），以便那兩種原則，可以或張或弛，以致適當

61 《依里亞特》，卷一七，五八八行。

62 指憎恨語言、文字或理性的人。參見斐多（*Phaedo*）89d以下。

的和諧。

葛：天意大約就是這樣。

蘇：能夠以適當的比例，混合音樂和體育，並且能夠使之與靈魂相合的人，可以正確地說是眞正的音樂家、諧調師，遠比調弄絲絃的人更宜於這種名稱。

葛：你說得很對，蘇格拉底。

蘇：要使政府持久，我們的城邦永遠需要這樣的領袖。

b 葛：是啊，他是絕對需要的人物。

蘇：這些就是我們的教養原則啦。我們還有甚麼必要，評論我們的公民的跳舞、打獵、賽車、體操競賽和賽馬呢？這一切都遵循同一一般原則，而我們既已找出了原則，就不難找出其細節。

葛：我相信不難。

蘇：好吧，下一個問題是甚麼啊？我們不是一定要問，誰來治理，誰來被治理嗎？

c 葛：當然囉。

蘇：無疑的是，年長的要治理年輕的。

葛：明顯如此。

蘇：年長的當中又要最好的人擔任治理。

葛：這也是明顯如此的。

蘇：說起來，最好的農夫不是最全心全意致力務農的麼？

葛：是呀。

蘇：我們既要衛士中最好的來捍衛我們的城邦，他們豈不是也要具備衛士的性格？

葛：是呀。

葛：爲了這種目的，他們豈不應該聰明能幹，並且特別關切城邦？

葛：不錯。

蘇：一個人不是很可能關切他所愛的麼？

d 葛：當然。

蘇：他不是很可能愛他視爲與他利益相符，而其榮枯興衰，又是他經常視爲最能影響他自己的命運的東西嗎？

葛：不錯。

蘇：然則一定要有選擇。我們要注意，衛士之中，那些畢生表現最大赤誠，爲邦國福祉效力，
e 而對有害於邦國利益的，表現最大憎惡的人。

葛：這些是適當的人。

蘇：我們一定要在他們的各個階段，悉加注意，以確定他們是否維持他們的決心依里亞特[63]，

63 「決心」此處本字爲dogma，通常譯爲「信念、信條」，本書dokein（好像），由而意爲「意見」，但常指權威性意見、公民大會敕書，或執政的意見或公意。此處這個字具雙重意義：「意見」與「公共協議或法律」。

而不致因威脅利誘的影響，忘卻或拋棄他們對城邦的責任感。

葛：怎麼拋棄呢？

413a 蘇：我要跟你解釋的。一個人或順其意志，或在違反意志的情形下，都可以忘卻決心。所謂順意志，是指祛除錯覺，增強知識；所謂違反意志，是指被剝奪了一項眞理。

葛：我懂了有意志地失去決心，卻還不懂非意志的意義。

蘇：唉，你難道看不出，人們在不合意志下喪失善，在合意志下喪失惡？失去眞理，豈不是惡；擁有眞理，豈不是善？明白事物的眞面目，豈不就是擁有眞理？你同意嗎？

葛：是的，我同意你認爲人類喪失眞理，是違背意願的。

b 蘇：這種非志願的喪失，原因豈不或是盜竊、威脅或魅惑？

葛：我還是不懂你的話。

蘇：我恐怕我講得太隱晦啦，跟那些悲劇作家一樣。我的意思只是有的人因受到說服而改變，有的人因遺忘而改變。辯理偷去了一組人的心，時間偷去了另一組人的心。我把這種情形稱之爲偷。你現在懂了吧？

葛：是的。

蘇：至於那些被迫的，則是因重大的痛苦悲哀迫使他們改變意見。

葛：我懂啦！你說得都對。

c 蘇：你總也承認，受到魅惑的，指的是哪些，其改變心意，或出於快感的和軟影響，或出於畏懼的剛硬影響。
葛：是的，凡能欺騙的，都可視爲會誘惑的。
蘇：因此，如我剛才所說，我們要問那些最好的衛士，他們是否相信，他們視爲城邦利益的，
應該是他們立身的準則。我們一定要從他們年輕時就觀察他們，要他們擔任最可能發生遺
d 忘和受騙的任務，念念不忘而又不受欺騙的人可加選取，通不過考驗的人則予淘汰。這個
辦法好不好？
葛：好。
蘇：我們還要給他們訂下勞動、痛苦和衝突，迫使他們進一步表現同樣的氣質。
葛：好。
蘇：我們還要給他們訂下勞動、痛苦和衝突，迫使他們進一步表現同樣的氣質。
葛：對。
蘇：然後我們要用誘惑來試他們——這是應有的考驗——再看他們的舉措如何。就像人們領著
馬駒到噪雜喧鬧的地方，以定其天性是否畏懼，我們要領著我們的青年，到恐怖的情況裡
e 去，再讓他們通過享樂的情況，以比較用火煉金更徹底的辦法予以考驗，以便我們能確
定，他們對一切誘惑都已嚴加戒備，因而行止高貴，爲自己和所學音樂的良衛，在一切狀
414a 況下，都能維持其有節奏、能和諧的天性，而其天性確能利己利國。任何人自幼至壯，在
每一階段都能順利通過考驗，不淄不磷，便可任命爲治國衛城的人。他在生前死後都要受

到榮崇，還要得到山陵和其他崇功報德的紀念物。而且是我們力量所及的最大。失敗的人則一定要摒斥。我相信這是我們選舉任命治理捍衛之士的辦法。我的說法是通則性的，並沒有打算多麼精確。

葛：我的說法也是通則性的，我同意你的話。

b 蘇：「衛士」一詞最具包羅性的意義，用在這一崇高階層上，或者應該在這些人能夠對外則捍衛護國，對內則維護公民間的安寧的時候，俾使外敵不敵，內民無力，來傷害我們。我們前此稱為衛士的年輕人，更適當的稱呼，或者是治理者的原則的輔弼和支持人。

葛：我同意你說的。

蘇：那麼，我們如何設計，我們剛才說過的必要的謊言呢？——只要一個頭號大謊[64]，可能的話，要能騙得住執政的，無論如何，也要騙得住其餘的人。

c 葛：是甚麼樣子的謊啊？

蘇：倒沒有甚麼新；只是腓尼基的老故事[65]，講的是從前在別處常發生的事（就像那些詩人所講，讓人人相信的那種），卻不是我們這個時代的，而且我也不知道這種事將來會不會發生，或是縱然能夠發生，能不能還該相信有這麼檔子事。

葛：你怎麼說得這樣吞吞吐吐的。

蘇：你聽了我的話，就不會奇怪我為甚麼吞吞吐吐的了。

葛：別怕，你說就是了。

d 蘇：那麼我就說嘍，雖說我實在不知道怎樣正眼看你，或者用甚麼字眼，來講出這麼大膽的虛構之辭，而我是打算逐步把它傳達出來，首先是對執政，其次對軍人，最後對民眾。我們要告訴他們，他們的青春只是場夢，他們自我們接受的教育和訓練，僅是表面現象。自眞象而言，他們在大地的肚子裡孕育滋養的全部期間，當他們自己、他們的肢體與附屬的物
e 形成的時候，當他們的形成完畢，由大地也便是他們的母親把他們生出來的時候，這一切都只是表面現象。因此，他們的國土是他們的生母乳娘，所以他們有責任爲她的福祉盡力，並且保衛她不受攻擊，他們還要把她的國民，看做大地的子女，自己的兄弟。

葛：對於你要講的這段謊話，你實在有理由感覺羞恥。

415a 蘇：對，但還沒有完呢，我才講了一半。在我們的故事裡，我們要對民眾說：公民們，你們是兄弟，但神祇把你們造得頗不相同。你們之間有的有指揮能力，神祇在這種人的體格裡摻進了金子，因此他們還具有最高榮耀。他用銀子造另一種人，是爲輔佐；至於要做農夫工匠的人，他則用銅鐵構成。這種門類，一般都保留遺傳在其子女身上。但由於人人本屬同
b 種，金父有時會生銀兒子，銀父有時會生金兒子。神祇對執政頒布的首項至高原則，便是他們最應該兢兢業業保衛的，而且做它稱職保衛者的，應當是民族的純粹性。他們應當注

64 「頭號」原字是gennaion，有「高貴」之意。

65 或指腓尼基英雄凱德謨斯的故事。他曾播種龍齒，播種處湧出許多巨人，相互砍殺，最後只剩下五人。這五個人幫他建立城堡，稱Cadmea，便是後來的Thebes。但也可能指奧德賽中，奧德修斯在腓厄西亞宮廷裡聽故事。

意，他們的子孫身上摻雜了些甚麼元素。假使金父或銀父的兒子，居然混得有銅鐵，那就
表示大自然定下了階級的轉移，則身爲執政者的，必不能因爲這個兒子要降低其階級成爲
c 農夫工匠，而對他加以憐憫。這情形尤之於工匠之子，身上混有金銀的時候，一定要提高
其榮譽地位，使他們成爲衛士或輔佐。神讖說，國以銅鐵之人守國者必亡。故事就是這樣
的，有沒有可能讓我們的公民相信它呢？
d **葛**：對這一代是不行的。辦到這一點毫無可能。但也許可以使他們的子輩相信這個故事，然後
是他們的子之子，以及他們的後代。
蘇：我看到這種困難，但提倡這種信仰可以使他們更關切城邦和大家。這個故事到此爲止，而
在我們裝備我們大地所生的英雄，領導他們在執政之下出現的時候，這個故事儘可能乘謠
言[66]之翼來播散四方。假使國內有桀傲不馴的，讓這些英雄尋覓擇取他們最能彈壓反叛的
e 場所，再讓他們抗禦敵人，而敵人像狼群，會自外來襲羊群。在這種地方，讓他們紮營，
紮營以後，讓他們祭奠恰當的神祇，然後再收拾安睡之所。
葛：正當如此。
蘇：他們的住所應該冬可禦寒，夏能禦暑。
葛：我想你說的大約是房子吧？
蘇：不錯，不過可得是軍人的房子，不是商店老闆的。
416a **葛**：這兩者有甚麼分別呢？

蘇：這點我是要設法說明的。養一隻警犬，而讓牠因爲缺乏紀律、挨餓或者其他不良習慣，竟
然掉頭來撲羊、騷擾牠，而行動得像狼不像犬，這麼個牧羊人豈不是犯下可惡的罪過？

葛：可惡至極。

b 蘇：因此，我們一定要盡力注意，不使我們那些強於我們的公民的輔佐，積漸不能爲我們的公
民所制，以致不僅不是他們的朋友、幫手，反而成了蠻橫的暴君。

葛：是啊，一定要盡力注意。

蘇：眞正良好的教育，不是可以提供最佳的保證麼？

葛：輔佐們已經受了最好的教育嘍。

蘇：我那親愛的葛樂康，我可沒有你那麼大的信心。我能較爲肯定的是，他們應該受最好的教
c 育，而眞正的教育，不論其形式如何，必定具有最大的趨向，在他們相互的關係上，在他
們跟受他們保護的人之間的關係上，使他們文明，使他們具有人情味。

葛：不錯。

蘇：不僅他們的教育，連他們的住所，以及一切屬於他們的東西，都應當是那種既不會損害他
d 們當衛士的品格，也不會誘使他們欺凌民眾。任何有常識的人都會承認這種情形吧。

葛：他非承認不可。

66「謠言」原文是pheme，本指神讖或其他神祕來源的話，逐漸轉爲別人傳述的話。

蘇：要使我們的衛士，確如我們所希望的，他們就應該過甚麼樣的生活，我們不妨加以考慮。
首先，他們除了絕對必需的以外，不得有任何的財產。他們也不得有私宅倉儲，不許任何
e 想進去的人進去。他們的飲食，應當限於受訓練的戰士所需要的，而這種人寡欲多勇。他
們應當同意，從公民那裡接受一定的薪給，恰足以應付一年的開支。他們要共食[67]共宿，
跟軍營裡的士兵一樣。我們要告訴他們，金銀之屬，神祇已給了他們。他們身上已有了
更爲神聖的金屬，因而不需要當前流行的渣滓，並且不應當以這類的塵俗雜物，來污染神
417a 質。那種較爲尋常的金屬，是許多違犯神意的行爲的本源，而他們所具有的金屬，卻純淨
無疵。他們是公民裡惟一不當觸摸金銀，與金銀同處一室、佩配或用以食飲的人。他們因
此而得自救，也因此而能救國濟民。如果他們居然擁有房產金錢，便成了編氓農夫而非衛
b 士，仇敵暴君而非其他公民的友人。他們如變得恨人被恨，謀人遭謀，畢生便要畏懼內
叛，遠過於畏懼外敵；因此，他們自己與國家的喪失，就要指日可待。由於這些理由，我
們豈不要說，我國的秩序應當如此，我們爲衛士的住所等問題所制定的規則應當如此？

葛：不錯。

67 Syssitia是克里特和斯巴達的制度，規定男人一定要在一起用餐。

卷四

國家與靈魂

419a 阿第曼圖（插問）：蘇格拉底，假使有人說，你讓這些人痛苦，而其苦惱是自取的，你要
怎麼辯護[1]呢？城邦事實上屬於這些國衛，他們卻並不能得到甚麼好處。別人買田地，蓋
寬大漂亮的房子，擁有一切漂亮的東西，爲自己求福而祭享神祇，還能慷慨好客。再還像
你剛才所說，他們有金有銀，有一切命運寵兒通常有的一切。我們那些可憐的公民，卻不
啻住在城邦裡，經常站衛兵的傭兵。

420a **蘇**：不錯。而且你還可以添說，他們只有飯吃，除了給養再無薪餉，別人卻是有吃有拿的。因
此，他們縱或願意，也無力從事觀光旅行。他們沒有錢花在養外室或其他奢侈性願望上，
而這類情形，恰是世俗視爲幸福的事。你可以加上不少這類的抨斥理由。

阿：我們假定這些理由都包括在內就是。

b **蘇**：你要問的是，我們怎樣爲這種指摘辯護？

阿：是啊。

蘇：我相信，我們如果遵循老路，就可以找到答案。我們的答案是，我們的衛士，雖在規定的
情況下，仍然可能是最快樂幸福的人。不過，我們創立邦國的目的，並非在求每一階層的
c 過分幸福，而是全體的最大幸福。我們認爲，旨在全體福祉的國家，是我們最可能找到正
義的國家，而在組織不良的國家裡，最可能找到非正義。一旦覓得了正義與非正義，我們便
不妨決定，那一種較爲幸福。我覺得我們現在塑造幸福國度，不是以零碎的方式，或旨
在造成少數幸福國民，而是整體的。設若我們正在油漆一座雕像[2]有人走過來對我們說：

「你們爲甚麼不把最美的顏色，髹漆在身體上最美的部分呢——比如眼睛應當是紫色的，
d 你們卻漆成黑色——」對這種人，我們可以很正當地答覆：「先生，你總不會希望我們把
眼睛美人根本不像眼睛吧。你應該想到的，倒是我們使五官四肢，各符比例，因而使得整
e 體都是美的。」因此，我要對你說，不要迫使我們賦予衛士們一種使他們不能成其爲衛士
的幸福。我們還不是可以給農人穿國王的衣服，戴國王的金冠，要他們愛怎樣種田就怎麼
種田！我們也可以讓窯工躺在矮胡床上，在爐火邊吃宴席，把酒杯傳來傳去[3]，同時把旋
車很方便地擺在他們旁邊，任他們高興去工作。這樣我們儘可以讓每一階層的人快樂——
而這麼一來，你可以想到，全國上下都會覺得幸福。不過，不要引誘我們這麼想。如果我
421a 們聽了你的話，農人就不是農人，窯工也不是窯工，再沒有一個人，具有國內階層的特
性。這種社會的腐化和僭越，假使只限於鞋匠之類，倒還無關宏旨。但如果法律和政府的
保衛之士，也只是好像而非眞的衛士，他們可就要使國家完全上下傾倒了。而在另一方

1 「辯護」此處爲法律名詞。蘇格拉底是被告，正接受審判。蘇氏後來眞正被控，因而在法庭上提出「辯白」（*Apology*，對話錄之一）終乃處決死刑。這些事實，柏拉圖在寫下「理想國」與「辯白書」時，都是常縈腦際的。蘇氏生活乖僻，思想特別，都似乎對當時的城邦與公民有害。他不時需要爲自己辯白。從這些場合裡，我們可以看出，蘇格拉底與哲學家跟城邦之間的衝突，其眞正的原因是甚麼。

2 希臘的雕像都是髹漆的。

3 宴席和飲酒會上，客人都是斜躺著的，酒則自左至右傳遞。他們常是拚酒的，「座談會」一書裡，參與者以競言代拚酒，發言次序仍是自左至右。

b 面，他是唯一有力量，使國家有秩序和幸福的人。我們旨在使我們的衛士救國而非毀國，
我們的對方所想的，卻是節日的農民，享受狂歡的生活，而非爲國家盡其責任的國民。既
然如此，我們所想的便有不同，而他所說的是並非國家的東西。因此，在任命衛士的時
候，我們必須考慮，我們注意的是他們的個別幸福呢，還是這種幸福的原則，應當以全國
c 爲依歸。假使後者是眞，則衛士、輔佐、和一切其他與他們平等的人，都應該受到迫使、
誘導，去以最好的辦法，擔當本身的任務。在這種情形下，全國便能建立高貴的秩序，而
不同的階層，也都能夠恰如其分地獲得分內的幸福。

阿：我想你是對的。

蘇：我不知道你會不會同意我剛剛想起來的另一個念頭。

阿：甚麼念頭哇？

d **蘇**：技藝的墮落似乎有兩種原因。

阿：那兩種啊？

蘇：富和窮。

阿：怎麼樣的呢？

蘇：過程是這樣的：窯工當了，你想他還會跟原來一樣對他的技藝兢兢業業嗎？

阿：當然不會。

蘇：他會變得愈來愈傲慢懈怠吧？

阿：對的。

蘇：結果是他成了壞窯工嘍？

阿：不錯，他正要大大地變糟。

e **蘇**：但在，在另一方面，如果他沒有錢，無力購置工具，他也做不好工作，也不能教導他的子弟學徒做好工作。

阿：當然做不好。

蘇：那麼，在過富過窮的影響下，工匠和他們的工作，都同樣會墮落的吧？

阿：顯然如此。

蘇：我們在這裡找到新的惡源，而是衛士必須加以注意的，否則就會坐使這類惡源潛入城邦而不覺。

阿：甚麼惡源哪？

422a **蘇**：富和窮呀。一個是奢侈、驕縱之父，另一個是褊狹、惡毒之父，而兩者都是不滿現狀之父。

阿：錯是不錯，不過我仍然希望知道，蘇格拉底呀，我們的城邦，如果被剝奪了作戰的體力，怎樣能夠打仗，特別是在敵人既富且強的時候。

蘇：跟一個這種敵人打仗，當然有其困難。不過，在跟兩個這種敵人打仗的時候，可就不困難了。

b 阿：這是怎麼說的呢？

蘇：首先，我們如果需要作戰，我們這一方，將是以訓練有素的戰士，對抗富人構成的軍隊。

阿：不錯。

蘇：你想到沒有，阿第曼圖，一個技藝精湛的拳師，可以很容易擊敗兩個並非拳師、既胖且富的紳士？

阿：假使這兩個人能同時撲上去，他未必應付得了。

c 蘇：可是，他如果能跑開，轉身來打頭一個過來的人，就不會打不過了吧？假如他在烈士的燠熱下，這樣打上幾次，他既是專家，豈不儘可能打敗幾個肥壯對手？

阿：當然，而且這也沒有甚麼奇怪。

蘇：但是，富人在拳擊的知識和練習上，可能較優，而在軍事性的品質上較差。

阿：很可能。

蘇：那麼，我們或者可以假定，我們的運動員，作越戰來，能夠以一當二，以一當三嘍？

阿：我同意，因爲我想你是對的。

d 蘇：假設在開戰以前，我們的國家，派使節到兩個城邦裡的一個去，告訴他們眞相：我們既沒有也不許有金銀，你們卻可以有，所以，你們幫我們打仗，就能掠取另一城邦的戰利品。聽到這種話，誰肯打這種瘦而壯的狗[4]，而不肯要這種瘦壯的狗跟他一夥，去打肥而弱的羊？

e 阿：那倒是不會的。不過，把許多國家的財富集中到一個國家裡面，對那個窮國可能是危險的事啊。

蘇：你瞧你多麼輕易地把國家一詞，用在我們的國度以外的地方去了！

423a 阿：這怎麼說呢？

蘇：你說到別的國家，應當用複數，也就是跟西洋棋戲[5]裡那樣，不能說一城，而要說許多
城。事實上，任何城邦，不論多麼小，都是一分爲二的，一邊是窮人，一邊是富人，互相
抗爭。兩者內部，又劃成許多小圈子。所以，你把他們看做一個國度，是完全錯誤的。不
過，你如果把他們當作許多國家應付，而把這一面的財富、權勢和人眾交給另一邊，你就
會爭取到很多的朋友，卻只有很少的敵人。我們那個國家，在我們規定的明智秩序繼續有
效的期間之內，必將是最強大的國家。我並不是說這個國家在名譽上或外表上最最強大，
而是在實際、實質上如此，縱或它的衛國之士，僅有一千之數。不論是在希臘各邦或在蠻
b 族各邦裡，你都很難找到跟它並駕的單一國度，雖有不少國家表面上顯得一樣強大或強大
了許多倍。

4 參見376a以下。

5 顯指一種古代棋戲（draughts, checkers，參閱333a，註24）。棋盤各方格或半盤稱爲「城邦」。「城邦」（polis）既爲本書書名的字根，又爲本書內涵，卻與多（poly）同音。

阿：一點也不錯。

蘇：我們的執政者，在考慮國度的大小，領土的廣狹，亦即少則不可，多了就不要的時候，應當以甚麼爲限呢？

阿：你要建議甚麼樣的限制？

蘇：我可以同意國家在不違背團結的狀況下，儘量擴大。我想那就是恰當的限制。

c 阿：好吧。

蘇：那麼，我們有了另一個需要交給衛士的命令：我們的城邦，不要讓人家識爲過大或過小，而要能上下一致，自給自足。

阿：我們交給他們辦的這種命令，總不能算太嚴厲。

d 蘇：我們剛才談到的另一命令，更加輕鬆。我指的是把衛士的質劣子女降級，把下層的優質子女提升的責任。這樣做的目的是，就一般公民而言，要使人人能依其天賦去做事，一個人做一件事，然後人人各守其職，就成爲一體而非分歧的。那樣則整個城邦都是一體而非散亂的。

阿：不錯，那樣子不難如此。

e 蘇：我們制定的規程，阿第曼圖呀，並不是旁人可能以爲的許多偉大原則，而是只要稍能如常言所說的謹慎於一件大事，就可算做微不足道的東西。不過這件事與其說是大事，我倒寧可說是恰合我們的目的。

阿：你指的是甚麼事？

424a 蘇：教育和養育呀。我們的公民，既是教育良好，長成通情達理的人，就會容易地了解這些和我不曾談及的事，例如婚媾、蓄女、傳宗接代，這些都應該遵循同樣的原則，也就是常言說的，朋友之間無私蓄。

阿：這是解決一切問題的最好辦法。

蘇：還有，城邦既有良好的開始，就能像車輪的滾動，加速運行。良好的天性和教育培育良好的身心，良好的身心植根在良好的教育裡就愈益改善，而這種改善，會跟其他動物的品種改良一樣，影響到人種。

b 阿：很可能。

蘇：那麼，總括來說，我們的執政，就要特別注意一點：音樂和體育，應該維持其本來形式，不得另闢蹊徑。執政們必須竭力保持它們的原狀。如果有人說人類最喜歡

歌者的最新歌曲[6]，

執政者一定要慮及，他誇贊的不是新歌，而是新種類的歌。這是不可以稱頌的，也不當視之爲荷馬的原意，因爲音樂的任何創新對整個國家都充滿了危險，應該加以禁絕。德蒙是

6 《奧德賽》卷一，三五一——三五二行。蘇格拉底更動了兩個字，由而變化了語氣著重之處。荷馬原文當爲「最贊美」、「那些聽起來最新」的歌曲。

這麼跟我說的，我相信他的話。他說，當音樂的格調[7]改變時，國家的基本法律經常會跟著改變。

阿：不錯。你不妨把我這一票，加在德蒙跟你的票上。

d **蘇**：那麼，我們的衛士一定要把他們的碉堡奠基在音樂上了？

阿：是的。你談到的那種紀律蕩然[8]的情形，太容易混進來啦。

蘇：不錯。而且是以娛樂的形式，乍看起來似乎沒甚麼要緊。

阿：是啊，乍看之下是沒有甚麼要緊的；只不過這種放蕩精神，一旦覓得植根的所在，就會逐
漸在不知不覺之中滲進風氣習慣，然後以較大的力量，從風氣習慣裡蔓延出來，侵入人與
e 人間的契約關係，再從契約關係張牙舞爪地延伸到法律和締構裡，最後的結局，蘇格拉底
呀，是推翻一切私權公權。

蘇：眞的嗎？

阿：我是這麼相信的。

425a **蘇**：那麼，我不是剛講到過麼，我們的青年，應該自始就在較嚴格的制度下受到訓練，因爲娛樂如果變成放蕩的，青年們自己也變成蕩檢逾閑的，他們就再也不會長成行爲良好、具有道德的公民。

阿：不錯。

蘇：他們如能在遊戲上有良好的開始，又從音樂的協助上取得良好秩序的習慣，那麼，這種良

好秩序的習慣——跟別人的恣肆遊戲何等不同！——就會在他們的一切行動裡追隨他們，成爲他們成長的原則，而萬一國內有甚麼墮落的地方，他們也一定能加以撥亂反正。

b **阿**：不錯。

蘇：他們既然受的是這樣的教育，就會自行制定前人忽略了的次要規則。

阿：你指的是那些呀？

蘇：我指的是類如：年幼的不可以在尊長前多嘴多舌，看到尊長要起立示敬，請他們坐下，要怎樣侍奉父母，穿甚麼樣的衣服鞋子，梳甚麼樣的髮型，以及一般舉止禮貌上的事。你總同意我的話吧？

阿：是的。

蘇：不過，爲這類的事立法是愚蠢的[9]。我懷疑有人訂下過這種規則，也懷疑任何明細的成文規定能夠持久。

阿：不可能嘛。

---

7 「格調」原文是tropos，本意是「迴轉」、「方向」或「方式」，轉而有了道德方面的意義，即人的「性格」、「行事方式」。在音樂裡此字指不同的調子，因爲這些能使靈魂產生不同反應或趨向。

8 原文爲paranomia。音樂失律，除我國盛世、亂世之音可以參考外，nomos一詞，兼及音樂與政治兩方面「法律」之義。又365（卷二）註18業指出，nomoi一詞兼指宗教歌曲。

9 參閱346c，註44。

c **蘇**：阿第曼圖哇，人受教育時的開始方向，大約會決定他的未來生活方法。近朱者赤不是麼？

阿：當然啊。

蘇：這種情形的最後效果，可以是良好的，也可以是良好的反面嘍？

阿：無可否認。

蘇：因此，我絕不試圖爲這類的事制定更多的規則。

阿：自然如此。

d **蘇**：再還有市場裡的事，諸如人與人間的一般交接，再如人跟工匠間的契約；污蔑、傷害、告狀、任派陪審等等，你有甚麼意見？另還有可能發生的問題，譬如市場、港埠稅金的徵收，以及一般市場、警察、港口等的規矩。但是，我的天，你想我們應該爲每件事都訂下法律嗎？

e **阿**：我想，對好人制定這類法律是不必要的，凡是需要的章程，他們都會很快地找出來。

蘇：不錯，我的朋友。只要神祇爲他們維持我們給了他們的法律，也就夠啦。

阿：要沒有神祇幫忙，他們會不斷地立法、修改他們的法律和生活方式，盼望著達到完美的境界。

蘇：你大約要把他們比做那種病人，因爲沒有自制能力，就不肯割捨他們的縱欲習慣。是不是？

阿：一點也不錯。

426a 蘇：是啊，這種人活得還痛快得很呢。他們經常找醫生，病徵卻愈來愈多，病情也越來越複雜，還經常幻想著，任何人勸他們嘗試的偏方，都能治好他們的病。

阿：有這種想法的病人多得是。

b 蘇：是啊，而且最有趣的是，凡是告訴他們眞相的人，他們都視之爲大敵。眞相是，除非他們放棄暴食暴飲、追女人，和懈怠懶惰，則一切膏丹丸散、內外方科、避邪鎭魔，都不會有甚麼效果。

阿：有趣！我看不出來，對向你說實話的人發脾氣，有甚麼有趣的。

蘇：當然這類袞袞諸公，似乎是不爲閣下所喜嘍？

阿：當然啦。

c 蘇：一個國度的行爲，如果類似我剛才描述的那種人，你大約也不會贊成。不是有那種秩序不良的國度麼？它們禁止公民變爲締構，違者處以極刑，但被視爲偉大卓越的政治家的，則是最能諂媚這種政府下的人民，最能縱容、奉承他們，最擅長預料到他們的一時欲求，而且予以滿足的人。這種國度，豈不與我所講的那種病人，十分相像？

阿：不錯，國家的良窳，繫於國民的良莠。對這種國家，我是誇獎不來的。

d 蘇：但是，你對這類在政治裡甘心從眾的政客，所表現的那種冷靜和嫻巧，豈不覺得頗爲景仰？

阿：不錯，我佩服，但不是佩服所有的這類人物，因爲其中還有一些，被大眾的稱頌弄昏了頭，以致欺瞞自己，相信自己實在是政治家。這種人不值得景仰。

e 蘇：你這是甚麼意思？對這種人你應該更同情呀。一個人既不能自量，又碰到一大批不會衡量的他人，一致說他足有六尺高，他能夠不相信嗎？

阿：在這種情形下當然非相信不可。

蘇：那麼，你還是不要生他們的氣吧。他們簡直是跟演戲一樣地有趣。他們嘗試我剛才說到的各種小改革，經常幻想他們能以立法的辦法，消除一切契約上的詐欺，和其他我提到過的劣蹟惡行，卻不知道他們實在是要砍掉九頭蛇[10]的腦袋，砍下一個又長出一個。

427a 阿：是啊，他們就是要做那種事的嘛。

蘇：我認爲，眞正的立法者，不論是在秩序良好或欠佳的國度裡，不論是在法律或憲法上，都不會自找麻煩，擬訂這一類的規條。對秩序不佳的國度說，這類規條沒有用處；對於秩序良好的國家來說，研擬它們並無困難，因爲這類規條，有不少都可以從我們前此的規章裡自然浮現。

b 阿：還有什麼立法問題，有待我們解決呢？

蘇：沒有我們的事啦，但還有黛爾菲之神阿波羅[11]的事。他要規定最重大、最高貴、最主要的事。

阿：甚麼事呀？

蘇：神廟、祭祀和一切奉祠神、半神、英雄的儀式的制定；逝者長眠之處，以及任何希望協和

c 冥府居民的人，都要遵依的禮儀的規畫。對這類的事，我們是外行。我們既是國度的締造者如果把這類事付託給任何巫覡，而不付託給我們的祖宗神靈，就是愚不可及。阿波羅是高踞大地之臍中央的神，是人類的宗教闡釋者。

阿：對，我們聽你的就是。

d **蘇：**但是，我們說了半天，正義到底在那兒呀？阿里斯東的大少爺，你告訴我好了。我們的城邦，既然已裝修得可以住人啦，就請你點上支蠟燭找吧，再還要求上令兄、波勒麻查斯、和我們其餘的朋友，一起來幫忙，讓我們看看，在城邦的甚麼地方，我們能找到正義和非正義，它們之間有甚麼不同，以及期望幸福的人，不管有沒有神人監臨，都應該取得擁有那一種。

e **葛樂康：**完全胡扯。你不是答應過，要自己找的嗎？你還說，就你而言，不能爲正義拔刀相助，就是褻瀆神明。

e **蘇：**我不否認我這樣說過。你既提醒了我，我也一定遵守諾言，不過你們非參與不可。

葛：我們是要參與的。

10 Hydra是希臘神話中的水中九頭怪蛇，砍去一個頭就長出兩個頭。郝丘里斯以砍去一頭即燒灼其傷處的方法，終於殺死了牠。

11 黛爾菲的阿波羅廟，約建於元前六世紀，廟內有一金色圓球，據謂是世界中心。蘇格拉底對宗教信仰，採取完全信守傳統的態度，所以禮敬神祇的儀節，是《理想國》的哲學家締造者，不曾加以立法的惟一行爲。

蘇：好吧。我希望以這麼個辦法來找：我打算以一種假定爲開始，那就是我們的國度，如能正確有序，就是完美的國度。

葛：那是當然。

蘇：既然完美，所以也是睿智、英勇、有節制、富正義的。

葛：那也同樣十分明顯。

蘇：不論我們在我國找到這些品質的那些種，找不到的那一種就是剩下來的嘍？

428a 葛：好嘛。

蘇：假如有四樣東西，我們要找其中的一樣——不管是那一種，那樣我們要找的東西，可能是我們一上來就認出來的，那就不必再麻煩；但我們也許先認出另三樣東西，那麼，第四樣顯然就是剩下來的。

葛：一點不假。

蘇：那些道德既然也是四種，我們不是可以用同樣的方法嗎？

葛：當然啦。

b 蘇：在國度裡看得到的道德，第一種出現的是睿智，而在其中我發覺某種特殊性質。

葛：甚麼特殊性質呀？

蘇：我們所描述的國度，據說其睿智在於接納忠言[12]。

葛：不錯。

蘇：忠言顯然是知識的一種，因爲人能夠進忠言，不是出於無知，而是出於知識啊。

葛：當然。

蘇：一國之內的知識有許多種的吧？

葛：那還用說。

蘇：木匠有其知識，但木匠的知識，能是那種讓城邦贏得睿智、忠言的美名的嗎？

c 葛：當然不是。那一種只能使城邦以木工技術聞名。

蘇：然則，城邦是不能以擁有能在木器上進忠言的知識，而得睿智的稱謂了？

葛：當然不能啦。

蘇：能就銅器予人指教的知識，或擁有類似的其他知識，都不是堪稱爲睿智的理由嘍？

葛：都不是理由。

蘇：種田的知識也不是理由；那種知識只會讓城邦以農業知名，對吧？

葛：對。

d 蘇：在我們剛剛創立的國度裡，能進忠言的公民之間，有沒有一種知識，所要進的忠言，不是關於國內任何個別事物，而是關於整體的，並且考慮到國家怎樣自處，和怎樣應付他國的呢？

12 睿智與接納忠言相提並論，特近「聞過則喜」，而其政治意義更濃，特別是因爲「忠言」指的是眾議所得的結論。

葛：當然有哇。

蘇：那是甚麼知識？在那些人身上可以找到呀？

葛：是衛士們的知識嘛，可以在我們視之爲完美的國衛身上找到哇。

蘇：擁有這種知識，能使城邦得到甚麼樣的聲名呢？

葛：在忠言上臻於善，而且眞正睿智的聲名。

e 蘇：我們的城邦裡，是這種眞衛士多呢，還是匠人多？

葛：匠人當然要多得多啦。

蘇：因擁有某種知識而得名的各階層裡，衛士豈不是人數最少的階層麼？

葛：最少，最少的階層。

蘇：所以呀，就由於這人數最少的部分或階層，和城邦中這一領導[13]、執政部分所具有的知識，整個根據自然如此形成的國度，便是睿智的。而這一具有惟一堪稱智慧的知識的階層，便自然而然地是一切階層中人數最少的。

429a 葛：完全正確。

蘇：那麼，那四種德性裡的一種，其本質和在國家裡的地位，似乎已經發掘出來啦。

葛：而鄙見以爲，發掘的方式，十分令人滿意。

蘇：其次，勇敢的本質和是那一階層具有這種使全國得到英勇聲名的，也不難看出來。

葛：這是怎麼說的呢？

b 蘇：唉，每逢有人說任一國度勇敢或怯懦的時候，想的一定是那爲國家打仗出征的部分呀。

葛：再不會有人想到其他部分的。

蘇：其餘的公民，儘可以勇敢或怯懦，但就我想來，他們的勇敢怯懦，都沒有使國度成爲勇敢或怯懦的效果。

葛：當然沒有。

c 蘇：城邦之堪稱勇敢，端賴它的一部分人。在一切狀況下，這部分人維持我們的立法者所教育他們的意見，知悉應該害怕和不應該害怕的事物的本質。這一點便是你所謂的勇敢。

葛：你把你剛說過的話再說一遍好不好？我想我並沒有能完全了解你的話。

蘇：我是說勇敢是一種拯救。

葛：拯救甚麼呀？

d 蘇：拯救有關應該害怕的事物是些甚麼，具有甚麼本質的意見，而這是法律通過教育來涵育的。我說的「在一切情形下」意指一個人在快樂中、痛苦裡、或欲念及恐懼的影響之下，都維持這一意見，不會失去它。要不要舉例說明？

葛：勞駕。

13 蘇格拉底在克拉提樂（*Cratylus*, 435a）裡指出，知識一辭，字根同於監督（此處及443e），蓋監督者須憑知識進行監督工作，是故執政必有知識。

蘇：你知道，染匠要把毛料染成純正的海紺色時，首先要選的是白色。他們十分謹慎小心地處
e 理白色，以求毛料的白地能夠充分完美地掛上紫色。然後他們才正式開始染色。以這種方式染出來的毛料絕不會褪色，無論是否用滷水洗，都洗不掉它的鮮艷。但是，如果料地不曾經過適當處理，你就會注意到，紫色或其他任何顏色，看來都是何等地惡劣。

葛：不錯，我知道，它們看來就帶著洗脫色的可笑勁兒。

430a **蘇**：那麼，你現在就會了解，我們選擇我們的戰士，用音樂和體育教育他們，究竟有甚麼目的。我們其實是造成影響，來做他們充分接受法律色彩的準備。而他們對於危險的意見所具的色彩，以及其他意見所具的色彩，都應該以教養、訓練的方式，加以永不磨滅地固
b 定，以免受到有強力滷水作用的快感洗濯而消褪——這快感洗起靈魂來，比一切鹼類灰水都有力得多；或是因哀傷、畏懼或最強溶劑[14]的欲望而洗掉。這種既符合法律又有關眞、假危險且意見正確的普遍性拯救力量，我稱之爲勇敢——除非閣下另有卓見。

葛：我怎能不同意，因爲我揣想你的意旨，在於排除僅賴未受教育的勇敢，類如野獸或是奴隸的那一種。按你的意見，這種勇氣不是法律規定[15]的那種，而應當另有稱謂。

c **蘇**：完全如此。

葛：那麼，我可以推想，勇敢是指你描述的那種情形啦？

蘇：不錯，你可以那麼推想。假設你再加上「公民的」[16]，也不會錯到那裡去。你如果願意，此後我們儘可以把這種考察，進行得更爲深入。但現在呢，我們要找的不是勇敢，而是正

義。就我們的目的而言，我們談勇敢已經談得夠多了。

葛：是啊。

d **蘇**：國度裡還有兩種德性待找，第一是節制，再就是我們追尋的目標：正義。

葛：不錯。

蘇：我們能不能不管節制就找到正義呢？

葛：我想不出那樣怎麼能辦得到，而且我也不希望找到了正義，卻忽略了節制。所以，我請求你先考慮節制問題。

e **蘇**：好吧，我實在沒有理由拒絕你的請求。

葛：那麼考慮吧。

蘇：好。就我目前能看到的來說，節制的德性較前面各種德性都更有諧調、協和的本質。

葛：怎麼說呢？

蘇：節制的意思，是某些快感和欲望的秩序化或控制。說來有趣，這點在常言所說的「自爲主

---

14 查勒斯德拉（Chalestra，在馬其頓）附近有湖，含碳酸納，可供洗滌。

15 意爲「合法」或「符合、根據法律」，惟此辭（nomimon）有人認爲應讀做「持久」（monimon）。

16 「公民的」勇敢，或城邦所需的勇敢。蘇格拉底暗示，在甘於依法就死的勇氣之外，還有更高的勇，那便是敢於對意見、輿論起懷疑，表質問。

宰」裡已經暗示出來，同樣的概念也可以在類似的話裡見其蹤跡[17]。不是嗎？

葛：毫無疑問。

431a 蘇：「自爲主宰」這句話，頗有荒謬之處，因爲主人同時也是僕人，僕人也是主人，而在這各種說法裡頭，指的都是同一個人。

葛：當然啦。

蘇：我相信，這句話的本意是，人的靈魂裡，有著較善和較惡的兩種原則。較善的原則控制了較惡的原則時，這個人可說是自己的主宰，而這是誇獎的話。但由於教育不良，或誤交惡友，則較善也較小的原則，就受到較大、較惡原則的壓抑；在這種情形下，他就受到責
b 備，被稱爲自我的奴隸和沒有原則的人。

葛：有理，有理。

蘇：那麼，讓我們看看我們的新國度。在這裡你會發現，這兩種情形裡的一種得到了實現。你大約會承認，「節制」、「自主」等字辭，如果確能表示較善部分控制了較惡部分，則國家便可正確地稱之爲自己的主宰。

葛：不錯，我懂得，你說的都不假。

蘇：讓我進一步指出來，各種各樣的繁雜快感、欲望和痛楚，一般只見之於兒童、婦女、奴
c 僕、以及其實屬於地位最低、人數最多階層的所謂自由人。

葛：當然。

蘇：在另一方面，既符合理性且仰賴智力、灼見的純樸、有節的欲望，卻只見於少數人，而這些少數人，則是出身和教育都最上乘的。

葛：不錯。

蘇：你也許覺察到，這兩種情形，在我國各有其所。眾人較低微的欲求，由少數人合於道德的
d 欲求和智慧來加以控制。

葛：這點我有覺察到。

蘇：那麼，世上假如有任何城邦，堪稱爲本身快感與欲望的主人、自我的主宰，則我們的國度，總是有權力主張這麼個名稱了？

葛：當然啦。

蘇：爲了同樣的理由，它也可以被稱爲有節制？

葛：對的。

e **蘇**：世上假如有任何城邦，其執政者與人民，能夠對由誰當家的問題取得一致的答案，這麼個城邦，恰又是我們的國度了？

葛：毫無疑問。

蘇：全國公民，既然對那最有節制的階層，取得協議；這一階層，是執政者呢還是民眾呢？

17 蘇格拉底常以狩獵爲哲學討論裡的比喻。

葛：我想是在雙方吧。

蘇：你是否注意到，我們猜想節制是一種諧調，猜得並不太錯？

葛：爲甚麼？

432a 蘇：唉，因爲節制跟勇敢和睿智不同呀。後兩者僅具備於部分的公民：一種使國家明智，一種使國家英勇。節制不是這樣：它推廣到全體公民，及於整部的音階[18]，產生出協合弱者、強者及中層的諧調，而不管你認爲這些人在睿智上、力量上、人數上或財富及其他等等上，是強是弱。因此，我們可以很正確地認定，節制是天賦智愚兩型人，對那一方應該在國家或個人裡面占到上風的問題，達到了諧和。

b 葛：我當然同意高見。

蘇：所以，我們不妨以爲，這四種德性，已經有三種在我們的國度裡發現了。能使國家富於道德的最後一種德性，非是正義不可——假使我們了解它到底是甚麼的話。

葛：你類推得到的答案很明顯嘛。

蘇：那麼，葛樂康啊，我們要學獵人的時候來啦。我們應該包圍、躡蹤、凝神注意，不要讓正
c 義漏網跑掉，它無疑是存在於我們的國度裡。因此，仔細著點，你如果能首先發現它，千萬告訴我。

葛：我要能先看到就好啦！可是，你應該把我看做隨從，目光僅能及於你指給他看的東西。我也只有這麼大本領。

蘇：跟我一起祈禱，然後跟上來吧。

葛：好，不過還得勞你駕指路。

蘇：哪裡來的路喲，林裡頭又黑又亂。只是我們非前進不可。

d 葛：前進就前進吧。

蘇：我似乎看到了甚麼東西，嗨，我開始覺察到蹤跡，相信那隻獵物跑不掉。

葛：好消息。

蘇：我們實在是笨傢伙。

葛：爲甚麼？

e 蘇：唉，我的伙伴，好久好久以前，我們開始探究的時候，正義就在我們腳底下翻騰[19]，我們卻都視而不見，還有比這更可笑的事嗎？我們就像那種人，手裡拿著東西，還到處去找它。我們不看要找的東西，卻光顧著瞧老遠的東西。我想我們就是這樣迷失了牠的。

葛：這是甚麼意思？

蘇：我的意思是說，事實上我們談論正義，已經有好半天啦，只不過沒有認出它而已。

葛：你這一大段開場白，簡直要讓我不耐煩啦。

---

18 本句在希臘文裡可有兩重意義：（一）及於城邦每一成員，（二）及於音階裡每一音符。

19 參見479d。

433a 蘇：那麼，請你告訴我對不對：你記得我們始終視爲國家基石的那個本來的原則，也就是一個人只應當從事一種最合他的天性的行業。正義嘛，就是這個原則，或這個原則的一部分。

葛：對，我們常在說，一個人應當只從事一件事。

蘇：另外，我們確定了，正義便是做自己的事，不要管閑事。我們對這一點說了又說，很多別
b 人也對我們這樣說過。

葛：不錯，我們是這樣說的。

蘇：那麼，以某一種方式做本分的事，便可假定爲正義。你能告訴我，我這項推測是那裡來的嗎？

葛：我不能，但是希望你告訴我。

蘇：來自我認爲，在節制、勇敢和睿智等德性都抽掉以後，這便是留在國度內的唯一德性，而
c 它是那一切德性的終極原因和存在條件，蘊含在它們裡邊，同時是它們的防腐劑。我們還說到，如果另三種被我們找到了，正義就是第四或剩餘的一種。

葛：這是必然的推理。

蘇：如果要我們決定，這四種德性的那一種，其存在最有助於國家的卓越性，也就是說，究竟
d 是執政與民眾的諧調，或是在戰士間極具法律約束性質的意見，或是執政者的睿智與警惕，或是我剛才說的另一種在兒童與婦女、自由人與奴隸、匠人、執政、民眾等身上都能找到的德性，也就是各盡本分、不管閑事，最關緊要，則是頗難答覆的問題。

葛：實在不容易說出是那一種。

蘇：然則國內一切個人各司其職的能力，似乎跟其他政治德性——也就是睿智、節制、勇敢——都要競爭了？

葛：是的。

e 蘇：而參與這項競爭的德性，是正義啦？

葛：一點也不錯。

蘇：讓我們從另一個觀點看這個問題：一國的執政者，豈不是那些你要託付、以決定爭訟的職權的人麼？

葛：當然啦。

蘇：訴訟的裁定，除了使個人既不能掠奪他人、也不會遭受掠奪外，還有其他依據嗎？

葛：沒有。這是原則。

蘇：而且是合於正義的原則吧？

葛：是的。

434a 蘇：那麼，依據這個觀點，我們仍要承認，正義便是擁有和從事個人所有並且屬於他的東西吧？

葛：不錯。

蘇：好好地想一下，再講你是否同意我的話。假設木匠做鞋匠的事或鞋匠做木匠的事，再假設他們交換其工具和職責，或是同一個人做兩者的工作，或者不論他們換了些甚麼，你想這樣會對國家有甚麼重大壞影響嗎？

葛：沒有。

b **蘇**：但是，當這位鞋匠，或其他天性應該是匠人的人，因財富、體力或學徒眾多，或類似的優勢，以致野心勃勃，冀圖擠進戰士的階層；或是戰士冀圖擠進立法者和衛士的階層，他並未具備這種能力，卻要篡取另方的工具或職責。再或是一個人身兼匠人、立法者和戰士，那時，我相信你就會同意我的話：這種交換和管別人的閑事，必會毀掉國家。

葛：一點也不錯。

c **蘇**：既然有三種明顯的階層，則任何的互相干預或變甲爲乙，對國家都有莫大損害，可以十分正確地稱之爲罪行了。

葛：完全正確。

蘇：對本國的最大罪行，你是要稱之爲非正義的了。

葛：當然。

蘇：那麼，這便是非正義了。另一方面，匠人、輔佐和衛士，各自從事本身職務，就是正義，並且使城邦合於正義。

d **葛**：我同意你的話。

蘇：我們還不必過分肯定。不過，如果經過考驗，在國人和國度裡證明這一正義的觀念正確，

我們就沒有懷疑的餘地。但如果不能證明，我們就要重新考察。首先，讓我們結束我們的
舊考察。你記得，我們開始舊探究的時候，有一個印象，那就是，我們如果能先從大規模
e 上觀察正義，稍後在個人上分辨它，就會少有困難。那個大規模的例證結果是國家，因
此，我們就盡力締造了最完美的國度，並且相信在良好的國家裡，定能找到正義。現在，
讓我們把已有的發現，運用到個人身上吧。假如兩者相符，我們就可以滿意了。假如在個
435a 人身上出現了差異，我們只好再回到國家上，重新試一次這番理論。兩者擺在一起時所起
的摩擦，很可能產生光亮，讓正義照耀出來，由此揭露的視界，我們就要固定在我們的靈
魂裡。

葛：這個辦法很正當。我們按你說的辦吧。

蘇：那麼我就要問：兩種一大一小的東西，名稱相同，這時候，專就它們名稱相同而言，它們是相似呢還是不相似？

葛：相似。

b **蘇**：那麼，假使我們僅就正義的觀念來說，正義的人，是否與正義的國度相似。

葛：是。

蘇：我們認爲，當國內的三個階層，各盡其分的時候，那個國家就是合於正義的。一個國家之堪稱有節制、勇敢和睿智，也視相同的階層的其他表現與品質而定，對不對？

葛：對。

c 蘇：個人也是這樣。我們可以假定，在他的靈魂裡有跟在國家裡相同的三個原則。由於他以同樣的方式受影響，他也可以用同樣的字眼加以正確地描述，是嗎？

葛：當然。

蘇：我的朋友喲，我們好像又再一次地碰上一個簡單問題：靈魂是否具有這三種原則。

葛：簡單問題！沒有那回事，蘇格拉底。常言說得好，好事都有容易的。

d 蘇：一點也不錯。我想我們所用的方法[20]，不足以準確地解決這個問題。眞正的方法是較長的另一種。不過，我們還是可能達到精確度不亞於前一探究的答案。

葛：對那樣的答案我們還不可以滿意嗎？以現在的情形來說，我是很滿意的。

蘇：我也會極度地滿意。

葛：那麼，大膽地繼續揣想吧。

e 蘇：我們是不是應該承認，我們每個人的身上，都具有國家所有的相同原則和習慣，而這些是自個人轉到國家上去的？否則的話，它們又是怎樣出現在國家裡的？就拿感情或血氣來說吧，當我們在各個城邦裡找到這種氣質[21]的時候，如果我們設想，它並非得自據說具有它
436a 的個人，也便是色雷斯的、席提亞人、以及一般而言的北方各國族，豈不十分可笑？同樣的看法，也可以引用到愛知上面，而愛知是我國的特性；或是愛錢上面，而愛錢不妨同樣正確地說，是腓尼基人和埃及人[22]的特性。

葛：不錯。

蘇：了解這一點是不難的。

葛：一點也不難。

b 蘇：但在我們接下去問，這些原則究竟是三個還是一個，可就不那麼容易，換句話說，我們學習時所用的是我們的天性的一部分，生氣時所用的是另一部分，而用第三部分來冀望滿足我們的天然欲求；再或是在這三種行裡，整體的靈魂，都參與活動——要決定這一點卻是椿難題。

葛：不錯，難題就出在這裡。

蘇：那麼，讓我們現在嘗試著決定，這兩種說法是同是異吧。

葛：我們怎麼能決定呢？

蘇：很顯得地，同樣的東西[23]，不能以相反的方式，同時在同一部分上，或在與同一事物的關係上，從事活動或受到活動的影響。因此，每逢這種矛盾發生在顯然相同的東西上，我們

---

20 希臘原文是methodos，即英文method一詞之所出，但後者意爲科學，前者意爲所採取的路線，一種尋覓或追求，以及追求時所用的方式。

21 本義是「原因」或「歸咎某事時的根據」。

22 自希洛多他斯、柏拉圖、亞里斯多德，一直到孟德斯鳩，很多人在討論政治思想時，對於北、中、南方氣候所形成的人種，以及他們在政治上的特殊才具，都特加注意。我國也認爲南北地氣不同，居民性格有異。

23 這番話顯爲蘇格拉底對希臘詭辯學派（sophists）的答覆，也不啻答覆了我國惠施、公孫龍等的「飛矢不動」、「白馬非馬」。蘇氏的推理方法，值得思考。在希臘來說，這是「矛盾律」的最早的明白敘述。

c 就知道，這些東西其實並非相同，而是相異的。

葛：說得好。

蘇：舉例來說，同一東西，能在同時和同一部分上，既靜止而又運動嗎？

葛：那怎麼可能。

d 蘇：雖然如此，爲免以後有所爭論，我們不妨再把這些術語更明確地解釋一下。假定有個人，是同時靜止而又運動著的，對這種說法，我們一定要反駁，說是他一部分在動，另一部分才在靜止。

葛：是啊。

e 蘇：假使那位反對者進一步地詳細解說，指出另一種精微的差別，也便是當陀羅旋轉，再其尖端定著於一點的時候，不但陀羅的各部分，連整個陀羅，都可以說是同時既靜止又運動（他當然也可以舉出在同一點上旋轉的任何東西，做同樣的例證），我們也不能承認他的反駁話，因爲在這種情形下，那件東西並非自行在相同部分既靜止又運動，而是它具有軸心和圓周兩事：軸心是靜止的，因爲它在垂直上並無偏差，旋轉的是它的圓周。但如果在旋轉的時候，軸心偏向了左、右或前、後，那麼，從任何觀點來看，它都算不上是靜止的。

葛：這才是正當的描述方式。

蘇：然則這類的辯護，便不當眩惑我們，或是讓我們相信，同一事物，不能以相衝突的情形，

437a 同時在同一部分上，或是在與同一事物的關係上，從事活動或受到活動的影響。

葛：照我的想法來看，當然是不可能的。

蘇：但爲免我們被迫檢討一切這類的辯駁，和詳細地證明其錯誤，我們還是假定它們都是荒謬的，而以一種諒解繼續我們的討論。這個諒解便是，假使我們的假定有誤，則我們就收回全部的結論。

葛：不錯，這是最好的辦法。

b 蘇：那麼，你肯不肯承認，同意和異議、欲求和嫌惡、吸引和排斥，都是相反的，而不論其是視爲主動或被動，因爲表、被動並不能變更其反性的事實？

葛：是的，這些是相反的。

c 蘇：那麼，還有饑和渴、一般欲念，以及願和不願，這一切你大約都會歸納到業已說過的類別裡去。你總會認爲，有欲求的人的靈魂，追求的是其欲求的對象，是不是？再或者說，他要把他希望占有的東西，牽引到自己這邊來，再換個說法，當某人希望要甚麼的時候，他的心靈，既期望滿足他的欲求，就會以點頭同意，來表示他占有它的願望，就好像別人問了他這麼個問題一樣。是不是呀？

葛：對的。

蘇：至於不願、嫌惡和無欲，又該怎樣說呢？這些是不是應該歸到相反的憎惡、摒斥一類裡去呀？

d 葛：當然。

蘇：假定在欲求上一般情形如此，我們不妨想一下某一類指定的欲求，從裡面選出最顯著、一般稱爲餓與渴的欲求來。

葛：就這麼選吧。

蘇：餓的對象是食，渴的對象是飲吧？

葛：不錯。

e 蘇：要點便在這裡：渴豈不就是靈魂要飲的欲求，而且只要飲，並非受它物左右變化的飲，例如溫與涼，多或少，或者簡而言之，任何特殊的飲料？但如果渴是跟熱一起來的，這時的欲求可就是要冷飲了；如果是跟冷一起來的，可就是要熱飲了，再如渴得厲害，所要的飲料也必極多；渴得輕，所要的量也必少。但專就渴本身而言，不涉及其他，則所要也就單純地只是飲料。飲是渴的自然滿足劑，尤之於食是餓的自然滿足劑，是嗎？

葛：是的。如你所說，單純的欲求，永遠只以單純的對象爲對象，有所變化的欲求，則以有所變化的對象是對象。

438a 蘇：在這裡可就發生一種混淆不明的情況，所以我希望提防一位反對的人，走上前來，說人沒有只要飲的時候，而是要好飲，沒有只要食的時候，而是要美食。好或善是欲求的普遍對象；渴是一種欲求，必然渴求好飲。同樣的情形，也可以引用到一切其他欲求上。

葛：不錯。反對的人可能很有一番道理來說。

b 蘇：雖然如此，我仍然主張，關係者當中有些都跟關係的任一端的性質直接連繫在一起。但本身單純存在的，其相關也必單純。

葛：我簡直不懂你是什麼意思。

蘇：唉，你總知道，較大是就較小來相關而言的吧？

葛：當然。

蘇：大得多是對小得多相關而言的嘍？

葛：是的。

蘇：昔時的大是對昔時的小，未來的大是對未來的小嘍？

葛：當然。

c 蘇：同樣的還有多與少，以及其他相同字眼，例如一倍和一半，再加較重和較輕、較快和較慢，以及冷與熱，和任何其他關係情形——這些不是都一樣麼？

葛：是的。

蘇：同樣的原則，在知識上豈不也一樣正確？知識的對象是知識（假定這個定義是正確的）且
d 特定的知識的對象則是特定種類的知言。我的意思，舉例來說，在於建屋的知識，是知識的一類，依其界說，有別於其他種類的知識，所以稱爲建築學。

葛：當然。

蘇：這是因爲它具有其他種類知識所無的特質嘍？

葛：不錯。

蘇：它有這種特質，在於它有某一特別種類的對象，而這種情形，在其他技藝上也是一樣，對不對？

葛：對。

e 蘇：我說得如果夠明白，那麼，你就會了解我原來所說的，關於相對關係詞的話。我的意思是，僅考慮某一關係的一方，則另一方也當單獨考慮。假使其中一方接受某種局限，另一方也便接受局限，我並不是說，關係詞必非各自不同的，或是說衛生的知識一定健康，疾病的知識一定有病，而善惡的知識當然也是善惡的。我要講的是，當知識一詞，所使用的不是其絕對意義，而是具有限定對象——以此刻來說，是健康與疾病——的本質的時候，這個名詞便屬限定，因而不能僅稱之爲知識，卻要把它叫做醫學。

葛：我懂啦，而且與你有同感。

439a 蘇：你是不是認爲，渴是那種依其本質而言的關係名詞，明顯地具有一種關係——

葛：對，渴跟飲有關係。

蘇：某一種渴跟某一種飲有關係。但僅就渴而言，就無所謂多或少，好或惡，或任何特定的飲料，而只是飲料，對不對？

葛：當然。

b 蘇：那麼，渴者的靈魂，僅就他渴來說，只要飲，也因此盼望它，希望得到它吧？

葛：明顯地是這樣的。

蘇：如果你假定一種誘使渴的靈魂不去想飲，那就一定是跟渴的原則不同的事物，因爲渴的原則是要誘使他如渴驥奔泉的。我們不是說過麼，同一的東西，不能以相反的方式，同時以其同一部分，對同一的事物，從事活動。

葛：不可能嘛。

蘇：其不可能性，一如箭手的手，不能同時推弓而又拉工。你只能說，一隻手往前推，另一隻手往後拉。

c 葛：完全正確。

蘇：一個人能既渴而又不想飲嗎？

葛：能喲，這種事常常有嘍。

蘇：在這種情形的時候，又該怎樣說呢？你是不是應該講，他靈魂裡有種東西要他思飲，又有種東西禁止他飲，而後者不同於前一個要他飲的原則，卻又強於前一個原則？

葛：我想是的。

d 蘇：不許他飲的原則來自理性[24]，誘引他，要他飲的原則卻來自感情和疾病嘍？

24 「理性」此處原文是logismos，自logos（理性）源出，意爲推理的能力，尤其是演繹性的推理能力，其主要意義，則爲數目的計算。

葛：很清楚嘛。

蘇：那麼，我們儘可正確地去假定，這是兩種原則，互不相同；人們用其中一個來推理，不妨稱之爲靈魂的理性原則，用另外一個去愛、饑、渴，和感受其他欲求的刺激，我們稱之爲非理性[25]或欲求原則，而後者是多種快感與滿足的盟友，是吧？

葛：不錯，我們儘可能正確地如此假定兩者的不同。

e 蘇：我們可以下個最後的結論：靈魂裡有兩種原則。但是精神勁或血氣呢？它是第三個原則，還是跟上面那兩種裡的一個有關係呢？

葛：我偏向於認爲它跟欲求有關係。

蘇：好吧。我記得聽說過一個故事，裡面的話我相信，故事說，阿格來翁之子李昂條斯，有一天從百里阿上城裡來，在北城牆[26]外頭，看到刑場上躺著些屍體。他感到要看看它們的欲求，卻又嫌惡怕去看。有那麼一陣子，他內心掙扎，摀住眼睛，最後，欲看的心情勝了，他就強迫著自己的眼睛張開，跑到屍體跟前，嚷著：混帳東西，要看這種美景就看個飽
440a 吧！

葛：我也聽說過這個故事。

蘇：這個故事的教訓：憤怒有時候跟欲求衝突，就好像它們明確不同似的。

葛：不錯，故事的含意是這樣。

b 蘇：在許多其他情形裡，我們不是也觀察到，當一個人的欲求，勝過了他的理性的時候，他就

會罵自己，爲內心的激烈衝突發怒，而在這種類似一國內派系衝突的衝突裡面，他的血氣是站在理性一邊的？但當理性決定埏是不可違逆的時候，精神或血氣因素，竟跟欲求攜手，我相信，卻是你從未看到在你或者——我猜想——在任何人身上發現過的事，對不對呀？

葛：當然對。

c **蘇**：假定一個人自以爲曾經害過別人，他愈是天性善良，愈不能對那位他害過的人，報復到他身上的痛苦，諸如饑、寒等等，感到憤恚。他會認爲這些是正義的，而如我所說，他的憤怒不肯因它們而激發出來。

葛：不錯。

d **蘇**：但在他認爲自己是受害人的時候，他就會憤懣發狠，自認爲是站在正義的一面。他愈是受到饑、寒和其他痛苦，愈能決心堅忍和克服。除非他聽從了牧人，也便是理性，召呼他的牧犬不要再叫了。

葛：這番說明好極了。我們不是說過麼，在我們的國度裡，輔佐是牧犬，要聽從作爲牠們的牧人的執政。

---

25 Alogiston，即缺乏logos的部分。

26 雅典與百里阿之間，有兩道城牆相連，稱爲北牆和中牆。希文「劊子手」意爲「屬於公眾的人」。

蘇：我聽得出你懂了我的意思。不過，還有一點希望你加以考慮。

e 葛：那一點呀？

蘇：你總記得，情感或血氣乍看起來像是一種欲求，但是我們現在得說它跟欲求相反，因爲在靈魂裡的衝突中，它是站在理性原則的一面的。

葛：完全是這樣的。

441a 蘇：但是這又引起另一個問題：情感血氣是跟理性不同呢，還是僅是理性的一種？假使是後者，則靈魂非具三個原則，而是只有兩個：理性與欲求；再不然就是，尤之於城邦有工匠、輔佐與執政三階層，各個靈魂也有第三因素，也就是感情或血氣，如若不受惡劣教育的腐化，卻是理性的當然輔佐，對吧？

葛：是啊，一定有第三種的。

蘇：感性既已證明跟欲求不同，如果再和理性不一樣，答案就是肯定的。

b 葛：但這一點很容易證明。我們可以在小孩子身上看到，就連他們，也幾乎一生下來就有那股血氣，但在另一方面，他們儘有人再也達不到使用理性的境界，而大部分則達到得很遲。

蘇：說得好。你同樣也可以在獸類身上看到情感，而這一點更進一步地證明了你的話的眞實性。我們還可以再以已經引過的荷馬的話爲證：

他搥胸來責備他的靈魂[27]，

c 而在這句詩裡，荷馬明白假定，就優劣來推理的能力，跟受到它的責備的非理性憤怒，是兩樁東西。

葛：不錯。

蘇：那麼，我們在顛簸了半天以後，總算上了岸，而且大體同意，存在於國家裡的同樣原則，也存在於個人身上，而原則共是三個。

葛：完全正確。

蘇：我們是不是應該推論，個人的聰明也是如此，而他所藉助的品質，跟使國家睿智的品質相同？

葛：當然。

d **蘇**：在國家裡構成勇敢的品質，同樣在個人身上構成勇敢，而國家與個人，跟其他品德的關係，都是相同的了？

葛：確鑿無疑。

蘇：我們承認個人合於正義，跟承認國家合於正義，其情形也是相同的啦？

葛：順理成章嘛。

蘇：我們還要記得，國家的正義，在於三個階層各盡其本分，對吧？

葛：我們倒還不在於忘掉。

27 參見390d。

e 蘇：我們還必須記得，其天性中各品質各盡其分的個人，就會是正義的，也是盡其本分的呢？

葛：是啊，我們還必須記得這一點。

蘇：理性的原則，既是明智的，既然掌管整個靈魂，豈不就當執政？情感或血氣的原則，豈不應該是它的下屬盟友？

葛：當然啦。

442a 蘇：我們不是在說麼，音樂和體育的聯合影響，可以使兩者和諧，因爲它們以高貴的文字、榜樣來強化、支持理性，又能以諧調和節奏，來節制、撫慰和文明化感情的狂野？

葛：一點不假。

蘇：理性與情感，受到這種滋養教育，又能確實習知它們的功能，便可駕御欲求，而欲求在我們的靈魂裡占了最大比重，也是本質上對金錢最無饜足的。它們對它保持警戒，以免欲求的靈魂，因所謂的肉體快感的充分取得而變得跋扈專橫，不肯安於本分，馴致冀望奴役和
b 統治那些並非它天生臣屬的東西，由而顛覆了整個人生。

葛：對呀。

蘇：理性和情感聯合一致，豈不便是整個靈魂與肉體的最佳衛士，以對抗外來的攻擊？它們一個進諫，另一個在領導下備戰，英勇地執行前者的命令和勸諭。

葛：不錯。

c 蘇：一個人如不論歡樂哀傷，都能在對何者應該畏懼或不怕上，遵從理性的號令，他就堪稱勇

敢吧？

葛：當然。

蘇：一個人具有那負責執政、發號施令，並可視爲洞悉三部分各自與總體利益所在的那一小部
分，我們就可以稱他爲明智的吧？

葛：絕無可疑。

蘇：一個人能使他身上這些因素，和諧融洽，其統領原則的理性，和從屬原則的情感與欲求，
d 都一致同意理性應居領袖地位，不事反叛，你說這個人豈不就是有節制的？

葛：當然啦，這本來就是節制的實情，不論其爲個人或國家的呀。

蘇：那麼，我們總算一再解釋了，人是如何和以何種品質來成爲正義者的啦。

葛：這一點是肯定的。

蘇：個人身上的正義，跟國家的比較起來，是較不顯著呢，形式有異呢，還是完全相同？

葛：據我看來，沒有甚麼不同。

e 蘇：我這麼問是因爲，假如我們還有疑問，則略舉幾種簡單例子，就能使我們確信我說得正確
了。

葛：你指的是甚麼例子呀？

443a 蘇：假使有人問我們，我們豈不要承認，正義的國家，或受到這一國家的原則教育的人，較之
不正義的人，更不太會拐逃金銀？有人能否認這一點嗎？

葛：沒有。

蘇：正義的人或公民，會犯下褻瀆、竊盜、欺詐朋友、背叛國家的罪行嗎？

葛：再也不會。

蘇：他也再不會違誓背信吧？

葛：那怎麼可能。

蘇：再沒有人比他更不會犯姦淫、貽羞父母，或是疏於他的宗教責任的吧？

葛：沒有。

b 蘇：其原因則在於，他身上每一部分，不論是領導聽從，都各盡其分，是不是？

葛：完全正確。

蘇：那麼，對於造成這種人、這種國家的品質，便是正義你還有疑義嗎？你是不是希望再找出其他品質來？

葛：我可不會。

蘇：那麼，我們的夢想實現[28]啦；我們在開始締造邦國時候的揣測，也便是導引我們認識正義
c 初形的，必然是某種神祇力量，現在也得到證明了？

葛：不錯，確鑿如此。

蘇：要求木匠、鞋匠以及其他一切公民，各事其事，不管閑事的分工辦法，便是正義的影子，也因此有其功效？

d 葛：清楚得很。

蘇：而在實際上，正義確如我們所描繪的，不過其目標不在人的外形，而在作爲本來的我和人類確當護持的內心：正義的人不許其內心各因素互爲干預，越俎代庖，而要爲自己的內在生活建立秩序，當自己的主宰，訂自己的法律，由而取得自我的寧靜。當他們把心內三種原則統合一起——這些不妨擬之於音程上的高低中三部及其間旨——重複來說，當他把這
e 一切統合一起，不再是不同的許多，而成爲一個全然有節、完美諧調的天性的時候，那麼，如果他需要行動，則不論是財產上的，健康上的，或是公政私事上的，他的行爲，必能經常慮及能夠維繫這種諧調狀況，並且跟這種狀況合作的事物，把它們稱作正義的善行，也必把駕御[29]這種狀況的品質，稱作睿智。至於在任何時候妨礙這種狀況的，他必稱之爲非正義之行，而把控制非正義之行的意見，稱做無知。

444a 葛：你說的完全是眞理啲，蘇格拉底。

蘇：好吧。假如我們肯定，我們業已找到了正義的人，正義的國家，以及兩者裡的正義的本質，我們總不能算是撒了謊吧？

葛：絕對不算。

28 參見奧德塞卷一九，行五四七。

29 參閱428e，註13。

蘇：我們好不好這樣肯定宣布呢？

葛：肯定宣布就是啦。

蘇：那麼，該討論非正義啦。

葛：顯然是的。

b 蘇：非正義還能不是三種原則間的衝突嗎？管閑事、瞎干預、靈魂的部分反叛靈魂的整體、僭權，而僭權恰是本爲天生臣屬的叛民，反抗其眞主[30]——這一切混淆和錯覺，如果不是非正義、無節制、怯懦與無知，以及一切形式的罪惡，還能是甚麼？

葛：絕對是這樣。

c 蘇：正義和非正義的本質既明，行爲不正義、持己不正義，乃至另一面的行爲正義等等的話的意義，也可以很明白啦？

葛：你是甚麼意思？

蘇：噯，它們跟疾病和健康相像：其在靈魂裡恰如疾病和健康在身體上。

葛：這是怎麼說呢？

蘇：噯，健康的東西導致健康，不健康的東西導致疾病呀。

葛：對。

d 蘇：正義的行爲導致正義，不正義的行爲導致非正義。

葛：那倒是眞的。

蘇：創造健康，意爲在身體各部分裡，建立自然的秩序，使這一部分受制於它一部分。創造疾病，意爲產生一種違悖這種自然秩序的狀況，是不是呀？

葛：不錯。

蘇：創造正義，豈不就是在靈魂各部分間，建立自然的秩序，使這一部分受制於它一部分，創造非正義，豈不就是產生一種違悖這種自然秩序的狀況？

葛：一點不假。

e **蘇**：那麼道德就是靈魂的健康、美和福祉，罪惡就是靈魂的疾病、軟弱和缺陷啦？

葛：不錯。

蘇：行善豈不導向道德，行惡豈不導向罪惡？

葛：那還用說？

445a **蘇**：不過，我們還是未能解答正義與非正義的相對優點的老問題，也就是：以正義持身和行義履德，而不論是否爲神人所睹，較爲有利呢，還是以非正義持身而行惡，卻不受懲罰，不經遷改的較爲有利？

b **葛**：依我判斷，蘇格拉底啊，這個問題現在已是荒謬的了。我們知道，身體的本能既失，縱有珍饈醇飲、享鉅富高位，人生也是難以忍受的。誰能告訴我們，生機原則的質素受損腐化

30 本句原文恐有錯簡，各本都有問題。

以後，只要他不求爭取正義道德，或是不求避免非正義和罪惡（假定這些跟我們的描述相符合），便可以任所欲爲，則人生還値得活下去？

c **蘇**：不錯。如你所說，這個問題已是荒謬的了。不過，我們既然離開那個讓我們以自己的眼睛，最明晰地看到眞理的地方，已經不遠，我們還是不要膽怯起來才好。

葛：當然不要。

蘇：那麼來吧，看看那些値得看的各種罪惡的面貌吧。

葛：在下亦步亦趨，敬請賜導。

蘇：我們的辯論，似乎已達到類似揣想之塔的高度，可以讓人俯視，道德都屬一體，罪惡的形狀卻是多端，而其中有四個特殊面貌，値得注意。

葛：你指的是甚麼？

d **蘇**：我指的是，靈魂有多少形狀，國家就有多少形狀。

葛：多少呢？

蘇：國家、靈魂，各有五相。

葛：那五相呢？

e **蘇**：第一相是我們早在描述，而可說有兩個名稱的，就是帝制和貴族政治，其分別在於執政出於一位傑出的人還是許多位。

葛：不錯。

蘇：不過，我認爲這兩個名稱講的是一種形式，因爲不論政出一人或多人，執政者如果依我們視爲應當的方式受培育，則必能維持國家的基本大法。

葛：那倒是眞的。

卷五

國衛的生活

449a 蘇：盡善盡眞的城邦，和盡善盡美的人，型態相同。這型態如屬正確，一切其他的形式就都是錯誤的。邪惡也者，不惟影響了國家的秩序，也影響了個別靈魂的規律，而其表現的形狀有四種。

葛：都是那些呢？

b 〔我正要依我所見的順序，說出這四種邪惡顯現的形式時，坐在阿第曼圖旁邊，離我比較遠的波勒麻查斯[1]，就跟阿第曼圖交頭接耳。他伸出來手，抓住後者上衣的肩部，把他朝自己拉過去，同時還俯過身子，好跟後者更加靠近，然後湊在他耳朵旁，講了些話，我只聽到——〕

波：我們是就讓他這麼過去呢，還是怎麼辦？

阿（提高了聲音）：當然不行。

蘇：你們說的是誰呀？不讓誰過去呀？

阿：你嘛。

蘇：爲甚麼特別挑出我來，不讓我過去呀？

c 阿：我們覺得你單想偷懶，打算把這篇故事裡的最重要的一卷[2]，矇混過去。你還以爲，我們看不出來你那種大而化之的進行辦法哩。你說甚麼就婦女、兒童而言，「朋友之間無私蓄」[3]，就好像人人都能把這種事，看做自明眞理似的。

蘇：難道我說得不對嗎，阿第曼圖？

d 阿：對雖然是對，但在這種特定命題上，應該跟在一切情形上一樣，需要有所解釋。公有是有許多種類的呀。所以，勞駕你說明你指的是那一種。我們早就在等著你，說說你的公民的家庭生活啦——他們是怎樣生孩子，生了怎麼樣養，以及所謂婦女、兒童共有的性質是甚麼——我們以爲，這類事物的措置是否得當，對國家的禍福，具有極大的關聯。這樁問題既然迄未決定，你卻又要討論另一種國家起來。你聽到了吧，我們決定，在你沒有說明這一切以前，絕不讓你節外生枝。

450a **葛**：你們這個決議，還可以算上我一票。

傅拉西麻查斯：不必再囉唆。算我們一致同意好啦[4]。

b **蘇**：你們這樣群起而攻，根本想不到惹下了甚麼亂子。你們就國家提出的，是何其困擾人的問題！我還以爲把話都說完了，而且十分高興於這個問題業已安息，欣幸於你們接受了我的話呢。你們偏偏又要我從根源上重新開始，完全不知道你們戳了多麼大一個馬蜂窠。我早已預見醞釀中的麻煩，所以才避免了它的。

傅：你以爲我們是來幹甚麼的？是找黃金[5]，還是聽議論的？

---

1 波勒麻查斯是後來使蘇格拉底被捕的人。

2 指艾多斯（Eidos）。

3 見423e。

4 此處與民主政治會議，強迫蘇格拉底參與的話類似（參見327c—328b處註6）。

5 本義是「鎔礦取金」，轉指忘掉該辦的正事，一心想發財。

蘇：就算是來聽議論的吧，可也得有個限度哇。

葛：錯是不錯，蘇格拉底，但是智士撥出來以供聽取這種議論的時間，可是一輩子呀。不過，
c 不要管我們，振作起來，按你自己的方向回答就是啦。我們的衛士之間，應該實行甚麼樣
的婦幼共有呢？在似乎最需要注意的出生與受教育那段時間裡頭，我們該怎麼辦？說呀。

蘇：好吧，我的實心眼的朋友們，只不過答案是容易的反面。這一點所引起的疑問，比我們前此的結論所引起的多得多。我們說的事能否實行，就很值得懷疑。從一個觀點上看，縱然這個辦法十分能夠實行，辦法是不是最好也還足資懷疑。因此，我很不願意討論這個題目，親愛的朋友，免得我們的願望，結果只是椿夢想。

d 葛：不必怕，你的聽眾不會跟你爲難。他們沒有抱懷疑態度，也沒有敵意。

蘇：我的好朋友，我想你這麼是要鼓勵我的。

葛：不錯。

蘇：那麼，我告訴你，你其實是鼓勵我的反面。假使我認爲我知道自己講的是些甚麼，你這番
鼓勵當然大有用處。一個人能對愛他的智者，說明他所遵奉、愛戴的大事的眞相，腦子裡
e 本不必存有畏懼或躊躇的感覺。但是，我現在的情形，只是一個躊躇的探索者，這樣子來
進行辯論，是危險而恍惚的事。所謂危險，並不是說我怕受到嘲笑（這種怕當然是幼稚
451a 的）；所怕的是，我最需要自己的立足點穩固的時候，竟然跟眞理失之交臂，從而拖著朋
友們一起摔跤。我祈求報應的女神[6]，不要把我說的話，以其道還治其人之身。我確實相

信，無心之間殺人，其罪名遠輕於在法律上就美、善、或正義的問題欺人。這種危險，我寧可在敵人中間遭遇，不希望在朋友中間遭遇。所以，你那番鼓勵的話因此而實在失當。

b **葛**（笑了）：嗳，蘇格拉底呀，萬一你的理論對我們造成重大傷害，我們願望在事先判定你並無殺人罪名，承認你並非騙徒。振作起來，說下去吧。

蘇：法律上說，一個人無心殺人時這樣開釋，等於認定他無罪。法律如此，辯論也應該如此[7]。

葛：那麼你還怕甚麼？

蘇：好吧。我想我得再回過頭去，說些也許我在適當時機，早先就應該說過的話。男人部分的話業已說光啦，現在應當輪到女人啦[8]。我現在要講講她們，而且既然是你們要我說的，
c 我更樂意說。

我認爲，就類如受到我們的公民那樣養育的男人而言，在擁有、運用婦女、兒童上達到正確結論的惟一方式，在於遵循我們開始時就遵循的途徑。那時候，我們說，男人要充任群體的衛士和警犬。

---

6 此處原則Adrasteia，是報應女神Nemesis的另一名稱，專司懲罰自傲的人。

7 法律名詞，指處置無心而殺人者。希臘人相信這種人爲神祇所恨，在雅典德來康法典（Draconian Laws）下罪當充軍，但可由死者家屬或死者在未嚥氣前予以赦免。見423e。

8 或指亞里斯多芬尼斯的戲劇《全民議會》（Aristophanes, *Ecclesiazusae*），其中建議共妻公產。

葛：不錯。

d 蘇：我們再進一步假定，養育我們的女人，也要遵守同樣或近於同樣的規則，然後再看其結果是否跟我們的計劃相符合。

葛：你是甚麼意思？

蘇：我的意思不妨以發問的方式來表達。狗不是分公母嗎？牠們不是同樣地擔負狩獵、看守、以及其他狗的職責嗎？我們是不是只讓雄犬完全負起看守羊群的責任，而讓雌犬留在家裡，心裡想著，生小狗、餵小狗的事，已經夠牠們幹的了呢？

e 葛：沒有那回事。兩者平均分攤工作。牠們之間的惟一差別，在於雄犬較壯，雌犬較弱而已。

蘇：但是，除非牠們的育養方式相同，不同的動物，能夠用於不同的目的嗎？

葛：不能。

蘇：那麼，要使女人跟男人擔負同樣的任務，她們就一定要接受同樣的教養啦？

452a 葛：是的。

蘇：男人所當受的教育是音樂和體育吧？

葛：是的。

蘇：那麼，女人也一定要教以音樂和體育，以及作戰的技術，跟男人同樣地操練了？

葛：我想其推理必定是這樣的。

蘇：我倒覺得，我們的建議，頗有一些十分特殊，因此，一旦實行起來，可能顯得非常可笑。

葛：毫無疑問。

b 蘇：是啊，而最可笑的事，莫過於一群不穿衣服的女人，在摔角場[9]裡，跟男人一起操練的場面，特別是她們年紀業已不小了的時候。有些熱心的老人，膚皺肌醜，還是照常去體育館。她們和他們，都說不上給人甚麼美感。

葛：不錯，按現在的觀念，一定把這個建議看成可笑的。

c 蘇：不過，我們既然決定坦白地說出我們的想法，就必不能怕那些刻薄朝著這種創舉說閑話。他們可有得說的：女人既能音樂，又擅體育，還帶上披甲騎馬呢！

葛：一點也不假。

d 蘇：可是呢，我們既然開始啦，就一定要向著法律的嶇路走去。同時，我們要請求這些位先生，只這麼一次，務必放嚴肅一點[10]。我們要提醒他們，不久以前，希臘人曾以爲，而且很多蠻族現在仍然以爲，不穿衣服的男人的樣子是可笑、欠當的。克里特人和斯巴達人乍一倡行這種風俗的時候，當時的刻薄人物大約照樣是譏諷過這種創舉過的[11]。

9　摔角（跤）學校，少年無資格入體育館的先去的地方。

10　Bloom的譯法較清楚：蘇格拉底暗指喜劇家，這種人如果嚴肅起來，就不合身分了。

11　體育館（gymnasium）本意就是人們脫光衣服的地方，而gymnastic在希臘即爲「裸體體操」。體育館也可意爲學校，對柏拉圖說是訓練靈魂之處（*Gorgias*,493d），而裸露靈魂更爲柏氏的隱喻（參見*Gorgias*,523e）。希臘是主張「袒裎相見」的。

葛：毫無疑問。

蘇：但是，經驗一旦顯示，一切東西，暴露出來總比掩藏起來好，眼睛以爲好笑的效果，就會
在理性表白的較佳原則前消失。那個不肯把嘲笑限於以愚蠢和罪惡爲對象的人，那個嚴肅
地遵依善以外的標準去衡估美的人，可就顯得是個蠢材了。

葛：完全正確。

453a 蘇：那麼，第一，不論問題的提出方式是遊戲還是嚴肅，我們要對女人的天性達成了解：她能
完全或部分分擔男人的行動呢，還是完全不能？作戰的技術，是不是那種她能或不能分擔
的？這才是開始我們的探討的最好辦法，而且可能導致最正確的結論。

葛：這一定是最好的辦法。

蘇：我們好不好先從另一面開始，反對我們這一方？這麼辦，就不會讓我們的對手，顯得沒有
人辯護了。

b 葛：當然好哇。

蘇：那麼，讓我們代敵方發言吧。他們會說：「蘇格拉底和葛樂康呀，你們的敵人，用不著判
你們有罪，因爲你們自己，在初創國家的時候，已經承認了一項原則：每個人應只擔任一
c 項合其本性的工作。」老實說，假使我記得不錯，我們是這樣承認過的。「男人跟女人的
天性，不是有很大差別嗎？」我們必定要說：當然不同啦。他們就會再問：「交給男人女
人的任務，不是也該不同，而求各適合其天性麼？」當然該啦。「既然如此，你們說男人

女人應該從事同樣的行動，而他們的天性全然有異，豈不是犯了嚴重的矛盾麼？」我的大爺，有人提出這類異議的話，你要怎樣代我們對答呢[12]？

葛：突然地碰到這麼個問題，實在不容易回答。我只求你保住我們這邊的江山。

d **蘇**：葛樂康呀，這些都是異議，我還早已預見到許多類似反的面主張。這些異議，使我畏懼、不願處理任何有關據有和養育婦女、兒童的法律。

葛：上天明鑒，這個待決的問題實在不好辦。

蘇：是啊。不過，事實上，一個人要是雙腳點不到水底，不論他是掉進小游泳池還是大洋裡，都非泅水不可。

葛：不錯。

蘇：我們豈不也要游泳起來，以求上岸嗎？我們只希望能有阿里昂的海豚，或是其他神蹟，來幫忙救我們啦[13]。

e **葛**：我想是吧。

蘇：那麼，我們看看能不能找到生路。我們不是承認了嗎，不同的天性，應該從事不同的行業，而男人女人的天性不同。我們現在卻在怎麼說呢？不同的天性，應該從事相同的行

12 （譯註）Bloom把Jowett此處的蘇格拉底自問自答之辭，視為蘇氏和葛樂康的答對。

13 Herodotus, I, 23-24。Arion為希臘詩人、音樂家，紀元前七世紀人。他自西西里島返希臘，舟人要圖財害命，他請求奏琴唱曲，海豚群集來聽，並且救了他。

業——這就是人家說我們自相矛盾的地方了。

葛：一點也不錯。

454a 蘇：說眞的，矛盾的藝術的力量何其偉大喲！

葛：你爲甚麼這樣說呢？

蘇：因爲我覺得很多人用上這種藝術，都是不得已的。他以爲在理論，實際上是在爭論，其原因就在於他不能下界說，作分辨，從而知道他講的是甚麼[14]。這樣，他只是以抬槓精神，來作文字上的爭辯，卻並非從事公平的討論[15]。

葛：不錯，情形往往如此。不過，這種情形跟我們的辯論有甚麼關係？

b 蘇：關係大得很。我們也很有危險，在無意之間，混進了文字上的爭辯呀。

葛：怎麼個混進去呢？

蘇：唉，我們堅毅不懈地堅持文字上的眞理：不同的天性應當有不同的行業，卻從來不曾考慮到，天性的同、異，是甚麼意思，以及我們把不同的行業，歸給不同的天性，把相同的行業，歸給相同的天性的時候，我們爲甚麼從事這種辨別。

葛：嗳，不錯，我們再沒有考慮過這些。

c 蘇：爲了說明起見，我們假使問上這麼個問題：禿頭跟多髮的人之間，是否在天性上是對立的，而假使我們承認是對立的，則假使禿頭的人是鞋匠，我們是否就要禁止多髮的人做鞋匠，或是多髮的人是鞋匠，就不許禿子做鞋匠？

葛：那豈不成了笑話啦！

蘇：不錯，是笑話。爲甚麼是笑話呢？因爲我們締造我們的國度時，再不曾認爲，天性的對
d 立，要延伸到一切的不同，而是僅指那些影響到個人行業的不同。舉例來說，我們應該辯說，一位醫生和一位在心裡是醫生的人，可視爲具有同樣的天性[16]。

葛：不錯。

蘇：而醫生和木匠則具有不同的天性了？

葛：當然。

e 蘇：如果男女兩性，在他們是否適合某種技藝或行業上，顯得有所不同，我們就要說，這種技藝或行業，應該歸給他們倆間的這個人或那個人。但是，如果他們的差別，只在於女人生孩子，男人養孩子，這一點實不足證明，女人在應受的教育方面，與男人有異。因此，我們應該繼續主張，我們的衛士，和他們的妻室，應該從事相同的行業。

葛：一點也不錯。

455a 蘇：其次，我們要問反對我們的人，就日常生活裡的行業而言，女人的天性，是怎麼樣跟男人的不同？

---

14 參見400c，註50。

15 抬槓（eristic）以爭上風爲目的，辯論（dialectic）則爲求眞理。

16 （譯註）Bloom的譯法是「我們認爲的是，男女靈魂如都嫻熟醫術，就都具有同樣的天性。你是不是這樣想？」

葛：倒也公平。

蘇：他也許跟你一樣，會答說馬上提出恰當的答案，不是易事。但在略爲考慮一番後，就沒有
甚麼難處。

葛：也許會。

b 蘇：假使我們邀他參加我們的辯論過程，我們便有希望指給他，女人的體格上，實在沒有甚麼
特殊之處，足以影響到她們的執政能力。

葛：那麼就邀請他吧。

蘇：讓我們對他說：來吧，我們要問你一個問題：當你說到一個天性，在任何方面有稟賦或是
沒有稟賦，你的意思是，這個人很容易就學到某事，另個人很難學到某事；一個略學一點
就知道了很多，一個儘管勤奮用功，卻旋學旋忘；還是說這個人的身體是他的智力的良
c 僕，另個人的身體卻是他的障礙？這一切豈不就是稟賦優異的人，跟並無資稟的人之間的
不同嗎？

葛：這是誰也不能否認的。

蘇：在人類一切行業上，你能不能提出來任何一種，男性在其所需稟賦和氣質上，不是優於女
性的？當然，我想我不必浪費唇舌，說到女人在紡織、烙餅和製造果醬上，確實顯得比男
d 人強，而她要讓男人在這些方面勝過她，其實是荒唐不過的事。

葛：在主張女性一般劣於男性上，你說得很對。雖然有很多女人，在很多事情上，都超過很多

男人，但就整體而言，你的意見不錯。

蘇：既然如此，我的朋友啊，國家之內，就沒有一種行政上的特別職能，是因爲女人是女人而屬於她，或是因爲男人是男人而屬於他。而上天的稟賦，則是分布於兩者的。一切男人的
e 行業，也都是女人的行業，只不過在一切裡頭，女人都遜於男人就是啦。

葛：是的。

蘇：那麼，我們能把一切規定，只適用於男人，而一樣也不適用於女人嗎？

葛：那怎麼行！

蘇：這一個女人有治病的資稟，另一個卻沒有。這一個女人是音樂家，另一個女人卻天生跟音樂無緣。對吧？

葛：不錯。

456a 蘇：再有的女人，喜歡體操和軍事訓練，另外的女人，既不敢打仗，又痛恨體操，是嗎？

葛：當然。

蘇：有的女人是哲學家，另外的女人視哲學如寇仇；有的有脾氣，有的一點脾氣都沒有，是嗎？

葛：這也是有的。

蘇：那麼，有的女人具衛士的氣質，有的女人則否。我們選擇男衛士的時候，不是也取決於這類不同嗎？

葛：是的。

蘇：男人女人，同樣具有成爲衛士的氣質。兩者的不同，僅在於他們間相對的強弱而已。

葛：顯然是這樣。

b 蘇：那些具有這類氣質的女人，就應當選來，去爲那些具有同樣氣質，在能力與品格上都與她們相似的男人，充當伴侶和同僚。

葛：不錯。

蘇：相同的天性，不是應該從事相同的行業麼？

葛：應當呀。

蘇：那麼，我們不是早就說過了麼，要使衛士的妻室學習音樂和體操，並沒有違反自然之處——我們又回到原處啦。

葛：當然沒有。

c 蘇：我們當初制定的法律，然則是契合自然的，因此既非不可能，也非僅屬空想。而現在流行，與此相反的情形，在實際上倒是違反自然的了。

葛：顯然是的。

蘇：我們當初必須考慮，第一，我們的建議是否行得通，其次，它們是否是最有利的辦法。對不對？

葛：對。

蘇：而我們已經承認：行得通。

葛：是的。

蘇：其次要成立的，要數是否它最爲有利了？

葛：不錯。

d 蘇：你總會承認，能夠把男人造就成好衛士的教育，也能把女人造就成好衛士，因爲他們的本性是相同的吧？

葛：是的。

蘇：我希望問你一個問題

葛：甚麼問題呀？

蘇：你是認爲一切男人都同樣優越呢，還是認爲有的人比別的人更優越。

葛：我們意見是後者。

蘇：在我們建立起來的共和國裡，你覺得是按我們的標準辦法培養出來的衛士，是較爲完美的人呢，還是接受鞋匠教育的鞋匠才是較爲完美的人。

葛：這個問題何其荒謬！

e 蘇：你已經答覆啦。那麼，我們是不是可以進一步地講，我們的衛士，是我們的最佳公民？

葛：頂好，最好的！

蘇：他們的妻室豈不也是最好的女人？

葛：是的，頂好，最好的。

蘇：就國度的利益而言，有甚麼能比全國的男女，都應該儘可能地好，更好的事？

葛：沒有更好的事。

457a 蘇：這種情形，正是音樂和體育，依我們的規劃進行，就可以辦得到的。

葛：當然啦。

蘇：那麼，我們的規定，不僅行得通，也是對國家具有最高度的利益的了？

葛：不錯。

蘇：那麼，讓我們的衛士的妻室脫吧：她們的德性，足為她們的衣服。也讓她們分擔戰爭和衛
國的辛勞吧。只是在分配勞動的時候，女人既本性孱弱，所分的工作就應該較輕，但在其
b 他方面，男女的義務應該相同。至於那種看到不穿衣服的女人，在最高貴的動機下運動時
要笑的男人，他那種笑其實是摘下

> 不成熟的智慧之果[17]，

而他自己根本不懂所笑的對象，也不懂自己在做甚麼。有句格言永遠是正確的：「充用者貴，有害者賤」。

葛：不錯。

蘇：那麼，我們的法律裡有關婦女的難題，可說是解決了一件[18]。我們制定法律，規定衛士不
c 論性別，都要共同分攤一切活動，其軒然大波[19]，總算並沒有把我們淹沒掉。這種辦法的

功用和可能性，依論據本身的並無矛盾之處來看，應當是毫無問題。

葛：是啊，你逃過的那場風波不小。

蘇：錯是不錯，更大的風波就要來啦。你看到了下一場風浪，就知道上一波其實不軒然。

葛：說下去，讓我見識見識。

d 蘇：這場風波的餘緒，以及前此一切的終結，就是大體如下的法律：「我們的國衛的妻室應爲共有，他們的子女也應爲共有，父母不得知道何者爲其子女，子女不得知道何者爲其父母。」

葛：不錯，這一波比上一波厲害得多。這條法律的可能性跟功用性，都更大成問題。

蘇：我想，對於共有妻室子女的功用性，是用不著辯論的。它的可能性則是另一回事，而且大可爭議。

e 葛：我覺得這兩點都可以產生許多疑問。

蘇：你是暗示這兩點非合起來看不可了？我的本意是要你承認它的功能性。我本來以爲，在這種情形下，我就不必考慮兩者，只照顧可能性就夠啦。

葛：你那點詭計已經讓人家看穿啦，所以還是請你爲那點一一辯護吧。

17 源自賓達的殘詩，原是詩人譏笑哲學家的，蘇氏則用這句詩譏笑喜劇、Pindar自己、以及詩或文學。

18 也可以譯爲「女人之歌」。

19 「波浪」也可意爲「胎兒」。蘇氏自喻爲收生婆，自己不會生產。參見*Theaetetus*,149及210b。

458a 蘇：好吧，我認命就是。不過還請你大發慈悲一些，讓我的腦子，像一切耽於白日夢的人，在
單獨行走的時候那樣，做做一廂情願的夢。這種人在找到滿足其願望的辦法以前——他們
其實從不爲這件事操心——一向不肯爲思慮可能性多費精神，而是假定他們的願望業已獲
得允准，就開始計劃下，高高興興地想著，在他們的願望實現的時候，他們打算怎麼怎麼
b 辦的細節。他們那種人就有那種辦法，而那種辦法，對於他們那天生沒有多大出息的能
耐，也造不出多大出息來。至於我呢，現在也開始膽怯起來，如果倖能邀准的話，我很希
望暫時不談可能性的問題。我既然假定了我建議的那個辦法的可能性，現在就要繼續探
討，執政們要怎樣實施這些安排，我還要證明，我們的計劃，一旦執行，對國家和對衛士
都具有莫大的利益。首先，你如果不反對，我就要在尊助之下，來考慮這種措施的優點，
然後再討論可能性。

葛：我沒有異議。你請吧。

c 蘇：第一，我認爲，假使我們的執政及其輔佐，要能名符其實，則在一方面當有甘心的服從，
另一面當有發號施令的權力。衛士自己也必須遵守法律，而且在交託給他們的各項細節
上，他們必須仿效法律的精神。

葛：對的。

d 蘇：你們身爲立法者的人，既已選出了男性，就要選出女人給他們——在天性上，她們一定要
儘可能地跟他們相同。兩者必須生活在共有的房子裡，共進餐食。他們之中任何人都不得

有專屬他或她的東西。他們要在一起，應該在一起養育，一起參加體操。他們的天性裡的必然，就會吸引他們在一起，行男女之道。我想必然一詞，並不是過分激烈的字眼吧？

葛：不錯，必然——不是幾何學上的必然，而是愛人之間知道的另一種必然，一種對一般人類，更易信服，更爲有拘束力的東西。

蘇：對嘛。葛樂康呀，這一點和其他情形一樣，一定要進行得有秩序。在福地之內，淫佚是一種罪行，應由執政加以禁絕的。

e **葛**：不錯，這種情形絕對不許。

蘇：那麼，次一步驟，顯然是要使婚姻成爲極度神聖的制度，而凡是最有益的，也一定要視之爲神聖的了[20]？

葛：當然。

蘇：怎麼樣才能使婚姻最爲有益呢？我拿這個問題問你，是因爲我在你家裡，看到獵犬，和不
459a 少的高貴家禽。現在，我請你告訴我，你是否注意過牠們的交配和育種呢？

葛：你指的是那方面？

蘇：首先，牠們雖然都品種良好，是不是仍有高下之分，有的七另外的更好？

葛：不錯。

20 「神聖婚姻」指宙斯和希拉的婚姻，是希臘不少城邦，包括雅典，都一致慶祝的，兩神原是兄妹。

蘇：你是讓牠們隨意交配，不加聞問呢，還是注意著要僅讓品種最佳的傳種？

葛：讓最佳的嘛。

b 蘇：你是揀最老的、最小的，還是那些成年的？

葛：我只揀最成熟之年的。

蘇：你如果不加注意，你的獵犬禽鳥就會每下愈況了吧？

葛：當然啦。

蘇：馬匹和其牠牲畜也是這樣的嘍？

葛：無可懷疑。

蘇：我的老天！親愛的朋友哇，如果同樣的原則，在人類身上也當運用，則我們的執政，需要的是何篤志於學精嫻的技巧！

c 葛：同樣的原則，當然也可以用在人類身上。只不過這一點跟特殊的技巧，有甚麼關係？

蘇：我們的執政要常常對國體施醫術呀。你知道，當病人不需要藥物，只要過指定的規律生活就可以的時候，馬馬虎虎的醫生也湊付得過去。但要用藥的時候，醫生可就非是一號人物不可。

葛：錯是不錯，但是你的意思是甚麼呀？

d 蘇：我的意思是，我們的執政會發現，爲了人民的利益，他需要大劑的謊言和欺騙：我們說過了的，把這類東西當藥用儘可有其優點。

葛：我們絕對沒有錯。

蘇：合法地運用謊言和欺騙，在有關婚姻、生育的稅章上似乎很可能是常常需要的。

葛：爲甚麼呢？

蘇：唉，我們早已立下原則：兩性中品質最良的應該儘可能跟其最良的異性交配，而且次數盡
量多，劣的與劣的交配，而且次數盡量少；要使全群保持最優狀況，則他們應該撫育前一
e 結合的後代，而不撫育後一結合的後代。這種辦法，應該在祕密狀態下進行，只讓執政知
道，否則我們這一群，也便是衛士，就會有發生叛變的危險。

葛：一點也不假。

蘇：我們是不是最好指定某些節日，好讓我們把所有的新郎、新娘們集合在一起，舉行祭祀，
460a 奏、唱我們的詩人所寫的婚曲？結婚典禮舉行多少次，應該由執政決定——他的目的在於
保持平均人口。執政要考慮的，還有很多其他事情，例如戰爭、疾病以及類似情形對人口
的影響，以求儘可能地防止國家變得或過大、或過小。

葛：當然。

蘇：我們還得發明一種其中頗有竅門的抽籤辦法，讓那些品質較差的人，在每次集合適婚男女時去抽。那樣一來，他們就會埋怨自家運氣不好，不會遷怒執政。

葛：不錯，不錯。

b 蘇：我覺得，我們那些較爲英勇、能幹的青年，在他們的其他榮譽和獎勵以外，還應當可以有

更多機會，跟指定給他們的婦人交往。他們的英勇儘可以是理由，而這種人當了父親，應該儘可能地多生兒子。

葛：是啊。

蘇：適當的職官，不論是男是女或男女兼有——女人跟男人一樣都可以擔任職務——

葛：是的——

c 蘇：適當的職官，要把優良父母的孩子接到育嬰堂所[21]，交給另有住處的保母。至於低劣父母的孩子，或優良父母的殘障孩子，就要適如其分地藏到神祕而不爲人知的地方去。

葛：是啊，要使衛士的品種保持其純粹，非這樣做不可。

d 蘇：這些職要負責孩子們的養育，在那些母親們奶水上來的時候把她們帶到育嬰堂所來，但要竭盡小心，不使任何女人，認出自己的孩子。需要的時候，可以僱用更多的乳娘。還要善加注意的是，餵乳的時間不可過長。母親們再不必半夜起來餵奶或是受別的麻煩，而可以把這一類的事都交給保母和職工。

葛：你設想我們的衛士的妻室，在生育孩子的時候，會舒舒服服，十分愜意。

蘇：不錯，而且本來就該如此。不過，讓我們繼續談我們的方案。我們剛才說過，爲父母的應在盛年，是吧？

葛：不錯。

e 蘇：甚麼是盛年呢？我們是否可以把它界定爲，對女人而言，爲期二十年，對男人而言，爲期三十年？

葛：你要包括的是那些年呢？

葛：女人在二十歲的時候，可以開始爲國家生孩子，一直繼續生到四十歲。男人可以從二十五歲開始——這時候的他已過了血氣最旺盛的時候——一直繼續有孩子到五十五歲。

461a 葛：當然，對男人女人而言，這些年在體力和智力上都是他們的盛年。

蘇：任何超過或不足規定年齡的人，參加公開婚姻，都可視爲犯了褻瀆、不義的行爲。他如果偷偷生下孩子，這孩子受胎時所得稟賦，就大不同於男、女祭司和全城邦所行的祭典和祝禱下的各次婚禮之所得。他們祝禱的是新的一代，要比他們的優秀、有用的父母更加優秀、有用。而他的孩子可就是黑暗和乖僻淫慾的後裔。

b 葛：不錯。

蘇：同樣的法律，適用於任何在規定年齡之內，但未經執政允准，便與任何盛年婦人發生關係的人。因爲我們可以認定，他爲國家養下了未經奉准、未經正禮的私生子。

葛：是的。

c 蘇：不過，這種情形，僅適用於規定年齡裡的人。過此以後，我們就准許他們隨意所之，例外的是他不得下婚其子女或女兒的女兒，上不得婚其母或母親的母親。另一方面，女人不得

21 原義是獸欄，羊羔牛犢養育的所在。蘇氏顯把人類交合生育比於獸類的，其標準非自神祇效來。

婚其子其父，或其子之子和其父之父，等等類推。我們允許這一種自由婚姻，但同時嚴格規定，防止任何胎兒生存。萬一出生了，則胎兒的父母必須了解，這種結合的嬰兒，絕不能予以維持，而且要依這一點做適當的處分。

d 葛：這一點建議，倒也合理。但是，他們怎麼能知道，誰是父親，誰是女兒，以及這等等一切呀[22]？

蘇：他們本來是沒有法子知道的。倒是有個辦法：自集團婚禮那天起，當時成婚的新郎，要把此後七至十個月出生的男嬰，都叫做他的兒子，女嬰都叫做他的女兒，他們也叫他父親，他叫他們的孩子孫子，孫子輩的則把上兩代的叫做祖父祖母。他們的父母相會時受孕的孩子，都可以叫做他們的弟兄姊妹。這些人便是我說不得結婚的。不過，這並不是說兄弟姊妹的婚姻絕對禁止。假使拈鬮偏偏拈上了，阿波羅的神讖也示以吉兆[23]，法律還是可以准許他們結婚的。

e 葛：完全正確。

蘇：葛樂康呀，我的方案就是這樣的。我們的衛士，就依著這個方案，共有其妻室和家庭。現在，你大約要我證明出來，這種共有制度，跟我們的政制其餘部分，並無牴牾的地方，而且是最好不過的辦法，是不是呀？

462a 葛：當然是呀。

蘇：我們要找到一個共同點，是不是應該先問問自己，立法者制定法律和組織國家的時候，他們的目的是甚麼——甚麼是最高的善，甚麼是最大的惡，然後再考慮我們前此的說法，看起來是善是惡？

葛：應該、應該。

b 蘇：應該團結一致的時候，還有甚麼比不協、出岔和紛歧思想更惡的？又有甚麼比團結的親和力更善的？

葛：不可能有的。

蘇：甘苦能夠相共——全體公民，在快樂和悲哀的場合裡，都一致快樂或悲哀，這時就有了團結吧？

葛：毫無疑問。

蘇：好吧。然則一國之內，只有私人而沒有共同的情感，這個國家就分歧了——同樣一件事，發生在城邦或公民身上，使半數的人趾高氣揚，半數的人卻悲痛逾恆？

葛：當然啦。

蘇：這類歧見，一般發生在對「我的」和「不是我的」，「他的」和「不是他的」一類字眼的使用，不能一致。

22 Aristophanes, Ecclesiazusae，行六三四—六三八。見451c，註8。

23 顯然蘇氏意下所願容忍的親族相姦，超過這裡說的。參閱463c。

c **葛**：不錯。

蘇：一個國家裡，大多數的人，都以同樣的方式，對同樣的東西，使用「我的」和「不是我的」一類字眼，這樣的國家，豈不就是秩序井然的？

葛：一點也不假。

蘇：一個國家，如能最接近單一個人的情況，也是算是秩序井然的——以身體爲例，只要我們
當中有一個人的一根手指受傷，他的整個身體，既以靈魂爲中心，在其中的統治力量下形
d 成一個王國，便會感受到這種創痛，跟受傷的部分發生交感，而也就說這個人的手指頭
痛。身體的其他部位，因受創而有痛感，或因痛楚減輕而有快感，我們也會那麼說的，不
是嗎？

葛：不錯，而且我也同意你的意見：秩序最爲完美的國家，最能接近你說的那種共同感覺。

e **蘇**：那麼，當任一公民，經驗到好事壞事的時候，整個國家，都會把他的遭遇看做大家的遭遇，而跟他一起歡喜或難過嘍？

葛：是的，在秩序井然的國家裡就會那樣。

蘇：現在是回到城邦的時候了，我們就好看看這種形式或其他的形式，是不是最符合這些基本原則。

葛：好極啦。

463a **蘇**：我們的國家，跟它國一樣，有執政和主體人民之分啦？

葛：不錯。

蘇：他們通通都互稱是公民吧？

葛：當然。

蘇：但是，在其他國家裡，人們稱呼他們的執政，不是還有其他名稱麼？

葛：一般而言，他們稱執政爲主子，但在民主國家裡，他們只把他們稱做執政[24]。

蘇：在我們的國家裡，人們除了把執政叫做公民外，還稱呼他們甚麼？

b 葛：救星和匡助人。

蘇：執政把一般人叫做甚麼呢？

葛：衣食父母。

蘇：在別的國家裡，是怎麼稱呼的呢？

葛：奴隸。

蘇：在別的國家裡，執政們是怎樣互相稱呼的呢？

葛：協治者。

蘇：在我們的國家裡呢？

葛：同衛者。

24 希臘執政一詞是Archon：雅典主要官員都用此稱。

蘇：你是否知道甚麼例子，證明在任何其他國家，其執政會說他的某一位同僚，是他的朋友，另一位同僚，不是他的朋友？

葛：是的，而且往往如此。

c 蘇：他把朋友看做、說成他關切的人，把另外一個看做、說成他無所關切的外人[25]，是吧？

葛：一點也不錯。

蘇：你那些衛士們，會不會有一個把任何別的衛士，想成、說做外人？

葛：他當然不錯。因爲他們把遇到的每一個衛士，都看做兄弟姊妹、父母或子女，或是跟他們有這類關係的人的父或母，子或女。

d 蘇：好極啦。不過，讓我再問你一次：他們僅是在名稱上是一家人呢，還是他們在一切行爲上，都應該名實相符符呢？舉例而言，使用「父親」這個名詞，是不是就暗示了父愛和法律規定的，對他應有的孝敬順從？而違反這類義務的人，是否就應該視爲不敬不義的人，而不爲神人所喜？這些話[26]是不是應該由全體公民，經常灌輸給兒童，讓他們知道，對那些被指做他們的父母、親戚的人，他們應當有甚麼義務？

e 葛：只有這些話非重複不可，因爲還有甚麼比嘴上掛著家庭關係的名堂，卻不在行爲上加以實踐，更爲可笑的？

蘇：那樣一來，協調、和美的舌，在我們的國家裡，就要比在任何其他國家裡，都更經常聽到了。

葛：完全正確。

464a 蘇：跟這種思想和說話的方式相符的，豈不就是我們剛在說，他們要同甘共苦？

葛：不錯，而且他們會同甘共苦。

蘇：他們對同一的東西，會有共同的權益，就同樣地都把它稱做「我的」；他們既有了這種共同的權益，也就有共同的苦樂感覺啦，是不是呢？

葛：是啊，比在別的國家裡顯得得多啦。

蘇：造成這種情形的原因，除了這個國家的一般構成外，在於衛士們共有婦女兒童，是嗎？

葛：那應該是主要的原因。

b 蘇：我們業已承認，這種感情的團結是至善：我們在比較秩序井然的國家，和身體與部分，受到苦、樂的影響時的情形，已經暗示過這一點了？

葛：我們承認這一點，而且認爲它非常正確。

蘇：我們公民共有婦幼，明顯地是國家的至善狀況的來源了吧？

葛：當然。

c 蘇：這一點跟我們剛才有肯定的另一個原則相符合——衛士們不當有房、地產或其他產業；他

25 「外人」希臘語裡是allotrion「別人的」，反語是oikeion「自己的」、「自家的」。此外照應傅拉西麻查斯在343c所說正義是「別人的利益」。

26 參閱415d，註67。

們的薪水只是從其他公民處領得的膳食，並且不得有私人開支。我們期望於他們的，在於他們要維持衛士的特質。

葛：對。

d **蘇**：我剛說過，共有財產和共有家庭，有助於使他們成爲更眞實的衛士。他們不會因爲在「我的」、「不是我的」上面有歧視而把城邦弄得四分五裂，乃至每個人把他的所得，拖到個別的私有房舍裡，在房舍裡還有他個別的妻室和子女，以及私人的快樂與痛苦。相反地，因爲他們對於親近珍貴的事物，意見一致，所以就易於趨向同一目標，而爲同樣的苦、樂所影響。

葛：當然。

蘇：既然他們除了自己的身體，再沒有一樣東西可以稱做私有，就再也不可能打官司告狀。凡是因爲金錢、子女、親戚所引起的糾紛，都跟他們絕緣。

葛：那是當然嘍。

e **蘇**：他們當中發生鬥毆、侮辱訴訟的可能性也不大。我們既然認爲，同等的人對同等的人防護自己，是光榮而正當的事，我們當然就把保護自己的身體，看做要務了。

葛：對呀。

465a **蘇**：這項法律還有種好處，也便是假如有人跟別人生閑氣，他就可以馬上以行動洩憤，不致走上危險的極端。

葛：當然。

蘇：年長的人，有責任管教年青的人。

葛：顯然應該這樣。

b 蘇：毫無疑問地，除非有法官的命令。年青人不會毆打或對年長的有甚麼暴行。他也不會以任何方式不敬年長的——我們另有兩個衛士，羞惡和畏懼之心，來阻止他。羞惡之心，使人不肯向他們父輩的人動手；畏懼則出於他們惟恐受害人的子弟父兄，出面幫忙。

葛：不錯。

蘇：這樣看來，法律在各方面都能幫助公民們，維持相互間的和平。

葛：不錯，再也不會沒有和平的。

蘇：衛士們既然永遠不會相互衝突，城邦其餘部分，就沒有分化的危險，致吏或是反對他們，或是相互反對。

葛：不會，不會。

c 蘇：我簡直不願意提及公民間免掉了的其他小小可恥的事，因爲這些實在微不足道。舉例來說，窮人諂媚富人啦，養家活口時人們所經驗的各種苦惱傷痛啦，爲購買家庭必需品而找錢啦，借錢後矢口否認啦，要錢不擇手段啦，把錢交給女人、奴隸去保管啦——人們在這方面所遭受的形形色色小惡，卑鄙而明顯，簡直不足掛齒。

d 葛：不錯，沒有眼睛的人也看得到這一切。

蘇：公民們既然免掉了這類惡果，他們的生活，便似在奧林匹克競技會上得勝的人一樣地幸福，而且更爲幸福。

葛：這是怎麼說呢？

蘇：奧林匹克的勝利者，只得到我們的公民必有的福祉的一部分，就已被視爲幸福，而我們的公民，則贏取了更光榮的勝利，更充分地一切取給於公眾[27]。原來公民們贏得的勝利，是
e 拯救了整個國家。他們和他們的子弟，所加的王冠，是人生所需的一切。他們生前自國家獲得報償，死後又得到榮耀的埋葬。

葛：是啊，這些是眞正榮耀的報償啊。

466a 蘇：你記不記得，在前面的討論裡，有位姑隱其名的先生，指摘我們，使衛士們不克幸福，因爲他們並無私有的東西，而他本來可以予取予求的。我們答覆他說，將來有機會的時候，我們也許會考慮這樁問題，不過，當時的想法是，我們要把衛士造成眞正的衛士；我們塑造國家，目的在於全體的最幸福，而不是任何特殊階層的？

葛：不錯，我記得。

b 蘇：我們的衛士的生活既然已證明爲遠優、遠高貴於奧林匹克勝利者的生活，你還有甚麼話要說？鞋匠或其他技工，或農人的生活，能跟他的相比嗎？

葛：當然不能。

蘇：同時，在這裡我還要重複我在別處說過的話：假使我們的衛士裡，有人要以不符衛士身分

c 的方式，冀求幸福，而對我們認爲最佳的安全、和諧的生活，感到不滿，進而迷惑於年青人胡思亂想認爲的幸福，乃至要把整個國家，篡奪過去，這時，他就應該學著了解，希西阿的話是多麼地明智：「一半多於全部」[28]。

葛：他要向我討教的話，我就會跟他說：你既然可以得到這種生活，千萬安分守己。

d **蘇**：那麼，你同意男人女人，都應該擁有我們所描繪的共同生活嘍？所謂共同，包括共同的教育，共有的子女。他們還要共同監督安居城中或出外作戰時的公民；他們共同守衛，跟獵犬一樣共同出獵，而且永遠在一切事情上，女人都儘可能地分擔男人的事。這樣做，他們就僅做善事，不僅不違反，而且維持了兩性間的自然關係。

葛：我同意你的話。

蘇：我們還要探討一下，這種共有辦法，有沒有可能——在人間和在其牠動物間都是一樣。而假如可能，其可能的方式又是甚麼。

葛：我正要問呢，你倒先講出來啦。

蘇：了解他們怎樣作戰，沒有甚麼困難。

葛：這是怎麼說？

27 參閱*Apology*,36d。

28 Hesiod, *Works and Days*，行40。

467a 蘇：唉，他們當然是要一起出征的呀。他們還會帶著體力足以勝任的子弟，以便跟匠人的子弟一樣，看著他們長大以後，要從事的工作，實際上是怎樣從事的。這些子弟，除了見習以外，在作戰時還當插手幫忙，侍奉他們的父母。你是否注意過，陶匠的孩子，在他們能碰陶輪的許久以前，就見習和幫忙啦？

葛：是的，我注意過。

蘇：在教育孩子，給他們機會，好讓他們觀察、實習他們的職分上，陶匠應該比我們的衛士，更加注意嗎？

葛：這種想法都是荒謬的。

b 蘇：這種辦法對父母也有其效果。對於他們，跟對於其牠動物一樣，有幼輩在場，是勇氣的最佳激發劑。

葛：這倒是眞的，蘇格拉底。不過呢，假使他們打敗了——輸仗是休戰時常會發生的事，這危險也就太大了。孩子跟父母一起犧牲，國家可再也恢復不過來。

蘇：不錯；但是，你難道永遠不肯讓他們冒這種危險嗎？

葛：我絕不是那麼說的。

蘇：好吧。但是，他們只要需要冒險，豈不應該利用那種但能逃得性命，便可大有裨益的場合？

葛：顯然是這樣的。

c 蘇：將來的士兵，是否會在青春的時候見到戰爭，是很重大的事情，很值得爲之冒險。

葛：不錯，重要得很。

蘇：那麼，我們的第一步是：讓我們的子弟在作戰時旁觀，但同時我們要設法不使他們遭遇危險。這樣就甚麼問題都沒有了。

葛：不錯。

蘇：我們儘可以爲，他們的父母並非看不到作戰時所冒的危險，卻應該就人類先見可及的範
d 圍，知道甚麼樣的征伐安全，甚麼樣的征伐危險。

葛：這是我們可以假定的。

蘇：他們就會只帶他們參加安全的征伐，而對危險的征伐，特加審愼了？

葛：不錯。

蘇：他們還會讓有經驗的老戰士，指揮他們，當他們的領袖和老師了[29]？

葛：完全正確。

蘇：不過呢，戰爭裡的危險並非都可預見的；其中偶然性的事件很多吧？

葛：是啊。

蘇：那麼，爲了防備這類偶然，子弟們應該早早備上翅膀，以便在需要的時候，可以飛開逃

29 老師或pedagogue，本爲送孩子上學下學的。在雅典此職常由奴隸擔任。

走。

e 葛：你是甚麼意思？

蘇：我的意思是，我們應該在他們小的時候，儘早教他們騎術，而在他們學會以後，帶著他們騎著馬看打仗。這種馬可不能是茁壯、兇猛的戰馬，而是可能得到的最馴良、最迅捷的。這樣子子弟們就能極清楚地看到他們的未來任務。萬一有甚麼危險，他們也可以跟著年長的頭領逃跑。

葛：我相信你是對的。

468a 蘇：其次說到作戰。甚麼是你的士兵相互之間和他們與敵人之間的正確關係？我很想建議，一個脫離隊伍、或放下武器、或犯下其他怯懦行爲的士兵，應該降級成農夫工匠。你想呢？

葛：一定，一定。

蘇：讓敵人俘虜的兵士，就送給敵人算了。他是他們的合法戰利品，願意怎麼辦就怎麼辦好了。

葛：當然。

b 蘇：但是，表現卓異的英雄——我們要怎樣對他呢？首先，他應當在軍中從他的青年戰友處獲得尊崇。每一個人，都應該輪流爲他加冕。你說呢？

葛：我同意。

蘇：大家還應該握他的右手以示愛敬吧？

葛：我也同意。

蘇：不過，你大約不會同意我下一個提議。

葛：你的提議是甚麼呀？

蘇：讓他吻大家，大家吻他。

c **葛**：當然可以。我還要更進一步，規定在征伐持續期間，他願意吻誰，誰也不許拒絕。那樣，如果軍中有他所愛的人，不論是男是女，他就更會熱心於贏取英勇的獎品。

蘇：好極了。我們早已決定，勇士應該較別人有更多的妻室。在這種事上，他還應該較他人有更優先的選擇權，以便他能夠儘可能生下許多孩子。不是嗎？

葛：謹表同意。

d **蘇**：獎勵青年勇士，再還有一種辦法，是荷馬提出的荷馬敘述到，厄杰克斯在作戰時表現優異，就被獎以整個一條背骨。這東西似乎是最適合英年豪傑的獎勵，因爲它不但是榮譽的獻禮，本身也能增進體力[30]。

葛：那麼，在這一點上，荷馬應該是我們的老師。在祭禮或類似的場合裡，我們也當根據各人的英勇程度，獎飾不論是男是女的勇士；我們要唱頌詩、使用我們已提到的其他榮耀方式，以及授予

30 *Iliad*卷行三二一：參閱Aristophanes, *Ecclesiazusae*行六七七—六七九。

e 首席的坐位，珍饈，和溢滿的酒杯[31]；

而在獎飾他們的時候，同時也訓練了他們。

葛：辦法好極啦。

蘇：不錯。而當兵士在作戰中光榮殉身時，我們豈不首先就要說，他屬於金的種族[32]？

葛：當然啦。

蘇：不僅這樣，我們豈不是有希西阿當我們的權威，肯定在他們死去之後，

469a 他們是地上的神聖天使、舉善抑惡，而且是善於言辭者的守護者[33]？

葛：不錯，而且我們承認他的權威。

蘇：我們要跟神祇學，如何布置神聖、英勇人物的陸寢，他們應該有甚麼樣的榮耀等等。我們還一定要遵從神祇的旨意，不是嗎？

葛：一定，一定。

b **蘇**：千秋萬世之下，我們要禮拜他們，向他們的靈寢下跪，就像在英雄的墳墓之前一樣。不僅限於這些人，凡是我們認爲行止卓異的善人，不論是壽終或以其他方式棄世，都應該接受這種尊崇。

葛：最恰當不過的啦。

蘇：其次，我們的軍人應該怎樣對待敵人呢？你說說看？

葛：你指的是那一方面？

蘇：首先，就撥爲奴婢來說吧？你以爲希臘人把希臘的城邦，貶爲奴隸，或者只要其他希臘人有辦法，也還可以坐使其他國家，奴役希臘城邦，是對的嗎？鑒於整個希臘民族，有朝一
c 日，都可能淪落在蠻夷的桎梏之下，他們的應有的辦法，豈不是饒恕這種希臘人？

葛：饒恕他們當然是再好不過的啦。

蘇：那麼，他們不應當據有任何希臘人當奴隸。這是他們應該遵守，並且勸導其他希臘人遵守的規則。

葛：當然。這樣一來，他們就可以一致對付蠻族，免於兄弟鬩牆。

蘇：其次關於戰死的人。得勝一方，除了鎧甲以外，應該從死者身上搜走任何東西嗎？搶掠敵
d 人的習俗，豈不予人不去作戰的藉口？儒夫在死人左右偷偷摸摸，裝做在履行某種義務，而過去曾有不少軍隊，曾因爲喜愛劫奪以致全軍覆沒。

葛：誠然誠然。

蘇：搶掠一具死屍，豈不是心胸狹隘、貪得無饜的表現？當眞的敵人，業已逃走，只剩下他的
e 作戰工具的時候，把死者的屍體，當敵人看，豈不有些卑鄙和婦人心地？這豈不很像一隻

31 *Iliad* 卷八行一六二。
32 黃金時代的人，見希西阿 *works and Days* 行一〇九—一二〇。
33 蘇氏改了希西阿的詩：希氏說「他們叫做」和「凡人」。

狗，既不能朝砸牠的人發威，轉而朝著砸牠的石頭咆哮？

葛：實在像隻狗。

蘇：那麼，我們一定不可掠奪死人，也不可阻擾他們的埋葬。

葛：不錯，我們斷斷不可那樣。

470a 蘇：我們也不應該在神廟裡獻上武器，特別是希臘人的武器——假使我們願意保持其他希臘人的友好之情的話。而且，我們確實有理由害怕，除非出於神祇的旨意，把從同族身上得來的戰利品獻給神祇，是一種褻瀆行爲。

葛：不錯。

蘇：再關於摧殘希臘人的領土或縱火焚屋，應該有甚麼慣例呢？

葛：願安承教。

b 蘇：依我的判斷，這兩點都要禁止。我只要取走當年的莊稼，再不要別的。要不要我告訴你爲甚麼這樣？

葛：請你說吧。

蘇：你知道，「不和」跟「戰爭」這兩個名詞頗有不同，而且我想它們的本質也有差異。它們一個表示內部和本國的；另一個名詞則表示對外和國際的。這兩個前者叫做不和，只有後者才叫做戰爭。

葛：這種分辨十分允當。

c **蘇**：我是不是還可以同樣允當地指出來連結希臘民族的，是他們的血統和友誼，於蠻族則是相外而陌路的？

葛：好極啦。

蘇：因此，希臘人跟蠻夷作戰，蠻夷跟希臘人作戰，他們這種仗我們就稱之爲戰爭狀態，而他們既然在本質上是敵人[34]，這種敵對行爲應該稱之爲戰爭。但當希臘人自家打仗的時候，
d 我們就要說，希臘正處於混亂與不和之中，因爲他們在本質上是朋友。這種敵意應該稱之爲不和。

葛：我同意。

蘇：那麼，你再想一想，我們視之爲不和的發生了，城邦以內壁壘分明，假如雙方毀壞地上，互相焚燒對方的房子，這種爭執要顯得怎樣地邪惡！任何眞正愛他的國家的人，都不會忍
e 心把他的乳娘生母撕成片片。征服者或者有理由，剝奪被征服的一方的農作，但是，在心底他們仍當有和平的念頭在，並無意永遠永遠打下去。

葛：不錯，這種脾性比另一種好多啦。

蘇：你在締造的城邦，是不是一個希臘城邦？

葛：應該是嘛。

34 此處說法，是因爲希文作戰狀態是polemein，敵人則是polemios。

蘇：那麼，其公民豈不應該是善良而文明的？

葛：是的，十分文明。

蘇：他們豈不應該愛希臘，視希臘爲他們的國度，分享共有的廟宇？

葛：絕對如此。

471a 蘇：他們中間如有歧視，他們就會僅視之爲不和——亦即朋友間的爭執，不得稱之爲戰爭的了？

葛：當然不能。

蘇：那麼，他們爭執起來，就會像那些打算早晚終會言歸於好的人了？

葛：當然。

蘇：他們會使用友好的糾正[35]，而不會奴視或摧毀他們的對手嘍？他們要做糾正的人，而非敵人嘍？

葛：一點也不錯。

b 蘇：他們既然自己也是希臘人，就不會蹂躪希臘，也不會焚燒房屋，更不會認爲一個城邦的全部人口——男女兒童——都同樣地是他們的敵人，因爲他們知道，戰爭的罪魁禍首，永遠僅限於少數人，而多數的人都是他們的朋友。爲了這些理由，他們就不會願意毀壞對方的土地，夷平對方的房屋。他們跟對方的敵意，他們跟對方的敵意，僅應維持到多數的無辜而受難的人，迫使戒首的少數人受到制裁的時候。

葛：我同意我們的公民，應該這樣對待他們的希臘敵人。對待蠻族，則應當像希臘人現在互相
對待那樣。

c 蘇：那麼，讓我們爲我們的衛士也訂下這條法律吧：他們不得摧殘希臘人的土地，也不得焚燒
希臘人的房子。

葛：同意。我們還不妨一致認爲，這些規定，跟我們前此的法律一樣，十分良好。
不過呢，蘇格拉底呀，我必須說，我們要讓你這樣謅下去，你就要完全忘記，你在討論開
始時推到旁邊去的另一樁問題：這種事物的秩序是否可能，如果可能，又是怎麼個可能法
子？我十分情願承認，你建議的計劃，只要是可能的，對國家各方面都有好處。我還願意
d 補充你不曾提到的，也就是你的戰士，將是最英勇的，永遠不會脫離隊伍，因爲他們互相
認識，互相稱呼父兄子弟。你如果再假定女人也加入他們的軍隊，不論是在行伍或在後
e 方，是爲了震懾敵人或是作爲需要時的輔助，我相信他們是絕對所向無敵的。其他內政性
的優點，儘可提及，我也完全願意承認。但是，儘管我願意承認這一切優點，乃至你願意
的話，再加一倍都可以，只要你這個國家能夠實現，我們就不再提及它們也罷。我們姑且
假定這個國家業已存在，讓我們轉而考慮可能性和方法的問題——其他就不必管啦。

472a 蘇：我剛要溜躂一下[36]，你馬上就跑過來把我抓回去，一點憐憫心都沒有。我勉強逃過了第一

35 「糾正」希文原意是「使之謙恭」。

36 本書原文手抄本此處多爲「我的（軍事）行動」。

第二波大浪，你倒好像不知道，你又把第三波給引來啦[37]，而這一波大浪最大最烈。我相信，你聽了看了這波風浪，就會更體貼一點，並且承認，像我現在要講述、探討的這種建議，十分特殊，所以有點戰慄和遲疑，其實是自然不過的事。

b **葛**：你愈是這樣子哀求，我們愈是決意要你告訴我們，這種國家，怎樣可能。趕快說吧。

蘇：我開始時，先要提醒你，我們跑到這麼個地方，是從尋覓正義和非正義來的。

葛：不錯。但是又怎麼樣呢？

蘇：我本來只是要問一下，既已找到了兩者，是不是應該要求，正義的人，在任何事情上，都
c 不得在絕對的正義上有所不足，或是我們只要馬馬虎虎，在他身上表現出來的正義，比別人的較爲高明就行啦。

葛：差不多也就夠啦。

蘇：我們原來探討了絕對正義的本質，和完全正義的人的性格，以及非正義和完全非正義的
d 人，爲的是可以找到一個楷模。我們要觀察這些，以便能依他們出來的標準，衡估我們自己的幸福和不幸福，以及我們類似它們的程度，但並無意去指出來，這些能否實際存在。

葛：不錯。

蘇：一位畫家，以超絕的藝術，繪出完全完美的人的楷模，卻不能指出來，這麼個人曾否存在，難道就表示他有了問題嗎？

葛：當然不會。

蘇：好吧。我們不是也在創立完美國家的楷模嗎？

e 葛：本來是嘛。

蘇：我們的理論，能因爲我們不能證明，城邦有按我們說的來建立的可能性，就成了有問題的理論嗎？

葛：當然不會。

蘇：這是事實。不過，在你的要求下，我如果嘗試著指出來，怎樣和在甚麼條件下，可能性最大，我就必須請你，爲了這個目的，重複你前此所承認的。

葛：承認甚麼呀？

蘇：我希望知道，理想曾否在語言裡充分達到過？這個名詞表達的，豈非超過事實？不管一個
473a 人怎樣想法，所謂實際，豈不因爲事物的本質就是如此，而永遠跟眞理有一段距離？你說呢？

葛：我同意。

蘇：那麼，你就不應該堅持我要證明，實際的國家，要在各方面都符合楷模。只要我們能夠找
b 出辦法，讓城邦的治理，跟我們建議的差不多，你就會承認，我們已經找到你所要求的可能性啦，也就滿意稱心啦。要是我可就會滿意的。你呢？

37 一串波浪的第三波通常視爲最強。

葛：我會滿意的。

蘇：其次，容許我設法指出來，各城邦目前治理不善，其毛病是在甚麼地方，要加以甚麼樣的小改變，就使一個國家變得更近眞實的國家形式。而這種改變，只要可能，應該限於一樁，如果不可能，就兩樁也罷。無論如何，改變要儘可能地少和小。

c 葛：當然。

蘇：我想，如果只辦到一種改變，國家可能就有所改善。這種改變儘管不小不容易，倒還是辦得到的。

葛：甚麼改變呢？

蘇：唳，我要去迎接我擬之爲最大的浪波啦。縱然浪迸散下來，把我淹死在訕笑和羞辱裡面，有個名詞非說不可。請仔細聆聽我的話。

葛：請說下去吧。

d 蘇：除非哲學家成了國王，或是世界上的國王、王子都具有哲學的精神和力量，以使政治的偉大性和智慧集於一身[38]，而那些較爲平庸的，只追求兩者之一，不顧其他的天性，都被迫退向一邊，則城邦永遠不能免於它們的邪惡事物——不僅如此，我相信全人類都免不了——只有到這種時候，我們的國家，才有活起來，得見天日的可能性。親愛的葛樂康呀，這便是我的想法，而如果不是因爲這念頭顯得十分過分，我早就要講出來啦。因爲堅信在任何其他國家裡，私人或公共的幸福，都絕無可能，實在是件困難的事。

474a 葛：蘇格拉底呀，你這是甚麼意思？我希望你了解，你講的那個名詞，是很多人，而且是很多有身分的人，在聽了以後，會一致立刻脫下上衣，攫起任何現成的武器，在你糊里糊塗，不知道想幹些甚麼的時候，都來對你大肆攻擊。你如果不先準備好一個答案，馬上行動，你小心就是了，他們非「以機敏鋒銳的字眼，把你活剮了不可」。

蘇：是你要我吵這場架的。

b 葛：我應該那麼辦的嘛。不過，我願意盡我的能力，把你救出來。只是我能給你的，限於善意和勸勉，並且我或者能夠比別人更能對你的問題，配出適當的答案——我只能辦得到這麼多。現在呢，你既然有了我這麼個幫手，你就要憑你的最大本領，來向不相信的人，證明你的見解正確了。

蘇：你既然給了我這樣寶貴的協助，我自然要試著這麼辦。我想，假如我們有逃開的機會，我們一定要向他們解釋，當我們說哲學家應當治理國家的時候，我們指的是那些人。然後我
c 們就能爲自己辯護：我們可以發現，有些天性應該研究哲學，成爲國家領袖；其他天性的人，生來就不能成爲哲學家應該是追隨的而非領袖。

葛：那麼你立下你的界說吧。

蘇：聽我說，我希望我可以找出辦法，給你滿意的答覆。

38 柏氏並不相信「學而優則仕」，反而認爲有才有位而無德特別可怕。

葛：請講。

蘇：我敢說你是記得的，所以我不必再提醒你，一個愛人，如能名符其實，就應當表現他的愛於其所愛的整體，而不是其對象的一部分。

d 葛：我實在不懂你的話，所以還請你幫助我的記憶。

蘇：換個人或者可以正當地像你這樣答覆。但像你這樣喜歡追歡尋樂的人，應該知道，一切正
値青春的人，都會說不定怎麼就在愛人的心裡引起嚮慕或情緒，認爲値得他的特別關愛顧
注。對美貌的人，你不就是這樣的嗎？這個人的鼻子短而聳，你說他的臉何其俏皮；另個
e 人有個鷹鉤鼻，你說他簡直威武如帝王嘛；而他的鼻子如果既不短聳，又不鷹鉤的話，你
就說他有勻稱的雍容華貴。臉色黑是丈夫氣概，臉色白是神祇的子孫；至於甜蜜的，一般
所謂的「蜜般的蒼白」，這麼個說法豈不就是經常用兒言暱語的愛人所發明的，而這麼個
人並不反對蒼白——假如它出現在青春的兩靨之上？簡而言之，爲了不失去一朵青春期間
475a 的花朵，沒有你不肯用的藉口遁辭，沒有你不肯說的甜言密語。

葛：如果爲了辯論的方便，你把我當成愛情上的權威，我同意就是啦。

蘇：對於愛酒的人，你又怎麼說？你難道看不見他們做的是一樣的事嗎？他們願意找任何藉口，喝任何的酒。

葛：說得好。

蘇：有野心的人也是一樣。他們如果不能指揮一軍，就指揮一隊也是好的[39]。他們如果得不到

b 眞正重要大人物的尊崇，就得到次要小人物的尊崇也是好的——但他們非要尊崇不可。

葛：一點也不假。

蘇：再讓我問一次：任何欲求某類物品的人，欲求的是整類呢還是一部分呢？

葛：整類。

蘇：我們是不是可以說，哲學家是個愛人，所愛的不是智慧的一部分，而是整體？

葛：是的，愛的是整體。

c 蘇：不愛知識的人，特別是在青年時代，他還沒有辨別好壞的能力的時候，這麼一個人，我們不能視之爲哲學家或愛知者，尤之於拒絕吃飯的人一定不餓，而且可以說是胃口壞或是不怎麼好。

葛：一點也不錯。

蘇：至於喜好任何種類的知識，具有求知的好奇心，永無饜足的人，則可以正確的稱之爲哲學家，對不對？

d 葛：好奇心假如構成哲學家，你會發現很多怪物，都有資格爭取這個名銜。愛看景緻的人不啻樂於求知，所以必須包括在裡面。業餘音樂家也可以算，雖則擺在哲學家當中，一定也顯

---

38 柏氏並不相信「學而優則仕」，反而認爲有才有位而無德特別可怕。

39 雅典在元帥（strategos）下設十將軍（taxiarchs），各屬雅典一族，將軍下各有三個隊長（trittyarchs）。

得格格不入，因爲他們只要辦得到，就再也沒有人比他們更不要進行類如哲學性的討論的事，同時，他們奔走於各酒神節的慶典裡[40]，就好像要放長耳朵，聽取每一個合唱隊。表演是在鄉下或是城裡，無關宏旨他們一定要躬逢其盛。我們要不要把這些和跟他們有同樣興味的人，以及頗爲微不足道的技藝的從事者，都算做哲學家呢？

e **蘇**：當然不算。他們都只是冒牌的仿製品。

葛：那麼，誰是眞正的哲學家呢？

蘇：那些喜愛眞理的意象的人。

葛：說得倒好，但是我希望了解你是甚麼意思。

蘇：換個人的話，我解釋起來也許很困難。不過，我相信你會接納我要提出來的建議。

葛：甚麼建議呀？

蘇：美既然是醜的反面，它們是兩樣東西啦？

476a **葛**：當然。

蘇：它們既然是兩樣東西，則各是一樣東西了？

葛：又對啦。

蘇：同樣的看法也適用於正義和非正義，善和惡，以及其他各個類別。個別看來，它們各爲一事，但以不同方式，把它們跟行爲、事物聯合起來，或是互爲聯合起來，它們的形式就變化萬端，顯得很多了。

葛：不錯。

b 蘇：這便是我畫出來的分界線，區分了愛景緻的、愛藝術的、實際的一種人，和那些我正在討論的人，而只有後者，才配得上哲學家的名字。

葛：你是拿甚麼理由分辨的呢？

蘇：依據我的了解，愛聲音和景象的人，喜歡的是美好的調子、色彩和形式，以及一切據而建造的人爲產品，而這些人的腦力，並無看見、愛好絕對美的能力。

葛：不錯。

蘇：能夠達到這種識見的人太少了。

c 葛：一點也不錯。

蘇：能感受美的事物而不能感受絕對的美，或者縱有人導引他得到絕對美的識見，卻不能遵從，關於這種人，我要問一問，他是醒著呢還是在做夢？仔細想一下：做夢的，不論睡著醒著，都是把不同事物比做相同，把模仿品取代眞品的人，不是嗎？

葛：對於這種人，我當然要說他在做夢啦。

d 蘇：但請看另一個人的情形：他認識絕對美的存在，並且能夠分辨觀念和參預觀念的各種實物，既不把物體看成觀念，也不把觀念看成物體——這麼個人是做夢呢或是醒著呢？

40 酒神節（Dionysia）每春季舉行六天，其中三天演出戲劇。雅典及其附近鄉村都這樣慶祝。

葛：他是清醒白醒的。

蘇：我們可不可以說，知道的人的心靈有知識，而另個人只表示自己的意見，其心靈只有意見？

葛：當然。

e 蘇：但是，假使後者居然跟我們爭論，對我們的說法表示異議，我們能不能在不揭發他的智慧頗有問題之下，給他甚麼慰勉或勸告的話？

葛：我們一定要給他些勸告的話。

蘇：那麼來吧，讓我們想些給他說的話吧。我們好不好先安慰他，凡他或者能有的任何知識都應該有，我們也因之而爲他高興？不過，我們希望問他一樁問題：有知識的人，是知道點甚麼呢，還是甚麼都不知道？（你非替他答覆不可。）

葛：我的答案是他知識點甚麼。

蘇：存在的東西呢還是不存在的？

477a 葛：存在的東西。不存在的東西怎樣能知道呢？

蘇：我們是否在從各方面考慮這件事以後，就可以確定，絕對存在的東西是或者可以絕對地知道的，而完全不存在的東西則是完全不知道的？

葛：再沒有比這一點更明確的了。

蘇：好吧。但是，假如有任何東西，其本質使它也存在也不存在，它的位置，就要介於純存在和絕對否定的存在之間嘍？

葛：是的，兩者之間。

蘇：知識既相當於存在，無知必然相當於不存在，則要找介於存在和不存在之間的東西，我們

b 還要找出相當於介於知識和無知之間的東西——假如有這個東西的話——是不是？

葛：當然。

蘇：我們承認意見的存在吧？

葛：毫無疑問。

蘇：它跟知識是一樣的呢，還是另一種官能[41]？

葛：另一種官能。

蘇：那麼，意見和知識，與跟兩者之間的不同相當的不同事物，各有關係了？

葛：是的

蘇：知識與存在有關，而且知道存在。不過，在我繼續說下去以前，我要分類一番。

葛：分甚麼類呀？

c 蘇：我要以把各種官能歸爲一類來開始：它們是我們及一切事物本有的能力，我們行事方式的依據。舉例而言，我是把視與聽稱爲官能的。我心目中所謂的類別，我解釋得是否夠清楚

---

41 「官能」（Dynamis）的意義在希臘取決於其目的，所以也可以譯爲「潛能」。

啦？

葛：是的，我很懂了。

蘇：那麼，讓我告訴你我對它們的看法。我並看不見它們，所以圖形、色彩及類似的東西之間
d 的分別，能夠使我分辨若干事物間的不同的，不能應用到官能上。我談到官能，只考慮其
範圍和結果。具有相同範圍和結果的，我便稱之爲同一官能，具有另外的範圍和結果的，
我便稱之爲不同的官能。你是不是也要這樣說的？

葛：是的。

蘇：你好不好再勞駕回答又一個問題？你肯不肯說知識是一種官能？否則的話，你要把它歸進那一類裡？

葛：知識當然是一種官能，而且是最強有力的官能。

e 蘇：意見是不是也是一種官能？

葛：當然，因爲意見就是我們能夠構成意見的東西呀。

蘇：雖然如此，不久以前你還承認知識跟意見不同呢。

葛：錯是不錯，但是，任何理性的人，怎麼會把再無錯誤的和經常出錯的，加以認同呢？

478a 蘇：你的答案很好，證明了他們深深感到兩者間的不同。

葛：不錯。

蘇：那麼，知識與意見，既具有不同的能力，其範圍或題材也各有不同啦？

葛：那是一定的。

蘇：存在是知識的範圍或題材，而知識便是知道存在的本質，對不對？

葛：對。

蘇：意見就是有意見。

葛：對。

蘇：我們認識我們的意見嗎？或者說，意見的題材跟知識的題材，是一樣的嗎？

b 葛：別那麼說，那一點已經證明是相反的啦。如果官能的不同，暗示了範圍或題材的不同，或者如我們所說，如果意見和知識是不同的官能，則知識的範圍和意見的範圍，就不能一樣。

蘇：那麼，存在既是知識的題材，意見的題材一定要是別種東西啦？

葛：是啊，是別種東西。

蘇：好吧。那麼意見的題材，豈不就是不存在？或者說，關於不存在的意見，又如何存在呢？仔細考慮一下：一個人有其意見的時候，他豈不是有著對某事的意見？他能有沒有事物內涵的意見那樣的意見嗎？

葛：不能。

蘇：有意見的人，對某一樁事有其意見吧？

葛：是的。

c **蘇**：不存在並非一樁事物，而是正確地說，沒有事物吧？

葛：不錯。

蘇：我們本來假定無知是不存在的相關語，知識是存在的相關語吧？

葛：不錯。

蘇：那麼，意見與存在或不存在都沒有關係嘍？

葛：都沒有關係。

蘇：那麼，它是否就既非無知，又非知識啦？

葛：似乎是的。

蘇：但是，我們要找意見，能在兩者之外，較知識更爲清楚，較無知更爲混沌地找到嗎？

葛：不能。

蘇：那麼，我想就你來看，意見較知識爲混沌，較無知爲清晰了？

葛：兩種都對啦，而且層次分明。

d **蘇**：但也是在兩者之中，兩者之間的啦？

葛：是的。

蘇：那麼你推想意見就是中間物嘍？

葛：毫無問題。

蘇：但是，我們剛才不是在說麼，任何事物，如果屬於那種同時既是又非的一類，它就會顯得是居於純存在和絕對不存在的中間，而其相關的官能，既非知識，又非無知，而是在這兩者之間啦？

葛：不錯。

蘇：在這麼個中間，我們不是發現了我們稱做意見的東西麼？

葛：是啊。

e 蘇：那麼，尚待發現的是那種對象，同等地具有存在與不存在的本性，故不得正確地、乾淨俐落地稱之爲兩者之一。這一不名數，在找到以後，我們便可名符其實地稱之爲意見的題材，並把每一種各歸其固有官能——極端的歸之於極端的官能，中庸的歸之於中庸的官能。

葛：不錯。

479a 蘇：我們有了這個前提，我就要問問那位，其意見是並無絕對或不變的美的觀念的先生——他的意見是美在多端——他，我說呀，也就是你那位愛美麗景緻的人，受不了美只有一個的看法，對他這種人，我就會求告地說，先生喲，好不好勞您駕告訴我們，在這一切美麗的事物裡，有沒有一樣是絕不醜惡的；或是正義的事物裡，有沒有一件是決非不正義的；或是神聖的事物裡，有沒有一種是決非不神聖的？

b 葛：不行呀；再美的事物，從某種觀點上看，都可以是醜惡的；其餘種種也是如此。

蘇：那麼那些許多既是倍數，豈不也可以是半數——換句話說，是某事物的倍數，另一事物的半數？

葛：不錯。

蘇：一切事物，一般稱之爲大、小，重、輕，其本質都不能由這些形容詞或其相反形容詞加以限定，是不是？

葛：是的，這些和其反面字眼，都經常用在一切事物上。

蘇：這許多被加以特殊名稱的事物，有沒有一個，可說是只是某某而決非不是某某的？

c 葛：它們像宴會上問的雙關俏皮話，或是那種兒童的謎語，說的是一個太監瞄準一隻蝙蝠，用甚麼東西投牠，蝙蝠又是棲在甚麼上面的[42]我說到的個別事物也是個謎語，有著雙關的意義，所以你無法在腦子裡認定它們是存在、不存在，兩者都是或者兩者都不是。

蘇：那麼，你怎麼對付它們呢？除了介於存在和不存在之間，它們還有更好的去處嗎？它們顯然不較不存在更爲混沌或否定，不較存在更爲明朗或存在。

d 葛：那是不錯的。

蘇：這樣，我們似乎發現到，多數人所相信的[43]許多關於美及其他事物的觀念，其實是在純存在和純不存在中間的地域裡，擠來擠去[44]。

葛：我們發現的是這種情形。

蘇：是啊。我們前此還決定過，我們找到的任何這類的事物，應當稱做意見的題材，不是知識的題材，因爲它是由中介官能攫取、留置的中間流動品。

葛：不錯。

e 蘇：那麼，那些視許多爲美，卻既不能看見絕對的美，也不能追隨指出正途的嚮導；視許多爲正義，卻不能看見絕對的正義，以及諸如此類的——這種人可說是只有意見，而沒有知識的吧？

葛：那還用說！

蘇：但是，那些認識絕對、永恒、不變的人，就可以說是有知識，而非僅具意見的了？

葛：這也是不容否認的。

480a 蘇：這個人愛而抱持知識的題材，另個人愛而抱持意見的題材，是嗎？我相信你記得，後者跟那種聆聽悅耳的聲音，凝視動目的色彩，卻不能忍受絕對美的存在的人，其實是一樣的。

葛：是的，我記得。

---

42 原謎大約是：
一個男人非男人
看見一隻鳥非鳥
棲在一處枝非枝
擊中未中石非石
謎底是視力不佳的太監，看到一隻蝙蝠棲在蘆葦上，用浮石投牠而未中。希文bole當「投擲」和「擊中」兩解。

43 （譯註）這一段地方所講是蘇氏或柏拉圖的一與多或朱子的「理一分殊」觀念。

44 參閱432d。

蘇：我們假使稱他們爲愛意見而非愛智慧的人，會不會不當？他們會不會因爲我們這麼說而動氣？

葛：我會告訴他們，不要動氣。對眞理誰也不應該動氣。

蘇：但是，那些眞正愛每一事物裡的眞理的人，就應當稱做愛智慧者，而非愛意見者啦。

葛：當然，當然。

卷六

知識說

484a 蘇：所以呀，葛樂康，在辯論進行了這麼好長一段路之後，眞、假哲學家終於現身出來啦。

葛：我想，這段路是再也短不得的。

蘇：可不是嗎？不過呢，我相信，假使我們的辯論，原來就僅限於這一項題目，假使我們不曾有著許多其他問題待商，而這些偏偏又是凡要了解正義者的生活，在那些方面有異於非義者的生活的人，都必須加以考慮的，那麼，我們對眞、假哲學家的認識，可能還更清楚一些。

b 葛：下一個問題是甚麼呢？

蘇：總要是順理成章的下一個呀。既然唯有哲學家能夠掌握永久而不變的道理，而在多與變的領域裡遊蕩的人並非哲學家，我就問問你：這兩種人中，那一種應當是我們國度的執政者？

葛：我們怎樣才能正確地答覆這個問題呢？

c 蘇：那種最能維護我國法律與制度的人——讓他們充當我們的國衛吧。

葛：好極啦。

蘇：有所維護的衛士，應該有其眼睛，而不可有眼無珠——這一點總也沒有問題吧？

葛：絕對沒有。

d 蘇：那些實在缺乏每椿事物眞諦的知識，其靈魂中並無明確典型，而又不能以類似畫家的眼睛，去觀察絕對眞理、去趨就原型、去具有另一世界的眞知灼見，以便在這個世界裡並無有關美、善、正義的法律時，予以制定，並加維護——我請問，像這種人，豈不是有目如盲的？

葛：不錯，他們實在頗爲眼瞎。

蘇：我們既有他人，在經驗上與這種人相等，在道德上又能各方相埒，卻洞知一切事物的眞諦，我們能讓這種盲目的人當我們的國衛嗎？

葛：另一種人，既具有最最重要的資格，我們殊無加以摒斥之理。除非他們在其他方面，另有缺失，一定永遠要居於首要的位置。

485a 蘇：那麼，我們不妨確定一下，他們一身而結合這種資格和其他優異品質吧。

葛：請。

蘇：我們不是一開始就說到了麼，我們首先要確定哲學家的性質。我們一定要對他有所理解，理解之後呢，假使我的想法不錯，我們就要承認，這種品質的結合，是可能的，而只有能夠具有此種結合的人，才配在我國執政。

葛：你這是甚麼意思？

b 蘇：我們姑且假定，哲學家的心靈，必然經常愛好某種知識，足以昭示他們，不因世代與積漸腐化而變異的永恆本質。

葛：謹表同意。

蘇：讓我們進一步同意，他們愛的是眞正本質的全部，而不肯放棄任一大小或尊卑貴賤的部分，其情形恰如我們前此所說的情人和野心者的情形一樣。

葛：是的。

c蘇：要使他們符合我們的描述，他們豈不要具有另一種特質？

葛：那一種呀？

蘇：誠實嘛。他們永不會有意地接受虛僞，因爲他們憎惡這種東西，卻是愛好眞理的。

葛：不錯，這一點是儘可以確定的。

葛：我的朋友「儘可以」可不太恰當；該用的字眼是「一定可以」。凡是本性上喜愛某一事物的，一定免不了喜愛一切屬於或有關他喜愛的對象的事物[1]。

葛：對。

蘇：還有甚麼東西，比眞理跟智慧的關係，更爲密切？

葛：那怎麼可能！

d蘇：同樣的本性，能夠又愛智慧，又愛虛假嗎？

葛：再也不能。

蘇：那麼，知識的眞正愛好者，必然是自髫年開始，便依其能力，欲求眞理嘍？

葛：當然啦。

蘇：但在另一方面，我們從經驗上知道，在某一方面的欲求強，在其他方面的欲求就弱，尤之於已經導往另一河道的水流，是不是？

葛：不錯。

蘇：欲求導向一切形式的知識的人，將會全神貫注於靈魂上的欣悅，簡直渾忘肉體的快樂——

e 我是說，眞正而非冒充的哲學家，一定是這樣。

葛：確鑿不夠。

蘇：這麼個人一定深具節制，是貪婪的反面。原因是促使他人欲求占有、花費的動機，在他的性格裡無地容身。

葛：不假。

486a 蘇：我們還要考慮哲學家本質的另一種判斷標準。

葛：是甚麼標準呢？

蘇：他的胸襟裡絕不能隱藏偏狹。對於永遠憧憬神、凡本質全貌的靈魂來說，沒有比隘愎更不相容的了。

葛：對極啦。

蘇：他既心胸廣闊[2]，洞察一切時間與生活，又如何會過分貪生呢？

---

1 葛樂康有些色迷，蘇格拉底便故意用兩可的話。本句也可爲「……因天性而愛上某事物的人，喜歡跟他所愛的對象有關的一切事物。」蘇格拉底希望葛樂康對這句話的了解，是本文的表面意義，或至少要使這種意義的暗示，影響他的反應，而蘇氏的本意，則是第二種意義。不過，我們不可忘記，人與人間的性愛和愛智之間，有何關係。蘇氏跟葛樂康說話，總喜歡用具有性愛和軍事涵義的字眼，俾能以投其所好的方式，導使他傾向於說出某種答案。

2 希文megaloprepeia的本義是「適合偉人身分的氣質」等。

葛：不會。

b 蘇：這種人會怕死嗎？

葛：當然不會。

蘇：那麼，怯懦、偏狹的本性，在眞正的哲學裡，是並無立足之地的嘍？

葛：當然沒有。

蘇：再進一步講，一個身心和諧、既不貪婪、又不偏狹，既不張狂，又不怯懦的人——這麼個人，我說哇，會在處人處世的時候，表現得非義或要求過分嗎？

葛：不可能的。

蘇：那麼，你很快就會看得出來，一個人究是正義而溫文的，還是粗魯而不合群的。這些便是信號，使我們縱在青年之中，也可以分辨哲學天性和非哲學天性。

葛：不錯。

c 蘇：我們還要注意另一點。

葛：那一點呢？

蘇：他對學習是否感到快樂。人們不會喜歡使自己痛苦，而且費盡氣力，毫無所成的事物。

葛：當然不會。

蘇：再說，他如果健忘，記不得學到的東西，豈不只是個空瓶子？

葛：那當然啦。

蘇：他既白費氣力，結果必然恨自己，恨其缺成績的所業。

葛：是的。

d 蘇：那麼，健忘的靈魂就不能列入眞正的哲學天性啦。我們必須強調，哲學家應該有良好的記憶力嘍？

葛：當然。

蘇：再進一步說，不和諧、不優美的本性，只能傾向於衡平的缺乏吧[3]？

葛：毫無疑問。

蘇：而你認爲眞理是近於衡平，還是近於不衡平呢？

葛：當然是衡平啦。

蘇：那麼，其他品質之外，我們還必須覓致一個本然衡平而優雅的心靈，能夠自然而然地傾向於每一事物的本質。

e 葛：當然。

蘇：好。我們列舉的這一切品質，不是互爲關連，而且從某種意義上來看，爲靈魂之所需——如果這個靈魂，是要充分而完美地介入本質的話？

487a 葛：絕對必要。

---

3 參見390c，註31。

蘇：高貴、優雅、眞理之友、及其分屬戚誼的正義、勇氣與節制——這些豈不是僅能由具有記憶的天分，並能學習迅速的人，來從事完美研習的東西？

葛：再善於挑剔的人[4]，對這種研習也挑不出毛病來。

蘇：只有這種人，因年齡和教育獲致完美，才值得你託付以治國的重任。

b 阿第曼圖（插嘴）：蘇格拉底喲，對你這些道理，誰也無可反駁；不過呢，你這個樣子說
話，倒教你的聽眾的心裡，湧起一種古怪的感覺。他們覺得，由於他們缺乏問答問題的本
領，以致在論辯的過程中，一步一步地逐漸被你領上歧路。這些微小的偏差既經累積，到
了討論終結，可就形成顚覆，使得他們舊有的概念，都似乎顚倒了過來。他們跟技拙的棋
c 手，步步遭棋高一著的對手封殺，終至無路可走一樣，在這種以語言爲籌碼的新遊戲裡，
最後也發覺自己無話可說。但他們始終覺得，他們站在對的一方。目前發生的情形，使我
想到了這種說法。我們每個人都可以說，雖然在言語上，不能在論辯裡步步與你爭衡，卻
d 見到一樁事實：那些不懂在青年時代把哲學當作教育的一部分來學，而且成年後還致力於
哲學的人，大多數都變成怪物，甚或惡徒，而那些應視爲個中翹楚的人物，都被你所誇讚
的研習，弄得百無一用。

蘇：哎，那麼你以爲這麼講的人，都是錯的嘍？

阿：我可不知道，但倒是想聽聽你的意見。

蘇：那麼就聽吧：我認爲他們說得對。

e 阿：既然哲學家如眾所公認的，對國家百無一用，然則你說除非哲學家執政，邪惡便不能在城邦裡斷絕，又如何自圓其說呢？

蘇：你問的這個問題，只能用寓言回答[5]。

阿：是啊，蘇格拉底，那大約是你最不擅長的說話方式嘍！

488a 蘇：我看得出來，你把我推到這種毫無希望的論辯裡，大感高興。你聽了我的寓言後，看到我想像力有多貧乏，還更會高興呢。良士善人在本國所受的待遇，是如此令人痛心，乃至世無其匹。因此，如果我要爲他們辯護，就只有訴諸小說，把許多情節組合成一個人物，就 b 像許多圖畫裡，把羊、鹿之類構成怪獸一樣。現在，請設想一支艦隊或一艘船，其中有一位船長，身高力強，勝過任何一個水手，但卻微聾且弱視，其航海知識也欠高明。水手們正因駕駛而互相爭吵——每個人都認爲自己有權掌舵，儘管他從未學過航海術，也說不出來誰教過他、他甚麼時候學過，甚至還要說航海術是無法傳授的，並且打算把任何持相反 c 論調的人置諸死地。他們圍住船長，要求船長把舵交給他們。每逢他們所求不遂、任務交給了別人，他們就把別人殺掉或直接扔到海裡。他們以酒或其他麻醉劑迷糊船長的感官，d 趁機造反起來，占據船隻、任意處分貯糧。於是，吃吃喝喝中，他們依我們可以揣想的方

4 Momus是挑剔、嘲弄之神，與報應之神Nike和愛神Eros同屬一類。

5 Eikon即英文中的icon，指繪畫、肖像，或鏡中影象等（參見509e後各節）。蘇格拉底在此處說明「想像力」（imagination=image-making）一詞的正確意義。

式，繼續航程。偏袒他們，詭詐地協助他們執行其陰謀，以暴力或甜言密語，促使船長把船交到他們手上的人，他們便尊稱之爲水手、領航、舵手，而另外的人，則受到他們的揶揄，斥之爲廢物。但在眞正的領航來說，要想眞的有資格當船長，要不管別人的愛惡，親自
e 掌舵，則他必須注意一年的季節、天空、星辰與風勢風向。這種權威與掌舵術的結合的可能性，是那些人不曾嚴肅地放在心上或成爲他們職業的一部分的。在處於叛變狀態的船上，造
489a 反的水手的眼裡，眞正的領航會受到甚麼待承？他們豈不要罵他是曉舌的、夢想家[6]、窩囊廢？

阿：當然嘍。

蘇：那麼，你簡直不必再聽那個比喻的解釋了。它說的便是眞正的哲學家跟他的國家之間的關係。這一點你是已經了解了的。

阿：不錯。

蘇：那麼，你好不好把這條寓言，交給那位驚訝於哲學家在本國受不到尊重的先生？你跟他解
b 釋，要他相信，哲學家之不受尊重，並沒有甚麼特別。

阿：可以。

蘇：你跟他講，他認爲對哲學最虔敬的奉獻者，對其餘的世界百無一用的話是對的；但你還要講，要把這百無一用的情形，歸罪那些不肯用他們的人，而不是他們自己。領航總不應該謙恭地求水手們，聽他的指揮——這可不是順乎自然的程度；同樣地，「智人不上富兒

門」——那位立下這句俏皮諺語的人撒了謊[7]——但是，眞相在於，一個人生了病，則不
e 論貧富，總非上醫生的門不可，要接受治理的，也非上能於執政者的門不可。稍有能耐的
執政，都不當求他的子民，許他執政。現在的從政人士，倒是另外一種；他們儘可以比諸
叛變的水手，而那些眞正的掌舵，則可以比諸他們稱之爲廢物和夢想家的人。

阿：一點也不差。

蘇：由於這些理由，在這類人之間，最高貴的鑽研對象的哲學，大約不大會受到敵對集團的重
d 視。哲學的反對者，其實並不能爲它造成最大、最長遠的傷害[8]，能這樣做的是自稱從事
它的人，也便是你提的那位控訴者所說的，他們中多數都是道地的惡徒，最好的也百無一
用。我對這個意見是贊成的。

阿：是啊。

蘇：而爲甚麼連好的也一無用處的道理，現在講明白嘍？

---

6 研究星象是一樁重罪，因爲天文學者常爲無神論者，也常因此受譴責。他們對天體運行有機械性的解釋，否認日、月的神性等，因而成爲研究不當追根就柢的事。蘇格拉底後來受控告的時候，這正是他的大罪之一，所以此處蘇氏的口吻帶有辯護意味，並非偶然。

7 亞里斯多德在修辭學（*Rhetoric*, II,10）裡說，執政希厄洛（Hiero）的妻子，曾問西蒙尼逖斯，願意聰明抑願意富貴，西氏說：願富，蓋吾日見智者競走於富者之門。箋註家認爲此語出於蘇氏，因爲「智者知其所需。」

8 本義是「誣告」或「蜚短流長」，指的是城邦內流傳某聲名狼藉者的各種惡話。

阿：不錯。

e 蘇：那麼，我們好不好繼續指出來，多數人的腐敗，也是無可避免的，卻與另一種情形一樣，都不是哲學的過錯？

阿：好嘛。

490a 蘇：我們先要回到對優雅、高貴天性的描述，然後再依序問答。你記得，眞理是他的領袖，在一切事物上都亦步亦趨。他如果辦不到這一點，就只是個騙子，跟眞正的哲學，扯不上絲毫關係。

阿：不錯，說過那種話。

蘇：不提別的，就說這種品質，不是跟目前對他的看法，大有出入的麼？

阿：是啊。

b 蘇：我們豈不是有權利，爲他辯護道：眞正的愛知識者，永遠致力於本質——這是他的天性；他不要止於僅屬現象的個體的紛紜，而要一往直前——他追求的鋒刃，欲求的力量，在他以靈神中的同情、相類力量，達到一切事物本質的眞正本性的知識以前，絕不肯稍鈍稍殺；他還要藉助同一力量，接近、融合、與混成於一切本質，由而產生智慧與眞理，從而具有知識，據而得以眞正地生活、成長。也只有到了這種境界，他才肯休息[9]。

阿：你對他的描述，不能再恰當了。

蘇：愛好謊言，能是哲學家的本性嗎？他豈不深恨謊言？

c 阿：他要恨的。

蘇：他既以眞理爲領隊，我們便不能懷疑其麾下[10]有甚麼邪惡。

阿：不可能的。

蘇：正義與健康的心靈，必然同在麾下，節制緊隨其後。

阿：當然。

d 蘇：我沒有理由，再次枚舉哲學家的道德品質，因爲你無疑地記得，勇氣、恢宏、敏達、記性，都是他的天賦。你表示反對過，雖然誰也不能否定我當時所說的話，你如果撇開言語，專看事實，那些經過我們描述的人，頗多顯然的百無一用，而多數都全然腐敗不堪。於是，我們只好再探討這種指摘的根據，現在終算到了問一下，爲甚麼多數都是壞的時候。這麼個問題，必然讓我們折回到探討與界說眞正的哲學家上。

e 阿：一點沒錯。

491a 蘇：我們下一步要考慮，哲學天性的腐化物，何以腐敗者多，逃過腐敗的少——我指的是那些據稱無用而非邪惡的人——處理完了他們，我們就要談論那些哲學的模仿者，他們是些甚麼人，竟要傾慕超越他們、他們匹配不上的行業，而由於他們的各項自相矛盾，乃至爲哲

---

9 此語與愛情、繁殖和分娩有關。

10 指悲劇、喜劇裡的唱詩隊。蘇格拉底把靈魂的特徵，視爲城邦祭賽演戲時詩劇裡的演員，而自爲其師傅或導演。

學和一切哲學家，蒙上我們所說到的那種普遍指摘。

阿：是那些腐化物呀？

b **蘇**：我得看看不能解釋給你。人人都會承認，一個具有我們心目中哲學家的一切品質，達到完美境界的人，十分稀有。

阿：鳳毛麟角。

蘇：而傾向於摧毀這種稀有本性的因素，又何其多而且強！

阿：甚麼因素哇？

蘇：首先是他們自家的道德品質，他們的勇氣、節制、等等，但每個個別都值得讚美的品質——最古怪的情形來了——卻都破壞哲學，使具有它們的靈魂，背離哲學。

阿：這實在是古怪。

c **蘇**：再便是人生一般的好東西：美、富、力氣、地位、八面玲瓏的關係——你是知識這類事物的——這一切也擁有腐化、偏引的力量。

阿：我懂是懂啦，但還是希望知道你到底指的是那方面。

蘇：你知道能夠掌握全盤眞理，而且以正確的方式來掌握，就不難了解前面的話，也不會覺得那些話奇怪了。

阿：我要怎麼辦才行呢？

d **蘇**：唉，我們知道，一切種籽，不論動、植，如果遭遇不到適當的營養、天候或土壤，能與其

本身活力成正比例，便會對其缺乏適宜環境的情形，特別敏感，因爲邪惡對善是大敵，遠
超過對不善。

阿：一點也不錯。

蘇：我們有理由假定，最優良的天性，在不當的情況下，所受的傷害，較次良的天性所受者爲
烈，因爲前者之間的差異較大。

阿：當然。

e **蘇**：那麼，我們豈不是可以說，阿第曼圖呀，天賦最佳的心靈，一旦教育不良，會變得分外惡
劣？大罪行、純惡毒的精神，實出於毀於教育的優異天性，而非低劣天性，而天賦較差
的，倒是既不能大善，也不能大惡的？

阿：我想你是對的。

492a **蘇**：我們的哲學家，恰符合這種類比。他譬如一棵植物，得到了適當的營養，必然會生長成
熟，具有一切道德，但如播種、栽植到不適宜的土壤裡，便除非得到甚麼神助，一定會變
成最惡的莠草。你是不是跟常人常說的那樣，眞正相信，我們的青年，受詭辯家的腐化，
或是教授這種藝術的老師，腐化他們，到了值得注意的程度？那些說這種話的人，豈不是
b 最大的詭辯家？他們豈不都教育老幼、男女，依他們的心願，加以陶鑄？

阿：這是甚麼時候辦到的呢？

蘇：當他們聚會一起，人們坐下集會，在法庭上、戲院裡、營帳中，或其他大家集會的地方，

大家爭吵不安的時候，他們出來誇獎一番研擬、執行的事，責備一番另外的事，用的是同
c 樣的誇張辦法，又是叫嚷，又是鼓掌地，弄得全場轟動，四壁響應他們的誇贊與譴責。在
這種時候，青年人的心，還能不像人家說的，要從腔子裡頭跳出來；甚麼樣的私下訓練，
能夠使他們面對這種輿論的洪流，而屹立不移？他能不隨波逐流嗎？他能不接受一般公眾
的善惡觀念，做眾人之所做，是眾人之所是嗎？

d **阿**：不錯，蘇格拉底，形勢比人強嘛。

蘇：雖然如此，還有一種形勢之所需，不曾提及呢。

阿：那是甚麼呀？

蘇：褫奪公權、沒收財產、或死刑的溫柔力量嘛。你是知道的，這些構成所謂公眾的新詭辯家和教育家，在言語沒有力量的時候，是不惜運用它們的。

阿：一點也不暇，而且他們還嚴正得很呢。

蘇：在這種勢力懸殊的競爭下，任何其他詭辯家或私人的意見，還能說服甚麼人呢？

e **阿**：甚麼也說服不了。

蘇：不錯；連做這種打算都是很大的愚蠢行爲。任何與所謂輿論相反的道德教論，在過去、現
493a 在、將來，都不曾也不會陶冶出卓異於世俗的品格——我的朋友，我指的是人類的道德；
超人類的力量可不在此限。我不希望你不知道，在政治的邪僻現狀下，如有例外而得到拯
拔，歸於至善的，那是神力使然。我們尋常也是這樣說的。

阿：我十分同意。

蘇：我還得求你同意進一步的看法。

阿：你要說些甚麼呀？

蘇：那些眾人稱之爲詭辯家，視之爲公敵的市儈人物，所傳授的其實只限於眾人的意見[11]，也
就是說，他們的集會所得的公意。那便是他們的智慧啦。我不妨把他們比做這麼一個人：
b 他養了一頭兇猛的牲畜，研究牠的脾性和欲求——他研究著怎樣接近、照料牠，牠在甚麼
時候和甚麼原因下是危險的和安全的，牠的各種吼叫聲各有甚麼意義，而別人它物，要發
甚麼聲音，就能撫慰或激怒牠。你還可以進一步地假定，他繼續如此注意，終能澈底了解
了這些之後，他就把自己的知識，稱之爲智慧，把它構成體系或技藝，然後就傳授這些。
c 而他雖然並不眞正懂得，他滿口所講的原則啦、情緒啦，究竟是甚麼意思，卻儘能根據那
隻大獸的好惡和脾氣，把事物分做可敬或可恥，善的惡的，正義的與非正義的。凡是大獸
所喜的，他便尊之爲善，大獸所憎的，他便貶之爲惡。除了說正義的與高貴的是必要的以
外，他對他說的品質不能有其他解釋。他自己既不曾看到善、惡的本性或其碩大不同，也
沒有向他人解說的能力。我的老天，這位教育家豈不難得得很？

阿：實在難得。

11 參閱412e，註64。

d **蘇**：任何以爲智慧就是在繪畫、音樂，甚或政治上，辨得出烏合大眾的脾性、好惡的人，跟我所說的那個人，有甚麼不同呢？當一個人跟眾人同流合污，把他自己的詩或其他藝作，或他爲國家所做的事，擺給眾人看，讓他們裁判——雖然他並沒有這樣做的必要，那麼，所謂的狄奧米底必然律[12]，就會迫使他出產他們所稱讚的東西。但眾人重申他們有關榮、善的觀念時，所給的理由，總是荒謬可笑的。你聽到過不荒謬、不可笑的沒有？

e **阿**：沒有，而且也不大可能聽到。

蘇：你承認我的話有眞理啦？那麼，讓我請你進一步地考慮，世人能不能受到誘導，去相信絕
494a 對美的存在，而不是眾多個別的美，或者相信每一種類的絕對道理，而不是每一種類的眾
多個別？

阿：當然不能。

蘇：那麼，眾人是成不了哲學家的嘍？

阿：不可能嘛。

蘇：因此，哲學家無可避免地要受世人的譴責啦？

阿：一定。

蘇：那些與眾人同流，向他們取寵的人，也會對哲學家大張撻伐嘍？

阿：顯然是的。

蘇：那麼，你能不能看出來，有甚麼辦法，可以讓哲學家安於所業，貫澈始終？請記住我們所

b 說的關於他的話：他要聰明、強記、勇敢、恢宏——這是我們認爲眞正哲學家必備的條件。

阿：是的。

蘇：這麼個人，豈不自幼年就在一切事情裡都卓然不群，特別是假如他的身體稟賦，跟他的智力天賦一樣地好？

阿：當然啦。

蘇：他長成之後，朋友和本國的人，都會願意爲自己的目的，利用他嘍？

阿：毫無問題。

c **蘇**：他們向他鞠躬哈腰，請求他、尊崇他、諂媚他，原因是他們希望把有朝一日屬於他的權力，掌握在他們手裡。

阿：那是常有的事。

蘇：在這種情形下，像他這種人，該怎麼辦，特別當他是大城邦的公民，一個富有、尊貴、高

12 此語究竟爲何義，無從確定，但下面這兩個故事，或能有助揣解：（一）奧德修斯與狄奧米底（Diomede）晚間偷去特洛城的雅典娜雕像後，奧德修斯爲自己居功，企圖殺害狄奧米底。狄在月光下看到奧的刀影，及時轉身，把奧制服，綑其雙臂，驅之返回希臘營地，一路上並且用刀背毆打奧的背部。（二）另一個狄奧米底是色雷斯人，其女爲娼妓，他迫使來找他的外人與其女相姦，然後加以殺害。亞里斯多芬尼斯的*Ecclesiazusae*（婦女國家議會）一〇二九行曾提此事，可能便是此處典故來源。

d 大壯碩的青年的時候？他能不滿腹野心，默想自己有能力掌管全希臘與夷狄的政務麼？而一旦有了這類念頭，他能不趾高氣揚、目空一切，一腦子無聊的虛榮神氣嗎[13]？

阿：他還能不麼？

蘇：好，他既然有這種感覺，假使有個人走來，和藹地跟他說，他是個糊塗蛋，一定要學著懂事，而這是非拚命用功就得不到的，你想，在這種悖謬的情況下，他能容易地信服旁人的話嗎？

阿：聽話的反面。

e **蘇**：縱然有這麼個人，因其固有的善端，或天生的理性，把眼睛略微張開，謙遜起來，獻身哲學，他那些朋友，自認爲跟他交往的利益，都可能因此而喪失，又會怎樣行動呢？他們豈不要能怎樣做、怎樣說，就怎樣做、怎樣說，以圖制止他聽從其本身的善良天性，而且利用私人伎倆、公眾虐害，使他的老師，無技可施？

495a **阿**：那還有甚麼可疑問的。

蘇：處在這種環境下的人，如何成得了哲學家？

阿：不可能嘛。

蘇：那麼，我們如果說，連那些使人成爲哲學家的品質，當個人教育不良的時候，都會導引他遠離哲學，其情形不亞於財富及其附屬事物，以及所謂的人生的樂事，則我們豈不並無錯誤？

阿：我們並無錯誤。

b 蘇：所以呀，我的傑出的好友，那種最適於從事最高追求的優異天性，便是以我描述的情形，遭遇到毀壞和失敗的。我們相信，他們的天性，不世而出。他們那個階層，是國家大災大害製造者的來源，但如趨勢正確，卻也是大福大祉之所繇出。凡庸的人是既不能對個人或城邦爲大善，也不能成大惡的。

阿：這一點也不假。

c 蘇：因此哲學便寂寞萬分，完成不了結婚儀式。她的人離棄了她。而當她的人過著虛僞、丟醜的生活的當兒，別的欠缺資格的人，眼見她無親無友，孤立少接，可就乘虛而入，加以污辱，從而把你說的那些責備她的話頭，加在她的身上。指摘她的人說，獻身給她的人，有些百無一用，大多數都應該嚴加懲罰。

阿：這倒眞是人家說的話。

d 蘇：是啊，但當你想到，那些渺小的人兒，看到這片容其進健身的沃土——滿是佳名榮銜的沃土——便如囚犯出牢籠而入逃藪，離開了原業，跳進了哲學，你還能期望些甚麼？做這種事的人，很可能本來就是他們那種丟人行道裡的專家呀。何況哲學雖處在這種逆境裡，她仍然具有一種其他技藝所無的尊嚴哪。因此，眾人受到她的吸引，儘管他們的天性不良，

13 此處以希文nous（心靈、知能）的所有格爲據，造了一連串的雙關語（參見614b，註13）。

靈魂因卑微而殘障，一如他們的身體，因其行業而畸形。這種情形，豈非無可避免[14]？

阿：不錯。

蘇：他們豈不恰像那位出牢籠、入大財的禿頭小銅匠，洗個澡，穿件新衣，打扮得像個新郎，要跟老闆的女兒結婚，老闆自己，卻變得身無立錐[15]？

496a 阿：不能再像啦。

蘇：這種婚姻會生出甚麼孩子？還能不是邪惡卑賤的嗎？

阿：那還有甚麼問題。

蘇：那些配不上教育的人，接觸哲學，與門第遠邁他們的她成婚，他們所生的觀念和意見，還能是甚麼？它們怎能不是聽來動聽，卻與眞正的智慧配不上，也扯不上關係的詭辯[16]？

阿：毫無疑問。

b 蘇：那麼，阿第曼圖啊，哲學的允當門徒必然只能是少數的孤臣孽子：或者是高貴、受過良好教育的人，因放逐而爲哲學盡力，既無腐化性影響之憂，乃獻身於她；或是出身鄙陋城邑的清操靈魂，卑視、忽略本土的政治；也還有若干稟賦超越的人，揚棄他們的賤業，轉而就她；更說不定有人受制於我們的朋友席阿茲的羈勒，因爲席阿茲的生活裡，沒有一事一物，不是遠離哲學的，除非是健康問題[17]使他不能從政。我所經驗到的[18]內心信號，不值一提，因爲他人很少接到過這種呼聲。屬於這少數階層的人，嘗到過擁有哲學是何等地甜
d 蜜、幸福，也看夠了眾人的瘋狂。他們深知政客沒有誠實的，深知世上再沒有正義的保護

者，俾能擁以奮鬥，獲致拯拔。這麼個人，儘可比做落到野獸中間的人——他不肯同流合污，但也不能以隻手抗禦他們的殘酷本性，於是，他既感到無益於他的國家、戚友，醒覺到他勢必虛度一生，對己對人，都無可盡力，便只有噤口無言，自行其是。他就像那個置 e
身於於暴風揚起的塵霧雪霰的人，到牆邊去尋掩蔽。他既見人人邪惡，則只要能夠獨善其身，純正處世，平安地撒手塵寰，充滿著光明的希望，也就滿足了。

497a 阿：是啊，而且他這樣去做，撒手前可也成就不小啦。

蘇：成就不小，倒也是的，只是除非他能找到適合他的國度，成就便不能極大。因爲在適合他的國度裡，他就能充分發展，不僅自救，抑能救國。

哲學所以蒙上惡名的原因，現在已經充分說明啦；攻訐她的話之不符正義，也顯示出來啦——你還有話要說嗎？

阿：在這個題目上無話可說了。但我還希望知道，現有的政府之中，你認爲那一個是符合哲學的。

14 本句不完整。蘇格拉底本要介紹這個意象，卻轉而推衍此處的比較，而在歸返本意前，先徵詢對方同意。

15 蘇格拉底以「銅匠」與「金錢」（本意爲銀）兩詞爲俏皮話，而暗喻城邦中較低兩階層的人的金屬（參閱415b-c）。

16 「詭辯語」是「譎言」或「俏皮話」，出自能言善辯者亦即詭辯家的利口。

17 此字主旨在於養護疾病，大約是指過分大驚小怪。

18 「內心信號」原文是Daimonion，意爲「屬靈（或魔）的」（參閱382e註55）。蘇氏用此意參見其「自白書」31d，*Theaetetus* 151a、*Theages* 128e；又Xenophon, *Memorabilia*卷一節四。

b 蘇：那一個也不符合。而我對它們的譴責，恰就是這一點：它們沒有一個配得上哲學的天性，
所以那個天性必然遭到歪曲與游離；奇花異草，種在異鄉，便會喪失其自然性，在新土壤
裡屈服而失去自己；哲學的成長亦復如此。她不惟不能自持，反會墮落下去，接受另一種
c 品格。但哲學如果能在一個國度裡，找到與她本身具有的相同完美，我們便能見到，她眞
正是神聖的，相形之下，其餘的事物，不論人的本性也好，制度也好，都僅是凡人的——
現在，我想，你要問啦：那個國家是甚麼樣子的呢？

阿：不然，你錯啦，我要問的是另個問題：這個國家，是我們締造的那個，還是別的？

蘇：大抵是我們的那個。不過，你或者記得，我前此說到，國家之內，經常應有當令的權威，
d 對導引你去以立法者的身分，制定法律的那種憲法，懷抱同樣的觀念。

阿：你說過這種話。

蘇：是啊，只是說的方式尚難令人滿意。你插嘴反對，嚇壞了我們，因爲你顯然使得我們的論辯，非又長又難不可；而未曾談及的部分，也是容易的反面。

阿：那些未曾談及呀？

蘇：哲學的研究，應該如何安排，以免使它禍延國家。一切大作爲，總有其冒險之處。常言說得好，「好事沒有容易的」。

e 阿：儘管如此，還是勞你駕把這一點說清楚，這段探討可就完備啦。

蘇：我不是不願意，只怕力不從心。諸位可以看得出來我這份熱情。我請諸位注意，我要何等

大膽而毫不躊躇地聲明，國家應該追求哲學，但不是依現在的方式，而是用不同的精神。

阿：怎麼說呢？

498a **蘇**：目前從事哲學的，都頗爲年輕。他們開始的時候，幾乎是乳臭未乾，而且僅把掙錢、管家的餘暇，用在這類求知上。就連那些以最具哲學精神知名的人，當他們看到這個課目裡的大困難，我是說辯證法[19]的時候，也就掉頭轉向。年長以後，他們在別人的促請下，或者會去聽一場演說，然後就這件事神氣活現一番，因爲他們並不認爲，哲學是他們的本分。
b 及至到了他們的晚年，他們多半都比希拉克里托斯的太陽[20]，更熄滅得徹底，因爲他們再也發不出光來了。

阿：但是，他們應該怎樣做呢？

蘇：反其舊道而行之嘛。在兒童與青年時代，他們所學的，以及修習到的哲學，都應該配合他們的弱齡：在這段他們要長成成人的時期裡，主要與特殊的照顧，應在於他們的身體，以便用於對哲學獻身。他們活得漸久，智力漸趨成熟，就當增強靈魂的操練。但在我們的公
c 民，體力逐衰，過了從政從軍的年齡以後，就該讓他們從心所欲，不再操勞，因爲我們要他們頤養天年，而在謝世之後，仍能在彼世續享幸福。

19 原是Logoi，參閱334a，註25。

20 據亞里斯多德說，希拉克里托斯（Heracleitus, c.535-c.475）曾說：「…太陽日日爲新」，見亞氏*Meteorologica*卷二節二·九。

阿：你眞嚴肅得很哪，蘇格拉底！我肯定這一點。但是，除非我判斷有誤，你的聽眾，很可能比你更認眞地反對你，再也不肯信服。傅拉西麻查斯尤其是如此。

d 蘇：不要挑撥我跟傅拉西麻查斯吵架。我倆剛成了朋友，雖然我們從來不是仇敵。我可要繼續盡我最大的努力，直到我能說服他或是旁人，或是能做到一樁事，能有利於他們，在另一個世界裡生活，舉行類似的論辯。

阿：你說的那個時候，還遼遠得很喲。

蘇：但是，那麼個時候，跟永恒比較起來，倒也微不足道。雖則如此，對於眾人之不肯聽信，
e 我倒也不覺得奇怪。我們現在所說的哲學情形，他們從未見其實現。他們所見的，僅限
於哲學的因襲性模仿品，以語言經由人爲的方式，架構而成，而不像我們的哲學，具有
自然的統一性。不過，一個人如在言行上都儘可能範疇完美，與道德的比例，狀貌都相
499a 契合[21]——這麼個人執政於同樣情形的城邦，是他們個別或攏總再也不曾見到過的。你想
他們見過嗎？

阿：當然沒有。

蘇：確定沒有，我的朋友。而且他們很少聽到過不矯揉而高貴的情操，就像人們在誠摯地竭盡其力，爲知識而追求眞理時所表白的[22]，而這種人同時會漠視爭辯裡的花言巧語，不管這些是他們在法庭上或社會裡遇到的，因爲其目的是意見和爭執。

阿：他們對你的話是全然陌生的。

b 蘇：這是我們原來就預見了的，這也是眞理迫使我們承認的理由，雖然我們畏葸而猶豫，而我們承認的是：除非我們稱之爲無用，但決未腐化的少數哲學家階級，能在天意的迫使下，

c 不論其是否情願，出而主持國家，除非國家感到聽從他們[23]的必要，則城邦、國家、或個人，都不可能達到完美之境。再除非國王們[24]，或者不是國王們自己，而是王子之類，能得神意啓發，對眞正的哲學，有了眞正的喜愛。至於這兩種情形，是否都是不可能的，我卻不願意承認。假如果然這樣，旁人嘲罵我們是幻想家，可就大有道理啦。我的話對不對？

阿：對。

d 蘇：假使在過去的無數世代裡，或是此刻某一遙遠而不爲我們所知的外國，完美的哲學家曾經、正在、或將要受迫於上天的力量，出掌其國，我們便可誓死主張，我們這套憲章，每

---

21 這些都是修辭學裡的名詞。原文以打油詩諷刺這些形式。

22 攸里披底，*Hippolytus* 一〇二行：「我遠遠向她招呼，因爲我是純潔的。」

23 「服從」本意是「聽話」。原箋註家指出，此際城邦「要聽話，而非被聽話」。這種說法，意謂良好城邦尚需符合這種條件，但這個條件是前所未及的。因此，有的學者要修改這句話，但反而造成另一問題，即無以解釋473c-d。

24 此處卓威特未求甚解，蓋原文的字是dynasteia，意義與「權力」有關，此外則與「王權」相對比。「王權」意謂依法運用政權，而dynasteia則不受合法性與否的約束，是故亞里斯多德的政治學（*Politics*, 1242b）把它與專制及無限民主並列，而這類政制都是並無法律，胥依執政喜怒的。473d的「王子」本字便是dynastes。參閱柏拉圖*Laws* 680a-b，其中獨眼巨人Cyclopes的政權，便稱dynasteia。

逢哲學的繆斯稱尊的時候，便曾經、正在、或將要實現。這一切並沒有甚麼不可能。當然，我們早已承認，困難倒是有的。

阿：我的意見跟你的一樣。

蘇：但是，你是否在說，這並非眾人的意見？

阿：那裡會是喲！

e 蘇：唉，朋友哇，不要攻擊眾人喲。他們會改變意見的，假如你不以爭鬥的精神，而和藹地，
以安撫和破除他們對過多教育的畏懼爲目的，昭示給他們你的哲學家的眞面目，依你剛才
說話的樣子，向他們描述哲學家的品格與職業，那麼，世人就會明白，你所說的那個人，
500a 跟他們所以爲的，並不相同。他們既以新的目光看他，他們還能不改變對他的想法，而換
另種腔調，答覆問題？誰能恨愛他們的人，誰本身既和藹不妒，卻會嫉忌一個不嫉忌他人
的人？我可以代你回答，這種鐵石心腸，只有少數人有，多數人是沒有的。

阿：我十分同意。

b 蘇：你是不是也跟我同樣以爲，眾人對哲學所懷的狠意，來自僭越竊據的人物，不速而來，經
常作賤他們，挑剔他們，以人[25]而不以事當他們的話題？再沒有比這類行爲，更配不上哲
學家的了。

阿：眞眞配不上。

c 蘇：阿第曼圖呀，一個心靈集中於眞正本質的人，實在沒有時間，來注意塵世的事務，或是滿

腹惡毒嫉忌，要跟別人爭長鬥短。他的目光，經常貫注在固定不變的事物上，認爲它們並不互爲傷害，而是一切遵依理性，循序而行。他要模仿這些，盡其所能，予以符合。一個人對他虔敬交通的，還能逃得了仿效嗎？

阿：不可能嘛。

d **蘇**：與神聖秩序交通的哲學家，在人的本性容許下，也變得有序而神聖。但跟他人一樣，他也會受到外力的引誘。

阿：當然啦。

蘇：如果他有必要，不僅自修其身，還要範鑄一般人性，國家的或個人的，使其符合他在它處見到的狀態，你想，他對正義、節制，以及一切公德[26]，能是外行嗎？

阿：再也不會是外行。

e **蘇**：假使世人認識了，我們所說關於哲學家的話，都是眞理，他們還能對哲學生氣嗎？當我們告訴他們任何國家，如非由模仿天上典型的藝術家來設計，便不能幸福，他們會不相信我們的話嗎？

501a **阿**：他們如果懂得，就不會生氣。不過，藝術家們，又當怎樣設計出你講的藍圖呢？

25 ad hominem，「與人類有關」。

26 Demotike意爲「屬於dēmos」，亦即民主政制下的全體成員。

蘇：他們一開始就把國家和人事拿過來，就好像拿過一塊木板，把上面的圖畫抹掉，留下乾淨的表面。這不是容易事，但不論難易，這裡正是他們與尋常的立法者不同的地方——他們如不能找到或創出乾淨的表面來，就絕不肯過問個人或國家，也不肯制定法律。

阿：而他們作法正確。

蘇：辦到了這點以後，他們就該勾畫出締構的輪廓了？

阿：毫無疑問。

b **蘇**：據我揣想，他們填充藍圖的時候，眼睛必會時常上下打量。我是說，他們要首先體察絕對的正義與美和節制，然後觀看人間的仿本，再把人生的各種因素，摻和調揉到人的意象[27]裡面去。他們構想的這個面貌，根據的是另一個意象，而當這個意象存在於人間的時候，荷馬是稱之爲神祇的形象的。

阿：不假。

c **蘇**：他們會這裡抹掉一樣特徵，那邊加上一樣特徵，要在可能的範圍內，使人類的行爲，跟神祇的行爲契合。

阿：他們實在不能畫成更美的圖畫了。

蘇：現在，我們能不能讓那些你說的，叫囂著朝我們衝過來的人們相信，憲法的製圖者，確是我們描繪的那種人。他們原因爲我們要把國家交給這個人而義憤填膺的，現在他們聽了我們的話，是否多少平靜下來了呢？

阿：假設他們略有知覺，就要大爲平靜下來啦。

d 蘇：唉呀，他們還有甚麼理由反對？他們難道懷疑，哲學家是愛眞理，愛本質的嗎？

阿：他們不會那麼不講理。

蘇：再不就是，哲學家的天性，既如我們所說，應當是接近至善的？

阿：他們也不能對這一點有所懷疑。

蘇：再一方面，他們會不會講，這麼個天性，放在有利的環境裡，會不培育得至善至慧——假定至善至慧是可以達到的話？再不然，他們會不會偏愛我們摒斥的那些人[28]？

e 阿：當然不會。

蘇：那麼，我們說，除非由哲學家執政，國家與個人都難免於邪惡，我們想像出來的國度，也永遠無法實現，他們還會生氣嗎？

阿：我想，他們的氣要生得輕一些。

502a 蘇：我們能不能假定，他們不僅氣生得輕一些，而且要變得頗爲和藹，還受到了說服，專爲了不好意思而非其他理由，也非跟我們和好不可？

阿：一定。

---

27 andreikelon另義是「肉色顏料」。

28 另一譯法是：「再是否有人會說，那些我們要排拒的人，更是這樣？」

蘇：那麼，讓我們假定，雙方已經和好啦。有沒有人，會否定另外一點，也就是有的國王的王子，天生便是哲學家的？

阿：總不會有人這麼做吧。

b 蘇：這種天生的哲學家出生以後，會不會有人講，他們必然會毀於腐化？我們承認，救拔這種人大爲不易。但如果說從古至今，從沒有一個得到過救拔——誰能這樣講呢？

阿：不錯，誰能這樣講呢？

蘇：但是，只要有這麼一個逃避腐化的，也就夠了。只要有這麼一個人，使全城邦都服從他的意志，他就可能實現理想的政體，儘管這種政體是世人不信其有的。

阿：是啊，一個就夠了。

蘇：執政可以頒布我們說過的那些法律、制度，公民們可能也服從它們吧？

阿：當然。

蘇：他人之贊成我們所贊成的，就並非奇蹟或不可能的了？

c 阿：我想不是的。

蘇：我們前此已經充分顯示，這種情形，既屬可能，也是至善的？

阿：是啊。

蘇：我們還不僅要說，我們的法律，如能制定，一定是至善的，而且要說，制定雖難，卻並非不可能。

阿：好哇。

d 蘇：我們費盡心機氣力，總算到達了一個課目的終點。但還有許多需要討論的：憲法的衛士應
如何和藉助何種學問與事業，予以產生，他們應在何種年齡，從事何種功課？

阿：當然。

蘇：我略掉了據有女人、生男育女和選拔執政的棘手問題，因爲我知道，他人會以嫉妒的眼光
看完美的國家，它也很難於實現。但是，我要這麼點花招，對我並沒有大用處，因爲我還
e 非討論它們不可。女人和孩子的事已經說過啦，關於執政的另個問題，必須從開端檢討
503a 起。你或許記得，我們說過，這種人應該愛國，受過苦樂的考驗，而一切顚連困苦，千鈞
一髮的關頭，都不足變易他們的愛國情操。凡是中途變節的，我們都予以揚棄，而那個不
b 怕火煉的精金，便經選拔爲執政，生前死後，都接受尊榮報稱。我們說過的是這一些，然
後我們的辯論就岔開了，就好像蒙起臉兒來，不想惹起現在冒出頭來的問題。

阿：我記得很清楚。

蘇：是啊，我的朋友。那時候，我退縮著不想提這個名詞。但是，現在讓我大膽地說出來吧——完美的[29]國衛必是哲學家。

阿：好吧，我們承認就是。

29 參閱431b。

蘇：不要以爲這種人數目不多。我們認爲必要的才分，難得長在一處，而是東一簇，西一塊的。

阿：你是甚麼意思？

c **蘇**：你總了解，機敏、強記、睿智、聰明和類似的品質，很少生長在一起，而擁有它們，同時又能品格高貴、氣度恢宏的人，天性便不能遵從有秩序、寧靜、安定的生活。他們受衝動的操縱，難有鞏固的原則。

阿：一點沒錯。

d **蘇**：另一方面，遠爲可靠的穩定性格，在作戰時不懼不撓，在學東西的時候往往也充耳不聞。他們經常昏昏噩噩[30]，碰到用智力的事，可能呵欠連天，打起盹來。

阿：不假。

蘇：我們卻說過，這兩方面的特質，都是應受高等教育，協辦政府指揮的份子所必要的。

阿：當然嘛。

蘇：這種人豈不少而又少？

阿：是啊。

e **蘇**：那麼，打算肩負這種任務的人，不僅要經過我們前此提及的勞作、危險與享樂的考驗，還要通過另一種我們不曾說到的察看辦法——他必須在許多種知識上求表現，好看他的靈
504a 魂，能否忍受最高的知識，還是會被壓得昏了過去，就像在其他形式的研習和運動裡一樣。

阿：你要考驗他是對的。但你說最高的知識，是甚麼意思？

蘇：你或者記得，我們把靈魂分成了三部分，辨別了正義、節制、勇氣和智慧的不同本性。

阿：我要是忘了的話，可就不配再聽下去了。

蘇：你記不記得我們在討論它們之先，所下的警告？

阿：你是指甚麼呀？

b **蘇**：假使我沒有錯，我們說的是，任何人要看到這些品質的完美境界，必須採取漫長而迂迴的道路，在路的盡端，它們才會出現。不過，我們還可以在前此的討論層面上，加上一個通俗性的解說。你當時答道，對你來說，有這麼個能說也就夠了。因此，我們的探討，就以自我看來頗欠正確的方式，繼續下去了。至於你滿意了與否，還得由你自己來說。

阿：不錯。我和別的人都覺得，你給了我們頗夠分量的眞理。

c **蘇**：但是，我的朋友，這類東西，假使在任何程度上，不能達到十足的眞理，可就算不得頗夠分量，因爲任何不夠十全十美的東西，都不能視爲衡估用的分量。雖然，一般人常會以差不多爲滿足，而不願再爭錙較銖。

阿：人們發懶的時候，這種情形，倒也尋常。

蘇：是啊，只不過就國家與法律的衛士來說，沒有比這個毛病更糟的啦。

---

30 希臘此字即爲英文「麻醉藥」之所出。參閱 *Meno*，80b。

阿：不錯。

d **蘇**：因此，我們一定要要求衛士，走較遠的話，奮勉於求知和體育，否則便再也達不到最高的
知識，而我們剛才說過，這種知識，恰是他的正當職業。

阿：甚麼，還有比正義和其他道德品質更高的知識？

e **蘇**：是的。就以那些道德來說，我們也不能只像現在一樣，僅察其外貌輪廓。只有最完美的繪
畫，才能使我們滿意。我們既肯以無盡的耐心，把渺小的事物，仔細勾勒，使它們以最
美、最清晰的面貌出現，如果不認爲最高的眞理，値得最高的精確度，豈不荒唐？

阿：何等高明的想法！不過，你以爲我們會不來問你，這至高無上的知識，是甚麼？

505a **蘇**：問就問吧。但是，我相信你們已多次聽到答案啦。如果不是你不懂我的意思，便是如我所
想的，有意地找麻煩。你聽說過了許多回，善的觀念就是最高的知識，其他事物之所以有
用有益，端在它們利用這個觀念。我要說的話，你不會一無所知，雖然，你常聽我說及，
我們對這件事所知甚少。但如果沒有這方面的知識，則一切知識、財富，都對我們一無用
b 處。假如我們沒有善，你想，我們所擁有的一切，能有任何價值嗎？假使我們沒有美與善
的知識，我們對其他事物的知識，能有用嗎？

阿：當然沒有價值。

蘇：你也知道，多數人都說享樂就是善，但智慧較高的人則說，知識才是呢。

阿：是的。

蘇：你還知道，後者並不能說明，他們所謂知識，指的是甚麼，只能在受問時，說是關於善的知識。

阿：何等可笑！

c 蘇：是啊。他們先是責任我們，不懂甚麼是善，然後假定我們有這種知識——他們把善界說成對善的知識，就好像他們使用「善」這一詞的時候，我們已經懂了他們的意思似的。這當然是可笑的。

阿：對極啦。

蘇：那些視享樂爲他們的善的人，也同樣糊塗，因爲他們可以受迫承認，享樂有善，可也有惡的。

阿：當然囉。

蘇：並且從而承認，惡與善其實是一回事嘍？

d 阿：是啊。

蘇：這個問題，毫無疑問的是，牽涉到許多困難。

阿：不錯，毫無疑問。

蘇：此外，我們豈不見到，眾人都願意做、有、和似乎是並無實質的正義與榮譽的事，但卻沒有人滿意於表面的善。他們追求的是實質。依善而言，人人都討厭表面。

阿：不假。

e 蘇：這樁事既是眾人靈魂所追求的，當作其一切行動的鵠的，因爲他們預感這麼個鵠的的存
在，但仍因既不知其性質，又不像在其他事物上那樣得其肯定性，所以惟恐失卻其他事物
506a 裡可以覓致的善，遂致行動躊躇起來——像這樣重大的原則，我們國家裡的最卓異，肩荷
我們一切信賴的人物，能對之一無所知嗎？

阿：當然不能。

蘇：我相信，一個不知道美和正義，如何也是善的人，維護起它們來，也只是有忝厥職的衛士。我也懷疑，不懂善的人，會眞正了解那些道德。

阿：你這番懷疑，大有道理。

b 蘇：假如我們能有一位具有這種知識的國衛，我們的國家，就會有完美的秩序了罷？

阿：當然。不過，我希望你告訴我，你認爲這個善的至高原則，究竟是知識還是享樂，還是有異於兩者？

蘇：唉，我早就知道，像你這種擅挑毛病的先生，是不會滿意於別人對這類事的意見的。

c 阿：錯是不錯，蘇格拉底，但我要說，像你這位畢生研究哲學的人，不應該老是重複別人的意見，而不說自家的。

蘇：但是，誰有權利肯定地表白他不知道的事情？

阿：這種人當然不能妝得好像確有眞知灼見，語氣肯定而又肯定。他是沒有那種權利的。但他儘可把自己的想法，當作意見說出來。

蘇：你難道不知道，一切僅屬意見的話都一無足取，連最好的也難免盲目？你總不會否認，有其念頭而無理解智力的人，只像摸索著前進的瞎子吧？

阿：不錯。

d 蘇：能有他人告訴你光輝、美麗事物的時候，你難道願意看此盲目、畸形、低賤的東西？

葛：就算那樣，蘇格拉底呀，我還要請求你，不要在你就要抵達終點的時候，轉身它去。只要你肯像你解釋正義、節制和其他道德品質那樣，解釋一下甚麼是善，我們就心滿意足啦。

蘇：是啊，我的朋友，我至少也會同樣地滿足呢。只不過我不能不害怕我會失敗，而我這份粗
e 心的熱情，爲我招來訕笑。不行喲，諸位好先生，我們暫時不要問善的實際本性是甚麼吧，因爲要抓到我現在腦子裡所有的，實非我的體力所能勝任。假使我能確信，諸位想聽聽最像善的善之子的事，我倒可以奉陪，否則就算啦。

葛：也行也行，就講講孩子吧，反正你還欠我們他的老子。

507a 蘇：我實在希望還得出，你們收得到這筆債，而不以孩子爲已足。不過，把後者看做利息也好，同時，還請注意，我開出來的是不是假賬[31]，雖然我並沒有欺騙諸位的打算。

31 前文「利息」一詞，希文爲tokos，兼具「後代」之意，故爲與金錢及生殖兩義相關的文字遊戲。亞里斯多德對此字的雙重意義的解釋是：「我們有理由憎惡高利，因爲它來自通貨的取得，而非來自通貨發行的本旨。通貨是爲交換而生，利息則使通貨增加，其所以稱爲tokos者在此。若子嗣與父母等，利息自通貨孳生通貨，是故就賺錢而言，至爲悖逆自然」（政治學1258b）。我國也稱「權子母」，不過憎惡它僅因貧人受壓榨，缺乏這種推理想法。

葛：放心吧，我們會注意不讓你開花賬的。請吧。

蘇：好，但我還要先跟你成立一項諒解，要提醒你我在辯論過程中和許多其他場合裡提過的事。

b 葛：甚麼事呀？

蘇：那段舊話：美與善各有眾多，尤之於我們所描述、界說的其他事物。對這一切我們都稱之爲「多」。

葛：不錯。

蘇：同時卻還有一個絕對的美，一個絕對的善，而凡是我們用「多」來說的事物，都有一個絕對，因爲它們都可歸屬於一個觀念，也便是每一種的本質。

葛：一點也不差。

蘇：我們所謂的多，可見而不可知，觀念則可知而不可見。

葛：對得很。

c 蘇：我們是用甚麼器官，來看可見的事物呀？

葛：視覺。

蘇：我們以聽覺來聽，以其他感官察覺其他感官對象吧？

葛：不錯。

蘇：而你有沒有注意到，視覺是創造感官者創造出來的，最昂貴、最複雜的成品？

葛：沒有。

d 蘇：那麼，請你想一下，耳朵或聲音，是否需要第三種或附加性質，以便一個能聽，一個能被聽？

葛：不需要。

蘇：不錯，不需要。大部分其他感官，也都一樣——你總不會說，它們有那一種需要這麼個附加性質吧？

葛：當然不會。

蘇：可是，你有沒有注意到，如果沒有某種另外的性質加入，就既不能聽，又不能被聽？

葛：你這是甚麼意思？

蘇：就我所想，視覺在於眼睛，有眼睛的就想著，而顏色則在所看的事物裡。但除非另有第三
e 種性質，特定地用於視見顏色，則有眼睛的人甚麼也看不到，顏色也見不得。

葛：你說的是甚麼性質呀？

蘇：你所謂的光。

葛：不錯。

508a 蘇：視覺與可見性間的連繫，可眞是非常高貴的連繫，而其性質又與其他的連鎖，大爲不同。光是它們之間的連繫，而光總不是丟醜的東西吧？

葛：那裡，那裡，是丟醜的反面嘛。

蘇：你說，天上的神祇，那一位掌管這個質素呢？那個讓眼睛完美地去看，讓可見的出現的

光，是誰的呢？

葛：你是說的，大家公認的太陽啊？

蘇：視覺與這位神祇的關係，可不可以做如下的說明？

葛：甚麼如下呀？

b 蘇：視覺和容納視覺的眼睛，都不是太陽。

葛：本來就不是。

蘇：但就一切感官而言，眼睛最像太陽[32]。

葛：實在最像。

蘇：眼睛所具有的能力，是太陽發出來的流出物的一種。

葛：對。

蘇：然則太陽並非視覺，卻是視覺可以認識的視覺造成者。

葛：不錯。

c 蘇：這便是我所謂的善之子，由善依其本身的面貌生出，以出現在可見的世界裡。它與視覺和視覺對象的關係，便相當於在智性的世界裡，善與心靈和心靈對象的關係。

葛：你再說得清楚些好不好？

蘇：哎，如你所知，當人把眼睛對著晝光已不照射，而只月光和星光照射的物體，所見是模糊的，幾近於盲目。這時的眼睛，似乎並無清晰的視力。

葛：一點沒錯。

d 蘇：但當眼睛朝著太陽照射下的物體，它們就看得清楚，視覺也就存在於眼睛裡面啦？

葛：當然。

蘇：靈魂便像眼睛。當靈魂止在眞理與本質所燭照的事物上時，便能感受、了解，充滿智慧的光輝。但當它轉向變化與毀壞的暮靄時，它就只能有意見，霎眼睛，一陣這樣想，一陣那樣想，就好像毫無智力似的。不是嗎？

葛：是啊。

e 蘇：那個把眞理賦予已知的，把知力賦予知覺的東西，便是我要你稱之爲善的，你要認爲它是

509a 知識之源，而就眞理之能成爲知識的科目而言，也是眞理之源。美和眞理與知識，你應當看做都不如這另一種本性那樣的美。前此的例子裡，光和視覺可以正確地視爲與太陽相像，但並非就是太陽。在另個境界裡，知識和眞理可說是與善相像，但並非就是善。善有其更尊崇的位置。

葛：能是知識的眞理的製造者，卻又在美上超過它們，這是何等的美的奇蹟。你總不是說，享樂便是善吧。

蘇：那裡會啊[33]。但我希望你用另一個觀照，來看這幅意象。

32 「最屬太陽形成的」。

33 本意是「好話」，指宗教上的，與「褻瀆之言」爲反義詞。此處主旨是不說話也優於說褻瀆的話。

b 葛：甚麼觀點呀？

蘇：你是不是覺得，太陽不僅促成一切可見事物的可見性，而且雖其本身並不生育，卻促成生育、營養和成長？

葛：當然。

蘇：同樣地，善並非本質，而是在尊嚴[34]、威力上凌駕本質的，卻不僅促成有關一切事物的知識，也促成有關它們的存在與本質的知識。

c 葛（嚴肅得頗爲滑稽地）：我的大天光，這是何等的神妙！

蘇：是啊，而我如果顯得誇張，那可是你的罪過。你要我把我的胡思亂想都說出來的。

葛：還請你繼續說出來吧。無論如何，如果你還有關於跟太陽相像的話，就讓我們聽上一聽。

蘇：㗒，還多得很呢。

葛：那麼，不管大小，你就絲毫不漏地講吧。

蘇：我當盡力而爲，只不過我想非漏去許多不可。

葛：我希望不要漏。

d 蘇：那麼，你就要設想，兩種主宰的力量，一個駕御智力的世界，一個駕御可見的世界。我可沒有說天，免得你說我在玩弄名詞[35]。我可否以爲，這可見的與智力的分野，已經印在你的心裡了？

葛：可以。

蘇：拿根截成兩條長度不等的線來，以相同比率再分割它們，然後假設這兩大段的一大段，代
e 表可見的，一大段代表智力的，再比較其小段的明晰性與欠明晰性，那麼，你就會發現，
510a 在可見的領域裡的第一區分，是由形象構成。所謂形象，我是指：一、影子，二、水與固
體而平滑的物體或其他類似物體的返影。你懂了沒有？

葛：懂啦。

蘇：現在再設想另外一小段，跟剛才的相彷彿，卻由我們所見的動物、一切生長、造成的事物構成。

葛：好吧。

蘇：你肯不肯承認，這一大段中的兩小段，具有不同程度的眞理，而那個仿本與原本的關係，就相當於意見的領域與知識的領域的關係了？

b 葛：毫無疑問。

蘇：其次，再設想智力的領域，應以何種方式區分。

34 本字義爲「老年」，轉爲「尊嚴」則自敬老尊賢的觀念轉來。

35 「可見」一詞的所有格，希文爲horatou，與ouranou（天）很接近，而「天」字的最末音節，又與nous（知性）的所有格相同，nous則爲「可知的」（noēton）的字根（參閱494d及註13，614b及註13）。因此，此處玩弄了「可見的」與「天」的雙關意義，並且帶出了「天」和「可知世界」的關係（參閱528e以下）。*Cratylus*（396c）中敘及，天文家認爲ouranos之名，來自「知性」。

葛：以甚麼方式呀？

蘇：這麼個方式：領域有兩部分；低的部分裡，靈魂利用前一領域的形象做形象。這種探討，必然是假設性的，不能上升到原則[36]，只能下降到底端。高的部分裡，靈魂越過假定[37]上升到假定之上的原則，就不再像前此的情形裡那樣使用形象，僅經由觀念操作。

葛：你的話我聽不太懂。

c 蘇：那麼我就再試一回。等我說些初步的話以後，你就能多懂啦。你知道，幾何、算術和類似知識的學者，在他們的不同知識部門裡，先假定奇數、偶數、圖形、三種的角等等。這是
d 他們的假設、是他們和別人都算做知道的。因此，他們並不對自己或他人解釋這些，而是以它們爲開始，終至用一致的方式，達到他們的結論，是不是呀？

葛：是的。這我知道。

蘇：你是否也知道，他們雖使用可見的圖形，對著它們推理，他們所想的並不是這些東西，而
e 是藉由它們所想像的理想。不是他們所畫的圖形，而是絕對的方、絕對的直徑等等——他們畫的、造的形象、能有影子、能在水裡有其返影的形象，由他們變做了意象，但他們眞正覓求的，是這些事物的本質，而這只有心靈之眼能夠看見。不是嗎？

511a 葛：是的。

蘇：我把這種算做智力可知的，雖然靈魂在追求它時，竟被迫使用假設。它不能上升到第一或基本原則，因爲它不能升過假設的領域，但它利用下面的影子與之相像的物體，充當意

象，因爲跟它們的影子與返影相較起來，物體有更大的清晰性，因而具有較高的價值。

b **葛**：我明白，你在談幾何和類似的學問藝術。

蘇：當我說可知界的另一部分時，你應該了解，我說的是另一種知識，那是理性藉助辯證法的力量達到的；而其使用假設，不是把它看做第一原則，而只看做假設——換句話說，就是把它看做進入超邁假設的世界的步驟和出發點，以便理性可以超越假設，到達整體[38]的第
c 一原則。理性緊守第一原則和依恃第一原則的事物，一步一步地，不要任何感官物體的協助，它就自觀念掠過觀念，而終於落入觀念。

葛：我並不能完全了解你的話，因爲你似乎在敘述一項眞正艱巨的工作。不過，我總算明白，你說的是，辯證的藝術所思想的知識與本質，較所謂的技藝的概念更清晰，因爲後者只藉助於假設，而知識與本質，則也由理解予以思索，而非依靠感官。但由於它們始自假設，並不上升及於原則，則由你看來，思索它們的，便不曾運用較高的理性在它們身上，雖然
d 在把第一原則加在它們上面的時候，它們可由較高的理性予以認知。我揣想，幾何和類似學問養成的習慣，你會稱之爲理解，而非理性，而理解位於意見和理性的中間。

36 「原則」也可爲「開始」、「起點」或「原因」；同樣地，「底端」也可爲「終點」、「結果」、「結論」。

37 「假設」的本義是「置於……之下」。參閱 *Meno*, 86以下及 *Phaedo*, 99d以下。

38 另一可能譯法是：「……兼爲全體的起點」。按第一原則first Principles即基本原則。

e **蘇**：你對我說的頗能清楚。轉過來說，跟這四個區分相當的，是靈魂中的四種官能——理性相當於最高部分，其次是理解，第三是信心或信念，對影子的感知算最下[39]——我們釐定這些的高下，再假定各個官能各有其明晰性，而其明晰度，相當於它們的對象所具有的眞理程度。

葛：我了解、同意你的話，也好受你這番安排。

---

39 「對影子的感知」另一種說法是「想像力」，原文爲eikasia，源自「造影像」一詞，而同與eikon有關（見上面註五）。「影子」在本書內是重要觀念，尤與此處所講的分界線有不可或缺的關係。對此詞最佳討論闡釋，見於Jacob Klein, *A Commentary on Plato's Mendo*（University of North Carolina Press, 1965）pp.115ff.這裡的分界情形是：

可知的（to noeton）	形式（eide）	理知（noesis）
	數學對象（ta mathematica）	思想（dianoia）
可見的（to horaton）	事物	信賴（pistis）
	影象（影子）（eikones）	想像力（eikasia）

第二與第三部分相等（Klein頁一一九，註二七）。至於最上或最下部分那個較大，則無從揣知。

卷七

地穴

514a 蘇：那麼，我們不妨打個比喻，看看我們的天性，受教育和欠教育到甚麼程度。瞧啊，人類住在地底的洞穴裡，穴口開向外面的光，照到洞穴的後壁。這些人自幼年就住在這裡。他們

b 的腿上脖子裡都用鐵鍊鎖著，所以他們一動也不能動，只能兩眼向壁，連轉頭都辦不到。他們的後面上方，在相當距離之外，燒著一堆火。火與這群囚徒之間，有一段高起的路，沿著路的上邊，你可以看到一堵短牆，就像玩傀儡戲的人所用的屏幕——他們是在那上頭弄傀儡的。

葛：算我看到了吧。

c 蘇：你有沒有看到，很多人在牆旁邊走，抗著各式各樣的傢具，雕像和動物的像，木頭的、石頭的，其他等等的，都露出牆頭之上？那些人有的講話，有的閉口無言。

515a 葛：你擺給我看的畫面很奇特，那些囚犯也特殊得很。

蘇：跟我們一樣地特殊喲。這些囚犯只能看到火光投射到洞穴後壁的自家的影子，或是同伴的影子吧？

b 葛：不錯。他們既然不能轉頭，除了自家的影子，還能看到甚麼呢？

蘇：那些在外面抗著經過的東西，他們也只能看到影子吧？

葛：是的。

蘇：他們如果能交談，會不會以爲他們說的那些東西，就是眞正在他們臉前的東西[1]？

葛：是啊。

蘇：我們再進一步假定，這所監獄有迴聲，而且是從另一邊傳過來的，他們會不會在路人說話的時候，一定認為聲音來自行過的影子？

葛：毫無問題。

c 蘇：對他們來說，眞理眞相就只能是那些影子的形象嘍？

葛：當然啦。

蘇：你再看一下，假使囚犯們得以獲釋，他們的錯誤得以揭穿，下一步會自然而然地出現甚麼情況。起初，當他們中間有一位得釋，並且被迫突然站起來，轉過頭去，朝光亮處走，朝光亮處看，他就會感到劇烈的痛苦。耀目的光使他難過，讓他看不見先前他只見其影子的實體。其次，你揣想有人對他說，他從前所見的，都是幻象，而現在呢，當他的眼接近了 d 絕對的本質，他的眼睛朝向了更眞實的存在的時候，他的視野就更清楚了——他會怎麼樣回答呢？你還可以再一步地揣想，那位教導他的人，正指著那些走過的物體，要他說出它們的名字來——他會不會十分迷惑呢？他會不會幻想著，他以前看到的那些影子，比這些現在指給他看的東西，更為眞實？

葛：眞實得多嘛。

e 蘇：如果逼他對著光亮直視，他還能不兩眼疼痛，使他一定別過臉去，看他所能看的，而且認為這些其實比別人指給他看的東西，更為眞實？

葛：不錯。

516a 蘇：你再來設想一次：他滿心不情願地，被拖上一道陡峭、崎嶇的斜坡，受迫站在太陽底下，他還能不又痛苦，又生氣嗎？他走近光亮的時候，兩眼暈眩，一點也看不到此刻所謂的眞實。

葛：乍一上來是絕對辦不到的。

b 蘇：他需要逐漸習慣上面世界裡的景物。起初，他看影子最清楚，其次是人和其他物體在水裡的返影，然後才是這些的本身。這時候，他就會凝著月光、星星，和整個燦爛的天空。而他在晚上看天空、星辰，還是比在白天看太陽或太陽光清楚得多吧？

葛：那還用說！

蘇：最後的最後，他才能看太陽，不僅是太陽在水裡的返影，不是在其他地方，而是在太陽應該在的地方。他要打量太陽的實況。

葛：當然囉。

c 蘇：然後，他就會主張，促成四季、年年的，作爲可見世界裡萬物的保障的，乃至在某種方式下，促成他跟他的同伴，慣於看到的東西的，都是太陽。

葛：他顯然會先看到太陽，然後就它推理一番。

蘇：他一旦想到他的舊家，以及洞穴裡的智慧，他同伴們的智慧，你想他會不爲他的轉變慶幸，而對那些人憐憫嗎？

葛：當然囉。

d 蘇：假如他們慣於頒獎給那些最快觀察到行過的影子，說出來那個在先，那個在後，那些並駕齊驅，並由而最善於對未來下結論的人，你想，此刻的這個人，會稀罕這類榮譽，或嫉妒擁有這類榮譽的人嗎？會不會跟著荷馬說：

寧爲窮主的窮僕[2]，

來忍受一切困苦，也不要跟那些人一樣地想，一樣地活？

e 葛：是的，我想他寧願忍受一切困苦，也不要保守那些錯誤的觀念，和以那種可憐的方式過活。

蘇：再設想一下，這麼個人，忽然離開了陽光，回到他當初的地位，他的眼裡，豈不要是一片黑暗？

葛：可不是麼。

517a 蘇：假使他們舉辦競賽，他非跟那些從來不曾出過洞穴的囚徒，競賽測量影子不可，當他的視力仍然微弱，他的眼光還沒有能夠穩定——這可能需要相當時間喲——的時候，他那付德行，豈不頗爲可笑？別人一定會說他，他上去了一趟，再下來就沒有了眼睛；最好再不要想著上去；假如再有人來，打算放出另外一個人，把他領到上頭去——哼，他們只要能逮

1 希臘原文此處並不清楚，另一抄本此處說：「……他們會認爲他們看到的事物是眞正存在的。」

2 參閱386c註一。下面說的，要殺領導走向光明的人等等，顯然暗指蘇氏的最後命運。

到這個人，非處死他不可。

葛：毫無問題。

b 蘇：親愛的葛樂康啊，你不妨把這整篇的比喻，附到前面的論辯上去。那所監獄，是我們的視覺世界，火光便是太陽，如果你把上去的旅程，解釋成靈魂在我受閣下之迫說出來的拙見之下，上升到知性世界的旅程，我可不算你對我有所誤解，至於這個看法是對是錯，可就
c 只有老天知道了。不過，不論是對是錯，我的意見是，在知識的世界裡，善的觀念最後出現，只有經過努力，才能看到。而看到它的時候，我們還可以推論，它是一切美麗、正當事物的創造者，光和視覺世界的光的主宰的父親，並且是知性世界裡的理性與眞理的直接本源。它也是一切在公開與私人場合裡，都要依理性行事的人，必須時時注目的力量。

葛：我所能理解的，我都贊成。

d 蘇：此外，你不要對那些達到這種精神視野的人，竟不肯再管人間俗事的情形，感覺奇怪。他們的靈魂，正匆遽地趕往他們希望留駐的上層世界。假使我們的那段比喻有其道理，他們這種願望，是頗爲自然的。

葛：不錯，十分自然。

蘇：一個人自這種聖潔的沉思，轉到人類的邪惡狀況，便顯得行爲悖謬，又能有甚麼好奇怪的？當他眨著眼睛，還未能習慣於週圍的黑暗的時候，他被迫在法庭上，或其他地方裡，
e 爭訟正義的形象或其形象的影子，他要嘗試著迎合那些還不曾看到絕對正義的人的觀念，

他又怎能不顯得古怪？

葛：一點也不奇怪嘛。

518a 蘇：任何具有常識的人都記得，眼睛感受的迷惑有兩種，來自兩種原因：自明徂暗和自暗徂明。肉體的眼睛固然如此，精神的眼睛也是一樣。任何人看到視覺迷惑、微弱的人，如果能記得這一點，就不會隨便嘲笑別人啦。他會先問一下，那個人的靈魂，是否剛離開了光明的生活，他不能看乃是因爲對黑暗不習慣，或是乍離黑暗而入白晝，以致被過烈的光，
b 眩住了眼睛。他應該認爲前者的存在狀態是可慶的，後者的是可愍的。否則，他如果打算嘲笑那個自下面跑進光裡來的人，也總比嘲笑那個自上面的光明裡，回到洞穴裡去的人，有理由得多。

葛：你這種分辨，大有道理。

蘇：不過，如果我是對的，那麼，有些教育家說，他們能把知識，灌輸進本來並沒有知識的靈
c 魂裡，就好像把視覺放進瞎了的眼睛裡一樣，他們必然是錯的。

葛：他們無疑會這麼說。

蘇：而我們的論辯則顯示，學習的能力與潛量本來就已經存在於靈魂裡[3]。眼睛不能不經全身的動而自黑暗轉向光明，知識的工具，也便不能不經整個靈魂的動，而自變化的現象世界

3 此處另一譯法是：「……這種能力是業已存在於人的靈魂裡的能力。」

轉向絕對存在的世界，從而逐漸學著忍受絕對存在的景象，以及存在的最光輝、最完美的
d 部分，也便是善的景象。
葛：一點不假。
蘇：總該有種技藝，可以用最簡易、最快捷的方式，促成這種轉變吧？這當然不是說，我們要
設置視覺的官能，因爲這種官能原已存在，只不過所對的方向錯誤，以致與眞理背道而馳
罷了。
葛：不錯，我們儘可以假定有這種技藝。
蘇：靈魂的其他德性，似乎與肉體的特質相埒，因爲縱然這些並非先天即有，仍可以在後天裡
e 以習慣、實踐來加以培育。但智慧這種德性，較其他德性更含有一種神聖的因素，永存不
519a 滅，並且由這種轉變而化爲有用有益，或者在另一方面，化爲無用有害。你難道不曾注意
到，狡詐的歹徒的銳眼裡，所閃出的狹隘智力之光——注意到他是如何地熱切，他那卑賤
的靈魂，何等清楚雨地洞察達到他的目的的手段？他倒是盲目的反面，但他的敏銳眼光，
受迫爲邪惡效力，他的毒性，恰與他的聰明成正比。
葛：不錯。
b 蘇：倘使這類天性，在其早年，曾經過一番陶冶，使他們脫離那些例如飲、食方面，自出生以
來便累墜他們，把他們拖得向下墮落，使他們的靈魂的眼睛只看下界的，感官性快感——
我是說，倘使他們能解脫這類障礙的負荷，轉向相反的方向，他們的這種官能，洞視起眞

理來，便要跟他們的眼睛，看目前灌注的東西，一樣地清楚，不是麼？

葛：很可能喲。

c **蘇**：是啊。還有一件很可能的事呢。至少就前此所講的來看，我們必然可以有這麼個推論：沒有受過教育、對眞理一無所知的，或永不把他們的教育做個結束的，都成不了國家的精幹行政人員。前者不成，是因爲他們沒有規矩其一切公、私行動的單一義務鵠的；後者不成，是因爲他們除非受迫，根本就不肯行動，因爲他們自認爲業已離群索居，住在福島[4]裡面。

葛：不錯。

d **蘇**：那麼，我們這些創國之士的任務，就是要強迫最優秀的人士，達成我們業已證明爲最偉大的知識——他們一定要持續上達，以臻於善。不過，當他們昇得夠高，看得夠多的時候，我們絕不許他們跟現在那樣做。

葛：你是甚麼意思？

蘇：我是說他們現在是留在上界裡，這是我們絕不答應的。我們一定要他們再下來，跟洞穴裡的囚徒在一起，參與他們的勞動和榮譽，而不管這些值不值得要。

---

4 似乎便是Elysium，但在希臘各人設法互異。荷馬說此地在大地西端，近環繞大地的海洋（Oceanus），爲一草地，無燠寒雨雪之苦，不少英雄，得宙斯接引，生前即來此長生不老。希西阿則謂此爲福島，某些英雄來此長享安樂。後來的說法，則謂此地位於地下，好人死後來受福。

葛：這不是有欠公平嗎？他們既可以有更好的生活，我們應該給他們壞的生活嗎？

e 蘇：我的朋友，你又忘了立法者的意旨啦。他的目的，不是要使國內任一個階層，比他人都更
520a 爲幸福。520a幸福要遍及國內每一個角落。他要以說服和強迫的方法，來團結全體公民，
使他們都有益於國家，從而互相有益。他培育傑出人手，不是要他們高興，而是要他們成
爲團結國家的工具。

葛：不錯，我眞的忘啦。

蘇：葛樂康，請注意，迫使我們的哲學家，關切、照顧他人，並無不合正義之處。我們要對他們
b 解釋，在其他國家裡，他們這一階層的人，沒有義務來分擔政治的辛勞：這本來是有道理
的，因爲他們的成長教育，都出自自力，政府也並不情願要他們參預。他們既屬以自修求
學，自不能冀望他們，感激他們不曾得到的教化。但你們這些人，讓你們生下來便是要你
們執政的，要當自己與其他公民的王的。你們受到的教育，比他們的優越完美，足能使你們
c 擔當這種雙重任務。因此，你們每個人，在輪到的時候，一定要下到地下的共有住所，養
成暗中視物的習慣。你們養成這種習慣以後，你們的視覺，要比洞穴裡的原住民的視覺，
強上萬倍，並且知道那些不同的影像是甚麼，代表些甚麼，因爲你們業已見過美、正義和
善的眞面目。這樣一來，我們的國家，也就是你們的國家，便可以是眞實的，而非僅是夢
d 境，而其治理的精神，也必然與它國的有異，因爲在它國裡人們僅是爲影子而互相爭執，
並且因爭權奪利而忘卻正途；他們是把權利看做大善的。其實呢，執政們最不樂意執政的

國家，永遠是最好、治理起來最寧靜的國家，國內的執政們最熱切的，則是最糟的國家。

葛：對，對。

蘇：你們那些學生，聽到這番話後，既獲准把大部分時間，用在跟他們的同儕，逍遙在神聖的光明裡，還會拒絕擔負起國事的辛勞嗎？

e 葛：那裡會喲。他們既是正義的人，我們對他們的要求又合乎正義，他們毫無疑問地會把政府職務看做嚴肅的義務，而不會像我們現有的國家裡那些執政的樣子。

521a 蘇：是啊，我的朋友，而要點就在這裡。你要爲你的未來執政，設計出與一般執政的生活方式不同而更爲高尚的生活方式，然後才能有秩序井然的國家。因爲只有能提供這種待遇的國家，才能使其執政眞正富裕，不是在金銀上富裕，而是在道德和智慧上富裕，這些才是人生裡的眞正福祉。假使他們主持公共的事，窮窘地渴求他們自己的私利，想著這樣他們可以攫取最大的利益，那麼，國內就再也不會有秩序。因爲他們就會爭權奪利，由而引起的公共與家庭糾紛，不僅要毀掉那些執政，更要毀了國家。

葛：一點也不假。

b 蘇：惟一輕蔑其政治野心的生活的，是眞正哲學的生活。你知道後者以外的生活嗎？

葛：我實在不知道。

---

5 「愛」有「追求」之意。

蘇：執政的就不應該愛他們的任務[5]了吧？因爲他們如果喜歡這種職務，就會成了情敵，非爭執不可。

葛：毫無問題。

蘇：我們要強迫去擔任國衛的人，應該是甚麼人呢？他們總該是對政事最爲嫻熟，對治國最爲能幹，卻同時擁有它種榮譽，和較政治更高明的生活的人吧？

葛：是要這種人，我要選他們。

c 蘇：我們現在是否要考慮，怎樣養成這種衛士，又如何把他們從黑暗帶到光明裡來——他們有的可說是從下方上升到與神祇[6]並肩的？

葛：當然，當然。

蘇：這種事可不像拋蠣殼[7]，而是轉變靈魂，使它從僅比夜晚略亮的白晝，轉到絕對存在的眞正晝日，換句話說，要它從下面上達，也就是我們所謂的眞哲學。

葛：不錯。

d 蘇：我們要不要問一下，甚麼樣的知識，具有促成這種改變的力量？

葛：當然啦。

蘇：能把靈魂從恒變吸引到恒存的知識，是那一種知識呢？我剛才又想到另一個問題：你總記得吧，我們的青年人，要是戰士般的體育健將[8]。

葛：不錯，我們說過這種話。

蘇：那麼，這種新型知識，一定要有一種附加特質嘍？

葛：是甚麼呀？

蘇：作戰時的合用性。

葛：可能的話，當然要這樣。

e **蘇**：我們前此的教育計畫，共有兩部分，是不是呀？

葛：不錯。

蘇：體育負責肉體的成長和衰弱，因之不妨視之爲與生長和腐化有關係嘍？

葛：是的。

蘇：這可就不是我們在尋找的那種知識了。

522a **葛**：不是。

蘇：你看音樂怎麼樣？這大體也是我們前此教育計畫裡的嘛。

葛：你總記得，音樂是跟體育平等的教育[9]，以養成習慣來訓練國衛，以諧調使他們和諧，以

---

6 此處所指不詳，因爲希臘神話中由人變成神祇的情形頗多，如赫邱利斯等。

7 一種遊戲，兩隊人一逃一追。逃或追由旋轉蚌殼而定，殼的一面黑色，一面白色。其情形略如猜硬幣的面與背。參見*Phaedrus*, 241b。

8 健將或冠軍，希臘字爲athletes，字根athlon爲「獎品」，故本意爲得獎人，常指賽跑中獲勝者。

9 本指戲劇，特別是唱詩隊，亦即古希臘悲劇中代表劇中民眾兼觀劇民眾的公意或所見者。它指舞隊或唱詩隊自左至右的移動，也指其時所唱的歌曲。它與strophe的移動方位相反。

節奏使他們中節，但並不傳授知識。與它類似的語言不論是假或只可能是眞，卻都具有類似的節奏與和諧。總之，音樂裡沒有你所尋找的那種好處。

b 蘇：你記得的一點也不錯。音樂裡面的確沒有我們要找的東西。但既然我們認爲，一切有用的技藝，都卑不足道，親愛的葛樂康啊，還有那種知識，具有適宜的性質呢？

葛：有總是有的，只不過音樂和體育都不夠格，其他技藝也都不夠格，那還有甚麼呢？

蘇：從事特定目的的科目，也許是沒有合適的啦。那麼，我們就不要找專門的，找通用性的好啦。

葛：那是甚麼呀？

c 蘇：一種一切技藝、知識與智力共同使用，也是教育成分裡每個人都要首先學到的東西。

葛：那是甚麼呢？

蘇：分辨一、二、三的小知識嘛——簡而言之，數目和計算呀。一切技藝和知識，不是必然都要用它們的嗎？

葛：是的。

蘇：戰爭的技藝也要用它們吧？

葛：當然。

d 蘇：那麼，不論帕拉彌底甚麼時候在悲劇裡出現，他都要證明，阿加曼農沒有當將軍的資格，到了荒謬的程度。你難道不曾注意到，他聲言他發明了數目，計算過船隻多少，在特洛城布署了軍隊？這暗示了這些東西，前此都不曾計數過，我們也必須認爲阿加曼農眞眞地連自己的腳也不會數——他如果不知道數目是怎麼回事，又如何數法[10]？假使這種話是眞的，他能是甚麼樣的將軍呢？

葛：如果眞像你說的，我只好說那位將軍怪得厲害。

e **蘇**：你們能否認戰士必須懂得算術嗎？

葛：他如果對戰術戰略有所知，或者我應該說，他只要是個人，當然就非懂得算術不可。

蘇：我希望知道一下，對於這個科目，你我的看法，是否是一樣的。

葛：你是怎麼個想法呢？

523a **蘇**：我覺得它應該是我們在尋找的那種學問。它很自然地使人沉思，但卻不曾受到正確的利用。原因是，它的眞正用處，僅僅是牽引靈魂，趨向本質。

葛：你好不好解釋一下你的意思？

蘇：我試試就是。我希望你跟我一起探究，當我打算著在心裡分辨，是那些種知識，具有這種牽引力量，以便我們能得到更明晰的證明，證明算術恰如我揣想的，是這類學科的一種的時候，你跟著說說「是」和「否」。

---

10 帕拉彌底Palamēdēs爲特洛戰爭中的英雄，據謂曾發明字母、數字、燈塔及其他有用的東西。依里亞特等裡面都不曾提到他，但希臘三大悲劇家都曾爲他寫過悲劇，只是都沒有傳下來。

葛：解釋吧。

b 蘇：我的意思是說，感官的對象有兩種。有的不能促人思索，因爲感官就足可以予以判斷。至於另一種對象，感官之不足恃，十分顯然，乃至我們非進一步探索不可。

葛：你顯然是指感官因距離和繪畫的明暗而受限制的情形。

蘇：那倒並不是我的全部意思。

葛：那麼，你到底是甚麼意思呢？

c 蘇：就不能促人思索的物體來說，我指的是那種不能從這種感受，轉到相反感受上的。促人思索的，則是可以轉化的。在後者的情形下，感官與物體接觸，不論其距離遠近，所得到的感受，其敏銳性跟其相反的物體所給予的，並無分別。茲舉例說明——瞧這三根手指頭——小指、無名指和中指[11]。

葛：好吧。

蘇：你儘可假定我們靠近它們來看。要點就在這裡。

葛：甚麼要點呀？

d 蘇：每一根都同樣地以手指出現，不管你看它是在中間或在邊上，是白是黑，是胖是瘦，都全不相干。手指頭就是手指頭嘛。在這類情形下，人沒有必要去問思想：手指是甚麼呀？視覺再也不會跟腦子講，手指是手指以外的甚麼東西。

葛：不錯。

e 蘇：因此，一如我們所期盼的，此中沒有促成或激發思索的東西。

葛：確是沒有。

蘇：但是，這種情形，對於手指頭的大小是否也一樣呢？視覺是否也能允當地注意到這些？指頭之或在中央，或在邊端，難道竟沒有差別嗎？同樣地，觸覺豈不也允當地感到肥瘦或軟硬麼？再還有其他感官呀。它們豈不也對這類情形，有其完善的感覺？它們的機能運用方
524a 式豈不就是這樣——與硬度有關的感官必然也與軟度有關，並且僅向靈魂反映，同一事物是既硬又軟的？

葛：你說得不錯。

蘇：靈魂得到感官這種既硬又軟的報告，能不感到迷惑嗎？同樣地，假使輕的又是重的，重的又是輕的，那麼，輕重究竟是何意義呢？

b 葛：不錯，靈魂接到的報導確乎奇怪，需要加以解釋。

蘇：是啊。靈魂在迷惑之下，自然會求助於計算和知力，以便確定，給它講的不同物體，究竟是一是兩。

葛：不錯。

蘇：如果結果是兩個，則豈不各爲一個，而且互不相同？

11 指小指、無名指和中指。

葛：當然。

c 蘇：既然各爲一個，合而爲兩，它就會了解，兩個是在分的情形下而言，因爲如非分開，便只能了解爲一個。

葛：不差。

蘇：眼睛確乎大小兩者都見到了，但是在混淆的情形下，沒有分辨兩者。

葛：是的。

蘇：而有思索的腦子，希望澄清這種混淆，便被迫反其過程，視大和小來分而言之，不再混淆不清。

葛：對的。

蘇：這豈不就是探究「甚麼是大」，「甚麼是小」的開始？

葛：一點也不錯。

d 蘇：於是也就有了可見界和可知界的分別啦。

葛：完全正確。

蘇：我提到有的印象促人運用智力，有的相反，正是這個意思。那些同時引起其反面印象的，促人思索，那些不能如此的，便並不促人思索。

葛：我懂啦，完全同意。

蘇：一致性與數目，屬於甚麼種類呢？

葛：我不知道

e 蘇：你略爲想想，就可以了解，前此所說的話裡，已含有答案。視覺或其他任何感官，如能允當地察知單純的一致性，那麼，一如我們說的手指的情形，則其中並沒有導向本質的成分。但在經常發生矛盾的情形裡，此物是彼物的反面，由而涉及多元的概念，那麼，思維便在我們的心裡引起。靈魂感到迷惑，當它期望有所決定的當兒，就會問：「絕對的統一是甚麼呀」？研討「一」具有吸引及促使心靈，思慮本質的能力，便是從這裡來的。

525a 葛：這種情形，在「一」裡確乎特別顯著，因爲我們了解，同一的東西，既是一又是無量數的許多。

蘇：是啊，而且一既是如此，其他的數目也是如此吧？

葛：當然。

蘇：算術和計算都與數目有關吧[12]？

葛：是的。

b 蘇：它們似乎把心靈引向眞理嘍？

葛：是的，而且十分顯著地如此。

蘇：那麼，這便是我們尋找的那種知識啦，具有軍事和哲學兩方面的功用。因爲戰士必須學數

12 希臘數學分爲數字及其特性之學，稱arithmētikē，和加減乘除的計算之學，稱logistike。

字的藝術，否則便不知道如何布署軍隊；哲學家也必須學它，因爲他要超越變化的海，攫住本質，所以非是算術家不可。

葛：不錯。

蘇：我們的國衛，要既是戰士，又是哲學家吧？

葛：當然。

c 蘇：那麼，這種知識，是立法者應該規定的。我們還必須努力，說服我們國內應爲主要人物的人，去學算術，而且不僅是隨興地去學，卻要繼續研究，以使他們僅用心靈來認定數目的性質。他們也不可以像商人那樣，以購、售爲念，而是求在軍事上和讓靈魂使用。對靈魂而言，這是它從變化到眞理與本質的最簡易的道路。

葛：好極啦。

d 蘇：是的。我既然說到了它，就一定要附帶地說，這種知識動人極啦。而且如能以哲學家的精神，而非商店老闆的精神，去追求它，它有助於達成我們期望的目的，其方式又是何等地多呀。

葛：你這麼甚麼意思呀？

蘇：我的意思是，我不是在說麼，算術具有很大而上達性的效果，迫使靈魂就抽象的數目推理，拒絕把可見可覺的東西，納入論辯裡來。你總知道，這種技藝的大匠，在他計算的時

e 候，是何等堅定地摒斥和訕笑任何企圖分割絕對統一的人，而在你分割的時候，他們就用

乘積，說甚麼也要一持續爲一，而不致淪喪爲分數。

葛：這倒是眞的。

526a 蘇：好。假定有人會對他們說：哎，諸位朋友，你推理用的那些奇妙數目是甚麼呀。你說數目裡有你要求的統一，而每一單位都是平等、不變、不能分割的。他們要怎樣回答呢？

葛：據我想來，他們會回答說，他們說的是那些只能在思維裡實現的數目。

b 蘇：然則你了解，這種知識，可說是眞的必要，因爲它顯然在達到純粹眞理上，使純知的運用，成爲必要。

葛：是的，這確是它的明顯特點。

蘇：你是不是已經進一步地觀察到，那些具計算天分的人，一般對各種知識都很機敏，就連遲鈍的人，如果曾受算術訓練，則縱然得不到別的好處，也經常較尋常的情形，機敏得多。

葛：完全正確。

c 蘇：要想找比這更難的學問，頗不容易。跟它一樣難的學問，可也不多。

葛：是找不到嘛。

蘇：有了這些理由，數學之當爲天性最良的應受的訓練，並且不得放棄的學問，是當然的啦。

葛：我同意。

蘇：那麼，我們把它訂爲我們的教育科目之一吧。其次，我們要問一問，跟它有關係的知識，是否也跟我們有關係？

葛：你是說幾何嘍？

蘇：一點也不差。

d **葛**：我們顯然要注意，幾何裡與戰爭有關的部分。安營紮寨，排列陣勢，或是縮短、延長軍隊的陣線，或是其他軍事演習，不論是作戰或行軍，在這一切上，將軍是否是幾何學家，顯然會造成很大差別。

蘇：是的。不過，僅爲了這種目的，略爲懂些幾何或許算也就夠啦。我們的問題所牽涉的，倒
e 是幾何裡較高深的部分——亦即它是否能在任何程度上，使得心靈對善的觀念，能夠更容易見到。凡是促使靈魂轉而凝注於本質的十足完美之處的事物，也便是靈魂應當以一切方式求得凝眸之處的事物，都有這種趨向。

葛：不錯。

蘇：那麼，幾何如能迫使我們去看本質，它就跟我們有關；如僅迫使我們去看變化，它就無關。

葛：不錯，這是我們所主張的。

527a **蘇**：不過，凡對幾何略有所知的人，都不會否認，對幾何的這種概念，是跟幾何學家通常所用的語言，完全悖謬的。

葛：怎麼會呢？

蘇：他們只想到實用，經常以狹隘、可笑的方式，來講平方、延長、應用等等。它們把幾何上

b 的必需，跟日常裡的必需，混爲一談，而其實知識才是這整個科目的眞正對象。

葛：當然嘛。

蘇：然則我們豈不要進一步地承認？

葛：承認甚麼呀？

蘇：幾何的目的知識是永恆性的知識，而非會衰死、暫時的。

葛：我們立刻可以承認，因爲本來眞是這樣嘛。

蘇：那麼，我的高貴朋友喲，幾何會牽引靈魂，趨向眞理，創造哲學的精神，並且提昇現在不幸受准許下墮的東西。

葛：再沒有比幾何更可能有這種效果的啦。

c 蘇：然則再沒有比讓你那個美麗國度[13]的居民，一定要以一切方法，去研習幾何，更應該嚴格規定的啦。此外，這一學門，還有一種頗不在小的間接效果。

葛：那一類的呢？

蘇：你說過的軍事上的好處；經驗證明，在一切知識門類裡，學過幾何的人，都比不曾學過的人，了解得快。

葛：不錯，兩種人間確有很大差別。

---

13 蘇氏稱此城邦爲Callipolis。古希臘頗有城市以此爲名著。參閱希洛多他斯，VII, 154。

蘇：那麼，我們是否應該把它列爲我們的青年必修的第二門知識？

葛：好吧。

d 蘇：如果我們把天文學當作第三學科，你以爲怎麼樣？

葛：我十分贊成。觀察季節、年、月的變換，對將軍的重要，不亞於對農夫或水手。

e 蘇：你惟恐眾人有話講，不敢露出堅持包容沒有實用的學問的樣子來，使我覺得好笑。我願意承認，要相信每個人有其靈魂的眼睛，在因其他追求而喪失或模糊時，能夠藉這些學問獲得淨化和重復光明，而且既然只有這種眼睛，能夠看到眞理，所以較肉眼珍貴萬倍，並不是容易的事。世人可分兩類。一類是會同意你的話，把你的話視爲天啓的人；另一類是認爲你的話毫無意義，所以很自然地認爲都是胡說八道，因爲他們看不出你的話有甚麼好處。因此，你最好立刻決定，你要跟那一類的人辯論。你很可能說那一類也不要，而你所以要辯論，主旨在於自我的修養。同時，你倒也不反對他人從中得益。

528a 葛：我想我寧願主要地爲自己的好處來辯論。

蘇：那樣的話，我們要退回一步去[14]，因爲我們把知識的順序攪錯了。

葛：錯在那裡呀？

b 蘇：平面幾何以後，我們馬上便談起來運動中的立體，而非談立體的本身。其實呢，兩個向度以後，應該談第三向度[15]，那是跟立方和縱深有關的。

葛：話是對的，蘇格拉底，不過，對於這類問題，我們所知無多呀[16]。

[c] 蘇：對的，而其原因有二：第一，沒有肯支持它的政府，所以沒有人願意費勁去研究，它本來就很難嘛。其次，沒有人指導，學的人也無從學起。找指導人很不容易，縱然找得到，依現在的情形說，學的人既都很自以爲能，也沒有人肯去跟他。不過，倘使整個國家成爲這類學問的指導者，厚加獎勵，情形可就不同啦。那時候，學生願意來，研究的努力不懈，誠心誠意，就會有所發現。因爲就連現在，這類學問受世人漠視、歪曲，致力於它們的人也說不出它們有甚麼好處來，它們仍能以自身的魅力，迫人研究，所以，假使它們得到國家的協助，很可能終有一天，使它們得見光明。

[d] 葛：不錯，它們有很大魅力。不過，我仍然不明白了解，爲甚麼要改變順序。你打算以平面的幾何爲開始嘍？

蘇：是的。

葛：你把天文學擺在第二位，然後又倒退了一步？

[e] 蘇：是的，我單顧得催你，反讓你慢了下來。根據自然的順序，立體幾何應該是其次，但因其現狀過爲荒唐，使我越過了這一門學問，跑到了講立體的運動的天文學。

葛：不錯。

14 與葛樂康對話時，蘇氏常用軍事術語，此爲一例。

15 本意爲「增延」，平面是點的增延，立體是面的增延。

16 蘇氏曾表示，他當時的立體幾何的情形，類似畢達哥拉斯時代平面幾何的情形。

蘇：那麼，我們假定這門漏掉的學科，在國家的鼓勵下，可以復甦，就繼續談天文學吧。這是第四種學程了？

529a 葛：順序是對啦。蘇格拉底呀，你剛才笑我以世俗眼光稱揚天文學，我現在按你的精神來稱揚它就是。我認爲，人人都必然了解，天文學迫使靈魂，看向上面，導引我們，從這個世界到另一個世界。

蘇：這番話對別人也許很清楚，我卻糊塗得很。

葛：你要怎樣說呢？

蘇：我倒要說，我覺得，那些把天文學抬高成哲學的人，要使我們往下看而不是往上看。

葛：你是甚麼意思？

b 蘇：你心裡對我們有關上界事物的知識，具有眞正高超的概念。我敢說，任何人仰起頭來，打量天花板的迴文，你仍然會以爲是他的心靈在看，而不是他的眼睛。你或許是對的，我或許是笨得無以復加。但是，我以爲，只有關於本質和不可見事物的知識，才能使靈魂朝上看。至於一個人是否向天瞠目[17]或是朝地眨眼，只要他是打算用感官求知特定事物的，我
c 就不承認他能學到我說的知識，因爲那類事物，不是知識的素材。他的靈魂是往下看，不是往上看，至於他求知的方式，是藉助於江海或陸地，他是浮著的或是躺著的，都全不相干。

葛：我承認你駁得好。不過，我仍然希望知道，要如何學天文學，才能更有助於求取我們所說

的知識呢？

d 蘇：我可以告訴你，我們看到蒼空上群星燦爛，但它們在基本上是可見的，因此，它們雖是可見事物中最好看、最完美的，跟絕對快和絕對慢的眞正運動相較起來，必然低賤得多。絕對快、慢是相對的，凡屬快、慢，都以其眞數目和眞圖形來運動。後者只能用理性和智慧去了解，不能用視覺去了解。

葛：不錯。

e 蘇：點綴著星辰的天空，只能用做達到那種高一層的知識的範型。天體的美，只像底達洛斯或其他偉大藝術家，所造優異圖形或繪畫的美，由我們偶然看到。任何幾何學家，看到它們，都會讚賞其匠心妙手，但做夢也不會以爲，他可以從它們裡面，發現眞相等、眞倍
530a 數，或是其他比例的眞質。

葛：他要那麼想，豈不可笑？

蘇：眞正的天文學家，觀察星辰的運動時，豈不也有同感？他豈不會認爲，蒼穹和其中一切物體，都是宇宙大匠[18]的極度完美的傑構？但是，天文學家再也不會揣想，晝與夜、晝夜與
b 月、月與年、星辰與星辰，以及一切物質，可見事物之間的比例，可以是永恆而再也無所

17 參見阿里斯多芬，《雲》，一七〇—一七三。

18 本字是demiurge，本意是「爲公眾從事某種技藝的人」。在柏氏哲學中，他是創造的神，構築了宇宙（見*Timaeus*）。惟其本意即出此處用法。

偏差的。他要那麼想就是荒唐。費盡心機去研究它們的不移眞理，也是同樣地荒唐。

葛：我雖然前此不曾想到這一點，倒是同意你的話。

c 蘇：那麼，在天文學上，我們應該跟在幾何學上一樣地利用問題，而我們如果要以正確的方式，處理這個題目，從而使我們的天賦理性，得到眞正的使用，我們就要這樣做，並且把天空的問題，撇到一邊。

葛：那件事可不是我們現有的天文學家，懂得了的。

蘇：是啊。而且要使我們的立法，有其價值，則需要同樣推衍的事物，還多得很呢。你還想到其他適當科目嗎？

葛：沒有。不好好地想想，是想不到的。

d 蘇：運動的形式，不止一個，卻有許多。其中有兩個，是如此地明顯，就連遲鈍如我們的，也不難想到。我揣想還有其他的，不過那些還是留給更聰明的人吧。

葛：這兩個是甚麼呀？

蘇：我們已經說到了一個，另一個是那個的對面。

葛：到底是甚麼喲？

蘇：第二個之於耳朵，尤之於第一個之於眼睛。我以爲，眼睛既是生來向上看星辰的，耳朵便是生來聽諧調的運動的。這兩者是姊妹知識——畢達哥拉斯派的人這麼說，我們也這麼說，對吧？

葛：對。

e 蘇：不過呢，這種學問十分艱深，所以我們還是趕快去跟畢達哥拉斯派的人去學。他們會告訴我們，這種姊妹學問，有沒有任何其他用場。同時，我們可不能忘了，我們的高一層的目標。

葛：甚麼目標？

531a 蘇：一切知識，都應該達到某種完美，我們的學生，也應該盡力以赴，而不要像我說到的，他們在天文學上那種有所不逮。你或許知道，諧調的知識裡，也會發生同樣的情形。教諧調的老師，把聲音和諧聲相比，而這些都是感官就能聽到的，所以他們的努力，跟天文學家的努力一樣，都屬白費氣力[19]。

葛：嗨，說得好！聽他們談論他們所謂的濃縮音[20]起來，簡直跟唱戲一樣。他們把耳朵湊到絃上，就好像要聽隔壁說話似的。他們有的說，他們分辨得出一個中間音，而且發現了最小的頓挫，應該定之爲音程單位。再有的堅持說，這兩個音融爲一個音。其實呢，雙方都覺得耳朵比理解重要得多。

b 蘇：你指的是那些翻來覆去，把絃索搓、捺、捻、揉地加以酷刑的人物吧？我還可以把這番比

19 古代音樂家按數學比例，來測量和聲的節拍長度，其根據是發出這麼長度的琴絃長度。

20 音樂專門名詞，指音符間隔短得幾乎聽不到；綜合音符之類。本意是密織的布。

喻進一步用他們的話，來說甚麼撥子的打擊與對絃索的控訴，以及聲音的前進與退步[21]。不過這種話未免無聊，所以，我只要講，我說的不是這種人，而是畢達哥拉斯派，我原是打算向他們請教諧調的。他們跟天文學家犯了同樣的錯誤。他們研討諧調的數目，而這又
e 是聽來的，卻從來到不了問題——換句話說，他們到不了數字的自然諧調，也不思索，爲甚麼有些數目是諧調的，有些卻並不是諧調的。

葛：那可不是凡人可以企及的知識。

蘇：我倒要說那是有用的知識，或者說，假如我們以美和善爲鵠的，它是有用的；但如果以任何其他精神去追求它，它就是無用的了。

葛：不錯。

d **蘇**：這些學門，一旦能融會貫通，以它們的相互關係，得到考慮，我想，到那時候——而且也只有到那時候，研習它們，才對我們的目標，有其價值。否則就無價值。

葛：我也這麼想。不過，蘇格拉底呀，你說的可是一項艱巨的工作。

蘇：你是甚麼意思？指的是序曲還是甚麼？你難道不知道，對我們必須學的歌曲[22]而言，這一
e 切都只是序曲？你總不會以爲，一位嫻熟所學的數學家，就是一位辯證家吧？

葛：當然不是。我幾乎從未見過一個會推理的數學家呢。

蘇：可是，你難道以爲，不能講理、接受理的人，會擁有我們所要求的知識嗎？

葛：這也是不可能的。

532a 蘇：所以呀，葛樂康，我們終於來到了辯證之歌了。這曲歌只存在於知性，只是視覺的官能要去模仿它罷了。你或者記得，視官在適應以後，可以看到眞的動物和星辰，最後乃至於太陽。辯證法也是這樣。一個人僅能藉理性去開始發現絕對，不能求助於感官，及至他鍥而
b 不捨，終於僅賴純粹的知性，得以洞見絕對的善，這時候他就抵達了知性世界的終極，就如同視覺之到達可見世界的終極一樣。

葛：完全正確。

蘇：這種進步，你會稱之爲辯證嘍？

葛：不錯。

蘇：但是，囚徒之從鎖鏈下解脫，並且從陰影裡移到影象而及於光明，自地底洞穴到了太陽下面，而在太陽底下的時候，他們希望看見動物、植物和陽光，但是辨不到，只能以他們的
c 微弱視力，看到神聖素體在水中的影像，和眞正存在的事物的影像，所以不必像以前那樣，僅能藉著跟太陽比較起來，只屬幽影的光，看幽影的影子——這種把靈魂裡的最高原則，提升到打量眞正存在的至善的能力，其情形可以與提高肉體的光明或視覺，以至物質
d 與可見世界裡的最高境地相埒——這種能力，如我所說，是來自前此業經描述的各種技藝

21 比較對象是對奴隸依法加以撈或箝腦之刑。

22 原文爲nomos。參見365e，註18。

與學問的研討。

葛：我同意你說的。你的話或者難於置信，但從另一種觀點來看，卻更難以否認。不過，這個題目可不能輕輕放過，卻應該討論又討論。所以嘛，不論我們的結論是對是錯，我們就姑且認定這一點，立即就從序曲或序言，跟到那隻歌上去，以同樣的方式，來描述它。所
e 以，你說吧，辯證的本質是甚麼，有甚麼門類，和循甚麼途徑達到它。這些途徑也會導向我們休息的地方喲。

533a 蘇：親愛的葛樂康啊，雖說我要盡力而爲，而且你要看到的，不僅是影像，並且是我心目中的絕對眞理，你卻未必能跟得上我。我前此講給你聽的，是否是眞實存在，我不敢說，但我堅決相信，你看到的，跟眞實存在相差不遠。

葛：毫無疑問。

蘇：不過，我還要提醒你，只有辯證的力量能夠啓示這一點，也只有前此所說各學門的學生能夠接受啓示。

葛：這個意思之毫無疑問，與前此的相同。

b 蘇：無疑地，沒有人會爭論說，除此以外，還有其他方法[23]，以其正常程序，了解一切眞正存在，或是審視各個事物在其本性上是甚麼。一般技藝，只與人們的欲望和意見有關，再不然就是其研究以生產與締構，或這類產品與構成品的維持爲目的。至於數學各部門，幾何
c 等等，雖能有其對眞正存在的認識，卻也只是在想像中如此，一旦離開了他們用而不察，

用而不解的假定，便永遠無法看到實存的眞實。人並不能知道他自己的第一原則；他達到的結論和所經的中間步驟，既也是構自他不能知道的東西，他又如何能揣想，這種因襲性的成品，能夠成爲知識呢？

葛：不可能呀。

蘇：而辯證，也只有辯證，才能直接導向第一原則，也只有這種知識，能夠不必利用假定，來
d 支持它的論點。淹沒在泥淖[24]裡的靈魂的眼睛，可以藉它來仰視。辯證在這番過程裡所用的助手，便是我們前此討論的各項學問。習慣上，我們說這些學問是學問。其實呢，它應該另有名稱，較意見更明晰，較學問略欠明晰。我們在前此的討論裡，把它叫做理解。不
e 過，我們既要考慮如此其重要的眞實，又何必在名稱上瞎爭執呢？

葛：本來嘛，只要能明白表達心裡的思想，甚麼名稱不都是一樣[25]！

534a **蘇**：不管怎樣，我們跟前此一樣，只要有四類也就夠啦。其中兩類屬於知性，兩類屬於意見；第一類謂之學問，第二類謂之理解，第三類是信仰，第四類是對影子的察覺，因爲意見關

23 希臘字hodos意謂「路途」（辦法）（參見532e）。藝文技藝均無「路」處理存在（有）的本身，但各自依其特有透視予以觀察：它們的特殊方式僅適於各自的特殊素材。因此，均非專司存在本質研究的學科。

24 希臘原文是bōrboroi barbarikōi。

25 傳抄各本中，除一本外，均另有一句話，又多不相同，但都無可了解。其意若曰：只要名字的清晰度，反映靈魂在特定官能裡的清晰度，葛樂康就可以感到滿意。

乎變化，知性關乎本在，然後定其比例：

> 本在之於變化，尤之於知性之於意見，而知性之於意見，尤之於學問之於信仰，或理解之於影子的察覺。

不過，我們姑且擱置意見與知性等項目的進一步的相互關係和分類。這種問題很冗長，比前此的冗長很多。

b 葛：就我所能了解的而言，我同意這句話。

蘇：你是不是也同意，視辯證家爲業已達到具有各事物的本質的概念的人？任何人不能具有這種概念，便不能把它傳授給別人，而且其不能的程度，也便是他知性有缺的程度。你承認不承認？

葛：承認。我那裡否認得了呢？

c 蘇：對善的概念，你是否也這樣想？一個人除非能夠理性地抽取、界說善的觀念，能對一切反對的話逐一反駁，揭露其錯誤，而且不是藉助於意見這樣做，卻是用絕對的眞理，並且在論辯的過程中，從不會有遲疑的時候——除非他能夠辦到這一切，你就該講，他既不懂善的觀念，也不懂任何的善。他至多也只能懂得影子，來自意見而非來自學問——他一輩子都在睡覺、做夢，甚至他還不曾睡醒，便已到了下方世界，找到了最後的安息。

d 葛：對這一切我都完全同意。

蘇：你總不會讓理想國裡那些孩子們——假使理想能夠窺，你就要培養、教育的孩子——那些未來的執政們，都跟無理線[26]一樣地，毫無理性，卻又終將主宰最重大的事務吧？

葛：當然不會。

蘇：那麼，你就要訂下一條法律，規定他們的教育，應能使他們在問答問題上，獲致最高的技巧嘍？

e **葛**：是的；你我要一起來訂。

蘇：然則如你所同意的，辯證乃是一切學問的拱石，凌駕了它們。再沒有比它更高的學問——
535a 知識依其性質不可能再前進一步了吧？

葛：我同意。

蘇：我們要把這些學問交給甚麼人？怎麼個交法？這些問題尙待考慮呢。

葛：顯然是的。

蘇：你總記得，執政原來是怎樣選擇的吧？

葛：當然。

b **蘇**：我們仍然要選擇同樣的天性，並且以最穩定、最英勇、以及在可能範圍內最英俊的爲優先。他們既有高貴、寬宏的脾性，應當也有助於他們的教育的天分。

26 此處大約指*Meno*中所提到的數學問題。方形的對角線，與其邊並不相稱，其發現頗使人吃驚——其關係僅能以無理數表示之。這種情形，引起影響深遠的嚴重問題，也便是物理與幾何的眞理與數學理性間的關係。這類的線都屬無理，不能以整數加以說明。這正是畢達哥拉斯定理的發現。

葛：甚麼天分呀？

蘇：頭腦敏銳，學習快捷之類。頭腦因爲讀書過嚴而退縮的，比因體育過嚴退縮的多得多。這種辛苦全由心靈承當，用不上肉體。

葛：一點也不假。

c 蘇：此外，我們尋找的人，應有良好的記憶力，而且孜孜不倦，甚麼勞動都喜歡，否則他便受不了那麼多的體操和我們所要求的知性的紀律與學習。

葛：他當然要有天分啦。

蘇：現在的錯誤是，那些研究哲學的人並沒有事業的感覺，哲學之不爲人所重，原因便在這裡。親近哲學的人，應該是她的嫡子，而不是庶孽。

葛：你這麼甚麼意思？

d 蘇：首先，獻身於她的人，絕不可有所怠惰，也便是不能一半勤奮，一半發懶，就好像一個人既愛體操、打獵和其他肉體上的運動，卻恨而不是愛學習、聆聽與詢問的工作。他致力的職業或許是相反的一種，他有的缺失也可能是別足下大量缺失。

葛：當然。

e 蘇：至於眞理，靈魂如果恨惡有意的謊言，極端憤嫉自己或他人說謊，卻對無意的謊言容忍，不在乎像豬在爛泥裡那樣，在無知的泥淖裡打滾，而且縱遭揭發，也毫不以爲恥，豈不也可以同樣地視之爲怠惰？

536a 葛：那還用說！

蘇：再說節制、勇敢、慷慨以及其他道德，我們豈不也要分辨，那些是嫡子，那些是庶孽？國家或個人，如果缺乏這種分辨，就會在無意之間犯錯——國家於是把道德上有缺失的人捧成執政，個人把這種人當成了朋友。這種有道德缺失的人豈不便是庶孽？

葛：一點也不錯。

b 蘇：然則這一切都要由我們善加考慮。我們要納入這種龐大的教育和訓練制度之下的人，如能身心健全，正義便對我們無話可說，我們也就是國家締構的拯救者。不過，如果我們的學生，是另一種人，結果必然相反，我們也就爲哲學惹下較現在更多的羞辱。

葛：這倒並非不可信的。

蘇：當然不是不可信。不過，像這樣把玩笑認起眞來，或許我也顯得很可笑啦。

葛：從那方面而言呢？

c 蘇：我忘掉我們並非一板正經地論事，以致說起話來，興奮過度。我看到哲學受到大家如此地踐踏糟塌，不由得對使她淪到這種地步的人，義憤塡膺。我的氣憤，可就使我過分激烈啦。

葛：那裡的事！我始終在聽著，並沒有覺得過火呀。

d 蘇：但是，我這個說話的卻有這種感覺。現在，讓我提醒你，在我們前此的選擇裡，我們挑揀的如是老年人，在這方面可就不能那樣啦。索倫說，年長的人可以學到很多東西。這是錯的，因爲老人學不到多少，尤之於他跑不了多少。青年才是擔當特別艱鉅的時期啊。

葛：當然啦。

蘇：因此，計算、幾何及一切教育科目，既都是辯證的準備，應當在幼年就加以灌輸。不過，我們可不要想著強制施行我們的教育制度。

葛：爲甚麼不可以呢？

e 蘇：因爲自由人是不可以在求取知識上當奴隸的呀。肉體的操練，縱然是強制的，不會對身體有害。強制而來的知識，卻不會在心靈裡生根。

葛：一點也不假。

537a 蘇：那麼，我的好朋友呀，不要用強迫的辦法，卻要使早期的教育，好像遊戲。那樣，你就更容易發現天生的性向。

葛：這個想法非常合理。

蘇：你記不記得，這些孩子，還應當帶在馬背上看打仗？只要沒有危險，還應該讓他們靠近戰事，來讓他們跟獵犬的幼犬一樣，嘗到些血腥味？

葛：是啊，我記得。

蘇：這種辦法，應該適用於一切事物——勞動、功課、危險等等。凡是在這一切上都能出眾的，就該選進一個特別的小組。

b 葛：在甚麼年齡啊？

蘇：在必修的體育完畢的年齡。用在這種訓練上的時間，不論是兩或三年，並無其他用處。睡覺和操練，對求學並無益處。而體育上考驗誰先誰後，則是我們的青年所接受的最重要的考驗之一。

葛：當然。

c 蘇：過了那段期間，那些從二十歲這一組裡選出來的，應予擢升到更高的榮譽裡。他們在早期教育裡所學並無次序的學問，現在要加以融會[27]，使他們能夠了解這些學問的相互關係，以及它們和眞正本在的關係。

葛：是的，也只有這種知識，能夠保持永遠。

蘇：是啊。學習這種知識的能力，是辯證才分的最大決定標準。包羅性的頭腦，永遠是辯證的頭腦。

葛：我同意你的話。

d 蘇：這些都是你要考慮的要點。那些具有這種包羅能力最大的人，治學、從軍和完成法定[28]任務最孜孜不懈的人，到他們三十歲的時候，應該已由你從精擇的小組裡揀選出來，給予更高榮譽啦。你還要以辯證法來考驗他們，看他們當中，那些人能夠摒棄視覺和其他感官而

27 本字爲synopsis：「同觀」。

28 此處爲一雙關語：「穩定」（monimos）與「依法規定」（nomimos）。兩字是押韻合轍的。

不用，卻能在眞理的伴隨下，達到絕對本在。在這裡，我的朋友喲，我們必須十分謹愼。

葛：爲甚麼要十分謹愼呢？

e **蘇**：你是否注意到，隨辯證而俱來的，是何等龐大的邪惡？

葛：甚麼邪惡？

蘇：這種藝術的學者，總是無法無天的。

葛：那倒也是的。

蘇：他們那種情形，你看是否完全違反自然或不可原諒？你是不是覺得有諒解的餘地？

葛：怎麼權諒解呀？

538a **蘇**：我希望你以相類的例子，揣想生長在席豐履厚之家的兒子。他家大業大，阿諛他的人很多。等到他長大成人，他聽說了他的父母其實並非他的父母，但無從知道眞父母是誰。你能不能猜想，他可能怎樣對待諂媚他的人或據說是他父母的人——在他知道眞相之前和知道眞相之後？或者應該由我代你來猜？

葛：請吧。

b **蘇**：那麼我就要說，在他對眞相無知的時候，他可能尊敬他的父母和所謂的親戚，遠過於尊敬那些諂媚的人。他有所需要的時候，不大會忽視他們，也不會做出、說出反對他們的事和話來。在重大事情上，他也不大會違背他們的意願。

葛：不錯。

c 蘇：但在他知道眞相以後，我想他會減少對他們的尊敬和關懷，而對諂媚的人更好。這種人對他的影響會大爲增加；他要採取他們的生活方式，公然跟他們在一起。除非他的脾氣異常地好，就再不會理會他的所謂父母、親戚。

葛：噯，這一切都是十分可能的。但這個比喻，怎樣用到哲學的學生身上去呢？

蘇：這樣用嘛：你知道，正義和榮譽，有其某些原則，我們自幼就得到灌輸。我們在他們的父母般的權威下長大，服從它們，尊敬它們。

葛：這倒是眞的。

d 蘇：同時還有相反的格言諺語，尋歡作樂的習慣，來諂媚、魅惑靈魂。只不過這些並不能影響我們當中有是非心的人[29]。這些人會繼續服從和尊敬他們父母的箴言。

葛：不錯。

e 蘇：在這種情形下的人，當他的疑問精神問他甚麼是正當有恥的時候，會按著立法者教他的說作答。然後，各種辯論和反駁都出來了，馴致他受迫相信，一切可敬事物與可恥並無兩樣，正義與善良與其反面也無差別，乃至一切他最珍視的觀念，莫不如是。你想，他還會跟以前一樣地尊敬、服從它們嗎？

葛：那怎麼可能？

29 參見390a，註31。

539a 蘇：他既不再把它們視爲可敬與當然，又找不到眞理，你還能要求他追求那些阿諛他的欲念以外的生活嗎[30]？

葛：不能啊。

蘇：於是他就從守法的變成犯法的嘍？

葛：毫無問題。

蘇：按我描述的情形，攻哲學的人那樣做，是自然不過的事，所以，也如我所說，值得原諒。

葛：是啊，而且，我還願意添上句話：值得憐憫。

蘇：因此，爲免使你受感動得憐憫我們那些此刻已是三十歲的公民，我們在教他們辯證的時候，一定要格外審慎。

葛：當然，當然。

b 蘇：他們還有一種危險，就是品嘗這道美味過早。你或許觀察到，年青人首次嘗到它，會爲取樂而辯論，經常模仿那些批駁他們的人，去批駁他人。他們跟小狗一樣，喜歡拉扯撕奪任何靠近牠們的人或物。

葛：是啊，再沒有比這種事更讓他們喜歡的了。

c 蘇：他們征服了許多人，又吃了許多敗仗，就激烈而急遽地變得不相信他們前此信守的事物，於是，不僅他們自己，連哲學和一切與哲學有關的東西，可能都蒙上惡名。

葛：一點也不假。

蘇：但一個人年齡更長之後，他就不會這樣瘋狂啦。他會仿效以追求眞理爲職志的辯證家，而
d 不是抬槓專家，以爭辯來取樂。他的性格，在這種改變下，會更增加他對所求學問的尊
重，不會減低。

葛：不錯。

蘇：我們說，哲學的學生，應當動止有序，孜孜不倦，而不像現在那樣，只是些偶然淺嘗輒止的闖入者，豈不就已安排了特殊措置？

葛：是啊。

蘇：倘若以哲學的研究，取代體育，並要勤奮、嚴肅地，以兩倍於用在體操上的時間，完全致力於它，夠不夠呢？

e 葛：你是說六年還是四年？

蘇：算五年好啦。五年過後，要把這些學生，再送回洞穴，強制他們擔任青年適任的軍事或其
540a 他職務。這樣，他們就能汲取人生經驗，也有機會來考驗他們，在受到各種引誘的時候，
是能屹立不搖還是畏縮不前。

葛：這一階段的生活，要繼續好久呢？

蘇：十五年。他們到了五十歲，就讓那些通過考驗，並在各種行動和各門學問上，都有卓越表

30 「阿諛」或「奉承」的，大約是打動快感而非善念的方面。參閱 *Gorgias*，436b。

現的人，終於達到事業的巔峰。這個時候，他們必須把靈魂的眼光，舉向照耀一切事物的
b 普遍之光，好體察絕對的善。那才是他們據以治國治人以及其餘生的典模。他們要以哲學爲他們的主要鵠的，但在輪到他們的時候，一定要爲政治盡力，爲公共的福祉執政。他們做這種事，不可好像在締造甚至英雄式的偉績，而只單純地視爲義務。他們在他們下面的一代又一代裡，培育出跟他們相同的人，讓這些人輪番出任政府艱鉅，他們自己就可以撒
c 手塵寰，往居極樂之島。城邦會他們建立公共紀念與祭享；如果神讖認可的話，就把他們列爲半神，否則也總要把他們視爲聖哲[31]如神。

葛：你簡直是雕刻家呀，蘇格拉底，把我們的執政們雕塑得如此其完美！

蘇：是啊，葛樂康，而且還有女執政的雕像呢。你可不要以爲，我說的是僅限於男子，而不及於盡其天性所能的女性。

葛：我們既然讓她們跟男人一樣分擔工作，理當如此。

d 蘇：好吧。你是否同意，我們所談關於國家與政府的事，並非夢想，儘管困難卻非不可能，而其可能生端在我們揣想的方式——換句話說，當眞正的哲學家執政，出生在國度裡的時候，其中一兩人，會蔑視他們認爲卑鄙猥賤的現實世界裡的尊榮，重視是非以及從是裡出
e 來的榮譽，高於一切，並把他們職當發揚的正義，看做最偉大、最必要的因素，而當他們在本土城邦建立秩序的時候，把正義的原則，加以光大？

葛：他們要怎樣進行這種辦法呢？

541a **蘇**：開始的時候，他們要把城邦內所有十歲以上的居民，都送往鄉下，接收他們的兒童，免受其父母的習慣的影響。他們要用自己的習慣和法律——我是說我們爲他們制定的法律，去訓練這些孩子。這樣，我們所講的城邦和締構，就可以最快速、最容易地得到成功，而具有這種締構的國家，也必收益最大。

b **葛**：是的。這確實是最好的辦法。而且，我還覺得，蘇格拉底呀，你還對這種締構的如何出現，做了很好的描述。

蘇：那麼，完美的國家，以及具有其影像的個人，講得已經夠啦。了解我們要怎樣描述這麼個人，應該不難吧？

葛：不難，而且我同意你說的，我們講得已經夠啦。

---

31 希臘文的半神或神性是daimon（視地方也可爲「魔」），快樂則是eudaimon（善神，或擁有善神）。

歷史說

蘇：於是啊，葛樂康，我們得到了結論，在完美的國度裡，妻室子女應當公有，一切教育與戰
爭、和平的事務，也當公有，而最卓越的哲學家和最英勇的戰士，應爲執政吧？

葛：我們已經承認過啦。

b 蘇：是的。我們還進一步地承認過，那些執政，接到任命後，就要率領他們的士兵，進駐我們
所描述的營地，這又是公有的，不含任何私便或個人性質。關於他們的財產，你記得我們
的協議嗎？

c 葛：是的，我記得，任何人不得擁有人類的一般財產。他們要親任戰士運動員和國衛，向其他
公民，領取不是年薪，而是生活維持費。他們爲自己負責，也負責照管整個國家。

蘇：不錯。我們在這部分的分工，既已結束，讓我們回頭看看，我們是在那裡岔開的，好回到
原路上去。

葛：回去倒也不難。你當時和現在都暗示，你已把國家描述完啦。你說這麼個國家很好，能夠
d 合乎它的條件的人也很好，雖然現在看起來，你對國家和人有更好的話去說。你還說到這
544a 個形式如果是眞正的形式，其他形式便是虛假的。至於虛假的形式，據我記憶，你說共有
四種主要形式，並且說它們的缺失，以及類似它們的個人的缺失，都值得探討。我們審查
過所有的個人，最後協議那種人最好，那種人最壞，這以後，我們就要考慮到，最好的
b 人，是否也就是最幸福的人，最壞的人，是否也就是最不幸福的人。我問過你，你說的四
種政府形式是甚麼，於是被勒麻查斯和阿第曼圖插了口。你重新開始，現在終於到了我們

此刻所在的地方。

蘇：你的記憶非常正確。

葛：那麼，你就要像角力者，回到原來的位置，讓我再問同樣的問題，你可要給我那時候你要給的答案。

蘇：好吧，只要我行，我就那麼辦。

葛：我尤其希望聽聽，你說的那四種締構是甚麼。

c 蘇：那個問題容易答。我所說的四種政府，就其能有確定名稱來說，首先便是克里特和斯巴達
的，這是受一般稱道的；其次便是所謂的寡頭政制，其形式未能受到同樣的稱許，而且
頗多惡果；第三種是民主政制，必然地隨在寡頭政制之後，儘管兩者大不相同。最後是
獨裁政制，偉大而著名，與前三種都有歧異，卻是第四種和最壞的政體。我不知道還有
d 甚麼其他締構，可視爲具有明晰特性的。你知道嗎？有些國家裡，貴族、王侯之類可以
賄求，再還有前四種之間的政府形式。不過，這些都乏善可陳，希臘和蠻族[1]，都不乏實
行它們的。

葛：不錯，我們確曾聽說過，它們間的各種古怪政體。

蘇：你知道嗎，政府之不同，猶之於人們脾性之有異，有多少不同脾性，就有多少樣的政府？

1 「賄求」王位云云，難明所指，但可參考亞里斯多德的政治學，1173a。

e 我們切不可以爲政府是「橡木與岩石」[2]疊成，而非由其中人士的人性形成的；比喻而言，人性舉足輕重，移動了整個的重量。

葛：不錯，政府隨人而異，出自人類性格。

蘇：然則如果國家的締構有五種，個人的心靈脾性也就有五種啦？

葛：當然嘛。

蘇：我們已說過那種符合貴族條件，從而稱之爲正義與善良的人啦。

545a 葛：說過啦。

蘇：那麼，我們接下去說較差的天性吧。這一種喜爭執，富野心，相當於斯巴達的政體。再下來便是寡頭式、民主式和專制式。我們不妨把最正義的與最不正義的一起排列，以便我們能夠比較，過純正義與純不正義生活的人，其相對的幸福與不幸福的情形。我們的考察到那時候就完成啦。我們也就會知道，我們應否像傳拉西麻查斯勸告我們的，過非正義的生
b 活，或如我們的論辯結論所昭示的，寧取正義。

葛：我們當然要按你說的去做。

蘇：我們應否仍遵循前次選來求其清晰的舊辦法，也便是先討論國家，再及於個人，而以受尊敬的政府爲開始？這種政府，我只知道榮譽政體一種，或許應該稱之爲烈士政體[3]。我們
c 要把它跟同性格的個人相比，然後再考慮寡頭政體和寡頭式個人；其次再把注意力，轉向民主政體和民主式個人；最後我們去看專制的城邦，再度審察專制者的靈魂，試圖達成滿

意的結論。

葛：這種檢討、判斷這件事的辦法，十分恰當。

d 蘇：首先，我們要探討烈士政制或榮譽政府，如何自貴族政制或幹才政府裡生的。一切政治改變，顯然都肇始於實際政權的分化。統一的政府，不論多麼小，都是定而不能移動的。

葛：說得是。

e 蘇：我們的城邦，要如何移變呢，輔佐與執政這兩個階層，會以甚麼方式，在本階層和階層與階層之間意見互相不合呢？我們要不要學一學荷馬，祈求繆司們告訴我們：「不和在起初如何發生」[4]？我們是否應當揣想，她們妝得十分莊嚴，把我們當小孩子似的來玩弄我們，以高貴的悲劇聲音，佯爲正經地跟我們講？

葛：她們怎樣說呢？

546a 蘇：這樣：如此締構的城邦，至難搖動。惟事物既有始也必有終，締構如汝等者究難垂永久，而終將分崩離析。其分崩之道如是——地上草木，地面鳥獸，當靈魂與肉體之環的圓周完成之時，繁衍與絕嗣從而發生，其生存短暫者，踰短暫空間而滅，其生存悠久者，踰長遠

2 奧德賽卷一九行一六三；依里惡特卷二二行一二六；希西阿，萬神誌，三五；柏拉圖，蘇格拉底自白錄，34d。

3 希臘文time爲「榮譽」之意。榮譽政體timokratia，對柏拉圖說意指執政以榮譽爲其南針，惟在亞里斯多德的政治論裡，則指政權與財產成正比的政制。烈士政制timarchia爲以這種人執政，而兩者都暗含爲榮譽乃至不惜爭勝發狠的意思。

4 修改了的依里亞特卷一六，行一一二。

b 空間而滅。你們的執政所有智慧，所受教育，無以達到有關繁衍絕嗣的知識。範疇此二者的法則，非摻有感官的知性所能知，是故縱是執政，也會在不當生育的時候生男育女。
c 凡屬神聖降的，有其定期，包羅於完數之內，而人類出生，則由一個幾何數字包容。這一數字的根式與平方的增數，包括了三種距離與四種限制的相同和不同因素，各個增長消退，使得一切事物，都可互換與合理。這些（三）的基數，加上一個第三者（四），當它與五（二〇）相和，提高到第三倍的時候，產生兩種諧調，一種是大了百倍的平方（400=4×100），另一種是個圖形，一邊與前者相等，但屬長方，包括一百個數目，平方正方形的有理直徑（亦即省略了分數），其邊則爲五（7×7=49×100=4900），各數均（較包含分數亦即五〇的純正方形）少一個或兩個具無理直徑的純正方形（此正方形之邊爲五=50+50=100）；以及一百個三的立方（27×100=2700+4900+400=8000）。這個數
d 字，代表一個幾何圖形，可以控制出生的良劣[5]。你那些衛士，既對生育法則無知，不依

5 這段以婚姻爲喻的數字論是全書乃至柏氏全部著作中最難懂的部分，譯者爲此曾於Jowett以外，參考了Cornford與Bloom兩家譯本，仍是雲山霧沼—不過他們三位也都承認弄不懂。Bloom說，此處的困難有二，一是後世對希臘數學了解不足，一是柏拉圖轉述時的「悲劇」意味。自古到今，這段話的意義，爭議至夥，俱載*Republic*. James Adam, ed.（Cambridge, 1963），冊一，頁四八—五〇。

此處數字，顯與畢達哥拉斯三角有關。這個三角的邊是三、四、五，也是古代科學最重大的發現與問題（參見亞里斯多德，政治學，1316a；又本書534d或卷七註26）。數字在此處出現的表面理由，是把宇宙科學或知識原則與這個完美政體結合起來，以建立自然知識與政治知識之間的和諧（讀者不妨想到中國的讖緯之學）。這樣，人類的最高事項，便不僅

是機遇或偶然的產物玩偶，而對正當的政治生活所需條件，加以完美的技術控制，也便能夠實現。表達這數字時所呈現的謎語般的特質，很可能反映前述的和諧，從而反映這一政體的當然、自然與可能，而這一政體，本來便假定爲可能而順應自然的。

這一政體的實現，繫於特定的執政者的出現；這種特定的執政，應當是傅拉西麻查斯先行強調，蘇格拉底從而接受的，界說精確的知者或技藝之士。他們的最高職能，在於確保種族的延續，也便是他們同類人的數額的抵補。假如人類的繁衍不能予以控制，假使優生學和善加利用優生學的知識並不存在，則治理人事的只是偶然，政體也只有降格以來，仰仗較爲平庸的執政。最良好的政府，是由能夠順應自然而生活的技藝之士所構成的政府，因爲他們能駕御偶然。蘇氏的態度，一面是嚴肅的，一面也因洞達人情，知其不可而故爲自嘲嘲人的論調（理由見下一段）。他主張共妻室、共兒女，對待女人跟對待男人一樣，完全廢除家庭，便是這樣的，而其違反人性與人類願望，是顯而可見的。這麼一來，國衛們不啻是一群牛羊，專供育種之用，而人類通常所冀求的情愛與家室之好，舐犢之樂，都由執政的婚姻法規與操縱予以抑制。精到完美的技士治理牛羊，要的是減少人類中間自然與因襲、眾福與私益相矛盾的程度。婚姻數字代表這種優生之學，政體的失敗，便意味這種優生計劃的失敗。這裡的結論，可以用貴族父親的兒子所遭腐化墮落的情形（549c以下），來加以旁證，而這種情形，與貴族政制的城邦的腐化、墮落，平行而成類比。兒子不依父親的生活，端因父母不能和諧。

要從另一角度來明瞭此點，我們不妨看看，阿里斯多芬勾畫困擾蘇氏的問題的情形。哲學家自以爲超邁世俗，而與同好共同獻身於爲研究而研究最高超的事物。但是，阿里斯多芬強調，哲學家對這種生活的先決條件，並未充分思考，所以實際上仍是仰賴城邦及其因襲制度的。這種人四動不動，不稼不織，卻還非吃飯穿衣不可，所以只有出於偷竊一途，他要有伴侶，但其伴侶既然都屬男性，便不能繁衍，因此，他便不啻要掠奪城邦中的有用青年，去參加他的鬼混團體。阿氏表示，城邦不會容忍這種違法犯紀的人。蘇氏在「理想國」裡對這種指摘的答覆是，如果哲學家接納了阿氏在婦女議會（*Ecclesiazusae*）裡的兩項提議，亦即婦女平等和完全共產，他仍然可以締造一種政體，使他的哲學生活，不必與他的政治生活相衝突。這麼個城邦會與之衣食，女人生下的是哲學家而非家庭成員，或通常所說的公民，而順應自然的牛羊式繁殖，足以補充代表人類自然生活方式的哲學家團體，從而促成自然一詞兩種意義間的諧調，進而顯示城邦與哲學家間的衝突，既不合自然，也沒有必要。蘇氏既有了優生學，便能以肉體的蕃衍，生育潛在的哲學家，而不必放棄自己的孩子，轉求他士。如此則肉體與靈魂，城邦與哲學家，儘能同心協力。不能達到對生育的控制，所意味的蘇氏的滑稽失敗，原甚於阿氏另一專事嘲諷蘇氏的喜劇「雲」。蘇氏是用這種方式，跟阿氏針鋒相對，而表現他技高一籌的。

時序撮合男女，其子輩必不善良或幸運。則縱使其前輩擇其最優，殊不能繼承父業。及其
掌握國衛權力，則渠等既之音樂修養，必無力照顧我儕繆斯。此一忽略，迅將及於體育，
e 則汝國青年，培育必差。其後各世代中，出任執政者，必已喪失國衛所轄檢定國內諸民所
547a 隸金屬之力。如希西可[6]所言，此項金屬，概括金、銀、銅、鐵。於是鐵乃摻銀，銅乃混
金，馴致差異、不平與非則，一一孳生，而此三者，舉世皆爲憎恨與戰爭之源。繆斯們會
證實，以上一切都是不和的苗裔[7]，不論它們是在甚麼地方。她們的答覆便是這樣。

葛：是的，我們也可以假定，她們答覆的是眞話。

蘇：她們的答覆當然是眞話。繆斯們怎麼會撒謊！

b **葛**：繆斯們然後又說了些甚麼呢？

蘇：不和既生，兩族各趨其趨：鐵、銅之族，致力取得財貨、田產、房屋與金銀；金銀之族，
c 既在其本性之中，業有眞正財富，乃不愛金錢，傾向於道德及古代秩序。兩族交戰，終乃
協議，將其房地，分配各人；並奴役其前此視爲自由人而加保護的親友，使之成爲庶民與
僕役；兩族則仍作戰不輟，並監察其奴隸。

葛：我相信，你對改變的的本源的想法，十分正確。

蘇：從而出現的政制，應該是介於貴族和寡頭政制之間啦？

葛：不錯。

d **蘇**：這就是改變，改變以後，他們怎麼辨呢？新的政制，既位於寡頭與完美的政制之間，顯然

會一半遵循前者，一半遵循後者，而又具有其本身的特點。

葛：是的。

蘇：在尊崇執政上，在戰士階層不肯從事農、工、商上，在公餐制度的實施上，在注重體育和軍訓上——在這各方面，這個國家會相似貴族政制。

葛：不錯。

e 蘇：但在不肯使哲學家當權上——因爲他們已不再是單純、嚴謹的哲學家，而是由許多原素混
雜而成；在背棄哲學家，反去引用具有激烈情感而性格不太複雜，其天性適於戰爭，不適
548a 於治世的人上；在重視戰爭的策略和設施，與經常從事戰爭上——這個國家大體上非常特
殊。

葛：是的。

蘇：是的，而這類的人，一定像寡頭政制下的人，非常貪錢。他們會有劇烈的私心，渴求金
b 銀，得到了就藏在黑室暗庫裡，以及城堡中。他們把一切財富，都藏在這裡，要妻室和得
寵的人居住，花上許多金錢。

葛：再正確不過啦。

---

6 有關各政體轉變的討論，宜參考希西阿，工作與季節，一〇六—二〇一行。

7 依里亞特卷六，二一一行。按原文爲特洛盟將葛勞考所說：「人生世代，如森林樹葉，風吹即落，春季另有新芽。」

蘇：他們都很吝嗇，因爲他們沒有辦法，公開地取得金錢。他們用掉別人的錢，來滿足自己的欲望，偷取歡樂，然後逃避法律，就像孩子逃避父親。他們受的教育，不是來自溫和的影響，而是來自暴力，因爲他們忽視了理性與哲學的伴侶繆斯，重體育遠過重音樂。

c 葛：你所說的政制，顯然是善惡交雜的。

蘇：本來是混雜的嘛。但其中有一事，也只有一事，特別顯著——爭執與野心的精神。這兩種東西，源自激情或情緒因素太多。

葛：誠然，誠然。

d 蘇：我們只描述了這個國家的輪廓，但其本源和性格恰是如此。我們本不需精確的描述，因爲素描已足以顯示最完美地正義之型和最完美的非正義之型。要一一檢討所有的國家和人們的全部不同性格，又毫無掛漏，可就是永遠做不完的工作。

葛：一點也不錯。

蘇：甚麼樣的人類似這種政制呢？他是怎樣出現的，又是甚麼樣子的呢？

阿：我想，依其具有爭執精神的特性來說，這個人與我們的朋友葛樂康大爲相似。

e 蘇：在這一點上，他也許像葛樂康。但在其他方面，他可就不像啦。

阿：那些方面呀？

549a 蘇：他要更多自信，較少音樂與修辭的素養，雖然他不失爲文化的友人。他要善於聆聽而不擅言談。這樣的人對奴隸較爲粗暴，所以與受過良好教育的人不同，後者是恥於這樣做的。

他對自由人彬彬有禮，對權威十分馴服。他喜權力，愛榮耀。他自視爲執政，不是因爲他擅談吐，或是由於類似的原因，而是因爲他是軍人，功業彪炳。他還喜歡體操和打獵。

阿：不錯，這一型的人確實類似烈士政制。

b 蘇：這種人只在年輕時蔑視財富；年長以後，會日逐受到財富的勾引，因爲他天性中有一份貪婪，而且既已失去最佳的衛士，便不能一心傾向道德。

阿：那是誰呀？

蘇：由音樂調劑的哲學嘛。它如能長存在一個人的心裡，才能使他畢生向善。

阿：說得好。

蘇：榮譽政制的青年如此，而他與榮譽政制的國家相似。

阿：一點也不錯。

c 蘇：他的本源是這樣：他往往是英勇父親的幼子。這位父親居住政治敗壞的城邦裡，是以拒絕一切榮譽官位，不肯涉訟，或在任何方面有所表現，而寧願棄卻權利，以避麻煩。

阿：這個兒子是怎樣來的呢？

d 蘇：當孩子的母親，埋怨丈夫沒有政府職位，以致她不能在其他女人間占先的時候，他的性格就開始形成啦。此外，當她覺得丈夫對金錢頗爲淡泊，不肯在法庭或公民大會裡爭執吵鬧，卻對一切都逆來順受的時候，當她察知丈夫的想法，都是獨來獨往，不以告人，對她也顯得十分冷淡的時候，她就動了氣，跟兒子說，他的父親缺少丈夫氣，過分隨和，然後

e 加油添醬地訴說其他的虐待——這正是一般婦女最喜歡講而又講的。

阿：不錯，她們常常埋怨，也跟她們的埋怨眞像似。

550a **蘇**：你知道，那些老僕人，本來應該熱愛全家的，也不時地私下向孩子說同樣的話。他們如果看到任何人欠他父親的債，或對他不好，他卻不肯告狀，就會跟青年人說，他長大以後，一定要對這種人報復，要比他父親更富丈夫氣概。他只要一出家門，就聽到看到同樣的情形：那些在城邦裡只守本分，人家稱之爲傻子，不加尊重，那些愛管閑事的，倒受到尊
b 崇。結果呢，那青年人聽到看到這一切——也聽到他父親的話，比較了他和旁人——就被引到相反的方向。在他父親灌溉養育他靈魂裡的理性原則的時候，別人卻鼓舞他的感情和欲念。他本來天性不惡，但因爲交遊不愼，終於在他們的聯合影響之下，到了中道，把心界交託給中道的爭執與激情原則，而變得傲慢與充滿野心。

阿：我覺得你把他的本源描寫得好極啦。

c **蘇**：然則我們有了第二種政府形式和第二型性格嘍？

阿：不錯。

蘇：其次，我們看看另一種人，如依思其洛斯所說，

> 與另一種政制相襯托[8]。

阿：請啊。

蘇：我相信下一個依序應該是寡頭政制。

阿：你稱之爲寡頭政制的，是甚麼樣的政府哇？

[d]**蘇**：以財產的價值爲準政府[9]，富人有權，窮人[10]沒有權。

阿：我明白啦。

蘇：要不要我先講自烈士政制到寡頭政制的改變，是怎樣發生的？

阿：好嘛。

蘇：要看兩者的遞嬗，連眼睛都不必用。

阿：爲什麼？

蘇：個人私人庫藏裡累積黃金，毀了榮譽政制。他們捏造非法的支出方式，因爲他們或他們的妻室，怎麼會關切法律呢？

阿：是啊。

[e]**蘇**：然後呢，這個人看到那個人富啦，就要跟他相比，於是大部分的公民，都成了愛財的。

阿：十分可能。

蘇：他們於是愈來愈富，而他們愈想如何發財，就愈不重視道德。把財富和道德放在一架天平上，一頭必然升高，另一頭必然下墜。

---

8 參見依思其洛斯，七雄爭城記，四五一、五七〇行。

9 參見545b，註三，此義使榮譽與寡頭政制的轉變特別易懂。

10 希臘文pene所謂窮人，是指非工作無以爲生的人。

阿：不錯。

551a 蘇：財富與富人愈在國內受尊重，道德與好人愈受輕視。

阿：顯然嘛。

蘇：受到尊重的就受到培養，不受尊重的就受到忽略。

阿：那也是顯然的。

蘇：因此，到了後來，人們不再力爭上游和榮耀，都變成了喜經商，愛金錢。他們奉承富人，請他當執政，賤視窮漢。

阿：他們是會那麼做的。

b 蘇：其次，他們訂下法律，規定公民資格的錢數。金額多寡，因地而異，因爲寡頭政制的排他性互不相同。他們不許任何財產不及規定金額的人參政。這種締構的改變，如果不能以恐嚇達成，他們就運用暴力。

阿：一點不假。

蘇：一般而言，這就是寡頭政制的建立情形。

c 阿：是的。不過，這種政府形式的特點是甚麼？我們提到過的缺點又是甚麼？

蘇：你要首先考慮那種資格的性質。試想一想，假如選擇領航，是以他的財產爲條件，而窮人雖更會領航，卻不得掌舵，會有甚麼後果？

阿：你是說他們要沉船？

蘇：是的。任何管理的事，不都是這樣的嗎？

阿：我是這樣想的。

蘇：城邦則除外呢，還是你認爲城邦也當包括在內？

阿：那裡的話。城邦既最大也最難管理，當然特別如此啦。

d 蘇：那麼，這就是寡頭政制的第一項缺點啦？

阿：顯然是嘛。

蘇：還有一項缺點，一樣地糟。

阿：是甚麼缺點呀？

蘇：不可避免的離心離德呀。這種國家，不是一個，而是兩個國家，一個窮，一個富，雖住在一起，卻經常謀算對方。

阿：那倒至少是同樣地糟的。

蘇：再一項可恥的特徵是，由於同一理由，他們無法作戰。他們可以武裝眾人，而畏懼他們遠過於畏懼敵人；但他們在戰時如果不把眾人召出來，可就又眞的是寡頭[11]，因爲他們中打仗的和執政的同樣地少。同時，他們既愛財如命，也就不願意繳稅。

阿：眞正可恥極啦！

---

11 寡頭政制在希臘文是由「少數」與「統治」二字合成。

552a **蘇**：我們已經說過，在這種締構下，各人的職業太多——他們一身而兼爲農夫、商人和戰士。這好看不好看？

阿：再也好看不了。

蘇：還有一種壞處，而且或許是最大缺點，也是這種政體首先易於遭遇的。

阿：甚麼壞處呀？

蘇：一個人儘可盡售所有，讓另一個人買去。但他賣了財產，他仍不妨居留本國，卻已跟本國格格不入，因爲他既非商人，又非工匠，更非騎師，也非步兵，而只是個窮苦無依的小人物。

b **阿**：不錯，這種毛病也是在這種政制下首次出現。

蘇：這種壞處，國內卻又絕對無法防止，因爲寡頭政制裡一定有極富和極窮的差別。

阿：是啊。

蘇：不過，你再想一想，這個人富的時候，縱能花自己的錢，依公民身分的宗旨來說，他對國家能夠好多少呢？或者說，他是否僅顯得屬於執政階層，其實既非執政，又非臣民，而僅是一名敗家子弟？

c **阿**：如你所說，他好像執政，卻僅是一名敗家子弟。

蘇：我們是否可以說，家裡這種遊蕩子弟無異於蜂巢裡的雄蜂，這個是城邦的瘟害，尤之於那個是蜂群的疫癘？

阿：一點不差，蘇格拉底。

蘇：宙斯創造會飛的雄蜂，阿第曼圖呀，都沒有蜂刺，至於走路的雄蜂，他使有的無刺，有的
d 其刺至毒。無刺的階層到了老年，都是窮漢，有刺的便是所謂的犯罪階層。

阿：完全正確。

蘇：那麼，每逢你在一國裡遇到窮漢，在那附近，顯然就藏匿得有竊盜、剪綹、搶廟宇的，和各形各色的壞人。

阿：顯然是這樣。

蘇：在寡頭政制的國家裡，你不是遇得到窮漢嗎？

阿：是的，凡不是執政的，幾乎人人都是窮漢。

e **蘇**：我們敢不敢講，其間罪犯如此其多，有刺的惡徒，當局只有謹慎地去求加以抑制？

阿：我們當然敢這麼講。

蘇：這種人的存在，應該歸咎於缺乏教育，訓練不良，和國家的締構邪惡吧？

阿：不錯。

蘇：那麼，這些就是寡頭政制的形式與過惡，而且其他過惡還多得很。

阿：十分可能。

553a **蘇**：那麼，寡頭政制，或其執政因其財富獲任的政府形式，現在可以不講啦。其次，我們要接著檢討，相當於這種國家的個人的天性與本源。

阿：請吧。

蘇：榮譽政制式的人，不是這樣轉變成寡頭政制的人的嗎？

阿：怎樣啊？

[b] 蘇：榮譽政制的代表，有了兒子。起初，他模仿父親，亦步亦趨，後來，他發覺父親突然朝著國家墮落，就好像朝著暗礁下沉一樣，由而失去自己和所有的一切。父親可能原是一位將軍或高官，因告密者的陷害而受審，處死或流放，或褫奪了公民權[12]，財產也都充公。

阿：這是十分可能的。

[c] 蘇：兒子看到、知道這一切，就整個崩潰啦。他的畏懼，使他從心裡的王座上袪除掉野心和熱情。貧窮使他自感卑微，就從事賺錢，以卑賤慳吝的節省和勤勞，掙得一筆家私。這種人豈不很可能把貪婪的因素，扶上他心裡的空座，讓它對他稱王，皇冠、綬帶和波斯寶劍[13]等等一應俱全？

阿：正確得很。

[d] 蘇：他讓理性和進取精神，馴順地坐在其王兩側的地上，教導它們安其本分以後，他便迫使一個僅去想，怎樣把一小筆錢，變成一大筆錢，又不許另一個，崇拜財富和富人以外任何東西，也不許在取得財富和取得財富的途徑以外，另具野心。

阿：在一切改變裡，再沒有野心青年變成貪心青年那麼既快又準的啦。

[e] 蘇：貪心的青年，可也就是寡頭政制式的青年嘍？

阿：是的。無論如何，他由而蛻變出來的個人，相像寡頭政制由而蛻變出來的國家。

蘇：那麼，讓我們考慮一番，看兩者是否相像。

554a **阿**：好得很。

蘇：他們相像，首先在於對財富的重視吧？

阿：當然。

蘇：再還有他們那種小氣、操勞的性格。這種個人只肯滿足最必需的欲求，把支出限制在那些上面。他壓制其他欲求，想的是這些都無利可圖。

b **阿**：不錯。

蘇：他十分吝嗇，遇事就想節省，好爲自己留下一些。這種人是世俗所欽的。他豈不是他所代表的國家的最佳肖像？

阿：我想他是這樣地。至少他跟國家一樣地重利。

蘇：你看得出，他並非有教養的人。

阿：我想他不會是的。他如果受過教育，就不會讓瞎眼的神指導[14]他的唱詩班，或者把他當成主神啦。

---

12 此語可含「喪失公權」的意思。

13 暗指波斯皇帝當時的威風。

14 大約是指財神Plutus，此字本意即爲財富。參考亞里斯多芬，Plutus, 行九〇。

c蘇：講得好極啦。但還請想一想：我們是否還應該承認，由於這種教育的缺失，他就會有雄蜂般的欲望，就像那些窮漢和惡徒所有的，由他的一般生活習慣強予壓制？

阿：不差。

蘇：你要想找出他的惡行，知道應該到那裡去找嗎？

阿：到那裡去找呢？

蘇：找他有機會大施舞弊伎倆的時候，例如爲孤兒做監護人。

阿：好嘛。

d蘇：那時候就可以清楚看到，他在日常交往中，所得的誠實的名譽，在於他以強迫的道德心，壓制他的邪念。他並不要邪念了解它們的錯處，也不以理性來加以說服，而是用必需和恐懼來箝制它們，因爲他爲自己的財富發抖。

阿：難免嘛。

蘇：是啊，我親愛的朋友，但你仍能發現，雄蜂的自然欲念，在他花費不屬自己的金錢時，一般都仍然存在於他的身上。

阿：是啊，而且還特別強烈呢。

e蘇：然則這個人是經常跟自己作戰的啦。他是兩個人，並非一個。只不過一般而言，他的較佳欲念，可以克服他的較惡欲念罷了。

阿：不錯。

蘇：由於這些原因，這麼個人較多數人都更爲可敬。但單一而諧調的靈魂所具的眞道德，可就會棄他而去，永遠離得遠遠的啦。

阿：我也那麼想。

555a 蘇：就個人而言，守財奴必然是國內爭取任何勝利獎品，或其他榮譽性進取心的目標的無恥競爭者。他不會把錢用在爭榮耀上。他惟恐喚醒他的費錢的欲念，來參與爭鬥。他以眞正寡頭政制的方式，僅由其資源的小部分從事爭戰，一般的結果是，他得不到獎品，卻省下了錢。

阿：一點也不差。

蘇：慳吝鬼和弄錢的，相當於寡頭政制的國家，還有可懷疑之處嗎？

b 阿：那裡還有哇。

蘇：再次便是民主政制，其本源與性質尚待我們考慮。然後我們便當探討民主政制式的個人的情形，加以判斷。

阿：這是我們慣用的方式。

蘇：寡頭政制，是怎樣變成民主政制的呢？是不是這個樣子：國家懸爲鵠的善，是儘可能地富，而這個欲念是永遠沒有饜足的？

阿：然後呢？

c 蘇：執政們既然知道，他們的權力，有賴於他們的財富，就拒絕以法律來限制敗家子弟的豪侈，因爲後者倒楣，他們就能得益。他們可以向後者收取利息，收買財產，從而增加自身的財富和提高自己的地位，是不是呀。

阿：當然是啦。

d 蘇：愛錢與節制兩者，無疑地是不能並存於同國的公民，到相當程度的。兩者必有一種受到忽視。

阿：那可是頗爲清楚的。

蘇：在寡頭政制的國家裡，由於普遍的不愼與奢華，名門子弟常會變成乞丐的吧？

阿：不錯，這是往往有的。

蘇：而他們仍留在城邦裡。他們有刺，又隨時準備螫人，有的欠了債，有的褫奪了公民權，再有的兩種情形都有，他們就怨恨和陰謀對付那些取得他們的財產的人，也反對一切人，渴望革命發生。

e 阿：那是眞話。

蘇：另一方面，商人低著頭走路，佯妝看不到他們毀掉的人，也會把他們的刺，也便是金錢，
556a 放給不曾提防他們的人，然後不僅收回母金，還不知道要收回多少倍的子息[15]，由而在國
內造出無數雄蜂和窮漢。

阿：是啊，這種人多得很。這一點不容置疑。

蘇：罪惡如火般燃起，卻不想如何以限制各人使用本身財產，或其他挽救辦法，加以撲滅。

阿：甚麼其他挽救辦法？

b 蘇：一種次好的方法，卻有迫使公民們省視自家的性格的好處。我們可以訂下通則，規定任何人自願立約的時候，必須自行負責其後果，那樣，大家弄起錢來，就不會無所不用其極，我們所說的那種罪過，也就會在國內大爲減少。

阿：是的，會大大地減少。

蘇：現在呢，執政們在我提出的動機的嗾使下，虐遇他們的臣民，而他們和他們麾下的人，特別是執政階層裡的青年，則在身心兩方，都習於豪侈怠惰。他們甚麼事都不做，既抗拒不了尋樂，也抗拒不了痛苦。

c 阿：不錯。

蘇：他們自己只關切弄錢，跟窮漢一樣對道德修養冷淡。

阿：是啊，冷淡得很呢。

d 蘇：他們中間的實情如此。執政和臣民，往往會碰面，旅行時或其他聚會的場合，進香或遊行、同伍當兵或同船航海等，於是在危急關頭，互相觀察對方的行爲——凡有危險的時候，窮人就不必怕富人瞧他不起——很可能的是，茁壯而面孔被太陽曬黑的窮人，跟皮膚保護良好，身上頗多贅肉的富人，併肩作戰。窮人看著富人氣喘吁吁，無計可施的樣子，

15 參閱507a，註31。

如何能不想到，類似他的人，所以能富有，還不是因爲沒有人有勇氣來搶掠他們？這種人私下相聚的時候，能會沒有人說：「我們的戰士，實在算不得甚麼」嗎？

e **阿**：不錯，我知道這種人就會這樣講。

蘇：好比身體有了病，則加止外面一碰，就會引發疾病。有時候，甚至不假外來的刺激，內部也會發作動亂。同樣地，國家在那方面有弱點，那方面就會犯病，其促成的近因可能微不足道，一方面從外面引來他們的寡頭盟友，另一方引來民主盟友，於是國家就病倒啦，身子裡面鬧病。有時雖然沒有外因，也會失魂落魄。

557a **阿**：不差。

蘇：窮人征服了敵方後，民主政制就出現了。他們殺掉一些，放逐一些，把相等的自由與權力，給予其餘的人。這種形式的政府，便是以拈鬮來選治民官的政制。

阿：是的，這便是民主政制的本質，不管這種革命，是武力的結果，還是對方在畏懼下退讓的結果。

b **蘇**：他們過的是甚麼生活，擁有甚麼樣的政府？甚麼樣的政府有甚麼樣的人呀。

阿：顯然是這樣的。

蘇：首先，他們不是自由的嗎？城邦不是充滿自由和坦白——人人愛說、愛做就說甚麼、做甚麼嗎？

阿：據說是這樣的。

蘇：凡有自由的地方，個人顯然就能愛怎樣規定自己的生活，就怎樣規定自己的生活嘍。

阿：顯然嘛。

c **蘇**：然則在這種國家裡，就要有最大多數的人性變異嘍？

阿：是的，就要有。

蘇：那麼，這個國家，就似乎是最好的國家嘍，就好像綴滿各色花朵的繡袍。女人和孩子，既都認爲五彩繽紛，最爲動人，許多人也就認爲這個綴滿各色習慣與性格國家，是最好的國家喲。

阿：是的。

d **蘇**：是的，老兄，而且也沒有比這更好的地方，去找政府啦。

阿：爲甚麼呢？

蘇：因爲自由統御全國——他們擁有各形各色的締構。任何想要建立國家的人，例如我們正在做的，都應該到民主政制裡去，就好像上出賣政制的市場去一樣，挑選最合適的一種。他挑選完成後，就可以建立自己的國家啦。

e **阿**：他不會缺少典型的。

蘇：縱使你有治理的能力，除非你願意那麼做，你也沒有治理這個國家的必要，也沒有受治的必要——除非你願意那樣做，也不必在別人出去作戰時參戰，在別人享和
558a 平。縱然有法律規定，你不得擔任公職或法官，如果你要那麼做，也沒有必要非不擔任公

職或法官不可。這種生活方式，暫時看來，豈不十分可喜？

阿：暫時看來嘛，不錯。

蘇：他們對某些判了刑的犯人的仁慈[16]，豈不十分可愛？你是否注意到，在民主政制裡，有些人雖然判了死刑或放逐，卻留居原地，自在逍遙——他們大搖大擺，像英雄[17]似的，卻再沒有人去管？

阿：是的，我見過的眞不少呢。

b 蘇：再看看民主政制的寬宥精神，不拘小節，忽視一切我們在建國時訂下的優美原則——例如我們說過，除了少數天賦特優的天性，沒有一個善良的人，不是自幼就習於在美的事物裡遊戲，視之爲快樂之源與修習對象的——民主政制，是如何雍容地把我們這些好念頭，都踐踏在腳底下喲！她再不肯慮及造成政治家的學問，也不肯尊崇任何爲人民友人的人。

c 阿：不錯，她那份精神，高貴極啦。

蘇：這些與類似的特性，都是民主政制所獨有的。這種政府形式特別可愛，充滿了變化和混亂，讓平等的和不平等的都一視同仁地平等。

阿：我們對她認識得很清楚。

蘇：想想吧，這種人是甚麼樣的個人，或者說，按這種國家的發生情形想想，他是怎樣出現的。

阿：好吧。

d 蘇：不就是這個樣子嗎——他是吝嗇而屬寡頭政制式的父親的兒子，所受的是父親的習慣的訓練？

阿：一點也不差。

蘇：他像他的父親，用強遏制一切消費而非有所收入的樂趣，前者也便是通常稱做非必需的嘍？

阿：顯然嘛。

蘇：爲求明晰，你要不要分辨一下，那些樂趣是必要的，那些是非必要的？

阿：當然要哇。

e 蘇：所謂必需的樂趣，豈不是那些我們無以袪除，其滿足也對我們有益的？稱之爲必需，很是恰當，因爲我們的天性，就要我們欲求有益和必要的事物，而且無法改變天性。

阿：不錯。

559a 蘇：因此，我們稱之爲必要，就並無錯誤嘍？

阿：並無錯誤。

蘇：那些只要在青年以後努力便能袪除的欲求——而且這種欲求的存在，不僅沒有好處，往往

---

16 本句原意曖昧不明，頗爲兩可。

17 所謂英雄，是神聖的，肉眼不可得而見之。

還有好處的反面——我們說這些是不必需的，難道不對？

阿：當然是對的啦。

蘇：我們好不好在兩種樂趣中，各擇一個例子，以便對它們獲致一般性的了解？

阿：好嘛。

b **蘇**：飲食的欲求——簡單的食物與作料——依其爲健康和精力之所需而言，應當是屬於必需的啦？

阿：我就會那樣想。

蘇：飲食的樂趣的必要性，有兩方面：對我們好處，而且爲維生所必需。

阿：是的。

蘇：但作料所以必需，僅止於它們對健康有益吧？

阿：當然。

蘇：超過這一點的欲求，欲求佳餚美饌或其他奢侈品，如能在青年時期予以遏制和訓練，大抵
c 可以祛除，而它既有害於身體，也有害於靈魂對智慧和道德的追求，應當視爲非必要了？

阿：不錯。

蘇：我們是否可以說，這類欲求是消費的，另類則是賺錢的，因爲它們有助[18]於生產？

阿：當然可以。

蘇：性愛的樂趣和一切其他樂趣，都可以做如是觀吧？

阿：是的。

蘇：我們說到的雄蜂，便是饜足於這類樂趣與欲求的人，也是非必要的欲求的奴隸，而只接受必要欲求的人，則是吝嗇與寡頭政制一型的啦？

阿：一點也不錯。

蘇：我們再看一次，民主政制式的人，是怎樣從寡頭政制式的人蛻化出來的。我想其過程是這樣的。

阿：甚麼樣的？

e 蘇：一個年青人，依我們所描述的方式，也便是庸俗而慳吝的方式，培養成人，一旦嘗到了雄蜂的蜜味，跟兇暴狡猾的人來往，這些人可以供給他各種美好不同的樂趣，那麼，你應能揣想，他心裡的寡頭政制式的原則，就開始轉變爲民主政制式的吧？

阿：那是無可避免的。

蘇：城邦裡面，同類相引，再跟外面的同類聯合，協助公民中的一派，便促成了改變。同樣地，外來的欲求，協助年青人內在的欲求，不啻是同類相引相助，他豈不也就改變了麼？

阿：當然。

560a 蘇：假如有種盟友，協助他內在的寡頭政制式原則，不論這是他父親的影響或朋友的勸勉，那

18 「賺錢」（chrematistike）與「有用」（chresimos）頗爲相似，故此處語言雙關。

麼，他靈魂裡便又出現一派，反對的一派，他的內心衝突就開始啦。

阿：一定會這樣的。

蘇：民主政制的精神，總有向寡頭政制精神讓步，或是他的欲求，有的死了，有的遭到放逐的時候。於是，恭敬的精神，在年青人的靈魂中油然而生，秩序於焉恢復。

阿：是的，這種情形有時候會發生。

b **蘇**：然後呢，舊欲求既逐，類似的新欲求出現，而因爲他只能生這些欲念，卻不能教養，它們就兇悍而數目日眾。

阿：是的，很可能是這個樣子

蘇：它們把他拖回到原來的狐群狗黨，祕密交往，暗地裡坐使其孳生日蕃。

阿：完全正確。

蘇：最後，它們攫取了青年靈魂的要塞，因爲它們發現其中並無任何成就、美好的追求、或眞情實話，而這些只住在爲神祇所喜的人的心裡，也是這種心靈的最佳衛戍。

c **阿**：沒有更好的衛戍啦。

蘇：於是，虛僞與炫誇的造作和言語，就爬進要塞，住了下來。

阿：它們一定會那樣做。

d **蘇**：於是，年青人回到健忘之鄉，在眾目睽睽之下，住了下來，他縱有朋友，要協助他那寡頭政制部分，前述的虛榮造作，也會緊閉城池，固若金湯。它們不許使節入境，而縱有私家顧問，爲他提供老年人[19]的父親般針砭，它們也既不肯接待，也不肯聽。這是一場戰爭，它們暫時得勝，於是，它們視爲愚蠢的謙遜，遭到放逐，它們譏之爲欠丈夫氣的節制，被踏在泥裡，攆了出去[20]。它們勸人家說，謙退和樽節是庸俗的、下流的。於是，在流氓般的惡欲的協助下，它們把兩者都趕離了國境。

阿：是啊，而且全力以赴呢。

e **蘇**：它們控制了這個人，把他引進各種祕密儀式之門，就已經把他的靈魂清掃乾淨，下一步就把戴著花冠，陣容輝煌的傲慢、無紀、浪費和無禮，迎到它們家裡來，同來的還有一大批別的，齊聲唱著頌歌，以榮名讚美它們。它們稱傲慢爲高貴[21]，無紀爲自由，浪費爲慷

561a 慨，無禮爲勇敢。於是，年青人離棄，他在守分必要的學校裡接受的本性教育，進入無

19 「使節」與「較老的人」字根相同。（參閱509b，註34）。

20 參閱希臘史家Thucydides戰史卷三，章八二，行四。

21 指希臘古代亞帝加（Attica）的神聖而祕密的宗教儀式，稱爲Eleusinian Mysteries。此一名稱得自距堅實十二哩的Eleusis，供奉的是狄密黛（Demeter，即羅馬的Ceres，司五穀的女神），及其女波喜芬妮（Persephone，冥間之后，半年居地上，半年地下），其信仰要旨在於生命的延續和死後的獎善懲惡。此處的文字反映出希臘人的莊敬態度。兩位女神各有節期，母親的是大節日，約在九月舉行，爲期九天，前五天是齋沐期間，第六日則爲遊行。自雅典到Eleusis，行列以Iacchus（Dionysus亦即羅馬的Bacchus）的神像爲前導，沿途膜拜，而到廟內。此後特夜皆有儀式，搬演狄蜜黛失女（被冥王搶去當王居去了）以後的痛苦，和母女終於團圓的情節。信徒的入門式也是在夜間黑暗裡舉行的，最後則爲聖劇和奠酒。遊行的情形使人想到本書卷一開始時所講的火把賽跑。

益、非必要的自由與放蕩。

阿：是的，他裡面這種改變，十分清晰可見。

b **蘇：**這以後，他繼續活下去，把金錢、精力和時間，消耗在非必要的樂趣上，簡直與消耗在必要的樂趣上一樣地多。他如果運氣很好，腦筋也還靈活，則若干年後，激情的時代過了，假定他這時可以再把部分原遭放逐的道德，請回他的城邦，而並未完全把自己交託給道德的繼承者，那麼，他就能夠平衡一下他的樂趣，生活在一種均衡狀態裡，把管理自己的事，交給當令的欲念，及至受得夠了，就再換一種。他對一切一視同仁，不加軒輊。

阿：不錯。

c **蘇：**在他的要塞裡，他既不接待，也不容納任何良言箴語。如果有人對他說，某些樂趣，是良好高貴欲求的滿足，其他的則是邪惡欲求，所以他應該尊重、利用某些，限制、主宰某些。每逢這種話重複給他聽，他都會搖著頭說，它們都是一樣，並無高下之分。

阿：是的，他就是那個樣子。

d **蘇：**是啊，他過了一天又一天，縱容一時的欲求。有時候，他陶醉在美酒與笛聲裡，然後他只肯喝水，以求減肥。再就埋頭於體育。有時候他懶散得忽略一切事情，然後又回到哲學家的生活裡。他往往忙於政治，動不動就站起身來，說和做忽然想起來的事情。他如果模仿的是戰士，就朝著那個方向去趕，或是商人，就掉頭重來。他的生活既無法則，也無秩序。他把這種沒有目的的生存，稱做快樂、幸福和自由，就這麼混下去[22]。

e

阿：是的，他週身都是自由和平等。

蘇：是啊，他的生活亂七八糟，各形各式，不啻是許多人的生活的縮影。他相似那個我們稱爲媚人多姿的國家。不少男女，都以他爲楷模，他身上也包羅許多締構，和各形各色的行爲榜樣。

阿：不錯。

562a

蘇：把他跟民主政制相較，便可見他實在可以稱做民主政制式的人。

阿：算他是吧。

蘇：最後的總是最美麗的，人和國家都一樣，那就是專制政制和專制的人。我們要考慮這些啦。

阿：完全正確。

蘇：我的朋友，說說看，專制政制是怎樣來的？它的根源應爲民主政制是很清楚的。

阿：很清楚。

b

蘇：專制政制起自民主政制，其情形豈不是跟民主政制，起自寡頭政制者相同——我是說，從某方面來看？

阿：爲甚麼呢？

22 參照Thucydides，卷二，二七—四一節，派里克利（Pericles）的葬禮演說辭。

蘇：寡頭政制懸爲鵠的的善，和維護它的手段，是過分的財富——我說得對不對？
阿：對。
蘇：難以滿足的財富欲求，和爲賺錢而忽略其他事宜，也是寡頭政制敗壞的原因吧？
阿：不錯。
蘇：民主政制也有它的善，而其不能滿足的欲求使它破滅？
阿：甚麼善呀？
c 蘇：自由哇。民主政制裡的人會告訴你，自由是國家的光榮——因此，只有在民主政制裡，天性自由的人才肯居留。
阿：是啊，這種話掛在人人的嘴上。
蘇：我正要說，對它的無可滿足的欲求，與對它事的忽視，引來民主政制的改變，造成對專制政制的要求。
阿：這是怎麼個說法？
d 蘇：在民主政制渴望自由的時候，掌管宴席的，如果是邪惡的斟酒者，以致她把自由的烈酒，喝得太多，那麼，除非她的執政十分從諫如流，擺出肉林酒池，她就會要他們負責，加以懲罰，把他們罵做寡頭。
阿：是的，這種情形常見得很。
蘇：是啊。她還把忠貞的公民，辱罵做自抱枷鎖的奴隸，窩囊廢；她要她的庶民像執政，執政

e 像庶民。這種人才是她所喜歡的，私下公開，都加以稱揚獎勵。在這種國家裡，自由還能有甚麼限制嗎？

阿：當然沒有啦。

蘇：無政府狀態，逐漸浸入私宅，最後到了畜牲裡面，傳染了牠們。

阿：這是甚麼意思？

563a **蘇**：我是說，父親漸漸習於跟他的兒子等觀，乃至於怕他，兒子則與父親平等，對父母毫不尊敬。這便是他的自由。有居留權的跟公民平等，公民跟有居留權的平等，外國人[23]又跟兩者都平等。

阿：是的，就是那個樣子。

蘇：這些還不是僅有的惡事，還有若干較次的呢。社會在這種情形下，師老畏懼、諂媚學生，學生卑視老師；青年老人都沒有差別，青年跟老人一樣，隨時準備在言行上跟後者別苗頭。老人仿效青年，客氣恭維，不一而足。他們不願意顯得陰沉而專橫，就採用青年的舉動。

b **阿**：不假。

蘇：普遍自由的最終極端，是用錢買來的奴隸，不論男女，都跟買他的人一樣自由。我可不要忘了提到，兩性相互關係上的自由和平等。

23 參閱Xenophon，雅典共和國史，卷一，八—一二節。

c 阿：爲甚麼不能像依思其洛斯說的，想到甚麼就說甚麼[24]？

蘇：我就在那麼做呀。我必須附及，凡不知道的人就再不會相信，民主政制下的人所豢養的牲畜，較之任何其他國家裡的，要多自由了多少。諺語不是眞切地說過麼，牝犬與其女主人相類[25]，馬呀，驢呀，走起路來，權利與氣勢，都像自由人。擋了牠們的路的人，如果不趕快閃開，牠們都會撞了上去。一切東西，都自由得簡直要炸開啦。

d 阿：我在鄉下散步，常遇到你說的情形。你我眞是同夢啊。

e 蘇：尤其是，這一切的結果，使你看到公民們變得多麼敏感。只要有一點紀律，他們都忍耐不得，最後呢，如你所知，他們連法律，成文的不成文的，都不關心啦。他們不肯容許任何人在他們上頭。

阿：是的，對於這個我清楚得很。

蘇：我的朋友，這便是美麗、光榮的開始，專制由焉出生。

阿：可眞是夠光榮的。下一步是甚麼呢？

蘇：寡頭政制的禍源，便是民主政制的禍源。同樣的疾病，經自由擴大加重，征服了民主政制——事實是，任何事物的過度增加，往往促成朝向相反方向的反動。這種情形，不僅適用於季節和動植生命裡，特別適用於政府的形式上。

564a 阿：不錯。

蘇：過度的自由，不論是在國家或在個人，似乎只能轉到過度的奴役。

阿：是的，這是自然的順序。

蘇：所以，專制政制自然而然地生自民主政制，最嚴重的專制政制與奴役的形式，生自最極端的自由形式嘍？

阿：我們可以想見如此。

b **蘇**：我相信，這還不是你的問題。你的問題是，你希望知道，寡頭政制與民主政制，孳生甚麼樣子的疾患，從而成爲兩者的亂源？

阿：完全正確。

蘇：我本來的意思是指那批怠惰的敗家子，其較勇敢的是領袖，怯懦的是嘍囉。這些人我們曾比之爲雄蜂，有的沒有刺，有的有刺。

阿：這個比喻十分妥貼。

c **蘇**：這兩種人是產生他們的城邦裡的瘟疫，猶如身體裡的黏液與膽汁[26]。好醫生和國家的立法

---

24 依思其洛斯有此語的劇本，早已失傳，其發言情形也不得而知。很可能這句話非出劇本，而是在他受控洩漏神祕儀式內含時的辯白語。這倒是跟蘇氏的心情頗爲相合的。參閱亞里斯多德，倫理學，111a節。

25 諺語「狗如其女主人」含有將狗比僕之意。蘇氏則用其表面意義。

26 西洋古代的生理學，認爲人身體內有四種液體，與四「行」相合，即血液、痰液、黃膽汁、黑膽汁，分別與「風」、「水」、「火」、「地」相照應。這四種體液如能平衡，人便健康無恙而正常，如失去平衡，則必致疾，如某一體液特別得勢，則其人的脾氣，也便表現此體液的特質。血液質的人慷慨、樂觀而濫情；痰或黏液質的人遲鈍、蒼白而怯懦；黃膽質的人易怒、慓急、執拗而記恨；黑膽汁的人饕餮、畏縮、多感而憂鬱。因此，體液不僅與身體健康有關，也與精神及道德有關。

者，應該跟睿智的養蜂人一樣，把他們撇得遠遠地，儘可能阻止他們回巢。假使他們還是設法進來呢，就要儘快地把他們和他們的蜂房，一起除掉。

阿：是的，一定要這樣。

蘇：爲了使我們能夠看清楚我們所做的事，那麼，讓我們設想，民主政制是怎樣分畫的，因爲

d 它實際是分成三個階層的。首先，自由民主政制裡比在寡頭政制裡製造的雄蜂更多。

阿：不錯。

蘇：在民主政制下他們顯然更嚴重。

阿：爲甚麼？

蘇：因爲在寡頭政制的國家裡，他們沒有資格擔任公職，因此他們無法招兵買馬，聚集力量。而在民主政制裡，他們幾乎是全部的執政力量。較聰明的就又說又做，其餘地跟著在講壇

e 四周起鬨，不許另一方插進一句話。因此，在民主政制裡，幾乎每件事都是由雄蜂管理的。

阿：不錯。

蘇：再一種是經常與大眾脫節的。

阿：是甚麼人呀？

蘇：那種生活有序的，也是商人國家中必然最富的一群。

阿：當然嘛。

蘇：他們是最方便壓榨的人，也爲雄蜂製造最多的蜂蜜。

阿：是啊，沒有錢的擠也擠不出來。

蘇：這就是富人階層，雄蜂仗著他們來養。

阿：一般是這種樣子的。

565a 蘇：一般眾人是第三階層，成員是勞力的人。他們並非政客，餬口之資也不多。這種人聚起來，是民主政制裡最大最強有力的階層。

阿：不錯，但大眾除非能沾到一點兒蜜，很少願意聚集。

蘇：他們能不分享嗎？他們的領袖，剝奪了富人的財產，把這些分給眾人，同時又記著爲自己保留下最大的一份。

b 阿：不錯，在那種程度上說，大眾也能分享。

蘇：那些財產被剝奪的，要在眾人之前，盡其所能來保衛自己嘍？

阿：他們只有這樣做嘛。

蘇：那樣，他們雖並不欲求改變，別人卻可以控告他們，說他們陰謀反對人民，實爲寡頭政制的友人嘍？

阿：不錯。

c 蘇：結果是，當他們看到眾人之對他們不公平，非出已願而是由於無知，又因爲他們受要害他們的造謠者的欺騙，那麼，他們終於被迫變成實際的寡頭。他們並不希望這樣，但雄蜂的刺螫他們，在他們身上孳生革命。

阿：這是事實。

蘇：於是便有了互相糾彈、裁判、和審理。

阿：不錯。

蘇：眾人永遠會有保護者。他們把他頂在頭上，成其偉大。

阿：是的，他們就是那麼辦的。

d 蘇：這些便是專制者的根，再不是別的。他剛從地底下竄出來的時候，是以保護者的面貌出現的。

阿：那清楚得很。

蘇：保護者是怎樣變成專制者的呢？顯然是在他扮演阿卡迪亞宙斯廟[27]的故事裡的人的時候。

阿：甚麼個故事呀。

e 蘇：故事說，任何人只要嘗過一個充當犧牲的人的內臟，與其牠犧牲的內臟在一起臠切的食品，便註定要變狼。你沒有聽說過？

阿：聽說過。

566a 蘇：人民的保護者便類似他。他有完全聽他指揮的暴民，能夠任所欲爲地殺戮尊親。他以誣告的慣技把他們拉到法庭裡予以謀殺。他毀滅了人的生命，以惡毒的唇舌，品嘗同胞的血。他殺害一些人，放逐一些人，暗示廢除債務，瓜分田產。這以後，他能有甚麼命運？他豈不或是死在敵人的手裡，或是變成豺狼，也便是專制暴君？

阿：無可避免嘛。

蘇：這便是那個組黨派來反抗富人的人吧？

阿：就是他。

蘇：過了些時候，他遭到驅逐，然後又雖在敵人反抗下，以十足專制者的面貌，凱旋而歸。

阿：這是十分明顯的。

b **蘇**：他們如果不能驅逐他，或是以公開控訴來判他死刑，就會設法暗殺他。

阿：是的，他們通常是那麼辦的。

蘇：於是呢，他就該依例要求護衛啦。要保鏢是所有那些已在其專制事業上，到達這個階段的時候的人，都會採取的。他們說：「不要讓人民失去他們的朋友」！

阿：一點也不差。

蘇：民眾馬上同意——他們爲他擔憂，爲自己並無可懼之處。

c **阿**：完全是眞的。

27 阿卡迪亞（Arcadia）的來祈安山上，有古代英雄來祈安（Lycaon）所建的庇護所。來祈安權勢顯赫，志得意滿，蔑視神祇，竟以童肉充獸肉供宙斯，宙斯罰他變狼——希臘文的狼是lykos。有史以後，此廟的祭司，每九年舉行一次大祭，大祭之後，即遭驅遣流浪，俟下次大祭時方歸。傳說中他在這段時間裡也要變狼。

蘇：富人而遭控告爲人民之敵的，看到這種情形，那麼，我的朋友，就像神讖對克里梭說的，

在卵石密布的赫默河畔，他奔逃不歇，不羞於被目爲懦夫[28]。

阿：他那樣做並不錯，因爲他只要羞上一回，就再羞不起來啦。

蘇：他如果被逮住了，可就死定啦。

阿：那是自然。

d 蘇：至於我們說的那位保護者，可就不肯潛蹤匿跡，而是在打倒許多人後，趾高氣揚地站在國家之輦上，手執轡繩，不再是保護者，而是絕對的專制者[29]。

阿：毫無疑問。

蘇：現在，我們考慮一下這個人的幸福，和產生他這種人的國家的幸福。

阿：好啊，考慮吧。

e 蘇：起初，在他當權未久的時候，他滿臉堆笑，見人就打招呼。這個將要稱爲專制者的人，公開私下，許下許多諾言，解除債務人的債，把土地分給人民和他的黨徒，要對人人都慈藹和善！

阿：當然嘍。

567a 蘇：他豈不另懷目的，那便是民眾可以因繳稅而窮困，從而被迫全力設法餬口，因而不大可能聚眾謀叛？

阿：那還用說，很清楚嘛。

蘇：他如果懷疑任何人有自由觀念和反抗他的權威的打算，就有很好的藉口來置他於死地——把他交給敵人。由於這些理由，專制者一定經常籌畫戰爭。

阿：他非那樣不可。

蘇[b]：他開始逐漸不得人心啦。

阿：必然結果嘛。

蘇：那些聯合起來，把他捧起來，自身也當權的人，就把感受告訴他，也互相告訴。其中比較大膽的，可就說出來應該怎樣辦啦。

阿：是的，可以預期的事。

蘇：專制者如果打算繼續統治，就非打發掉他們不可。只要他有略具能力的朋友或敵人，他便無法自止。

阿：眞的無法自止。

蘇[c]：因此，他必須打量周圍，確定誰是勇敢的，確是心高氣傲的，誰是智慧的，誰是有錢有勢的。他可眞是幸福得很，因爲他是每個人的仇敵，不管他是否樂意，都必須找機會打倒他們，一直到他滌清全國的時候。

---

28 希洛多他斯，卷一，節五五。

29 依里亞特，卷一六，七七六行，卷一八，二六行；奧德賽，卷二四，四〇行。另參考希洛多他斯，卷一，節五九—六〇。

阿：是啊，而且滌得乾乾淨淨。

蘇：是啊，那可不是醫生給瀉藥，因爲那是去掉壞的，留下好的。他辦的是相反的效果。

阿：如果他想統治，實在也再沒有別的辦法。

d 蘇：這種效果也眞妙不可言吧——他被迫只能跟劣等人相處，而且受他們的憎恨，否則就活不成。

阿：不錯，只有這兩條路。

蘇：他的行爲，愈受公民所恨，他就愈要求更多的狐群狗黨和更大的忠心了吧？

阿：當然。

蘇：這批忠心的人是誰？從那裡找來呢？

阿：只要他肯出錢，他們會蜂擁而至。

e 蘇：我的天，雄蜂更多了，各式各樣的，各邦各主的。

阿：是的，雄蜂更多啦。

蘇：他豈不欲望在當地來找？

阿：你是甚麼意思？

蘇：他可以掠奪公民的奴隸，予以釋放，編入護衛。

阿：不錯，而且他最能夠信任這種人。

568a 蘇：這位專制者多麼有福喲，把別人殺掉，留這種人當心腹。

阿：是的，這種人跟他才是一丘之貉。

蘇：是啊，這些就是他製造出來的新公民，景仰他，陪伴他，而好人都恨他，躲避他。

阿：自然是這樣。

蘇：然則悲劇確是睿智的結晶，攸利披底也確是偉大的悲劇家啦。

阿：何以故呢？

b **蘇**：因爲他寫過這句意味深長的名言：

專制者因與智者交遊而睿智[30]，

而他顯然是說，專制者引以爲友的，都是智者啦。

阿：是的，他還誇獎說專制類神[31]呢；他和其他詩人還說過不少類似的話喲。

蘇：悲劇詩人既屬智者，如果我們因爲他們頌揚專制政制，不許他們進入我們的國家，就應該因此原諒我們和依我們的方式度日的人啦。

c **阿**：是的，凡是有這種腦筋的人，都無疑地會原諒我們。

蘇：但是，他們會繼續到別的城邦去，吸引民眾，收買動聽、美妙的大喉嚨，把城邦勸到專制與民主政制裡去。

30 此行或謂出攸利披底，或謂出索福克里斯。

31 攸里披底，特洛城婦女，一一六九行。

阿：不錯。
蘇：不僅如此，他們這樣做，有其代價和榮耀。可以想見的是，專制者給他們最大榮耀，民主
d 政制給他們次大榮耀。但他們在我們的締構的山上，爬得愈高，名望愈低，而且似乎因氣
短就繼續上攀不得。
阿：不差。
蘇：不過，我們離了正題啦。所以，讓我們重歸原路，問一問，那位專制者，是怎樣維持他那
支美麗、眾多、相異而又經常改變的部隊。
阿：假設城邦裡有神聖的寶藏，他會加以沒收，用掉。只要那些遭褫奪公權的人的財產夠用[32]，
他還可以減稅，否前便只有加稅啦。
c 蘇：這些都不夠了呢？
阿：顯然他、他那些好伴侶，不論男女，都只好由他父親的產業來維持啦。
蘇：你是說，那些再造他的民眾，就要維持他和他的同伴？
阿：是的。他們無法拒絕。
蘇：如果民眾勃然震怒，聲言長大了的兒子，不能要父親來養，而是兒子應該養父親，又怎麼
569a 辦呢？父親生兒子，把他養大成人，並不是爲了在兒子成家立業以後，自己去當自己僕人
的僕人，以便供養兒子和他那些賤奴與伴侶；而是爲了要他的兒子保護他，由他的幫助，
免於所謂的富人貴人政府。所以，他就會請他和他的朋友離開，就像任何父親，把胡作非

爲的兒子和他那些胡天胡帝的朋友，趕出門去一樣。

b **阿**：噯，到那時候，父親就會明白，他親自養育提抱了一個甚麼樣的怪物，而在他要攆兒子的時候，會發覺他很軟弱而兒子十分剛強。

蘇：怎麼，你的意思是說，專制者會使用暴力？父親反對他，他就打起父親來啦？

阿：是的，他先解除他的武裝，然後就會打。

c **蘇**：那麼他就成了弒父的人，對老年尊親殘酷的監護人[33]。這便是眞正的專制，再也不容懷疑。常言說得好，想逃出自由人的奴役之濃煙的人，倒落入奴隸的專制的火燄。於是，自由擺脫了一切秩序和理性，終於淪入最殘酷、最痛苦的奴役形式。

阿：不錯。

蘇：好吧。我們豈不可以很正確地說，我們已充分地討論了專制政制的本性，以及民主政制轉爲專制政制的方式？

阿：是的，很夠啦。

---

32 另一譯法是：「城邦內如有財富，只要他加以出售所得的所入充足，他就會耗費掉，所以……」

33 參閱331a。

卷九

專制者

571a 蘇：最後要談的，是專制政制式的人。關於他，我們要再問一次，他是怎樣從民主政制式的人
蛻變出來的？他的生活是幸福呢，還是痛苦呢？
阿：不錯，他是僅餘的一位。
蘇：我們前此還有一個問題，不曾回答。
阿：甚麼問題？
b 蘇：我以爲我們還不曾恰當地判定欲求的本質和數量。在判定以前，我們的研討，會永遠是混
淆不清的。
阿：現在補救這樁缺陷，也並不遲呀。
蘇：不錯。那麼，請注意我希望你了解的要點：我認爲，某些非必要的樂趣和欲求是非法的。
人人都似乎有它們，但在若干人身上，它們受到法律和理性的控制，而更好的欲求，戰勝
c 了它們——它們或全遭放逐，或數量少而力量弱。在其他人身上，它們既強大也眾多。
阿：你是指那些欲求哇？
蘇：我指的是，當推理、人情與執政的力量睡覺時保持清醒的那些。那時候，我們內心的野
d 獸，饜足了酒肉，立了起來，擺脫睡眠，出發去滿足其欲求。沒有一種可以想到的愚行罪
行——連烝淫或任何其他違反自然的結合、弒父，或食用禁忌的東西都不例外——在這個
人既與一切羞恥和人情分了手的時候，是他不肯隨意犯下的。
阿：眞這樣的。

蘇：但是，一個人的衝動如果是健康而有節制的，在入睡前已喚醒了他的理性力量，飼以高貴
e 的思想與探究，集中心智於沈思默省；並且既未過多又未過少地滿足他的欲念，卻足以使
572a 它們酣然入睡，防止了它們和它們的判斷與苦痛去干預高尚的原則——這是他留在以純抽
象爲對象的寧靜裡，以便它能自由地冥想和追求對過去、現在或未來尚未知道的知識：假
使他跟別人有甚麼過節，他也把情緒血氣的因素平靜下來——我說呀，他在休息以前，安
b 撫了這兩種非理性的原則，喚醒了第三種，也便是理性，那麼，你知道，他就離眞理至
近，很少有可能成爲虛幻、非法的念頭的玩物。

阿：我十分同意。

蘇：我說這些，可就又離了正題。但我希望你注意的要點是，在我們所有的人身上，甚至在好人身上，都有一種無法無天的野獸天性，在睡眠中偷窺。請想一想我說得對不對，你同意不同意？

阿：我同意。

c 蘇：現在呢，想一想我們歸諸民主政制式的人的性格。我們豈不是假定，他自青年以來，受的是吝嗇的父親的訓練。父親鼓勵他心裡的節儉欲，指斥那些以娛樂、裝飾爲目的欲求？

阿：不錯。

蘇：然後，他們跟較爲風流、放蕩一類的人混上了，學上了他們的浪漫行爲，可就因嫌惡他父親的慳吝，跑到相反的極端。最後，他既較把他引壞的人好，就受到兩個相反方向的牽

d 引，終於停在當中，過一種並非粗俗而奴役於情緒的生活，卻是自以爲對各種樂趣，都要
做有節制的滿足。民主政制式的人，不是這樣生自寡頭政制式的人麼？

阿：是的，我們原來這樣想，現在還是這樣想。

蘇：現在呢，許多年過去了，你可就要揣想，這麼個人有了兒子，依他父親的原則養育成人。

阿：我揣想得到。

蘇：那麼，你還要進一步揣想，原來發生在父親身上的情形，也發生在兒子身上——他受勾引
e 到完全無法無天的生活裡去，那些引誘他的人還說這是完全的自由呢。他的父親和朋友，
擁護他那些尚不失當的欲求，對方一派，則在相反的欲求上幫他。這些可惡的魔法師與專
制者的製造者，一旦發覺他們要失去對他的控制，就會設法在他心裡裝上一種濃烈的愛
573a 欲，來領導他那些怠惰、浪費的欲念——一種惡毒的有翅雄蜂——這是能適切地描繪這種
愛欲的惟一意象。

阿：不差，這是能適切地描述它的惟一意象。

蘇：當他的其他欲念，在檀香、花環與酒的煙氣裡，在毫無顧忌的放佚生活的樂趣裡，飛來飛
去在他的週圍，儘量滋養它們在他那雄蜂般天性裡所培育的欲望之刺，那時候，這靈魂的
b 主宰，既以瘋狂做它的近衛首領，便瘋了似的發作起來。他如果發現心裡有善念或良欲興
起，或者還有羞恥心之心殘留，就會立即把這些好原則滅絕、驅逐，直到他完全肅除了節
制，成爲十足的癲狂。

阿：不錯，那正是專制政制式的人出生的方式。

蘇：這豈不就是從前他們稱愛情爲專制者的理由？

阿：如果是的話，我一點也不覺得奇怪。

c **蘇**：此外，醉漢豈不也具有專制者的精神？

阿：不錯。

蘇：你知道，一個心神喪失的人，會幻想他能執政，不僅是治人，而且要治神。

阿：他會的。

蘇：專制政制式的人，依其眞義而言，是在他受到天性、習慣、或兩者的影響，變得沉醉、欲火高熾、感情抑鬱[1]的時候出現的。我的朋友喲，是不是呀？

阿：確鑿不移。

蘇：人是如此如此，本源也是如此如此。其次，他是怎樣生活的呢？

d **阿**：按喜歡吹毛求疵的人的口頭禪：還請高見[2]。

蘇：我揣想，在他這種進程的下一階段，就會有宴飲、縱酒、喧鬧和妓女等等。他心裡的殿堂，以愛欲爲主宰，掌理他的靈魂所關切的一切事。

---

1 指具有黑膽汁（見564c註26）者，亦即抑鬱的人，惟抑鬱顯爲與眾不同等人常有的特徵。亞里斯多德（問題，卷三〇，節一）說，凡是在哲學、政治、文學或技藝上超群的人，都是憂鬱的。

2 回答自知答案，卻要把問題問人的人時的用語，是帶俏皮話味的玩笑語。

阿：那是一定的。

蘇：是啊。晝晝夜夜，他的欲求繁衍強壯，要求也很多。

阿：那是一定。

蘇：他如果有收入，很快就會用光。

阿：不差。

e 蘇：然後就是負債，財產減少。

阿：當然嘛。

蘇：及至他無產可賣，他那些欲念，豈不像擠在一窠裡的雛鴉，大叫著要東西吃，而他在牠們的嗾使下，特別是可說是牠們的領袖的情愛的嗾使下，可就發了急，一心要找他能巧取豪
574a 奪其產業的人，好來滿足牠們。

阿：不錯，一定會是這樣。

蘇：他要想躲避可怕的身心苦痛，便非不管用甚麼方法，都弄到錢不可。

阿：非弄到不可。

蘇：他身上既有絡繹而來的樂趣，後樂又取代了前樂的權勢，則他既幼於父母，就會要求享受得比父母更多。他如果已把自己份下的產業用光，就會要分他們的。

阿：那毫無疑問。

b 蘇：他的父母如果不肯讓步，他就會先試著詐騙他們吧？

阿：大有可能。

蘇：如果兩老堅持不肯，我的朋友喲，那會怎麼樣呢？那位仁兄，會因爲對他們專制，感到良心不安嗎？

阿：那裡的話，我倒替他的父母不得安心呢。

[c] **蘇**：可是，天哪，阿第曼圖喲，只因爲結了個娼妓新歡，一個完全不相干的關係，你是否相信，他會毆打他的母親，一個多年照顧他，非她也不會有他的人，而且他還會把娼妓接到家裡，讓母親受她的轄治？再不然，在同樣的情形下，他會同樣對付他的老父親，人生第一個也最少不了的朋友，爲的卻是妙齡的新變童，一個完全是必要的反面的人？

阿：我完全相信他會那麼辦。

蘇：然則專制政制式的兒子可眞是他父母的福分嘍。

阿：可不是麼。

[d] **蘇**：首先，他搶了他們的財產，然後，財產既光，欲求卻在他的靈魂的蜂巢裡起鬨，他就會私入民家[3]，或夜間攔路剝人家的衣服，再後就去洗劫廟宇。同時，他幼年所有的，判斷善惡的意見[4]，都被那些剛獲釋放的念頭推翻，後者並且成了情愛的保鏢，分享他的帝國。

---

3 參考334b，註38。

4 另兩種別本抄本支持的說法是：「……作爲法官的意見……」或「……宣判刑責的意見……」。

e 在他還處在民主政制裡，他還服從法律和父親的時候，這些意見只在他睡夢中得自由。但
575a 他現在受制於情愛，他就經常在他醒著的時候，是他以前睡夢中也很少是的人啦。他會犯
出最慘絕人寰的謀殺，吃禁忌的食物，會使出任何其他可怕的事來。情愛是他的專制暴
君，在他心底無法無天，凌駕一切；它既稱了王，便引導著他，就像專制者領導國家那
樣，去從事任何鹵莽滅裂的事，從而維持自己和他的狐群狗黨，不論是那些因惡濟惡自外
而來的，或是因同惡的天性在他心裡面脫逃而出的。我們不是已有了他生活的面貌了麼？

阿：不差。

蘇：國家裡面，這種人如果只是少數，而多數人仍都心地善良，他們就會離家它往，為別的專
b 制者充當保鏢和傭兵——專制者可能需要他們打仗。如果沒有戰爭，他們就留在城邦，造
出許多小麻煩來。

阿：甚麼樣的小麻煩呀？

蘇：舉例來說，他們是小偷、鼠竊、剪綹、路劫、搶廟宇的、販賣人口的。如果他們會花言巧語，就會變成通風報訊的，作偽證的、收受賄賂的。

阿：既然犯人不多，這張犯罪單子，可也也還不大呢！

c **蘇：**是啊。不過，大小只是相對的字眼。這類事情，依它們對國家造成的禍害而言，倒是離專
制者還有十萬八千里。但當這群惡徒和他們的黨羽，人數加多，感到力強勢大啦，再在民
d 眾對他們著迷的情形的助力下，他們便可以從他們中間，選出其靈魂中最具專制者氣質的

人，把他推爲專制者。

阿：不差，他也最有當專制者的資格。

蘇：民眾肯讓步還好。他們如要抗拒他，他既以毆打父母發跡，這時候如有力量，就會毆打他們，而且會使他那親愛的父國或母邦，像克里特人說的，受他那些年青臣僚的治理。這些是他弄來統治他們，當他們的主人的。這便是他的熱情與欲求的終極。

e 阿：一點也不差。

576a 蘇：這類人只是平民，還沒有權力的時候，其性格如此：他們完全只跟諂媚他們，願意當他們的工具的人交往。他們想從旁的人那裡得到好處的時候，同樣會磕頭打躬，說是他們如何如何愛他敬他。好處到手，他們就反臉不認人啦。

阿：是眞的喲。

蘇：他們永遠不是主人就是僕人，從不會是任何人的朋友。專制者永遠嘗不到眞自由，眞友誼。

阿：當然嘗不到。

蘇：我們不是可以正確地說，這種人十分陰險？

阿：毫無疑問。

b 蘇：我們的正義觀念，如果是對的，他們就是全然非正義的嘍？

阿：是的。我們的觀念本來就完全正確。

蘇：那麼，讓我們用一句話總結極惡的人的性格吧：他是我們夢裡所見，醒時仍然存在的惡物。

阿：完全正確。

蘇：他便是天性最近專制者的統治者，活得愈久，專制得愈厲害。

葛（又輪到了）：那是一定。

c 蘇：證明是窮兇極惡的，不也證明是最痛苦的人嗎？專制得最久最甚的，也最持續和眞正痛苦，儘管這個意見，並不爲一般人接受？

葛：是的，經常如此。

蘇：專制政制式的人，豈不必然像專制政制的國家，民主政制式的人，豈不必然像民主政制的國家，而且依此類推？

d 葛：當然。

蘇：國家與國家相比，道德與幸福成正比例，人與人相比，豈不也是這樣？

葛：那還用說。

蘇：那麼，比較一下我們原來由國王治理的城邦，和由專制者治理的城邦，它們與道德的關係怎樣？

葛：它們是兩個極端，一個最好，一個最壞。

蘇：那個是那個不會有錯，因此，我要立刻問你，對於它們的相對幸福與痛苦，是否也達到相似的結論。我們不要見到專制者的幽靈，就驚慌失措。專制者只是一個單位，或許有少數

e 黨羽，但我們仍然要像我們應分的那樣，在城邦裡到處走走看看，然後再表示意見。

葛：這份邀請很公平。我以爲，人人也必以爲，專制政制是最壞的政府形式，國王的治理是最幸福的。

577a **蘇**：衡量那兩種人的時候，我是不是也可以公平地做同樣的要求，也便是要求一位法官，其心可以設身處地，看透人性的法官？他可不能像個孩子，只打量外頭，被專制者外表的那種神氣活現的樣子，弄得眼光繚亂，而是要具有清澈的洞察力。我能否假定，裁判下來的時候，我們都能聽得到，法官是眞能判斷，而且曾與專制者共處，並能旁觀到後者的日常生
b 活，睹及他在家庭關係裡，剝除他那悲劇的外衣時的情形，還察及他在國家阽危時的狀況。這樣的法官，在比較他與他人時，一定要告訴我們，專制者的幸福與痛苦情形。

葛：這樁建議也十分公平。

蘇：我可否認定，我們都是有能力、富經驗的法官，前此也曾遇到專制政制式的人？那樣，我們就有回答我們的問題的人啦。

葛：請嘛。

c **蘇**：我請你不要忘記個人與國家的相似性。你記住這一點，巡視他們，再請你告訴我他們各自的情形好吧？

葛：你是甚麼意思？

蘇：以國家爲始，你說由專制者統治的國家，是自由的呢還是奴役的呢？

葛：再沒有比這個城邦更是完全奴役的啦。

蘇：不過，你知道，這種國家裡，不僅有主子，也有自由人。

葛：不錯，我看得出來——有少數的自由人。但就一般而言，人民和其中最優越的人，都遭到可怕的貶抑和奴役。

d 蘇：那麼，人既同於國家，同樣的法則，豈不適用於兩者？這個人的靈魂，充滿了陰毒與諂陋——他身上的最優越成分，遭到奴役；另有一小撮統治的，則是最壞最瘋狂的。

葛：無可避免嘛。

蘇：你說，這個人的靈魂，是自由人的呢？還是奴隸的？

葛：我的意見是，他有奴隸的靈魂。

蘇：遭專制者奴役的國家，完全不能依志願行動？

葛：完全不能。

e 蘇：依靈魂的整體而言，受制於專制者的靈魂，也最不能做它願做的事。有種牛蠅般的東西藉惱它，使它充滿困難和懊恨吧？

葛：當然。

蘇：專制者治下的城邦，是窮是富呢？

葛：窮。

578a 蘇：專制政制式的靈魂，必然永遠困窮，難於饜足嘍？

葛：不錯。

蘇：這種國家，這種人，必然永遠充滿畏懼嘍？

葛：那還用說。

蘇：還有那種國家裡，能有更多的哀傷、悲痛、呻吟和痛苦呢？

葛：當然沒有啦。

蘇：專制政制式的人，經常在劇烈的情緒和欲求裡，你想，還有甚麼人，比他更多痛苦？

葛：不可能嘛。

b 蘇：考慮到這些以及類似的禍患，你是認爲，專制政制的國家，是最痛苦的國家啦？

葛：而且我還是對的呢。

蘇：當然，當然。你在專制政制式的人身上，見到同樣禍患的時候，有甚麼話好說？

葛：我說他較一切人都遠爲痛苦。

蘇：在這一點上，我想你就開始不對啦。

葛：你是甚麼意思？

蘇：我不相信他已到達痛苦不幸的頂端。

葛：然則誰是最痛苦的呢？

蘇：我就要說起的那個人。

葛：那個人是誰？

c蘇：具有專制政制式的天性，卻不能度私人性生活，而更不幸地成了公共的專制者。

葛：依剛才說過的話來說，我想你是對的。

蘇：是啊。不過，在這種至關緊要的論辯上，你還應該更肯定一點，不要僅僅是「我想」。在一切問題裡面，善惡的問題，都是最大的問題。

葛：對極了。

d蘇：讓我給你個可能燭照這樁問題的例證。

葛：甚麼例證啊？

蘇：城邦內擁有許多奴隸的那些富人的情形嘛。你可以從他們那裡，形成專制者的情況的觀念。兩者都有奴隸，其唯一不同在於後者的奴隸特別多。

葛：是的，這是他們的不同。

蘇：你知道，他們活得很安全，不必怕他們的僕人。

葛：他們應該怕甚麼呢？

蘇：甚麼也不怕怕。但是你注意到這是甚麼原因了嗎？

葛：是的。原因是全城邦裡都聯合起來，保護各個個人。

e蘇：不錯。但你試想這些奴隸主的一位，算他有五十名奴隸吧，如果遭到神祇把他，他的全家，連同財產、奴隸，都搬運到荒野裡去，使他得不到自由人的幫助，他豈不震恐萬分，害怕他們自己的僕人，會處死他和他的妻兒？

葛：是的，他會怕得要命。

579a 蘇：這時候，他便只有奉承各個奴隸，雖然滿心不願意，卻許下免贖釋放和其他承諾——他非
乞憐於他的僕人不可。

葛：是的，那是他自救的惟一辦法。

蘇：假使那位挪移他的神祇，把他搬到一個地方，四週鄰居，都不許任何人做別人的主子，而且要殺犯下這種罪名的人，又怎麼樣呢？

b 葛：你如果假設，他四週都是虎視眈眈的敵人，他的情況，就要更壞啦。

蘇：這豈不就是專制者註定要下的監獄——他既有我們所說的那種天性，就一定滿腹畏懼和欲
念？他的靈魂嬌弱而貪婪，就城邦裡所有的人來講，他是惟一從來不得旅行，不得看看其
他自由人願意看的東西的人，而是生活在洞裡，像女人躲在屋裡那樣，並且嫉妒曾到外
c 國，見過世面的任何其他公民。

葛：一點沒錯。

蘇：在這類禍患下，這位個人修養不佳的——我指的是專制政制式的人——你剛才定做最痛苦
不幸的人，不能度私人生活，卻受命運操縱，成爲公共的專制者，豈不更爲痛苦？他不能
d 主宰自己，卻要當別人的主子。他就像病患或半身不遂的人，不能自甘隱退，反而被迫跟
他人搏鬥、作戰。

葛：不錯，這種比喻確切得很。

蘇：他的情況豈不全然痛苦不幸？這位實際的專制者，所過的生活，豈不是比你定做最壞的生活，還要更壞？

葛：當然啦。

e 蘇：不論別人怎樣想，眞正的專制者，是眞正的奴隸，受迫從事最甚的諂媚和嚴厲，奉承人類中最惡毒的。他有著自己完全不能予以滿足的欲求，有著較任何人都多的願望，你如果知道怎樣觀察他靈魂的整體，會看到他是眞正困難。他一輩子受畏懼的包圍，整日動搖不安，心猿意馬，跟他所像的那個國家彷彿。相像是眞的相像吧？

葛：一點也不錯。

580a 蘇：此外，如我們前此所說，他有了權，就變得更壞：他變得嫉妒，而且非嫉妒不可，起初更加寡信，更加非正義，更加無朋友，更加少虔敬。他取得、享受各種罪惡，結果卻是痛苦萬狀，也使得別人跟他一樣地痛苦。

葛：任何稍具知識的人，都不能反駁你的話。

b 蘇：那麼，你儘可以像戲劇競演時[5]的總裁判，也裁定，依你的意見，在幸福的階梯上，誰最占先，誰在第二位，以及餘人的順序如何。他們共是五種人：國王政制式的、尊榮政制式的、寡頭政制式的、民主政制式的，和專制政制式的。

葛：裁定頗爲容易。他們可以像唱詩班那樣魚貫登台，我依道德與罪惡，幸福與痛苦的標準，按他們入場的順序來判斷。

c 蘇：我們要不要雇個宣呼傳話，還是要我來宣布：大善士阿里斯東的令郎，茲已裁定，至善[6]至正義者，亦爲至幸福者，斯人亦爲在克己上最具王者氣象者；至惡至非正義者，亦爲最痛苦者，斯人則爲對己對國家，最爲專制者。

葛：你自己宣布好啦。

蘇：我要不要再加上一句：「不論其是否爲神人所鑒所察」？

葛：謹遵台命。

d 蘇：那麼，這些便是我們的第一樁證明，另外還有別的，而且可能頗具重要性。

葛：那是甚麼呢？

蘇：第二樁證明，來自靈魂的本性。我們業把靈魂跟國家一樣，分爲三種原則，我以爲這種分劃，可以提供另一證明。

葛：甚麼性質的呢？

蘇：我認爲，這三種原則，相當於三種樂趣，也相當於三重欲求和治理權力。

葛：這是甚麼意思呢？

e 蘇：我們說過，人依恃一種原則求學，依恃另一種發怒；至於第三種，形式甚多，卻無定名，

5 顯指悲劇、喜劇競賽時的頒獎方式。

6 以阿里斯東的名字取笑的雙關語（ariston＝最佳）。

而以一般性的形容詞「肉欲」來概括說明它，這是因爲它的主要成分是飲、食與其他感官
581a 欲求，而這些欲求都特別有力和激烈。再還有愛錢，因爲這類欲求一般都可以藉金錢的助
力，得到滿足。

葛：那是不錯的。

蘇：如果我們說，這第三種的愛欲和樂趣，都與「利」有關，我們就能夠依仗單一的概念，正確地與理性地把靈魂的這一部分，視之爲貪利或愛錢。

葛：我同意你的話。

蘇：此外，情感因素，豈不完全貫注在統治、征服和揚名上？

b 葛：不錯。

蘇：假使我們把它稱之爲競爭或野心的欲念，合適不合適呢？

葛：合適極啦。

蘇：另一方面，人人都看得出來，知識的原則，完全指向原理，不像前兩者那樣，計較利、名。

葛：差得遠嘍。

蘇：「愛智」或「愛知」是我們可以正確地用來稱呼靈魂的這一部分了？

葛：當然。

c 蘇：一般情形是，這種人的靈魂由這種原則作主，那種由那種原則，以此類推吧？

葛：是的。

蘇：那麼，我們在開始時，可以假定人分三種：愛智的、愛榮譽的、愛利的嘍？

葛：完全正確。

蘇：樂趣也共有三種，各爲他們的對象吧？

葛：不錯。

d 蘇：如果你調查這三種人，輪流詢問他們，那一個的生活，最爲愉快，他們會誇讚自己的，貶損別人的：愛錢的就會以金銀的實地好處，來比較賺不到錢的榮譽和學問的空虛。

葛：不差。

蘇：愛榮譽的——他的意見是甚麼？他會不會認爲，財富的樂趣是庸俗的，而學問的樂趣，如不能置身通顯，對他豈不只是雲霧胡扯？

葛：一點也不差。

e 蘇：我們應否假定，哲學家會認爲，跟知道眞理、從事永遠不息的學問、幾近天福的樂趣比較起來，其他樂趣還有甚至價值？他豈不說其他樂趣只是必要，意謂如果不是非要不可，他就寧可不要？

葛：毫無問題。

582a 蘇：那麼，既然各種人的樂趣與生活，都有爭論，而問題不是那一種生活較可敬佩或較優較劣，而是較多快樂或較少痛苦，我們怎樣才能說得正確呢？

葛：我也說不上來。

蘇：好吧。但標準應該是甚麼？還有比經驗、智慧和理性更好的標準嗎？

葛：再沒有更好的啦。

b 蘇：那麼，想一想。在這三個人中間，那一位對我們所講的樂趣，具有最大的經驗？在研求基本眞理的本性時，愛利的人所有求知樂趣的經驗，是不是太於哲學家所有求利的樂趣方面的經驗呢？

葛：哲學家比愛利的人強得多。自幼徂長，他必然一向都知道其他樂趣的滋味。愛利者在其全部經驗上，並未必然地嘗到——或者，我應該說，縱然他欲求過，大約也不曾嘗過——學習和認識眞理的甜蜜。

蘇：然則愛智者具有雙重經驗，所以較愛利者強得多嘍？

c 葛：是的，強得太多啦。

蘇：其次，是他在愛名的樂趣上有更大經驗呢，還是愛名者在智慧的樂趣上有更大經驗呢？

葛：不是這麼說。三者都依其達成目標的程度，得到榮譽。富人、烈士和智者，同樣都有他們的群眾，而他們既都受到崇敬，也就都有愛名的樂趣的經驗。但只有哲學家才能具有認識眞正本性的快樂。

d 蘇：然則他的經驗使他能夠較別人更善於判斷啦？

葛：更擅長得多啦。

蘇：他是惟一在經驗之外，兼具智慧的嘍？

葛：當然啦。

蘇：此外，那種作爲判斷工具的官能，必非貪婪或野心的人所能有，而僅屬於哲學家嘍？

葛：甚麼官能呀？

蘇：理性嘛，我們不是說過嗎，裁決要依它爲準。

葛：是的。

蘇：而推理是他特有的工具啦？

葛：當然。

e 蘇：假使標準是財富和利得，愛利者的頌讚和指摘可就一定是最可信賴的嘍？

葛：那還用說。

蘇：或者假使榮譽、勝利或勇敢是標準，那麼，有野心或固執的人的判斷，就會是最正確的嘍？

葛：顯然如此。

蘇：但既然經驗、智慧和理性才是評隲標準——

葛：惟一可能的推論是，經愛智慧、愛理性的人稱道的樂趣，才是最眞正的樂趣。

583a 蘇：於是我們得到這個結果：靈魂中知性部分的樂趣，是三者裡最可喜的；我們當中誰有它做主原則的，誰就過最愉快的生活。

葛：沒有問題。智者稱道他自己的生活，必是權威之論。

蘇：法官先生認爲，次一種生活，次一種樂趣，是那些呢？

葛：顯然是軍人和愛名譽者。他較愛錢的更接近自己。

蘇：最後才是愛錢的啦？

葛：一點也不差。

b 蘇：然則正義的人，在這場衝突中，連著兩次打倒了非正義的人。現在要來第三審啦。這一審要獻給奧林帕斯山上的人類救星宙斯[7]；有位聖人在我耳朵旁邊輕聲說，除了智者的樂趣外，再沒有多麼眞、多麼純的樂趣，因爲其他的一切都只是影子。這總應當是最激烈、最具決定性的回合吧？

葛：不錯，是最大的。但是，你好不好解釋一下？

c 蘇：我擬出題目的細節來，由你回答我的問題來看看。

葛：請吧。

蘇：那麼請講，快樂豈不與苦痛相反？

葛：不錯。

蘇：兩者之間，還有一種既不快樂，又不痛苦的中間狀況吧？

葛：有哇。

蘇：你是說介於兩者之間，不啻是靈魂無所偏依的休憩？

葛：是的。

蘇：人生病的時候，說些甚麼，你記得嗎？

葛：說些甚麼？

d 蘇：甚麼東西，都沒有健康可資快樂。但他們如不生病，再也不會想到這是最快樂的。

葛：不錯，我記得啦。

蘇：人受到劇烈痛苦的時候，你一定聽到他們說，再沒有比除掉痛苦更快樂的啦？

葛：聽到過。

蘇：還有很多其他痛苦，只要休止苦痛，而不必有任何積極的享受，他們就會誇說是最大的愉快？

葛：不錯，以當時而言，能休息他們就高興而滿足。

e 蘇：另外一面，愉快終止時，這種終止可就是痛苦的了？

葛：毫無疑問。

蘇：然則這中間休止狀況可以是愉快的，也可以是痛苦的啦？

---

7 角力寺顯然有三種摔法。此處顯指奧林匹克競技時的情形。獻詞部分頗類宴席時的奠酒儀式。奠酒有三種對象：（一）奧林帕斯山上的宙斯及其他各神祇；（二）泉英雄；（三）救拔之神宙斯（禮拜宙斯，可以其不同特徵爲對象。這種情形佛家亦有，只是一般不注意，一如佛陀之去、來、今三相，再如魚籃、送子觀音等。希臘他神也是這樣，而且還可以因奉祀之地而有特殊稱號（如394a及其註4）。另參考柏拉圖：*Philebus*，66d；*Charmides*，167a；法律學，692a；書翰卷七，340a。

葛：似乎是這樣的。

蘇：但兩者都不是的，能變成兩者都是的嗎？

葛：我想是不能的。

蘇：樂、苦兩者都是靈魂的運動，對不對？

葛：是的。

584a 蘇：但我們已證明，兩者都不是的是休止而非運動，並且是位於兩者之間的中道？

葛：是的。

蘇：我們假定沒有痛苦就是快樂，沒有快樂就是痛苦，怎麼可能是對的呢？

葛：不可能呀。

蘇：然則這只是表象而不是眞實。換句話說，休止是快樂，僅在當時和與痛苦的情形相較，痛苦則是與愉快的情形相較，而這類說法，經由眞快樂的標準加以考驗，就見得並非眞實，而是一種欺騙，是不是呢？

葛：這是一定的推理。

b 蘇：你試看沒有先行痛苦的其他樂趣，就不會像你現在那樣或者會設想，快樂只是停止痛苦，或痛苦只是停止快樂啦。

葛：那些樂趣是甚麼？怎樣找到它們呢？

蘇：它們多得很嘛。舉例來說，氣味給予的樂趣很大，而並沒有先行的痛苦。樂趣之來也驟，消失以後也不會留下痛苦。

葛：一點也不錯。

蘇[c]：那麼，我們切不可胡亂相信，純快樂是痛苦的停止，或是痛苦是快樂的停止。

葛：萬萬不可。

蘇：不過呢，經肉體而達靈魂的多數劇烈樂趣，一般都屬於這一類——它們都是免於痛苦。

葛：那倒是眞的。

蘇：預期未來的樂趣和痛苦，也是屬於這種本性的啦？

葛：是的。

蘇[d]：要不要我舉例來說明它們？

葛：讓我聽一聽。

蘇：你會同意，本性有其上、中、下三個地域吧？

葛：我會。

蘇：一個人如果從下域到中域，他會不會揣想他在往上走？站在中域的人，看看他所自來的地方，假使他不曾見過眞正的上面世界，會不會揣想，他已經到了上域？

葛：當然嘛，他怎麼會有別的想法呢？

蘇[e]：但如果人家又把他帶回原處，他會揣想，而且是正確地揣想，他下降了吧？

葛：毫無疑問。

蘇：這一切都源於他對眞正的上中下域，並無所知吧？

585a 葛：是的。

蘇：那麼，沒有眞理上的經驗的人，例如對很多其他事物都有錯誤觀念的人，如果對快樂與痛苦和中間狀況，觀念錯誤，以致在他們僅是被拖近痛苦事物的時候，就感到痛苦，而且認爲所經驗的痛苦是眞的，並且同樣地，當他們被拖離痛苦，到了中間狀況時，就堅信他們業已達到滿足和快樂的目標，你還能感到奇怪嗎？他們對快樂一無所知，就錯在以痛苦與無痛苦相對比，相當於把黑和灰相對比，而不是與白相對比——我說呀，對這種情形，你
b 能感覺奇怪嗎？

葛：不能。我倒寧可對相反的情形感覺奇怪。

蘇：你應該這樣來看這件事：饑、渴之類，是肉體狀態的空虛狀態，對吧？

葛：是的。

蘇：無知和愚蠢就是靈魂的空虛狀態嘍？

葛：不錯。

蘇：食物和智慧是兩者的相關滿足品啦？

葛：當然。

c 蘇：這種滿足，是較少存在的較眞，還是較多存在的較眞？

葛：顯然是較多存在的啦。

蘇：按你的判斷，那些種事物具有較多的純粹存在——是以食、飲、作料與一切物質爲例的那些種呢，還是那種包括灼見、眞知、心靈與各種不同道德品質的呢？

葛：與不變本質有關的存在，當然要純粹多啦。

蘇：不變事物的本質，在知識裡的參與程度，與其在本質裡的參與程度相等[8]？

葛：是的，與參與知識的程度相等。

蘇：與參與眞理的程度也相等吧？

葛：是的。

d 蘇：相反地，具有較少眞理的，也就具有較少本質啦？

葛：必然嘛。

蘇：那麼，一般而言，那些伺應肉體的各類事物，可就較那些伺應靈魂的事物，缺少眞理與本質啦？

葛：少得多嘛。

蘇：肉體本身，豈不也較靈魂缺少眞理與本質？

---

8 當代另一位專家James Adam認爲，此處可修訂爲：

蘇：經常變化的本質，是否較知識的本質，更參與本質呢？

葛：完全不會。

蘇：再不然的話，經常變化的本質，是否較知識，更參與眞理呢？

葛：是的。

蘇：充滿較多眞正存在，實際也較多眞正存在的，比之充滿較少眞正存在，實際也較少眞正存在的，其充滿是更眞實的吧？

葛：當然嘍。

e 蘇：假設被順應自然的事物充滿，是一種樂趣，那麼，凡是受較眞本在的較眞充滿的，可以較爲眞正地享受眞正的樂趣。另一方面，較少眞正本在的事物，會感到較少的眞正滿足，只能享受幻象似的，較少眞實的快樂。

葛：毫無問題。

586a 蘇：那麼，那些對智慧與道德無所知，經常耽於饕餮與肉欲的人，上升下降，僅止於中域。在這個地域裡，他們終生來去，漫無目的，再也進不了眞正的上層世界。他從不往那邊看，也找不到前去的路，既沒有眞正地得到眞正本在的充滿，也嘗不到純粹、持久的樂趣。他
b 們像牲口，眼睛經常往下看，頭俯到地面上，也就是說，飯桌上，養肥、進補和繁殖，而在他們對這些樂事的過分溺愛上，他們用鐵製的角和蹄互撞互踢，並且基於他們無可滿足的欲求的理由，互相殘殺。這是因爲他們用以充塞自己的，都是欠缺實在的，他們充滿的那一部分，也是無實質、無節制的。

葛：蘇格拉底呀，你描述眾人的生活，簡直跟神讖那樣明燭一切。

c 蘇：他們的快樂是摻雜了痛苦的——那裡有可能不是這樣的呢？這些快樂只是眞實的影子和畫

面，因對比而顯得有色，對比卻誇大了明暗兩者，因此，電車就在蠢材心裡，種下對它們的瘋狂欲求。大家爭奪它們，猶之斯臺西可洛聽說，希臘出於對眞理的無知，在特洛城爭奪海倫的影子[9]。

葛：那類情形的發生，是無可避免的。

蘇：靈魂裡的激情血氣成分，不是必然也會有同樣情形嗎？情感激動的人，因情感激動而行動，則不管他是嫉妒或野心的，激烈或好爭的，憤怒或不滿的，只要他旨在追求榮譽、勝

d 利、和不論理性與常識，一心要滿足他的氣憤，豈不也像這樣樣子？

葛：是的，同樣情形，也會發生在情感部分。

蘇：那麼，我們豈不可以很自信地主張，愛利者與愛名者，在理性與知識的導引和陪伴下，追求快樂，得到智慧所指示的樂趣，就會依他們遵循眞理的程度，達到他們可能達到的，最高程度的最眞樂趣。如此則假使凡對某人最好的，就也是最自然的，他們可就不啻有了對

e 他們最自然的樂趣。

9 參閱柏氏的*Phaedrus*，243a-b。Stesichorus（歌隊統領）是眾人上給他的尊號，本名Tisias，西西利人，活躍於元前六三〇年間。據說他因寫詩嘲笑海倫爲特洛戰爭的禍水而目盲，又因寫了一首悔過的抒情詩而復明。他被尊爲希臘抒情詩的荷馬，另有人傳說他是荷馬的後身。

葛：是的，當然，最好的也是最自然的。

587a 蘇：整個靈魂，遵循哲學原則，未經分歧的時候，各部分就都是正義的，並且各盡其責，各享本身所能享到的最佳、最眞樂趣吧？

葛：一點也不錯。

蘇：但如果另兩個原則有一個占了上風，靈魂便不能達到其本身的快樂，反而強迫其餘部分，去追求一種僅屬影子，也非它們本有的樂趣吧？

葛：不差。

蘇：它們與哲學和理性的距離愈大，這樂趣也愈是古怪和幻覺的吧？

葛：是的。

蘇：距離法律和秩序最遠的，也是距離理性最遠的吧？

葛：顯然是的。

b 蘇：情欲和專制政制式的欲求，如我們前此所見，不是距離得最遠麼？

葛：是呀。

蘇：王道和有序的欲求，不是距離最近麼？

葛：是呀。

蘇：然則專制者生活得距離眞正或眞然的快樂最遠，國王的離得最近啦？

葛：當然。

蘇：但如果是這樣，專制者就過得最痛苦，國王就過得最愉快啦？

葛：無可避免嘛。

蘇：你知道他們兩者之間的距離，有多少道里嗎？

葛：你告訴我好不好？

c 蘇：樂趣似乎有三種，一種眞，兩種假。專制者的罪過，在於超越了假的。他自法律和理性的地域逃出，而跟某些奴隸性的樂趣聚居，這些便是他的附庸，而他墮落的程度，只能用數字來表示。

葛：你是甚麼意思呀？

蘇：我假定專制者是自寡頭者數來的第三位，而民主者居中，對不對？

葛：對。

蘇：前此我們說的如果符合眞理，則他的樂趣影象以眞相而論，較寡頭者的樂趣遠了三倍。

葛：是的。

d 蘇：寡頭者是自王道者數來的第三位——我們把王道和貴族政治是視爲同一的——對嗎？

葛：對，是第三位。

蘇：那麼，專制者與眞正幸福的距離，其間隔的數字，是三乘三嘍？

葛：顯然如此嘛。

蘇：然則專制政制式的幸福影子，由長度數額決定後，是平方數字嘍[10]？

葛：當然啦。

蘇：如果你提高其倍數，使平方成爲立方，便不難於了解，專制者與國王的距離，是多麼地遼遠。

葛：不錯，算術家很容易就能算出來。

e 蘇：或者，有人從另一端開始，測量國王與專制者在眞正快樂上的距離，他會發現，在乘完了以後，所得的數字，是在等距離下，前者較後者生活得快樂了七二九倍，後者較前者生活得痛苦了同樣的倍數。

588a 葛：這番核算妙極啦！而正義者與非正義者，在快樂與痛苦上的距離，又是何等地巨大喲！

蘇：卻也是正確的核算，而如果人類關切晝、夜、月、年的話，這數字卻又與人生有何等密切的關係喲[11]！

葛：是的，人生確實與這些有關。

蘇：那麼，如果善和正義的人，在快樂上是如此地優於惡和非正義的人，在人生的合理與美和道德上，他可就更優越得不可以道里計嘍？

葛：是優越得不可以道里計嘛。

b 蘇：我們既到達了論辯的這個階段，不妨再回到使我們前來的話那裡去：不是有人說過，對於名爲正義，實在全然非正義的人而言，非正義是得利的麼？

葛：不錯，說過那句話。

蘇：那麼，我們既然已經決定了正義和非正義的力量與性質，就不妨再跟這個人談談。

葛：我們要跟他說些甚麼呀？

蘇：我們姑且把靈魂比做影象，以便他能夠看到他自己所說的話。

c **葛**：甚麼樣子的呢？

蘇：靈魂的理想性影象，類如古代神話所做的複合創造，比方獅頭羊身蛇尾噴火獸、石上女怪或是冥府的三頭犬，以及許多其他的，都據說是幾種天性，聚合在一起的[12]。

葛：人家倒是石有這種結合。

---

10 蘇格拉底在此處把專制者與王道者的快感，比喻爲實質幾何圖形，以利了解（參閱法律學，894a）。第一步是線，來自兩種快感的兩點之間的距離。蘇氏以反諷的方式稱之爲「平面」，因爲其長度爲九，由兩個原素（3×3）構成，儘可以表示長與闊。以術語來說，平方數字可稱爲「平面數字」。這「平面線」再經平方、立方，其結果是立體，其數字是七二九。至於蘇氏爲甚麼選擇這個數值，或是他爲甚麼用乘去而不用加法，或是爲甚麼一定要產生立體，則除非在這種早期的以數學說明人類情形的企圖裡，他希望所得數值，愈大愈好，可就無從索解。

11 蘇氏以前的，畢達哥拉斯派哲學家Philolaus已核算出，一年有三百六十四天又半。設若夜晚的數目與此相同，則其和爲七二九。此人還主張，「大年」應有七二九個月。蘇氏或者暗示此說。但七二九究竟如何表現年數，也是無法知道的事。

12 噴火獸（Chimera）前面是獅，後背類龍，中間則爲牝羊。石上女怪（Scylla）有女面女胸，六隻狗頭，一條龍尾，和蛇髮。三頭犬（Cerberus）是三頭蛇毛，看守冥府門戶，許進不許出。柏拉圖在*Phaedrus*，229d還提到另兩種此類怪物：天馬（Pegasus，兩肋生翼）和洋畔三女（Gorgo或Gorgons），金翼、蛇髮、銅爪、巨牙，看到他們的人都會變成石頭。

蘇：那麼，你現在就捏出個模子來吧。牠是有許多頭的怪物，這些頭圍成一圈，包羅了各種馴順凶野的獸類，是牠能夠化生和隨意加以變化的。

d 葛：你把藝術家想得能耐太神奇啦。不過呢，語言既然較蠟或類似的東西更容易捏塑，就算有你講的模型吧。

蘇：其次，假設你又捏了個獅子形，再一個人形。第二個比第一個小，第三個又比第二個小。

葛：這工作更容易啦。我按你說的做好啦。

蘇：把它們聯在一起，變成三合一吧。

葛：謹如尊命。

e 蘇：再次，把它們的外形，捏成一個如人的形象，好讓看不到內部，只看到外貌的人，相信這個怪物只是一個人。

葛：辦到啦。

蘇：對那位主張人從事非正義就有利，從事正義就無利的先生，讓我們回答說，如果他是對的，則他不啻是說，對我們那個人形怪物有利的，是牠讓那個多頭的怪物饜足，是加強獅子和屬獅子的氣質，而要餓煞、弱化那個人，讓他因在只好由另外兩個隨意拖來拖去。他不可以設法使牠們互相熟悉或和諧，相反地，卻應該讓他們廝打、啃咬、互相吞噬。

589a 葛：當然。這正是贊同非正義的人所說的。

蘇：支持正義的人，回答他說，他的言行，應該使他內心的人，設法取得整個人形怪物的完全

b 控制。他監守怪物，要像一位好農夫那樣，培育、修養其溫和的氣質，防止其兇野氣質的成長。他要把獅心部分引爲同盟，而在照應全體上，使各部互相結合，並且跟他自己結合。

葛：是的，這是主張正義的人會說的。

c 蘇：因此，從不管是樂趣、榮譽或利益各方面來看，贊同正義的人都是對的，所說都是眞理，而反對正義的人，都是錯誤、虛假、無知的。

葛：不錯，從每一方面來看都是這樣。

d 蘇：那麼，來，讓我們和藹地，跟那位非出有心的非正義者講理。我們要對他說：「親愛的先生呀，你對一般尊爲高貴、卑賤的事物，有甚麼想法？高貴的豈不是以人制獸的，或者說，激揚人心裡的神祇氣質的；卑賤的豈不是以獸制人的？」他大約免不了回答是啊——他能不嗎？

葛：他如果重視我的意見，可就免不了。

e 蘇：不過，如果他在這個階段同意我們的話，我們不妨再請他回答另一個問題：「那麼，如果一個人好受金銀，其條件是他把自己最高貴的部分，交由最卑賤的部分去奴役，他又能得到甚麼利益呢？誰能想像，如果一個人爲了錢把兒女賣掉爲奴爲婢，特別是買主又是兇狠的壞人的時候，則不論他拿到的那筆錢是多麼地大，他又如何能是占到便宜的？任何人毫無悔意地把自己最神聖的本質，賣給最無法無天，最可恥的買主，則誰能不罵他是可惡的賤人？愛麗菲莉以丈夫的生命爲代價，得到一隻項圈[13]，這個人接受賄賂，卻是爲了遭遇更糟的惡運。

葛：是的，糟得多啦——這是我可以保證的。

590a 蘇：缺乏節制的人，不是因爲他心裡的碩大多樣怪獸，得到太多的自由，而一向遭到譴責嗎？

葛：顯然是的。

蘇：當人心中的獅子與蛇的成分，長得過分，力量過大的時候，人豈不也因之遭到傲慢與暴燥的指摘？

葛：是的。

b 蘇：奢侈和柔弱也受到指摘，因爲它們使同一的人過分不求振作或軟弱，變成了懦夫。

葛：不錯。

蘇：一個人使其血氣的動物，受制於目無法紀的怪物，並且爲了他永遠感覺不足的金錢，使他自青年時代就習慣於被踐踏在爛泥裡，於是本來是獅子的，變成了猴子，豈不也受到諂媚和自賤的責罵？

葛：不差。

c 蘇：低下的行業和手藝，爲甚麼顯得不高尚呢？還不只是因爲它們暗示出，較高原則上的天然軟弱嗎？個人不能控制自心裡的動物，卻要奉承牠們，以致他的全部心機，都用於向牠們獻媚。

葛：這似乎確是理由。

蘇：因此，我們既願意讓他跟最好的人接受一樣的規則，就說，他應該充當至善的，其心中由
神祇做主的人的僕人。這並不是要像傅拉西麻查斯所說，使僕人受到損失，而是因爲最好
人人都由其內心所有的神聖智慧，爲其主宰。如果這是不可能的，那就要受制於外在的權
d 威，以便我們全體都能在可能範圍內，受到同樣的管理，大家都是平等的朋友。

葛：不錯。

蘇：我們可以很清楚地看出來，這一點正是法律的意旨，而法律是全城邦的盟友。這一點還可
以從我們對孩子的權威上看出來。我們如不能在他們的心裡，建立類似國家締構的原則，
並以培養這種較高成分的方式，來在他們心裡造出像我們所有的衛士與統治者，就不能准
e 許他們自由。這些辦到以後，他們就可以從心所欲啦。

葛：是的，法律的目的很清楚。

591a 蘇：那麼，我們能以甚麼觀點，甚麼理由，來說人可以因非正義、無節制或其他卑鄙氣質，而
得到利益呢？儘管他可以用其邪惡，取得金錢權勢，非正義等等，卻使他成爲惡人呀。

葛：從那個觀點說都不能。

13 奧德塞，卷一一，行三二六—三二七。她接受了伊底帕斯王（King Oedipus）的叛子Polynices的賄賂，迫使其夫Amphiaraus參加攻庇比斯的戰爭，這便是有名的七雄爭城記。她丈夫因而陣亡他鄉，她則被兒子殺死。參見賓達的尼彌亞詩（Pindar, *Nemean*）第九首行三七以下。

b **蘇**：縱然他的非正義，遭不到發現與懲罰，他又能有甚麼好處？行爲不被發現的人，只會愈來愈壞，遭到發現和懲罰的人，卻可以使他天性中桀傲不馴的部分沉默與人情化，他心中的溫柔部分得到自由，他的整個靈魂，都因正義、節制與智慧的取得而達到完美與高貴，其程度是肉體雖接受美、力量與健康的稟賦，也再也不能達到的，其比例恰相當於靈魂較肉體更具可敬性。

葛：當然。

c **蘇**：爲求達到這種高貴的目的，明理的人會獻上畢生的精力。首先，他會崇敬那些把這類品質，深印在他的靈魂上的學問，而漠視其他的學問，是嗎？

葛：顯然是的。

d **蘇**：其次，他要規律他的身體習慣與訓練，而他不僅不會向獸性、非理的樂趣低頭，甚至把健康也視爲次要的事。他的首項目的，不是英俊、強壯或健康，除非他因之能夠得到節制，而是要欲求正其本身，以圖維持靈魂的諧調。是不是呢？

葛：只要他心裡有眞正的音樂，當然要這樣。

蘇：在取得財富上，他還要遵守一個秩序和諧調的原則。他不肯讓自己受世人愚蠢的喝采所眩惑，或累積財富而使自己受到無窮的災患。

葛：當然不會。

e **蘇**：他要注視自己心裡的城邦，殫精竭慮，不使任何動亂發生，例如那些可以由過富過窮所引起的。他會依據這個原則，來規律他的財產，取予都以自己的能力爲準。

葛：一點也不差。

592a **蘇**：爲了同樣的理由，他會愉快地接受和享取他認爲可以使他成爲更好的人的榮譽。但那些公私榮譽之可能攪亂他的生活的，他就要逃避吧？

葛：如果他的動機是這樣的，那麼，他就不會是政治家啦。

蘇：他絕對會的，在他所屬的城邦裡，他一定會的，雖然，除非他得到神聖的召喚，他或者不肯在生身的國家執政。

葛：我懂了。你的意思是說，他會在我們締造的國家裡執政，而這個國家只存在於觀念裡。我相信，世界上任何地方，都沒有這麼個國家。

b **蘇**：我認爲，在天上有這個國家的典型，凡希望它的人都能看見它，看見它的，也就可以把自己的家秩序化。不過，不論這種國家是否存在，或將來會否成爲事實，都無關宏旨。人會依那座城邦的方式來生活，而不理會其他城邦。

葛：我也這樣想。

來生說

595a 蘇：我們對我們的國家的安排，我看得出許多優點，而經過仔細考慮後，其中最使我高興的，是關於詩的規則。

葛：你指的是甚麼？

b 蘇：拒斥模仿性的詩呀。這種詩絕對不能容納。靈魂的各部分，既經分辨，我看得可就更加清楚了。

葛：你是甚麼意思呢？

蘇：我這是私下說話，因爲我不希望我的話傳給悲劇作家，和其他模仿的一群。但我不怕給你說，一切詩的模仿，都大有害於聽者的理解力，惟一的解救之道，在於對它們本性的知識。

葛：解釋一下你的意旨吧。

c 蘇：好，告訴你吧，雖然我自幼年就一向崇拜、喜愛荷馬，甚至到現在這個名字還使我不願暢所欲言，因爲他的確是整個魅人的悲劇作家群的領袖和師傅。不過，個人不當比眞理更受尊敬，所以我要說出直話來。

葛：好得很。

蘇：聽我說吧，或者說，請回答我吧。

葛：你問就是啦。

蘇：你能不能告訴我，甚麼是模仿？我實在不知道。

葛：我如果知道，豈不稀奇？

596a 蘇：爲甚麼呢？視力弱的人，往往比視力強的人見得更快呀。

葛：錯倒是不錯，但在你跟前，縱然我有甚麼模糊意見，也鼓不起勇氣來說。你問自己好不好？

蘇：好吧。我們好不好依我們慣常的方式來開始研討：每逢若干個體有了共同的名稱，我們就假定它們也有相稱相當的觀念或形式——你懂不懂我的話？

葛：我懂。

b 蘇：我們拿一個普通例子說吧。世界上有床和桌子——很多很多，是不是呀？

葛：是的。

蘇：但它們只有兩個觀念或形式——一個是床的概念，一個是桌子的。

葛：不錯。

蘇：做它們的人，或是做張床，或是做張桌子，讓我們使用，所根據的是觀念——在這裡或相同的情形下我們都是用這種方式來講的——但沒有一位工匠，是製造觀念本身的；他那裡能夠哇？

葛：不可能嘛。

蘇：另外還有一位藝術家——我很想聽聽你對他的看法。

c 葛：那是誰呀？

蘇：他是做出一切其他工匠所做的藝品的人。

葛：這個可眞特殊了不起！

蘇：略等一下，就會有更多的理由，讓你這麼講啦。因爲他不僅製造一切器皿，還製造植物、動物、他自己和一切其他東西——天、地和天頂上，地底下的東西。他還製造神祇呢。

d 葛：毫無疑問，他一定是位大魔法師。

蘇：唉呀，你怎麼不肯信別人的話呀！你難道以爲，並沒有這麼位製造者或造物主，或是依某種意義來說，可以有這麼位創造一切的，但在另一種意義上來說，卻並沒有他？你難道看不出來，有一種辦法，可以使你創造一切？

葛：甚麼辦法呀？

e 蘇：很容易的辦法嘛，或者說，迅速而容易地完成這種奇蹟的辦法多得很，而最容易莫過於拿面鏡子轉來轉去——你很快地就可以造出太陽、穹天、大地和你自己來，還有其他動物植物，以及一切我們剛才說到的東西——在鏡子裡頭。

葛：不錯，但是它們都只是表象呀。

蘇：說得很好，你逐漸懂得我的要點啦。就我看來，畫家是另一位創造表象的，是不是呢？

葛：當然啦。

蘇：不過，我猜想你會說，他創造的是非眞的。但就某種意義來說，畫家也創造床吧？

葛：是的，但不是眞床。

597a 蘇：造床的人呢，你不是在說麼，他造的不是觀念，而是特定的一張床，但依我們看來，觀念才是床的本質？

葛：是的，我說過。

蘇：那麼，如果他不造本已存在的，他就不能造眞正存在的，而只能造存在的彷彿。假使有人說，造床的人的成品，或是任何其他工匠的成品，具有眞正的存在，他就很難算做說的是眞話。

葛：無論如何，哲學家會說，他講的不是眞話。

蘇：那麼，他的成品是眞理的模糊而不明確的表達，就沒有甚麼可奇怪的啦。

b 葛：沒有甚麼可奇怪的。

蘇：我們好不好按照剛才所舉例子給我們的知識，來問一下這位模仿者是誰？

葛：請吧。

蘇：好吧。我們共有三張床，一張存在於自然裡，我想我們不妨稱之爲神祇所造，因爲，還能有別的製造者嗎？

葛：不能。

蘇：另一張是木匠所造的吧？

葛：是的。

蘇：畫家畫出來的是第三張嘍？

葛：不錯。

蘇：然則床有三種，由三位藝術家監管：天神、造床的，和畫家，是嗎？

葛：確是有三位。

c 蘇：天神因選擇或必然，在自然裡造了一張床，而且只有一張。神祇從來不曾，將來也不會造兩張或更多張的理想裡的床。

葛：爲甚麼是這樣呢？

蘇：因爲縱然祂只造了兩張，它們後面還會出現第三張，而兩張後者都以它爲它們的觀念，於是它才是理想的床，另兩張都不是。

葛：一點沒錯。

d 蘇：神祇知道這一點，而他要故眞正的床的眞正創造者，不是特定的床的特定製造，因此他創造了一張床，在本在和天性上，都僅有一張。

葛：我們是這樣相信的。

蘇：那麼，我們好不好說他是床的自然創造或製造者？

葛：好的，因爲就創造的自然程序而言，他是這個和一切其他東西的創造者。

蘇：我們該怎樣講木匠呢——他豈不也是造床的人嗎？

葛：是的。

蘇：但是，你肯把畫家稱做造物主或製造者嗎？

葛：當然不肯。

蘇：他如果不是製造者，他跟床有甚麼樣的關係呢？

e 葛：我想，我們可以很公平地稱他做別人所造東西的模仿者。

蘇：好。那麼，你把這位從自然數過來居第三位的人，稱做模仿者啦？

葛：當然。

蘇：悲劇詩人是模仿者，所以，他跟其他模仿者一樣，是位於王者和眞理之外的第三位啦？

葛：似乎是這樣的嘛。

598a 蘇：那麼，我們對模仿者已有了一致看法啦。至於畫家呢？我希望知道，他是可以視爲模仿本
來存在於自然裡的對象呢，還是模仿技匠的創造呢？

葛：後者嘛。

蘇：是依它們存在的方式呢，還是表象的方式——你還要決定這一點喲。

葛：你是甚麼意思呀？

蘇：我的意思是，你可以從不同的觀點看一張床，斜睨，正觀或其他等等的觀點，床也就顯得不同，但在眞正上並無差異。在一切事物上情形都一樣。

葛：不錯，差異都只是表面的。

b 蘇：現在，讓我問你另一個問題：繪畫的技藝的宗旨何在？它要模仿事物的眞相呢還是表面——表象或是眞實？

葛：表象嘛。

蘇：那麼，模仿者和眞理就有了很大距離，而他能做一切事，因爲他輕輕地接觸到它們的一小
部分，而這一部分只是影像。舉例來說，畫家儘管對鞋匠、木工或任何其他技藝之士的技
c 藝，一無所知，卻畫得出他們。並且如果他技藝頗佳，還可能騙倒兒童或老實人，在他從
遠處向他們展示本工的像時，他們會幻想看到一位眞木匠。

葛：當然。

蘇：每逢甚麼人告訴我們，他遇到一位知悉一切技藝、一切他人所知悉的事物，並且對每一事
d 物都較任何人知悉得更爲精確——不管是誰告訴我們這些，我想我們只能把他看做頭腦簡
單，可能受了他遇見的甚麼巫師或擅長做戲的人的欺騙，而因爲他自己不能分析知識、無
知與模仿的本性，就以爲那個人無所不知。

葛：一點也不差。

e 蘇：所以呢，我們聽別人說，悲劇家和他們的領袖荷馬，知悉一切技藝和一切人事，道德與罪
惡，乃至神事，因爲上乘詩人除非熟悉他的題材，就不能寫作，以及沒有這種知識的就永
遠成不了詩人，這時候，我們應該考慮，這裡是否也或許有同樣的幻覺存在。他們或者遇
599a 到模仿者，受到他們的欺騙；他們在見到他們的作品時，或者不記得，這些只是與眞理有
三度隔閡的模仿，雖對眞理不具任何知識也能夠容易地寫出來的作品，因爲它們只是表
象，並非眞實？再不然便是，他們或者確是對的，詩人確實知道對很多人來說他們講得似

乎很恰切的事物？

葛：這個問題實在應予考慮。

蘇：你想，一個人如果能於影像以外，兼造原件，他會很嚴肅地致力於製造影像這一分支嗎？
b 他會肯讓模仿成爲他生活的主宰原則，就好像他內心再沒有更高的原則嗎？

葛：我以爲不會的。

蘇：眞正的技匠，既知道他模仿的是甚麼，就會只對眞實有興趣，對模仿就沒有興趣。他希望留給後世的紀念之作必是多而且好；他不願意做寫頌詞的人，而寧可做頌詞的對象。

葛：是的，那樣才是他的更大榮譽和利益的泉源。

c 蘇：那麼，我們一定要問荷馬一個問題，可不是關於醫藥或是其他他的詩裡偶然提到的技藝。我們不會問他或其他詩人，他是否曾跟艾斯可利皮烏斯那樣治癒過病人，或是身後留下類似艾斯可利皮烏斯派的醫藥學派[1]，或是他談論醫藥和其他技藝，只是人云亦云。但我
d 們有權利知道，關於軍事戰術、政治、教育的事，因爲這些是他詩裡最主要，最高貴的題目，所以我們可以問他這些，而不致於有了有失公平之處。那麼，我們就對他說：「朋友荷馬呀，如果你所說關於道德的話，跟眞理相去只有兩間，而非三間，也便是並非製造影像的或模仿者，如果你能夠分辨，甚麼樣的追求可以使人在公私生活上或好或壞，就請告

1 參閱405d，註54。

e 訴我們，是甚麼國家，在你的鼎助之下，治理得優於從前。斯巴達的良好秩序，歸功於黎克古，其他許多城邦，不論大小，都同樣地是得益於他人。可是，誰曾說過，你是他們的好立法者，曾有利於他們？義大利和西西利有凱朗達斯可誇，還有我們都聞名的索倫[2]，但那個城邦，能誇到你呢？」他能提出一個城邦來嗎？

葛：我想是不能的，連屬於他那一幫的人也不肯僭說他是立法者。

600a **蘇**：好吧。但是，有沒有甚麼載在紀錄的戰爭，是在他生前，由他成功地執行的，或得到他的籌畫之助的？

葛：沒有。

蘇：或者是否有甚麼新發明，可以用在各種技藝或人生上，例如彌利西亞的塞里斯或席提亞的安那卡西斯和其他靈巧的人所設想出來的，是人家歸給他的[3]？

葛：絕對沒有。

蘇：不過，假使荷馬從來沒對公共有所貢獻，他是否做過甚麼私人的顧問或老師呢？在他生
b 前，有沒有願意跟他交往的朋友，把荷馬的生活方式，傳給後代，像畢達哥拉斯那樣？畢達哥拉斯因爲他的智慧深受愛戴，直到現在，追隨他的人還以因他得名的會社爲人敬仰呢。

葛：在這類事情上，都沒有關於他的紀錄。說實在的，蘇格拉底呀，荷馬的夥伴，那位滿腦子享樂，名字都永遠讓我們發笑[4]的克里歐非拉斯，更應分地因其愚蠢而讓我們發笑，那是

c 說，假如像傳聞所講，荷馬生前，大受他與當時別人的冷落。

蘇：不錯，傳聞確是如此。但你能不能想像，葛樂康啊，假使荷馬眞的能夠教育、改善人類——假使他確具知識而不僅是模仿者——我說呀，你能不能想像，他居然沒有很多追隨的人，並且受到他們的尊崇、愛戴？阿布迪拉的普洛他哥拉斯和塞奧斯的普洛第科[5]，以
d 及許多旁人，只要對他們同時代的人輕輕說：「除非你們聘我們主管你們的教育，你們就再也無法齊家治國」，而他們這種狡獪辦法，竟使別人對他們愛重得簡直要把他們到處抬著走啦。如果荷馬或是希西阿，眞的能夠教化人群，一歸道德，你能想像，他們同時代的人，會讓任一位奔波著去當唱曲講故事的人嗎？他們豈不要跟對黃金一樣，對他們難以割
e 捨，並且強迫他們，跟大家留在一起；或者，夫子不願留下，那麼，一干門弟子，也會到處追隨他們[6]，直到獲得足夠的教育的時候爲止？

---

2 參閱亞里斯多德，政治學，1237b以下。

3 Thales和Anacharsis都是古代七智者中的人物（參閱335e—336d及註28、29）。後者據云曾發明船錨和陶輪，前者曾以其數學知識，核算日、月蝕，發現冬、夏至，而且因其星象之學，能預言橄欖豐收，從而在榨油生意上致富，並證明智者只要願意，便能成爲猗頓一類人物。此處本意，另參考亞里斯多德，政治學，1259a，和柏拉圖*Theaetetus*，174a以下。

4 Creophylus由「肉」和「族」兩字合成，據云是Chios地方的史詩作家。

5 這兩位都是與蘇格拉底同時的詭辯家，常在柏拉圖所作各對話錄裡出現。這種人是以教人辯難遊說爲業的。柏氏的*Protagoras*就講了他們不少。至於Prodicus，另參考*Meno*，96d；*Theaetetus*，151b；自白錄，19e。

6 參閱467d，註27。

601a 葛：不錯，蘇格拉底，我想，你說得對。

蘇：然則我們是不是只好推想，所有這些身爲詩家的人，自荷馬開始，都僅是模仿者，複製道德的影像等等，卻從不能達到眞理？詩人就像畫家，而畫家如我們業已談過的，可以畫鞋匠的樣子，雖然他對製鞋一無所知。他的畫只對那些知道得不比他多，僅恃色彩、圖形來判斷的人，才稱得上好。

葛：很對。

b 蘇：同樣地，詩人運用語言辭藻，可說是塗上不同技藝的色彩，自己對它們的天性，所知僅限於能夠加以模仿。其他人跟他一樣地無知，僅憑他的語言下斷語，就猜想他既然用音步、諧調和節奏來講製鞋、戰術等等，一定講得很好——旋律和節奏天然所具的甜蜜影響，便是這樣的喲。我還想，你一定不止一次地注意到，詩人所講的故事，除掉音樂所能給予的色調，而以簡單的散文複誦出來的時候，是多麼地平庸。

葛：不錯。

蘇：它們像從來不曾美過，只是年青光潤的面孔，而此刻青春已過，光潤消逝嘍？

葛：一點也不差。

c 蘇：還有另一點。模仿者或影像的製造者，對眞正的存在一無所知，所知的只是表象。我說得對不對？

葛：對。

蘇：那麼，我們要有明白的諒解，不能以不完整的解釋爲已足。

葛：請講。

蘇：就畫家來講，我們說他可以畫轡繩，可以畫馬銜吧？

葛：是的。

蘇：而皮匠、銅匠製做這些。

葛：當然。

蘇：但詩人知道馬銜和轡繩的正確形式嗎？其實，連銅匠皮匠做這些的也未必知道喲，只有知道如何使用它們的馬師才知道它們的正確形式呀。

葛：一點也不差。

蘇：我們豈不對一切事物，都這樣說嗎？

葛：說甚麼？

d 蘇：就一切事物而言，都有三種技藝牽涉到：使用的、製造的、和模仿的。

葛：是的。

蘇：每一有生命無生命的結構的特質、美或眞，人的每一行爲，都與天性或藝匠所意圖的功用有關。

葛：不錯。

蘇：然則使用它們的人，必然對它們最具經驗，他也必須把物品在使用中發生的良劣，告訴製

e 造者。舉例來說，吹笛的要告訴造笛的，他的那些笛子，爲吹奏者所滿意，他會告訴他，他應該怎樣造笛子，而後也會聽他的話，是不是呀。

葛：當然啦。

蘇：這個人有知識，所以說起笛子的好惡來，具有權威，那個人相信他，就會按他的話去做吧？

葛：不錯。

蘇：這件樂器不變，但製造者只要對它的好惡優劣，達到正確的信仰就可以，而這一點是他從
602a 具知識的人那裡，以與他談話，或受迫聽他有甚麼話說的方式取得，而使用者會具有這種知識吧？

葛：不錯。

蘇：模仿者能製能知嗎？他能從使用上知道他的作品是否是正確或美麗的嗎？或者說，他能以受迫認識另一位有知識，給他有關他所畫的東西的指示的人，來得到正確的意見嗎？

葛：都不能。

蘇：那麼，他不會具有眞正的意見，尤之於他對他的模仿品的優劣，不會有知識嘍？

葛：我想是不會的。

蘇：模仿的藝匠，就他自己所創造的而言，是處次知性優異的狀態吧？

葛：那裡的話，那個的正反面嘛。

b 蘇：雖則如此，他還要繼續模仿，根本不知道作品的好惡，因此，他必定只模仿出來對無知的眾人來說似乎是好的作品嘍？

葛：正是這樣。

蘇：那麼，截至目前，我們的意見頗爲一致，也便是模仿者對他所模仿的物品的知識，不值一顧。模仿只是一種遊戲，至於悲劇詩人，不論他們所寫的是抑揚格或史詩格，都是極度的模仿者啦？

葛：當然。

c 蘇：然則告訴我，我們豈不已經證明，模仿所及，與眞理有三層距離啦？

葛：自然是啦。

蘇：人心的官能，那一種最接近模仿呢？

葛：你是甚麼意思？

蘇：我解釋一下吧。一個物體在靠近時看起來大，離遠時看起來小吧？

葛：不錯。

d 蘇：同樣的物體，在水外面顯著是直的，在水裡面顯得是彎的。由於視覺有其對色彩的幻覺，凹的會顯得是凸的。各種各樣的迷惑，就這樣在我們的心裡顯出來。變戲法和以明暗騙人的技藝，以及其他狡獪的道具，對我們具有魔術般的效果，而讓我們上當的，正是我們的理解裡這種弱點。

葛：不錯。

蘇：測量、計數、度衡的技藝，解救了人類的理解力——它們的好處就在這裡——於是顯得大、顯得小、顯得輕、顯得重的，就不能左右我們，而非向核算、度量、衡稱低頭不可，是不是呢？

葛：一點也不錯。

e 蘇：這一定是靈魂裡的計算與理性原則使然的吧？

葛：那還用說。

蘇：當這個原則量度、證明某些東西是相等的，或是某些是較它物或多或少的，這不就有了表象的矛盾了嗎？

葛：是呀。

蘇：可是，我們不是說過，這種矛盾是不可能的嗎？我們說的是，同一官能，不能在同時對同物具矛盾意見呀。

葛：是呀。

603a 蘇：然則靈魂中具有違反衡度的意見的部分，可就跟具有符合衡度的意見的部分，不是同一個啦？

葛：不錯。

蘇：而靈魂中較好的部分，大約是信賴衡度、核計的吧？

葛：當然啦。

蘇：而與其反對一方，應當是屬於靈魂中較劣原則的吧？

葛：毫無疑問。

b 蘇：我前此說繪畫和一切模仿，在從事其正常工作時，是遠離眞理的，而且是我們內心裡，同樣遠離理性的原則的朋友與伴侶，再便是它們並沒有眞正或健康的目的。那時候，我就是要達到這麼個結論。

葛：完全正確。

蘇：模仿性技藝，不啻是低微的與低微的結婚，生下低微的後代。

葛：不假。

蘇：這種情形，是僅限於視覺呢，還是也可以引伸到與聽覺有關的詩上？

葛：同樣的情形，或者可以引伸到詩上。

c 蘇：不要依恃自類推繪得來的或然律，而要讓我們進一步審查，看一看主持詩的模仿的官能，是好是惡。

葛：請吧。

蘇：我們不妨這個問題這樣講：模仿所模仿的是他們認爲業已產生善或惡果的，志願的或非志願的行爲，他們從而或喜或悲。還有別的嗎？

葛：沒有啦，沒有別的啦。

d 蘇：但在這一切環境狀況的不同中，這個人是統一的人呢，還是像在視覺的情形下，他對同樣事物的意見，頗多混淆和矛盾，以致他的生活在這裡豈不也有其衝突與不一致之處？也許我沒有太大必要，重提這個問題因爲我記得，這一切都是前此業蒙接受承認的。我們還承認過，靈魂是充滿了這類乃至萬千同時出現的矛盾的。不是嗎？

葛：我們並沒有錯呀。

e 蘇：不錯，截至那個時候，我們並沒有錯，只不過我們漏了一樣事，現在必須補出來。

葛：漏了甚麼呀？

蘇：我們不是在說麼，一個人好人不幸失去兒子，和其他爲他所摯愛的東西，會較別人更能心平氣和地忍受損失？

葛：是的。

蘇：可是，他能不悲哀嗎；或者我們應當說，他雖難禁悲哀之情，卻會節制其悲哀，是嗎？

葛：後一說法較爲眞實。

604a 蘇：請告訴我，他較爲可能克制自己的悲哀，是在同等的人看著他的時候呢，還是在他獨處的時候？

葛：他是否讓人看到，結果大有差別。

蘇：他獨處的時候，會不介意於說出、做出許多在旁人聽到、看的場合裡，就會感到羞恥的東西吧？

葛：不錯。

b 蘇：他心裡有一種法律和理性的原則，要他不僅感受，而且抗拒那迫使他宣洩悲哀的惡運吧？

葛：不錯。

蘇：可是，一個人爲同一對象，而受牽引到兩個相反方向的時候，如我們所主張的，這必然地暗示，他心裡有兩種明白不同的原則吧？

葛：一定是的。

蘇：其中一個原則甘願遵循法律的指示嘍？

葛：你這是甚麼意思呢？

蘇：法律會說：在痛苦中表現忍耐，是最好的辦法，我們切不可向不耐低頭，因爲我們並不知

c 道，這類事情是好是壞，而且不耐並沒有好處，何況凡是人的都沒有甚麼大重要性，而悲哀徒自妨礙這當兒最需要的東西。

葛：甚麼最需要的東西呀？

蘇：我們應該接受已發生的事情的教訓，骰子既然擲下去啦，就該按理性定出最好的方式，安

d 排我們的事情。我們不要像孩子一樣，跌倒了以後，就抓住撞到的部分，浪費時間的嚎叫，而要經常使靈魂習於立刻找救藥，扶起病態的，摔跤的，以復健的技藝，趕走悲哀的號哭。

葛：不錯，那是應付命運的播弄的眞辦法。

蘇：是啊。而那較高的原則，會毫不遲疑地遵循理性的這項建議嘍？

葛：顯然嘛。

蘇：至於另一個原則，要我們傾向於記憶我們的苦難和哀傷，而且沒有休止的時候，我們可以稱之爲無理性、無用處，和怯懦的吧？

葛：我們當然可以。

e **蘇**：後者——我指的是反方的原則——豈不爲模仿提供了許多不同的材料？至於那睿智、平和的脾性，既然經常接近衡平，便不容易模仿，或雖經模仿，也不易得到欣賞，特別是在公共賽會中，邪僻的群眾，在戲院裡聚集一堂的時候。因爲模仿搬演出來的那種感受，對他們是陌生的。

605a **葛**：當然。

蘇：然則從事模仿的詩人，既要以受歡迎爲目的，便依其本性也好，依其技藝的意圖也好，都不要取悅或表現其靈魂中的理性原則；他倒寧取容易模仿的激動、多變的脾氣。是嗎？

葛：明白地是這樣嘛。

b **蘇**：現在，我們可以公平地把他帶到、放在畫家旁邊啦，因爲詩人跟畫家有兩種相似的地方：第一，就他的創作，具有較劣程度的眞理而言，在這上面，我說呀，他是像他的；他像他還在於他也跟靈魂中較劣部分有關。因此，我們拒絕他進一個秩序井然的國家，應該是正確的，原因是他喚醒、養育和強化感情，妨礙理性。正如在城邦之中，惡人獲准當權，好

c 人流離失所，詩人便會像我們所主張的，在人的靈魂裡栽植下罪惡的締構，因爲他縱容了
非理性的本性，這種本性沒有分辨大小的能力，卻把同一事物，一時看成大的，又一時看
成小的——他是影像的製造者，遠遠地背離了眞理。

葛：一點也不差。

蘇：不過，我們還沒有把我們的控訴裡，最重大的罪名提出來呢。不受詩的戕害的人很少很
少，甚至連好人也受其禍，這種力量，實在是一樁可怕的事吧？

葛：如果效果確像你所說的，當然是啦。

蘇：你聽一下再判斷吧：就我所想，我們聆聽荷馬或其他悲劇作家的詩章，其中他搬演出某位
d 可憐的英雄，跟長篇大論演說似的囉嗦出他的悲哀，或是哭泣，手拍著胸膛，這時候，你
知道的，連我們修養最高的，也會樂於忘形地加以同情，而且對最能搖蕩我們的情性的詩
人，瘋狂般激賞他的優秀成就。

葛：是的，我當然是知道的。

蘇：但在我們遭遇哀傷的事情時，你或者注意到，我們珍視的是相反的品質——我們極希望保
e 持沉默和忍耐。這是男人的氣概，而在複誦裡使我們愉快的，這時就要視爲婦人氣啦。

葛：不錯。

蘇：我們誇獎、羨慕一個人，而他所做的是我們當中任何人去做，都感憎惡和引以爲恥的，這
能是對的嗎？

葛：不能，那實在是不合道理的。

606a 蘇：倒不見得。從另一個觀點來看，這是頗爲合理的。

葛：甚麼觀點呀？

蘇：你如果想到，我們遭到霉運的時候，會感到一種天然的饑渴和欲求，要以哭泣、哀訴來解除我們的悲傷，這種感覺，在我們自己的災難裡，是經過克制的，卻由詩人得到滿足和愉悅——我們各人的較佳天性，如不曾得到充分的理智或習慣的訓練，便因爲哀傷是別人的哀傷，容許同情的成分，脫離羈絆。觀眾認爲，他誇獎、憐憫任何走來對他說，他多麼
b 好，再絮叨他的不幸遭遇的人，對自己不致構成羞恥。他以爲這種樂趣是他的所得，又何苦那麼矯揉造作，連快樂與詩都要失掉？我想，很少人會反省，從別人的壞事裡，會有壞事傳染到他們自己。所以，由看到別人不幸而增加力量的悲傷之感，在我們自身遭遇不幸時，會很難克制。

c 葛：簡直對極啦！

蘇：達到可笑的情形，豈不也是這樣？有些笑話，你會羞於自己去講，但當你在戲臺上，甚或在私人場合裡，聽到這種笑話時，你卻大爲發噱，一點也不爲它們的醜陋情形感覺憎煩。這不啻是憐憫情形的重演。人性裡有一項原則，傾向於發笑。你原曾用理性來遏制這個原則，因爲你怕別人把你看成小丑，這時卻也脫逃出來啦。你既在戲院裡刺激了發笑的官能，便在不知不覺裡，遭到出賣，在家裡扮演喜劇詩人。

d 葛：不錯。

蘇：情欲、憤怒和一切其他情緒，欲求、痛苦和快樂，這些據說與每種行動都難畫分的，也是
如此——在這一切裡面，詩都養育、灌溉感情，而不是要它們乾枯。人類如想增長其幸福
和道德，這些便都應該受到克制，詩卻讓它們稱王逞霸。

葛：我可不能否定這個說法。

e 蘇：因此，葛樂康呀，每逢你遇到任何歌頌荷馬的人，聲音荷馬是教育希臘的人，作品有益於
607a 教育和規畫人事，而且你應該一再誦讀他的作品，以求熟悉，並且根據他來修身處世，我
們儘可以愛戴和崇仰說這種話的人——就他們的理解力來說，他們都是好人，何況我們也
深願承認，荷馬是詩人的泰斗，悲劇家的翹楚，我們卻還是要保持我們信念的堅定，也就
是神祇的頌曲和名人的禮讚，是惟一應該受我們的國家容許的詩。因爲你如果逾越這種限
制，准許蜜般的繆斯入境，不論是史詩或是抒情詩，我們城邦的執政，便不是一般一向視
爲至佳的法律和人類理性，而是樂與苦。

葛：對極啦。

b 蘇：現在呢，我們既然重回到詩這個題目上，我們的辯護，就應該顯示，我們前此要把具有我
們業已述及的傾向的技藝，逐出我們國家的裁決，是合理的，因爲理性逼迫我們這樣做。
但爲了免得詩指控我們，態度蠻橫或欠缺禮貌，讓我們告訴她，哲學與詩之間，夙有糾
c 紛，在這一點上，證據頗夥，例如名句「嗥叫的狗對主人大嚎」，或是「偉大於蠢材的空

論裡」，和「狐群狗黨的聖人紆迴過宙斯的意旨」，以及「究竟只是窮酸的玄想哲人[7]」，此外還有無窮數的線索，表示兩者間的宿讎。我們可以不理這些，卻向我們的溫柔膩友和她的姐妹模仿藝術來保證，只要她能證明，她存在於秩序井然的國家裡，是恃何權利，我們就會很樂於接待她——我們深知她的魅力嘛，只不過我們不能因此就背棄眞理。我敢
d 說，葛樂康呀，你跟我同樣地受到她的魅惑，特別當她在荷馬裡出現的時候。

葛：是啊，我實在大受魅惑。

蘇：那麼，我是不是應該提議，准許她從中歸來，而只要一個條件：她以抒情或其他音步，來爲自己辯護？

葛：當然。

蘇：我們還不妨進一步地准許，她的辯護者中愛詩而非詩人的人，以散文體爲她發言辯護。讓他們顯示，她不僅有趣，而且對國家人生有用，我們也會以仁愛的精神，去聆聽這些。因爲假使他們能證明這一點，對我們總會是有利的吧——我的意思是，假如詩不僅能夠賞心
e 悅耳，而且有其實用的話。

葛：對我們當然會是有利的。

蘇：假使她的辯護失敗了，那麼，我的親愛的朋友喲，像其他迷上甚麼東西，卻在他們想到，他們的欲求，違反了他們的利益的時候，就懸崖勒馬的人一樣，我們也要跟情人遺棄情人那樣放棄她，雖然難免要經過一番掙扎。高貴的國家的教育，也曾在我們的心裡，植下對

608a 詩的熱愛，我們也受這熱愛的激發，因此我們才要她以最善至眞的面貌出現。但只要她不能夠成功地爲自己辯護，我們這段論據，就應當是我們的護符，在我們傾聽她的歌聲時，向自己默誦，以免我們再退回到對她的幼稚的愛，業已迷陷眾人的愛。無論如何，我們清
b 楚知道，詩既如我們所描述的那樣，便不當嚴肅地視之爲達到眞理。任何人聽她的時候，如爲心底的國家的安全耽憂，就應該謹防她的勾引，而要把我們的話視爲金科玉律。

葛：不錯；我十分同意你的話。

蘇：不錯，我親愛的葛樂康，這個問題事關重大，比表面所見更大得多，因爲這個問題牽涉的是人當爲好人或壞人。一個人如果在榮名、金錢、權勢、哎，甚或詩的興奮下，忽視了正義與道德，又能得到甚麼好處？

葛：是啊，我已經被這個論點說服啦，而我也相信，任何別人也會被說服的。

蘇：但我們還不曾提起，道德所能帶來的最大報償呢。

c **葛**：怎麼，還有更大的嗎？假使有的話，這報償一定是大得不得了的嘍。

蘇：噯，短時間裡面，能有甚麼偉大事物呢？整個人生，不過七十年，跟永恒比起來，豈不渺小得很？

葛：不如說「不足掛齒」。

---

7 這些大約都是當時或前此的詩人，抨擊哲學與哲學家的話，但已查不出來源。

d 蘇：不朽的人或物，會煞有介事地重視這渺小時間，而不去想整體嗎？

葛：當然要想整體啦。但你爲甚麼要問呢？

蘇：難道你不知道，人的靈魂是不死不壞的？

葛（驚訝地看著我）：不知道哇，你眞的要這麼主張？

蘇：不錯，我應如此，你也應該——證明這一點並不難喲。

葛：我覺得難得很呢。不過，我倒希望聽你說一下，你那麼輕描淡寫的論點。

蘇：那麼聽吧。

葛：我正洗耳恭候呢。

蘇：世上有你稱之爲善的，也有你稱之爲惡的吧？

葛：是的。

e 蘇：你對這些事物的了解，跟我是否相同？

葛：你是甚麼意思？

蘇：你要不要跟我同意，認爲腐化與毀壞的因素是惡，拯救與改善的因素是善？

葛：要。

609a 蘇：你承認事事都有其善，也有其惡吧？例如眼炎是眼睛的惡，疾病是全身的惡，霉爛之於糧食，腐朽之於木材，銹蝕之於銅鐵，在每一事物裡，或幾乎每一事物裡，本身便有一種惡與疾患吧？

葛：是的。

蘇：任何東西，沾染到這類的惡，就成了惡的，終於整個潰散死亡，對不對呢？

葛：對呀。

b 蘇：潛在於各事物裡的罪與惡，是它們的毀因。這種罪與惡如毀不掉它們，就再沒有別的東西能毀掉它們。善是一定不會毀掉它們的，非善非惡的也不會。

葛：當然不會。

蘇：那麼，如果我們找到任何本性，具有這種先天的腐化因素，卻不能潰散或毀壞，我們大約可以確定，這種本性是沒有毀壞的吧？

葛：我們不妨那樣假定。

蘇：嗳，難道沒有腐化靈魂的惡嗎？

c 蘇：有哇，我們剛才巡視了一切的惡了呀，包括非正義、無節制、怯懦、無知。

蘇：這些裡面，有那一種能潰散、毀掉她呢？我們在這裡不要犯下錯誤，以爲非正義和愚蠢的人，在遭到揭發的時候，是毀於他們自己的非正義，也便是靈魂的眾惡之一。我們以身體來做類比好了。身體的惡是疾病，可以銷磨、縮小和毀滅身體。我們剛才說到的一切事
d 物，終歸毀滅，都是由於它們本身所附所含的腐化，從而毀壞它們的。這些話對嗎？

葛：對的。

蘇：你以同樣的方式，來想一想靈魂。存在於靈魂裡的非正義或其他的惡，能銷磨、消滅她

嗎？它們能以依附、潛在她的裡面，終於把她帶往死亡，由而把她和肉體分開嗎？

葛：當然不能啦。

蘇：雖則如此，認爲任何事物，都可以因受到外惡的感染，不能以本身的腐化自內毀壞的外惡的感染，遭到毀壞，是不合情理的。

葛：確是不合情理。

e 蘇：你考慮一下，葛樂康呀，就連食物的壞，不論是陳啦，爛啦，或是其他的壞質，在它僅限於實際食物本身的時候，並不能視爲會毀壞身體。雖然，如果食物的壞把腐敗傳給了身體，那時候，我們就應該說，腐化的本身毀了身體，這腐化就是疾病，由此引起。但身體
610a 既是一回事，就不能被作爲另一回事的食物的壞來毀掉，食物之壞，是並不產生任何自然傳染的——我們總要絕對否認它會傳染吧？

葛：不錯。

蘇：依同一原則，除非某種肉體上的惡，能夠產生靈魂上的惡，我們就不可認爲，自成一回事的靈魂，能夠由僅是另一回事的外在的惡，予以潰散。

葛：不錯，這種話有道理。

b 蘇：那麼，或者讓我們反駁這種結論，或者在我們未能予以反駁的時候，永遠不要說，發燒或任何疾病，或擱在脖子裡的刀子，或甚至把身體寸寸凌遲，竟然可能毀滅靈魂，除非靈魂
c 因爲肉體遭到這些，而致實際變得更褻瀆神明，更寡廉喪恥。任何人都不可以說，靈魂或

任何其他事物，其不能由內在的惡毀滅的，卻可以由外在的惡加以毀滅。

葛：總沒有人能夠證明，人的靈魂，因爲死亡的緣故，變得更非正義。

d 蘇：但是，如果有不肯承認靈魂不滅的人，厚顏地否定這一點，並且說要死的確實變得更惡更無仁義，那麼，如果說話的是對的，我就要以爲，非正義像種疾病，必須視爲能對非正義者致命，而那些沾染這種疾患，則是因惡所本有的自然毀滅力量而死亡，這種力量本來遲早是要生效的，而這種死亡，卻與現在惡人因其行爲而受懲罰，死在別人手裡的情形，完全是兩回事。是嗎？

葛：噯，如果非正義對非正義是要命的東西，那麼，前者對後者便不怎麼可怕，因爲他儘可因此解脫了惡。可是，我倒懷疑，眞情應當是這種情形的反面，至於非正義，不僅不會致命，反會讓殺人的人活下去，並且清醒白醒，甚至如果它確有這種力量，還會再殺別的人呢。它住的地方離死的邸宅可遠得很哪。

蘇：不錯。既然靈魂裡本有的自然罪或惡，不足以殺死或毀滅靈魂，則本當摧毀其他物體的東西，更難能毀滅靈魂及其本當摧毀的事物以外的事物啦。

葛：不錯，確是難能的。

611a 蘇：可是，靈魂既不能由本有或外來的惡加以毀壞，就必然是永遠存在的啦，而既然永遠存在，也就是不朽的嘍？

葛：當然嘛。

蘇：這便是我們的結論。假使這個結論是眞實的，那麼，靈魂的數額便永遠不變，因爲既沒有毀滅的，它們的數目就不會減少。它們可也不會增加，因爲不朽天性的增加必然來自必死的東西，那樣一來，一切事物都要歸結於不死啦。

葛：很對。

b 蘇：我們可不能相信這個——理性不容許我們這樣做——猶如我們不能相信，靈魂在其最眞的本性裡，會充溢了變異和不同。

葛：你是甚麼意思？

蘇：現在，靈魂既經證明是不朽的，必然具有最好的結構，而其結構的成分，不可能很多吧？

葛：當然不可能。

蘇：前此的論據，已證明了靈魂的不朽，而其他的證據還很多。但要觀察靈魂的本來面目，而
c 不是像我們現在看她那樣，因爲與肉體和其他苦難交會，以致頗見缺陷，你就必須用理性
的眼光，忖度她的本來純眞。那時候，她的美就會顯現，正義與非正義[8]，以及我們所曾
描繪的一切，都會更清楚地呈露。截至目前，我們所說關於她的眞理，只限於她目前的表
d 象，但是，我們還必須記住，我們看到的她，是在可與海神格勞庫斯[9]相較的情況之下。
格勞庫斯的本相，難於辨識，因爲他的天生肢體，都被海浪以各種樣子折斷、軋扁，和損
壞，它們的上面，還積滿了層層的海草、貝殼和石頭，以致他更像怪物，不像其本來面
目。我們看到的靈魂，受萬千疾患的毀容，情況亦復相類。我們要打量她，葛樂康呀！可

不能在這種地方。

葛：那麼要在那裡呢？

e 蘇：在她對智慧的愛上。我們要看她掌握些甚麼，和由於她跟不朽的、永恒的和神聖的事物的親密關係，她跟甚麼人在一起，和努力跟甚麼人交往。再就是，如果她完全遵循這種高超
612a 的原則，得藉神聖的衝力自她現在存身的海洋中浮現，脫出石頭、貝殼和塵土與岩石的羈絆——這些各形各色的東西，茁起在她的周遭，是因爲她以土爲食，彭亨於一般所謂的人生樂事——這時候，看她會變得何等不同。這時候，你才會見到她的本來面目，從而知悉她究竟是只有一個形相還是許多形相，或是她的本性是甚麼。關於她的情操和在人生裡所藉以出現的面目，我想我們已經說得很夠啦。

葛：不錯。

b 蘇：我們就這樣履行了辯難的條件啦。我們還未曾提到正義的報償和榮耀，而這些，如你前此所說，是見於荷馬和希西阿的。不過，我們已證明過，正義依其本性，最有益於依其本性的靈魂。不論人是否擁有吉哲斯的戒指，甚或吉哲斯的戒指以外，他還戴上了冥府

8 「正義」與「非正義」兩詞，在原文中都是複數形，表示它們各以不同形式出現。

9 Glaucus原爲漁人，由於各家所說的不同原因，蹈海自盡，卻變爲水神。在希臘繪畫與雕刻裡。他身上爬附了各種海生物。

之盜[10]，他還是行正義的好。

葛：不差。

c 蘇：現在呢，葛樂康呀，進一步細數一下正義和其他道德，能從神祇和人們那裡，爲靈魂在生前死後，獲致怎樣多、怎樣大的報酬，大約沒有甚麼害處。

葛：當然沒有。

蘇：那麼，你肯不肯歸還你在論辯裡借去的東西？

葛：我借了甚麼啦？

d 蘇：那項正義的人應當顯得不正義，和非正義應該顯得正義的假設呀。當時你的意見是，縱然眞相並無逃過神、人鑒察的可能，爲了論辯的緣故，你還非這麼說不可，以便純正義能跟純非正義同上天平。你記不記得？

葛：我如果忘了，可就是我的錯啦。

蘇：那麼，當時的爭執既已裁決，爲了正義，我要求我們把正義在神人眼目中所受的，我們也承認是正當的重視，還了給她。既然她業經說明，可以提供眞實，並不欺騙那些眞正擁有她的人，則她遭到掠奪的，就該歸還給她，以便她能贏取也當屬她的外表的勝利，而這是她會給予正義的人的。

e 葛：這個要求是合乎正義的。

蘇：首先，也是第一項應當歸還給她的，就是正義的人和非正義的人的本性，是眞正爲神明所鑒的。

葛：謹表同意。

蘇：既然兩者都爲神祇所知，其中一個必定是神祇的朋友，另一個必定是神祇的仇敵，而這是我們從開始就承認的吧？

葛：不錯。

613a **蘇**：神祇的朋友，可視爲從神祇那裡，得到最佳狀態的一切事物，惟一的例外，是前此惡行的必然惡果嘍？

葛：當然。

b **蘇**：那麼，我們對正義的人的概念，必然是這樣的：縱在他窮困或疾病纏身，或遭遇任何其他彷彿惡運的時候，最後必然否極泰來，生前死後都是如此。神明對任何希望成爲正義，而以力求道德的方法，就人力所能達到的程度，逼肖神祇的人，都會善加照拂的，是嗎？

葛：是的，人如果能像神祇，大約一定不會受神祇漠視。

蘇：至於非正義的人，我們不是可以揣想相反的情形嗎？

葛：當然。

10 冥府之盔與吉哲斯的指環都能使人隱身。在依里亞特卷五，行八四四，雅典娜曾賴以躲過戰神。參閱亞里斯多芬，*Achaenians*，行三九〇。

蘇：然則這就是神祇授與正義的人的勝利的棕櫚枝嘍？
葛：那是我所深信的。
蘇：他們從人群得到些甚麼呢？你如果觀察事物的眞相，就會見到，狡猾的非正義者，情形
好像賽跑的人，從出發點到終點，跑得很好，但在從終點回來時就不可啦[11]。他們開始時
c 步調很快，結果卻只顯然蠢笨可笑，耳朵搭拉在肩膀上，偷偷摸摸般溜回來，得不到冠
冕[12]。眞正健跑的選手，到了終點，接受獎品，戴上了勝利之冠。這種情形是正義者的情
形。凡能畢生在每一行動、每一場合裡都堅忍不拔，貫徹始終的人，都能贏得美譽，收到
人群所能給予的嘉獎。
葛：不錯。
d 蘇：現在，你一定要准許我，爲正義的人，重複一下你原來歸給僥倖的非正義者的好處。我要
爲他們說你前此爲另一種人說的，當他們年齡漸長的時候，如果願意，就會成爲所屬城邦
的執政；他們可以隨心所欲地嫁娶。你所說一切有關另一種人的話，我現在都歸給他們。
另一方面，我要說，非正義的人裡的多數，縱能在年輕時倖逃覺察，最後必受到揭發，在
終點上顯得愚蠢。到他們既老邁又潦倒的時候，會被外人和公民所不齒。他們會遭到笞
打，然後又遭遇文明人的耳朵——這是你非常允當地定名的——所不忍不當聽的事。如你
e 所說，他們會受夾拶，燒瞎眼睛等等酷刑。你不妨算是我把你所講的可怕情形，都複述淨
盡啦。不過，你肯不肯讓我雖不盡述，卻假定你說的都是眞的呢？

葛：當然啦，你說的都是眞的呀。

614a **蘇**：然則這些都是神人在正義的人此生裡所給他的嘉獎與禮物，正義本身所提供的其他東西，還在外呢。

葛：是啊，而且都是美好，持久的呢。

蘇：雖然如此，比起正義的人和非正義的人兩者，在死後會遭遇的報償，現在的這些論多少論大小都算不了甚麼。你應該聽聽這些，然後，正義的人和非正義的人兩者，就可說是得到了我們的辯論所負欠他們的，全額補償啦。

b **葛**：請講。比這更讓我樂意聽的，並不多喲。

蘇：好吧。我要跟你講個故事。可不是奧德修斯告訴阿爾辛諾那位英雄的，雖然也是講英雄的事：阿孟紐的兒子，生在潘非利亞的強壯的厄爾[13]。他陣亡十天以後，所有死者的屍體，在收殮的時候，業已開始腐爛，他的屍體，卻仍然完好，就這樣運回家去安葬。到了第

---

11 顯然指直線賽跑，跑到終點再轉身跑回來。起跑時跑得快，半路便筋疲力竭。

12 有些動物，累極了就垂下耳朵。

13 此句中典故繁複：（一）故事一詞原文是apologon，其形頗近apology（自白）。《奧德賽》第九到十二的四卷，講的是奧德修斯對菲厄西王阿爾辛諾，敘述其困苦遭遇的故事，通稱阿爾辛諾的故事。故事裡包括了奧德修斯入冥，見到故舊戰友的情節，而整個故事，一向是冗長敘述的代表。（二）「強壯的」希文是alkimou，與阿爾辛諾（Alcinous）王的希文所有格形式Alkinou非常相近。這不僅是發音遊戲，而且根據其名的字根重譯，本句便成了：「……一個聰明不強，卻強壯的人的故事……」蘇氏頗喜文字遊戲。

c 十二天，他躺在火葬堆上的當兒，竟然復甦，告訴別人，他在另一個世界所看到的一切。
他說，他的靈魂脫出肉體以後，便和很多人踏上征途，到了一個神祕的所在，那裡的地上
有兩個洞穴都頗爲靠近，而正對著它們的是天上的兩個洞穴。上下洞穴之間，有若干判官
坐著。判官們在判決了正義的人，並把截斷掛在他們胸前以後，就要他們從右首昇天。他
d 們又以同樣的方式，要非正義者，從左首入地，卻把象徵這些人的行爲的東西，掛在他們
的背上。厄爾走上前去，他們就對他說，他要充當信差，把在那個世界裡所見所聞報告給
世人。他們要見聞那裡可資見聞的一切。於是，他見到，在裁決宣布以後，靈魂都在一邊
e 分頭前往上天下地的洞穴，而在另兩個洞穴那裡，其他靈魂，有的帶著旅途的風塵疲累自
地穴裡上來；有的則潔淨明朗，從天上降下來。他們陸續來到，都像是經過長途跋涉，也
都很高興地走上草地，好像是參加賽會似地去露營。那些原來互相認識的，就互相擁抱和
談話，從地底來的靈魂，好奇地詢問天上的情形，從天上來的，則問地下的情形。他們還
615a 互相訴說中途的遭遇，從下面來的因回憶他們在地下途中所遭所見而哭泣哀傷（這段旅程
要一千年之久），從上面來的則描述天上的樂事和無可形容的美麗景界。

　　葛樂康呀，這個故事太長，講也講不完，但其主旨是，他說，人每做一件對不起人
b 的事，就要受十倍的報應，或是每百年受報一次——這是按人的壽命長度來估算的，所以
一千年內受報十次。舉例來說，假使某人造成許多人的死亡，或是曾經出賣、奴役過若干
城邦或敵人，或是曾犯下其他罪惡行爲，他就要爲每一樁和全部的罪行，接受十倍的懲

c 罰，至於仁善、正義和聖潔的報償，比例也是這樣。我不必重複他所說關於旋生旋死的兒
童的情形。至於敬神孝親和不敬不孝，以及謀殺犯者，他說都另有更大得多的報應。他提
到自己目睹一個靈魂問另一個靈魂：「阿第烏大帝現在哪裡？」（這位阿第烏是前於厄爾
d 一千年的人，他原是潘非利亞某城邦的專制暴君，曾經弒過老父兄長，據說還做過許多其
他罪惡滔天的事[14]。）另一個靈魂的答覆是：「他沒有到這裡來，而且永遠也不會來。而
這是我們親眼看到的許多可怕景象裡的一個。站在地穴口，既已完滿了我們的全部經驗，
e 正準備再上來的時候，阿第烏和好幾位多半曾是專制暴君的突然出現，除了他們還有若干
著名的平民惡人。他們還以爲自己是正義的，正要回到上面的世界，但地穴口並不肯讓他
們外出，反而在這些無可救藥的惡人或是受罰未足的人，有一個想上去的時候大吼一聲，
616a 然後若干相貌兇惡的野人，本來站在旁邊的，聽到那聲吼叫，就攫住他們，把他們帶走。
他們把阿第烏和他人綁起手足投回地穴，用鞭子抽打他們，把他們拖著走，像梳刷羊毛似
的用荊棘來梳刷他們，還向路人宣揚他們犯了甚麼罪，要把他們送往地獄。」這個靈魂說
他們已遭遇過不少可怖的事體，但沒有一個人是像這時候那樣害怕的，怕的是他們也會聽
到那聲大吼。復歸寂靜的時候，他們一個個走了上來，大喜過望。厄爾說，這些是懲罰和
報應，另外還有同樣碩大的福祉。

14 Ardiaeus顯然是蘇氏捏造的名字。

那些靈魂，每組在草地上停留了七天。第八天上，他們受迫繼續他們的旅程。他
b 說，走到第四天，他們到達一個地方可以從上面看到一條光線，屋柱般地挺直貫串了天
c 地，其色彩一如彩虹，只不過更加明亮清澄。他們再走一天以後，就到了光的所在，在光
裡看見天上的鍊端自上面垂下來。原來那道光是天的綬帶，束住宇宙的圓環，就像三層樓
船的托桁。鍊端的下面是必然的紡錘，以供一切運轉。紡錘的桿和鉤都由鋼造成，上面的
制輪則半由鋼造，半由其他材料。這個制輪的樣子像地上所用的制輪，它的形狀暗示，外
d 面是一隻大而中空的制輪，其內按了較小的，一個個互套下去，共有八隻。像套筒一般。
制論的上端重疊各現，下端則連成接連不斷的螺旋。紡錘就穿過第八個制輪的中心[15]。第
e 一隻也就是最靠外面的一隻，有著最寬的邊，裡面的七隻則邊沿較窄，其比例是：第六隻
小於第一隻，第四隻小於第六隻，其次是第八隻；第七隻是第五小，第五隻是第六小，第
三隻是第七小；第二隻是第八小或最窄。最大最寬的一圈（恒星帶），綴有閃閃的眾星；
617a 第七圈（太陽）最亮；第八圈（月亮）自反射第七圈的光得其色彩；第二圈（土星）與
第五圈（水星）同色，較前數者黃得多；第三圈（金星）的光最白；第四圈（火星）的光
發紅；第六圈（木星）的光是次白的。整個紡錘具有同樣的運動，但整體雖朝同一方向運
b 轉，裡面的七圈卻緩緩向反方向轉動，其中最快的是第八圈。轉速較次的是第七、第六、
第五圈，同速同動；第四圈似依據反方向的運轉，在速度上似居第三位；第三圈居速度的
第四位，第二圈則居第五位。紡錘在必然的膝上運轉，而在各圈的上表面，各有一位女首

鳥身的女神，隨圈運轉，同聲同調地唱出頌詞。這八位女神，一起形成一個諧調，而在她
c 們的周圍相等間隔之間還有另一組唱詩隊，每組三人，各據寶座。這些便是命運之神，必
然的女兒，都身穿白袍，頭戴花環。她們的名字依次是萊綺息、柯蘿芍和雅綽波[16]，爲前
面的女神伴唱合聲：萊綺息唱出過去，柯蘿芍唱出現在，雅綽波唱出未來。柯蘿芍不時用
她的右手，撥助制輪或紡錘外圈的運轉，雅綽波則用她的左手，碰觸和導引內圈，而萊綺
息則兩手互用，輪流抓住內外各圈。

d 厄爾和其他靈魂到達的時候，他們的責任是立即到萊綺息那裡。但在這以前，來了
一位先知者，把他們排妥次序，然後，他從萊綺息的膝上，取來命運的籤和生業的樣本，
爬上高的講臺，就這樣說：「必然之女萊綺息諭旨，眾人聽著。你們這些死人的靈魂，來
e 看新的生死循環。你們的護身神不會是頒發給你們的，但你們可以自擇護身神。抽到第一
籤的，有第一選擇權，而他所選擇的人生，就是他的命運。道德是免費抉擇的，對她尊重

15 厄爾到達了宇宙的極限，從而看到天體的構造。譯者爲了翻譯方便，已在文內摻進了若干註解。各個制輪或輪盤，代表了恆星帶、各行星、日與月。這些制輪的運動，說明了這些天體的肉眼可見的運行情形。它們的色彩、亮度與相互距離，由制輪的邊的情形說明。既然每種情形都可解釋。所以這整個體系，是依理組織構成的，是可知的。個人的個別命運，因其所具與宇宙必然的關係，也由而具有了重大意義。

16 希臘神話中的命運女神（Moirai）：Lachesis，定命運者，主管過去；Clotho，紡者，主管現在；Atropos，不可動者，主管將來。

或輕視的程度，決定各人得到她的多少。選擇者當爲一切後果負責——神祇無咎！」解釋
的人這樣說了以後，就把籤隨意地散給他們，他們也各自拾起離自己最近的籤，只有厄爾
除外（他沒有得到許可），而各人拿到自己的籤，就知道自己得到的號碼。於是，先知者
618a 在他們前面的地上，放下生業的樣本。生業數目，遠多於在場的靈魂並且形形色色，無所
不有，包括禽獸的和各種情況的人類。其中還有專制政權，有的可以終專制者的一生，有
的中道斷裂，終結於窮窘、放逐和乞討。另外還有名人的生業，有的是因身材、容貌知名
b 和以體力及競技脫穎而獲譽，再或因家世或其祖先的品質。也有因相反品質而得聲譽的反
面的。女人也是一樣。不過，這些都沒有確定的性格，因爲靈魂在選擇新生業的時候，必
然會變得不同。但此外的各種品質都有，並行是混雜在一起的，還摻雜有貧與富、疾病與
健康的因素，以及卑微的地位。這裡，葛樂康呀，便是我們做人的最大危機之處，因此就
c 必須竭盡謹慎。我們每一個人，都應當撇開各式各樣的其他知識，只去尋覓與遵循一件事
情，以便他或者能夠學到分辨善惡，或者找到某個人，使他能夠學習和分辨善惡，爲的是
因此他可以在機會允許下，經常和在各種情況下都選擇較佳的生業。他應該考慮到前此我
們個別與綜合地講說的各種事物，與道德的關係。他應該知道，美在個別靈魂裡，和貧或
d 富相綜合時，會有甚麼結果，以及出身高貴或寒微、社會地位的高與低，身體的強與弱，
智力的聰明與遲鈍，和靈魂的一切先後天稟賦，乃至它們在摻合後的操作，有甚麼樣的善
e 果和惡果。然後，他就可以觀察靈魂的本性，並且從對這一切品質的考慮上，得以決定哪

一種好，哪一種差。於是他就可以從事選擇，把使他的靈魂更爲非正義的，稱做惡；把使
他的靈魂更爲正義的，稱做善，其他一切他都可以不加理會。我們已經看到與知悉，這才
619a 是生前死後的最佳抉擇。人一定要把他對眞理與是非的堅定信心，帶到下面的世界，縱使
他在那裡，也不致遭到發財欲念和其他惡的引誘的眩惑，而免他在遭遇專制政權和類似的
罪惡行爲時，對別人造成無可補救的冤屈，自己受到更嚴重的處分，但要讓他知道，如何
b 選擇中庸之道，並且儘可能地避免偏向任何一邊的極端，不僅此生如此，在一切的將來裡
也要這樣。這才是幸福的道德。
　據另個世界來的信使的報告，當時先知者所說的話是這樣的：「縱然是輪到最後選擇
的人，只要抉擇明智，生活勤奮，他還能註定一個幸福而尚非不可欲的生業。第一個選擇
的，不可不慎，第末個選擇的，不必絕望。」他說完結後，取得第一個選擇權的，走上前
c 來，很快地選擇了最大的專制政權；他的心靈既已因愚蠢和肉慾而蒙蔽，他在選擇以前沒
有把整個情形想明白，所以沒有馬上發覺，他已註定要做很多惡事，包括吞食他自己的子
女。但到他有時間反省，看到他命裡所定的一切的時候，他就忘掉先知者的宣布，開始捶
胸，爲他的選擇哀悼；原來他不肯把他的不幸的責任歸給自己，卻指摘偶然和神祇，乃至
自己以外的一切。這個靈魂本來是從天上來的一個，前世曾生活在秩序井然的國家裡，可
d 是他的道德心僅出於習慣，並無哲學素養。遭到同樣不幸情形的別人，也跟他一樣，大多
來自天上，所以從來不曾受過考驗的教育，至於那些從地下來的，既然自己受過苦，也見

過別人受苦，就不汲汲於選擇。由於他們缺乏經驗，也因爲抽籤的結果確屬偶然，許多靈
魂，都以好運換個惡運，惡運換個好運。因爲只要一個人，來到世上以後，自始就經常致
力於健全的哲學，並且在籤的號碼上勉強算得上幸運，他仍可以如信使所說，在世上頗爲
幸福，而他去另一個世界和重回這個世界的旅程，也不至於崎嶇坎坷和位於地下，倒會是
e 平坦而往天上的。厄爾說，最特殊的莫過於一個景象——可悲、可笑而又稀奇，原來靈魂
的選擇，大抵都是根據他們前生的經驗。他看到一度曾是奧菲阿斯的靈魂，選擇去做天
620a 鵝，原因是他仇視女人，他是被女人殺害的，所以不願意由女人生他。他還看到泰彌拉的
靈魂，選擇夜鶯的生業。另一方面，鳥類諸如天鵝，以及其他樂師，卻願意托生爲人。
b 抽到第二十號籤的靈魂，選擇去做獅子，而這個靈魂是德拉蒙之子厄巿克斯，他不希望做
人，因爲他記得在當年裁決衣甲歸屬的時候，他在人手裡受到不正義的待遇。下面一個是
阿加曼農，選擇了鷹，因爲他跟厄巿克斯一樣，爲了他所受苦難的緣故，憎恨人性。抽籤
c 到大約中間，輪到了雅妲蘭黛，她因爲見到某位運動員的盛名，就忍不住受了引惑。她後
面是潘諾匹阿的兒子艾匹阿，托生爲巧於藝術的女人。離這些頗遠的最後參加選擇的各
人裡，小丑色爾賽提的靈魂，穿上了猿的形相[17]。然後還來了奧德修斯的靈魂，還不曾選
擇，而他的籤是最後的一根。前生的辛勞的記憶，已使他不再迷戀野心，所以他費了相當
時間，尋找一個無憂無慮的平民的生業。找這個頗不容易，因爲它經隨意散置，已受所有
d 別的靈魂的忽略。他找到以後就說，縱然他抽到的是第一籤而不是末籤，他還是要這樣選

的，他很高興能得到它。變成獸類的不僅是人，我一定要提到，野獸馴獸，都有互相交換托生，或托生爲具有相同脾性的人的——好的托生溫柔，惡的托生粗野，還有各種情形的混合。

e 所有的靈魂都選過生業以後，就依選擇的順序走到萊綺息那裡，萊綺息就把各人分別所選的尸精交給他們，去擔任他們的護身和實現其選擇的精靈。尸精帶他們首先去見柯蘿芍，把他們拉到她的手推紡錘的運轉處，從而扣上，確定了各人的命運。這些人既被縛上紡錘，就被帶到雅綽波那裡。雅綽波紡了紗線，使紗線不能再有變化[18]。從她那
621a 裡，他們連身也不轉，就在必然的寶座下過去。他們都經過以後，就在炙熱裡走到遺忘

17 Orpheus和Thamyras都是下場悽慘的歌者。前者的妻子Eurydice死後，他赴冥以歌聲打動冥王，放她還陽，條件是他前她後，在她離開冥界前他不得回首，偏偏他忍耐不住，以致得妻復失。他到處流浪，終在特雷斯遭酒神的發狂信女，爪裂而死，屍體投入河內，由繆斯們收屍安葬。後者因與繆斯爭衡，被她們弄瞎弄啞。Ajax和Agamemnon的結局除奧德賽外，另見索福克里和依思其洛斯的悲劇（阿加曼農凱旋歸來，即遭妻謀害）。Plutarch在Quaestiones Conviviales，卷九，五．三節，1740e—f裡指出，Ajax之所以爲第二十名，是由於在奧德賽，卷十一，行五四三裡，他是奧德修斯所見的第二十個人，本來便是因與奧爭阿契里斯遺甲不勝而自殺的。Atalanta的故事說法不一，有的下場良好，有的下場悲慘，但都說她擅獵健足，與Artemis（即羅馬神話中的黛雅娜）一樣貞淑，只不過她終於還是結了婚。Epeius是特洛戰役中希臘一方的人，那隻使特洛城失陷遭屠的木馬便是他造的。Thersites的故事，見依里亞特卷二，行二一二以下。他多嘴多舌，雖爲特洛戰爭中希臘一方將領。曾因造阿加曼農的蜚語而遭奧德修斯責備。後來的書裡說他被阿契里斯所殺。

18 希臘文中「緣」與「不可變動」兩詞，與Clotho和Atropos的字源本義有關。

的平原[19]。這個地方一片荒寂，沒有樹木或花草。將近傍晚的時候，他們就在不記河畔紮
營。不記河的水是盛不起來的。他們人人都被迫喝上一些，那些沒有智慧拯拔的喝得比必
b 要的超過了許多，而每人既喝河水，就忘掉一切。他們就寢以後，將近午夜的時候，風暴
和地震來了，他們立刻就被彈了起來，亂糟糟地各自投生，就像流星似的[20]。厄爾自己沒
有喝到河水。至於他是怎樣或用甚麼方法回生復體的，他就說不上來啦，只不過，早晨他
突然醒轉，發現自己躺在火葬堆上。

c 葛樂康啊，這個故事就是這樣保存下來，不曾失掉的[21]。如果我們能順從其中的教
訓，它也能使我們獲救。我們會安全地通過不記河，我們的靈魂也不會受到污染。因此，
我的忠告是，我們要永遠遵從天道，永遠履行正義和道德，認靈魂爲不死，有能耐忍受一
切美的、惡的事物。那樣，我們就可以活得爲人所愛，爲神所喜，我們留在世上的時候如
d 此，在像競技時獲勝的繞場接受禮物一樣，得到我們的獎賞時也是如此。在此生也好，在
我們描述到的千年行旅裡也好，我們必能一切順遂無恙[22]。

19 「遺忘」原字是Lethe，在其他希臘神話裡是冥府的河名，鬼魂喝了河水，便盡忘過去，所以是我們的奈河與孟婆湯的綜合體。依字源來說，眞理（aletheia）可算它的反語。柏拉圖的Phaedrus，248b，提到了眞理的平原，也與此相對。

20 本句原文最後數字，相當於一句短長格的詩。

21 「保住」此處有雙重意思。自表面而言，它指的是厄爾回生，所以他的故事也「保留」下來，但也可以表示此一故事，有了特殊意義。亞里斯多德也有此種用法，也另見柏氏*Laws*，645b；*Philibus*，14a。

22 「一切順遂無恙」的本意也是雙重的：「行動無往不利」和「致力爲善」。這是柏拉圖寫信時喜用的結語。

國家圖書館出版品預行編目資料

柏拉圖理想國　修訂版 / 柏拉圖著．侯健譯．
二版．新北市．聯經．2014年2月．
544面；14.8×21公分．(聯經經典)
ISBN　978-957-08-4352-1（平裝）
[2023年5月二版六刷]

1.柏拉圖(Plato, 427-347 B.C.）　2.學術思想

141.4　　　　103001002

聯經經典

柏拉圖理想國 修訂版

2014年2月二版　　定價：新臺幣380元
2023年5月二版六刷

著　者　柏拉圖
譯　者　侯健
叢書主編　胡金倫
校　對　鄭秀娟
　　　　高幀熙
封面設計　顏伯駿
內文排版　浩瀚排版股份有限公司

出版者　聯經出版事業股份有限公司
地址　新北市汐止區大同路一段369號1樓
叢書主編電話　(02)86925588轉5305
台北聯經書房　台北市新生南路三段94號
電話　(02)23620308
郵政劃撥帳戶第0100559-3號
郵撥電話　(02)23620308
印刷者　世和印製企業有限公司
總經銷　聯合發行股份有限公司
發行所　新北市新店區寶橋路235巷6弄6號2F
電話　(02)29178022

副總編輯　陳逸華
總編輯　涂豐恩
總經理　陳芝宇
社長　羅國俊
發行人　林載爵

行政院新聞局出版事業登記證局版臺業字第0130號

本書如有缺頁，破損，倒裝請寄回台北聯經書房更換。　ISBN 978-957-08-4352-1 (平裝)
聯經網址 http://www.linkingbooks.com.tw
電子信箱 e-mail:linking@udngroup.com

附錄

・人名地名索引
・課題索引
・對話人名索引
・各索引皆根據Bloom所製編譯・

人名地名索引

課題索引

C

°Counting, *arithmein* (cf, Number), 348a, 602d 計數

°Courage, *andreia,* the quality of a man, virility, 357a, 361b, 366d, 375a, 381a, 386a-386b, 395c, 399c, 399e, 402c, 410d-410e, 411c, 416e, 426d, 427e, 428a-430c, 431e-432a, 433b, 433d, 435b, 441d, 442b, 454b, 459c, 468d, 487a, 490c, 491b, 494b, 504a, 535a, 536a, 549d, 560d, 561a, 564b, 567b, 582c, 582e 勇氣

°Coward, *deilos,* 374e, 381e, 395e, 411a, 429b, 444b, 469d, 486b, 504a, 535b, 590b, 604d, 609c; *kakos,* 468a, 566c 懦夫

°Cowherd, *boukolos,* 343b, 370d; cattle, 586a-586b 牧牛者

°Craftsman, *demiourgos,* 340e, 342e, 346c-346d, 360e, 370d, 371a, 371c, 373b, 374d, 389d, 395b-395c, 396b, 399d, 401a-401c, 401e, 406c, 414e, 415a, 415c, 421c-421e, 433d, 434a, 466b, 466e, 468a, 476b, 493d, 495d, 500d, 507c, 529e-530a, 552a, 552d, 596b-599d; manual astisan, *cheirotechnēs,* 405a, 425d, 547d, 509c, 596c, 597a 工匠（造物主）

D

Death, *thanatos,* 330d, 361d, 365a, 366b, 372d, 386a-388d, 390b, 399b, 406b, 406e, 408b, 410a, 414a, 426c, 427b, 440d, 462b, 465e, 468e-469e, 486b, 492d, 496d-497a, 498c, 503a, 540b, 553b, 558a, 566b, 566c, 585c, 603e, 608c-611b, 612c, 613a, 614a-621d 死亡

°Democracy, rule of the people, 338d-338e, 463a, 544c, 545a, 545c, 555b, 556e-557b, 557d, 558c, 559d, 560a, 562a-562d, 563e-565a, 568c, 569c, 571a, 574e, 576c, 580b 民主政制

°Demon (cf, note to 382e), 382e, 391e, 392a, 427b, 469a, 496c, 509c, 531c, 540c, 614c, 617e, 619c, 620d 神、尸神

°Desire, *epithymia,* as opposed ot the spirited and reasoning parts of the soul, 328d, 329c, 338a, 358b, 359c, 367b, 390c, 420e, 429d, 430b, 430e, 431b-431d, 436a, 437b-438a, 439d-440b, 440e-441a, 442a, 458a, 458b, 475b-475c, 485d, 493b, 494a, 516d, 517b, 533b, 544b, 548a-548b, 550b, 553c, 554a-555a, 557e, 558d-560a, 560d, 561a, 561c, 565b, 571a, 571e, 572b-573e, 575d, 578a, 579b, 579e, 580d-581a, 586d, 606a, 606d 欲求

Dialectic, *see* Discussion 辯證法

Discussion, *dialegein,* sometimes also translated dialectic, 328a, 328d, 336b, 354b, 454a, 511b-511c, 515b, 525d, 526a, 528a, 531d-534e, 536d, 537c-539d, 558d, 558b 討論、辯證

Disposition, *ēthos,* 400d-401b, 409a, 409d, 435e, 492e, 500d-501c, 541a, 544e, 545b, 557c, 561e, 571c, 577a, 604e-605a 性向

°Dithyramb, 394c 抒情詩、狂想詩

E

F

578a-579e, 608b, 616a　畏懼
Fine, fair, noble, *kalon,* 327a, 331c, 331e, 334d, 335b, 338a, 348e, 364a, 370b-370d, 377c-377e, 381b, 389e-390a, 401c-403c, 405b-405c, 420c-420d, 427b, 440a, 443e, 444e, 452e, 457b, 465d-466a, 469c, 472d, 474d, 475e-476c, 479a-480a, 492c, 493b-493e, 499a, 501c, 506a, 508e, 517c, 520c, 529c-530a, 531c, 538c-538e, 540b, 540c, 543d, 555a, 557c, 558b, 560b, 561e-562a, 571d, 574d, 581e, 591c, 595c, 601b, 602a-602b, 614a　美好、高貴
°Flute, *aulos,* 399d, 561c, 601d-601e　笛
°Form, *eidos* (cf,　note to 357c）357c, 358a, 363e, 376e, 380d, 389b, 392a, 396b-396c, 397b-397c, 400a, 402c-402d, 406c, 413d, 424c, 427a, 432b, 433a, 434b, 434d, 435b-435e, 437c-437d, 439e, 440e, 445c-445d, 449a, 449c, 454a-454c, 459d, 475b, 476a, 477c, 477e, 504a, 509d, 510b-510d, 511a, 511c, 530c, 532e, 544a, 544c, 559e, 572a, 572c, 580d, 581c, 581e, 584c, 585b, 590a, 590c, 595a, 596a, 597a-597c, 612a, 618a　形式、觀念
°Freedom, liberality, *eleutheria,* 329d, 344c, 351d, 387b, 391c, 395c, 400b, 401b, 402c, 405a, 422a, 431c, 433d, 461b, 469d, 486a-486b, 499a, 536e, 540d, 547c, 549a, 557b, 560d, 560e, 561a, 562c-563d, 564a, 566e, 567a, 567e, 569a, 569c, 572d, 572e, 575a, 576a, 577c-577d, 578e, 579a, 579b, 590e-591b　自由
Friednship, *philia,* 328d, 331c, 332a-332e, 334b-336a, 351d-352b, 361b, 362c, 376b, 382c, 386a, 414b, 424a, 451a, 470c, 496d, 498d, 536a, 547c, 576a, 580a, 590d, 595b, 621c　友誼

G

°Generalship, *stratēgia,* 527d, 601b　將才
°Gentle, *praos,* 354a, 375c, 375e, 376c, 387e, 493b, 500a, 501c, 502a, 558a, 562d, 566e, 589c　溫雅
°Gentleman, *kaloskagathos,* 376c, 396b, 402a, 409a, 425d, 489e, 505b, 569a　君子
°Geometry, 436d-436e, 458d, 510c-511b, 511d, 526c-527c, 528a, 528d, 529e-530b, 533b, 534d, 536d, 546c-546d, 587d; solid geometry, 528a-528e　幾何（立體幾何）
°God, divine, *theos,* 327a, 328a, 331b, 331e, 352a-352b, 360c, 362c-367e, 368a, 372b, 377e-383c, 386a, 388a-392a, 392e, 393e-394a, 395d, 399b, 408c, 411e, 415a-415b, 416e, 419a, 425e, 427b-427d, 443a, 443c, 463d, 469a, 470a, 474e, 486a, 492a, 492e, 493a, 497e, 499e, 500d, 500e, 501b, 501c, 508a, 517b, 517d, 518e, 521c, 532c, 540c, 546b, 552c, 560b, 568b, 571d, 573c, 578e, 579a, 580c, 589d-589e, 590d, 592a, 596c, 597b-597d, 598e, 607a, 611e, 612c-613b, 613e, 615c, 617e, 621c; oaths, 420b, 425c, 531a　神祇

Good, *agathon,* 357b-358a, 359c, 366e-367d, 379b-380c, 505a-509d-517c-521a, 526e, 532b, 534b-534c, 540a, 555b, 609b 善
Grammar, letters, 340d, 368d, 402a-402b, 425b 文法、文學
°Grandfather, *pappos,* 330b, 334b, 461d 祖父
Guard, *phylax,* 333d-334a, 367a, 374d-376c, 383c, 395b, 401c, 403e, 410e, 412c-424d, 428d-428e, 434b-434c, 442b, 451c-451d, 456a-457c, 461e, 463b-467a, 469a, 484b-484d, 503b, 506a, 520a, 521b, 525b, 537d, 540b, 546b, 547c, 560b, 591a, 591e, 606a, 620d 衛士
°Gymnastic, 357c, 376e-377a, 403c-404e, 406a, 407b, 410b-410d, 411c-412b, 424b, 430a, 441e, 452a-452c, 456a-456b, 456e, 457b, 458c, 498b, 503e, 504d, 521d-522b, 526b, 535b, 535d, 537b, 539d, 546d, 547d, 548c, 549a, 561d, 564d 體育

H

°Happiness, *eudaimonia,* 343c, 344a, 344b, 352d, 354a-354c, 361d, 364a, 365c-365d, 392b, 395e, 406c, 419a-421c, 427d, 458e, 465d-466b, 472c, 473e, 498c, 500e, 516c, 518b, 521a, 526e, 540c, 541a, 544a, 545a, 566d, 567c, 576c-577b, 580b, 606d, 612a, 619b, 619e 幸福
Harmony, 397b-401d, 404d, 410e-412a, 430e-432a, 443d-443e, 519e, 522a, 530d-531c, 546c, 547a, 591d, 601a, 617b-617c 諧調、和諧
°Harp-playing, *kitharistikē,* 333b 奏豎琴
Health, *hygieia,* 332d, 346a-346d, 357c, 372d-373b, 380e, 401c, 404a-410a, 425e-426b, 444c-444d, 490c, 496c, 559a, 583d, 591b-591c, 609a-610d 健康
Hearing, 327c, 342a, 348a, 352e-353b, 358b-358d, 365e, 367d, 377b, 401c, 432e-433a, 450b, 475d, 488d, 492b-494d, 499a, 507c-507d, 530d-531c, 535d, 538d, 548e, 550a, 595b, 603b-608b, 614a-614b 聽
°Heaven, *ouranos,* 508a, 509d, 516a, 529c-530b, 592b, 596c, 596e, 614c-615a, 616b-616c, 619c-619e 上天
°Herdsman, *nomeus,* 370d, 373d, 399d, 440d, 451c 牧夫
°Hero, 366e, 377e, 378c, 391b, 391d, 392a, 404c, 427b, 558a, 605d 英雄
Holy, *hosios,* 331a, 363a-363d, 368b, 378c, 380c, 391a, 391e, 395c, 416e, 427e, 458e, 461a, 463d, 479a, 496d, 565e, 580a, 607c, 610b, 615b, 615d 神聖
Honor, *timē,* 347a-347b, 361c, 386a, 414a, 426c, 434a-434b, 468c-468e, 475b, 485b, 489a, 494c, 508a, 509a, 511a, 516c-516d, 519d, 521b, 528b-528c, 537b-540e, 547d-564d, 568c-568d, 581d-582e, 586d, 592a, 595c, 600c, 620b; love of honor, *philotimia,* 336c, 347b, 475a, 485b,

I

智慧
°Irony, 337a　反語

J

°Judge, *dikastēs,* 348b, 397e, 405a-405c, 408d-410a, 425d, 433e, 557e, 614c-614d; courts and trials, 365d, 405a, 425d, 433e, 464d-464e, 492b, 517d, 549c, 549d, 553b, 565e 判斷

°Justice, *dikaiosynē,* 330d-354c, 357b-369a, 371e, 372e, 376d, 380b, 391a, 392b-392c, 405b-405c, 409a-409c, 420b, 427d-427e, 430c-430e, 432b, 433a-435b, 440c, 441d-441e, 442d-445b, 451a, 455a, 458e, 461a, 463d, 464e, 466b, 468e, 469b, 472b-472c, 476a, 478e, 479a, 479e, 484b, 484d, 486b, 487a, 490c, 491e, 493c, 496b, 496d, 497a, 499c, 500c, 500d, 501b, 504a, 504d, 505a, 505d, 506a-506d, 517d-517e, 519d, 520a-520c, 520e, 536b, 538c, 538e, 540e, 544e-545b, 548d, 549e, 554c, 558d, 559a, 565c, 565e, 568e, 574d, 576a-576b, 580a-580c, 583b, 586e, 588a-588b, 588e-589d, 591a-591b, 597d, 599d, 605a-605b, 607d, 608b, 608d, 609c-609d, 610b-610e, 611c, 612b-614a, 614c, 615a-615b, 618e, 620d, 621c　正義

K

Killing, 360b-360c, 451a-451b, 488c, 517a, 557a, 565e-566b, 567a-567c, 571d, 573b, 574e, 586b, 610b-610e, 615c　殺

°King, *basileus,* 445d, 473c-473d, 474d, 499c, 502a, 509d, 520b, 543a, 544d, 553c, 560c, 576d-576e, 580b-580c, 587b-587e, 597e, 607a 王、執政

Knowledge, *epistēmē,* 340e, 350a, 366c, 409c-409d, 428b-429a, 438c-438e, 442c, 443e, 477b, 477d-478b, 478d, 505a-511c, 518c, 522a, 522c, 529c, 533c-534d, 540a, 585b-585c, 598c-598d, 602a, 618c; *gnomē,* 476d; *gnōsis,* 476c, 477a, 478c, 480a, 484c, 527b; *gnōstion,* 479d; *synesis,* 376b　知識

L

Lamentation, wailing, 387d-338d, 395e, 398d-398e, 411a, 578a, 604a-606b　哀悼

Laughter, *gelōs,* 330e, 331d, 337a, 366c, 382d, 388d-389a, 392d, 398c, 432d, 445a-445b, 451a-457b, 473c, 493d, 499c, 505b, 506d, 509c, 517a-518b, 522d, 525e, 527a-531a, 536b, 600b, 606c, 613c-613d, 620a, 620c　笑

Law, *nomos,* 338e-339c, 359a-359c, 364a, 365e, 380c, 383c, 421a, 424c-427b, 429c-430a, 451a-451b, 456b-458c, 461b-465b, 484b-484d, 497d, 501a, 502b-502c, 519e, 534d-534e, 537d-539a, 548b, 551a, 555c, 556a, 563d, 571b-572a, 587a-587c, 589c, 590e, 604a-604b, 607a; lawgiver, *nomothetēs,* 427a, 429c, 458c, 462a, 497d, 502c, 530c, 538d, 564a, 599e　法律

°Lawful, *themis,* 398a, 417a, 422d, 480a 合法的

Learning, lack of, *amathia* (cf, Ignorance), 350b-351a, 382b, 409d, 444a, 444b, 535e 無學問

°Learning, love of, *philomathia,* 376b-376c, 411d, 435e, 475c, 485d, 490a, 499e 愛學問

Leisure, *scholē,* 370b-370c, 374e, 376d, 406b-406d, 500c, 610d, 619c 閑暇

Lie, falsehood, *pseudos,* 331b-331c, 338b, 366c, 367b, 376e-377a, 377d-377e, 381e-383b, 389b-389d, 391d, 413a, 414b-414c, 414e, 444a, 459c, 485c, 485d, 487d, 489b, 490b, 535e, 560c, 575b, 589c 謊言

°Love, *erōs,* as distinguished from friendship（*philia*), 368a, 395e, 396d, 402d-403c, 439d, 458d, 468c, 474d-475a, 485b-485c, 490b, 499c, 501d, 521b, 555e, 572e-573e, 574d-575a, 578a, 579b, 586c, 587b, 607e-608a 愛、情愛

°Lyric, 379a 抒情詩

M

°Madness, *mania,* 329d, 331c, 341c, 359b, 382c, 382e, 396a-396b, 400b, 403a, 496c, 539c, 561a, 573a-573c, 577d, 578a 瘋狂

°Magnificence, *megaloprepeia,* 362c, 402c, 486a, 487a, 490c, 494b, 495d, 503c, 536a, 558b, 561a 偉大

°Man, *anēr,* a male in the strong sense of the word, as opposed to a woman or a human being (*anthrōpos*) (cf, Courage, *andreia*), 331b, 331b, 331c, 335b, 335e, 337e, 343d, 359b, 360c, 361d, 362d, 368a, 368e, 369d, 376d, 386c, 386e, 387b-388c, 390d, 395d-396dc, 397e, 398a, 398e, 399a, 403e, 404d, 408a, 408b, 412d, 413e, 416d, 419a, 422b, 423e, 425a, 425d, 426b-426d, 435b, 441d, 442e, 443b, 444a, 445d, 449a, 451c-457c, 458c, 460a-460b, 460e, 461b, 466c, 467c, 468e, 472b-472d, 474d-474e, 492b, 495b, 498b, 498e, 499b, 501b, 506b, 516d, 520a, 521d, 538a, 540c, 541b, 543d-544a, 545c, 547e, 548d, 549c, 549e-550c, 551a, 553e, 554a, 555b, 556d, 557b, 558b, 560b, 561e-562a, 563b, 564b, 565e, 566c, 566d, 567b, 568a, 571a, 572c, 573b, 573c, 575d, 576c-579c, 580a, 582a, 582d, 588a, 589e, 590a, 595c, 596c, 600a, 603e, 605e, 606b, 613a, 614b, 615e, 618a, 620b, 620c 人、男人

Many, the, *hoipolloi,* 329e, 358a, 366b, 379c, 387b, 417a, 426d, 431c-431d, 441b, 452c, 471b, 479d, 489b-500e, 505b, 507b, 520c, 523d, 525e, 527d, 528c, 544c, 559b, 567d, 576c, 586b, 591d, 596a-596b, 599a, 602b, 605a, 608a; multitude, *plēthos,* 389d, 431a, 458d, 492b, 493e-494a, 500a, 525a, 550e, 551e, 554a, 558c, 560b, 563b, 564e, 575b, 591d 多；眾人

°Market, *agora,* 360b, 371b-371d, 425c-425d 市場

Marriage, *gamos,* 362b, 363a, 383b, 423e, 458e-459a, 459d-460a, 461a, 468c, 495e, 546d, 613d 婚姻

°Medicine, *iatrikē,* 332c-332e, 333e, 340d-340e, 341c-342d, 346a-346d, 349e-350a, 360e, 373d, 389b-389d, 405a, 405c-408e, 409e, 410b, 426a-426b, 438e, 454d, 455e, 459c, 489c, 515c, 564c, 567c, 599c, 604d 醫藥

Mind, *see* Intelligence 心靈

°Moderation, *sōphrosynē,* 364a, 389d-390a, 391c, 395c, 399b-399c, 399e, 401a, 402c, 402e-403a, 404e, 410a, 410e, 416d, 423a, 427e, 430d-432a, 433b, 433d, 435b, 442c-442d, 443e, 471a, 485d, 487a, 490c, 491b, 500d, 501b, 501c, 504a, 506d, 536a, 555c, 559b, 560d, 571d, 573b, 578b, 591b, 591d 節制

°Moneymaker, *chrēmatistēs,* 330b-330c, 341c, 342d, 345d, 357c, 397e, 415e, 434b-434c, 441a, 498a, 547b, 547d, 550e-551a, 552a, 553c, 555a, 555e, 556b-556c, 558d, 559c, 561d, 562b, 564e, 572c, 581d, 583a 掙錢者

Mother, *mētēr,* 377c, 378d, 381e, 414e, 460c, 461c-461d, 467a, 470d, 549c, 571d, 574a-575d 母

°Music, *musikē,* 333d, 335c, 349e, 373b, 376e-403c, 404b, 404e, 410a-412a, 413e, 424b-424d, 425a, 430a, 441e, 452a, 452c, 455e, 456b, 456e, 486d, 493d, 521d, 522a-522b, 546d, 548c, 548e, 549b, 591d, 601b, 620a 音樂

N

°Nature, *physis,* derived from *phyein,* to grow, engender, generate, 341d, 347d, 352a, 358e, 359b-359c, 365a, 366c, 367d, 367e, 370b-370c, 372e, 374e-376c, 381b, 392c, 395b, 395d, 396c, 401a, 401c, 401e, 407c, 408b-411b, 415c, 421c, 423d, 424a, 428e, 429d, 430a, 431a, 431c, 432a, 433a, 434b, 435b, 437e, 439a, 439e, 441a, 442a, 442e, 443c, 444b, 444d, 445a, 451c, 453a-456d, 458c, 466d, 470c, 473a, 473d-473e, 476b, 477b, 478a, 485a, 485c, 486a-486b, 486d, 487a, 489b, 489e-492a, 493c, 494a-494b, 494d, 495a-495b, 495d, 496b, 497b-497c, 500a, 501b, 501d, 502a, 503b, 507e-508a, 514a, 515c, 519a-519c, 520b, 523a, 525b, 525c, 526b-526c, 530c, 535a-535c, 537a, 537c, 538c, 539b, 539d, 540c, 546d, 547b, 547e, 548e, 549b, 550b, 558b-558e, 562c, 563e, 564b, 564e, 572c, 573c, 576a-576b, 579b, 582b, 584b, 584d, 585d, 588c-588d, 589b, 589d, 590c, 591b, 596c, 597b-598a, 601b, 601d, 602d, 605a, 606a, 609b, 610a, 610d, 611b, 611d, 612a, 616d, 618d, 620c, 621a 自然、本性

°Number, *arithmos* (cf, Counting), 460a, 473b, 522c-526a, 529d, 531c, 537a, 546b-546c, 587d-588a; art of number, *arithmētkiē,* 525a 數

O

°Oath, *orkos,* 334b, 363d, 379e, 443a 誓言

°Oligarchy, rule of the few, 544c, 545a, 545c, 547c-547d, 548a, 550c-550d,

P

R

S

T

619a-619b　專制政制

V

°Vice, *kakia,* 348c, 348e, 350d, 353c-354b, 364c, 365a, 400b, 401b, 444b, 444e, 445b-445c, 490d, 519a, 556d, 580a, 580b, 598e, 609d-609e　罪、罪過

Vine culture, 333d, 353a　種葡萄

°Virture, *arete,* 335b-335d, 342a, 348c-349a, 350d, 351a, 353b-354c, 363d, 364b-364d, 365a, 365c, 378e, 381c, 402e, 403d, 407a-407c, 409d, 432b, 433d, 441d, 444d-444e, 445b-445c, 457a, 484d, 492a, 492e, 498e, 500d, 504d, 518d, 536a, 547b, 549b, 550e-551a, 554e, 556a, 556c, 576c-576d, 580b, 585c, 586a, 588a, 598e, 599d, 600d-600e, 601d, 608b-608c, 612c, 613b, 617e, 618b-618c, 619d　道德

°Vote, *psephos,* 380c, 450a　票選

W

°Wages, *misthos,* 345e-347b, 357d-358b, 363d, 367d, 371e, 416e, 420a, 463b, 464c, 475d, 493a, 543c, 567d, 568c, 575b, 612b, 613e, 615c, wage earner's art, 346b-346d　工價

War, *polemos,* 332e-334a, 335e, 351c, 351e, 368a, 372c, 373e-374d, 378b, 386b, 397e-398b, 399a, 404a-404c, 408a, 415d-416e, 422a-423a, 429b, 442b, 452a, 456a, 457a, 466e-471d, 503c, 521a-522e, 525b-525c, 526d, 537a, 537d, 547a-548a, 549a, 551d-551e, 556c-556e, 557e, 566e-567a, 575b, 599c, 614b; art of war, 374b-374b, 422c, 522c　戰爭

Wealth, money, 329e, 331b, 333b-334a, 336a, 337d, 338b, 347a-347b, 362b, 364a-364c, 371b-371d, 373d-374a, 390d-391c, 406c-408b, 416c-423a, 442a, 464c-465c, 485e, 495a, 506e-507a, 521a, 543b-543c, 547b-557a, 562b, 564e-569a, 573d-574d, 557e-578e, 580e-582e, 589d-591e, 618a-619a　財富

°Weaver, *hyphantēs,* 369d, 370d, 370e, 374b, 401a, 455c　織工

°Wisdom, *sophia* (cf,　Philo-sophy), 331e, 335e, 337a, 338b, 339e, 340e, 348e-349a, 350b-350d, 351a, 351c, 354b, 365c, 365d, 390a, 391c, 398a, 406b, 409c-409e, 426c, 427e, 428b-429a, 431e-432a, 433d, 435b, 441c, 441e, 442, 443e, 457b, 466c, 475b, 485c, 489b, 493a-493b, 493d, 502d, 504a, 516c, 519a, 530d, 546a, 547e, 564c, 568a-568b, 582c, 583b, 598d, 600a, 600d, 602a, 605a, 607c　智慧

Woman, *gynē,* 329c, 360b, 373a-373c, 387e, 395d-396a, 398e, 404d, 420a, 423e, 431c, 449c-451c, 451e-452b, 453b, 453d-453e, 454d-457d, 458c, 460b-471d, 502d-502e, 540c, 548b, 549d-549e, 557c, 563b, 574b, 578e, 579b, 605e, 618b, 620a-620c　婦女

Wrestling, 544b, 583b　摔跤

對話人名索引